倗金集萃

山西绛县横水西周墓地出土青铜器 上

山西省考古研究院　山西大学北方考古研究中心

运城市文物工作站　绛县文物局　编著

上海古籍出版社

图书在版编目（CIP）数据

倗金集萃：山西绛县横水西周墓地出土青铜器 / 山
西省考古研究院等编著 . -- 上海：上海古籍出版社，
2021.4

ISBN 978-7-5325-9872-4

Ⅰ . ①倗… Ⅱ . ①山… Ⅲ . ①青铜器（考古）—出土文
物—考古发掘—绛县—西周时代 Ⅳ . ① K876.414

中国版本图书馆 CIP 数据核字（2021）第 031549 号

责任编辑：王　璐
装帧设计：严克勤
技术编辑：耿莹祎

倗金集萃
山西绛县横水西周墓地出土青铜器
（全二册）

山西省考古研究院　山西大学北方考古研究中心
运城市文物工作站　绛县文物局　　　　　编著

上海古籍出版社出版发行
（上海瑞金二路272号　邮政编码200020）
（1）网址：www.guji.com.cn
（2）E-mail:guji1@guji.com.cn
（3）易文网网址:www.ewen.co

上海雅昌艺术印刷有限公司印刷

开本：635×965毫米　1/8　印张：80　插页：4　字数：640,000
版次：2021年4月第1版　　2021年4月第1次印刷
ISBN　978-7-5325-9872-4 / K・2960

定价：980.00元

如有质量问题，请与承印公司联系

本书得到国家社会科学基金重大项目
"山西翼城大河口西周墓地考古发现与综合研究"（17ZDA218）的资助

《倗金集萃·山西绛县横水西周墓地出土青铜器》
编辑委员会

凡　例

1. 以墓葬为单位著录青铜器。

2. 各墓葬内青铜器，以类相从。

3. 器物选择标准：主要著录青铜容器，首先选择有铭文的器物，尽量照顾到各墓葬的不同器类。

4. 尽量发表青铜器的线图、照片、拓本、丝织品痕迹及其他局部特征照片。

5. 本书不包括横水墓地 M1—M3 的资料，M1 和 M2 的报告即将出版。

6. 有部分青铜鼎内原有兽骨，在前期清理铜器时已将兽骨提出，为避免误解，本书对鼎内是否有兽骨暂不作描述。

7. 青铜器上的丝织品痕迹，是利用手持显微镜（Anyty 3R-WM401 WIFI-PL）观察拍摄的，比例尺的单位为毫米，一般所见照片放大倍数为 60 倍。本书只选取了部分青铜器上的丝织品痕迹照片。

8. 有些器物的耳、足内泥范芯上有圆孔，是提取泥范芯标本遗留下来的钻孔。

9. 青铜器铭文均为宽式隶定。

10. 容积的测量均用河沙，有些器物未及修复即被调走，故没有来得及测量。

目　录

绛县横水西周墓地考古发现与研究述论

谢尧亭

山西大学北方考古研究中心

绛县横水墓地 2004 年 4 月被盗，7 月开始钻探，11 月由运城市文物工作站开始试掘。12 月 19 日由山西省考古研究所（现山西省考古研究院）、运城市文物工作站和绛县文化局组成的联合考古队开始进行抢救性发掘，2004—2005 年发掘了 M1、M2、M3 三座大墓及 M3 扩方中发现的几座小墓。2005 年 3 月开始大面积普探，同年开始进行大面积发掘，发掘工作持续到 2007 年 11 月底结束，基本上将整个墓地全部揭露，共发掘西周墓葬 1299 座。目前资料尚在整理，其间在报刊、杂志发表了部分资料，引起了学界的广泛关注和较深入的研讨。现对以往的发现和研究予以总结，以述要为主，并就相关问题以按语形式提出浅识。

一、考古发掘与发现

2006 年，宋建忠等报道了横水墓地早期的发掘与保护情况 [1]。《2005 中国重要考古发现》介绍了横水墓地的发现和发掘情况，主要介绍了 M1、M2 的重要发现 [2]。同年，考古队在《考古》和《文物》上报道了横水墓地南北长约 200、东西宽约 150 米，现存总面积约 3 万平方米，主要介绍了 M1 和 M2 的发现 [3]。据简报，在 M1 的外棺上发现了小木结构痕迹，以及状似帐架构件的铜具。木结构痕迹是方格状的木架，可能是墙柳之类的棺饰。围裹外棺四周以及上下的，是方格状棺束，其中盖上和底下的棺束是木质类，四面是绳子。棺束之外是荒帷，在荒帷之上和外棺之下，是粗麻拧成的绳子，外棺底下的绳子结构是三横两纵，从棺侧四周引上来，将整个外棺兜住；上面绳子的结构不清楚。推测下葬时先在底部平铺木质类方格状东西，将外棺放置其上；在外棺内放置内棺，并盖上外棺盖；然后在外棺四周放置木质类方格状东西，并用绳子上下相连、束紧，形成棺束；最后，加盖墙柳和荒帷，并用粗麻绳将外棺整体兜住 [4]。亭按：从上文表述来看，好像外棺四周及上下木质类方格状东西与墙柳不是一回事，但不清楚简报所说外棺顶小木结构痕迹，即方格状的木架与外棺顶的方格状棺束是不是同一种东西。经向发掘者吉琨璋先生请教，得知外棺顶上的铜具压在帷荒 [5] 之上，帷荒之下为双层方格木结构架子，这种架子和绳子相连接形成棺束；外棺四周和外底下并没有发现方格木结构架子；在外棺底内发现有一层木质方格网，其上下各有两层麻布。这样看来，外棺的四周、顶面和底面有棺束，其外罩帷荒，帷荒顶上有"状似帐架构件的铜具"，其外有下棺用的粗麻绳。与文献记载不同的是并未发现所谓的"墙柳"，我推测外棺周围的棺束就起了墙柳的护棺作用，即外棺顶上帷荒之下的方格木结构架子可能就是所谓的"柳",棺四周的棺束可能就是所谓的"墙"。从发现"状似帐架构件的铜具"来看，外棺顶上可能另有小木作结构的顶子，正如《新定三礼图》[6]复原的那样呈数面斜坡状。但不同的是横水 M1 的帷荒并没有盖在数面斜坡状顶子上面，而是压在其下。

《2006 中国重要考古发现》报道了横水墓地的新发现，认为墓葬可分四个等级，这里应是西周时期倗国国君、夫人及其国人的墓地[7]。谢尧亭在 2010 年的博士论文中披露了一部分横水墓地的发掘资料[8]。2019 年考古队在《考古》上发表了横水 M2158 的资料，认为墓主是西周王朝分封的倗国一代国君——倗伯，倗为媿姓，其为商代鬼方的后裔，属文献记载的赤狄族群之一；到了春秋早中期之际，墓地不再使用，倗国可能被晋国吞并而灭亡，或迁徙他处；倗氏最迟在晚商时期已经融入中原文化，受到商文化的强烈浸染，它原本可能是商的属国或盟国，周灭商后归顺于周，其后被迁置于此地，因此这座倗伯墓表现出浓厚的商、周和自身三种文化特征；墓口东侧发现的柱坑可能与文献记载的"树"或"屏"有关，它既是墓上的标识，也可能具有屏风的作用；横水墓地发现较多带斜洞的墓葬，斜洞的功能可能与下葬有关；随葬器物按照功能的不同，在放置位置上作了刻意的安排；随葬的 7 件铜鼎形态各异，不存在所谓的"列鼎"，年代也不尽一致；2 件簋的形制相同，属于"列簋"；推测王姊嫁予倗伯，芮伯作为同姓媵嫁[9]。2020 年考古队发表了 M2531 的资料[10]。

二、考古研究

1. 墓地和墓葬的年代

田建文等认为至少在封成师于曲沃（公元前 746 年）时，倗国已经被灭掉了[11]。宋建忠等认为 M1、M2 为文献未载的西周中期的倗伯夫妇墓葬，年代约为穆王后期[12]。田建文等亦认为横水 M1、M2 的年代在穆王后期[13]。考古队将横水 M1、M2 的年代定为西周中期，约相当于穆王时期或稍晚[14]。宋建忠等认为横水墓地自南向北墓葬时代从西周早期延续到春秋初年[15]。

李学勤认为横水青铜簋（M1：205）排在恭王时期正合适，簋一定作于恭王二十三年；M2 可以更明确地排在恭王时期。簋的器主倗伯再不一定是 M2 的墓主、毕姬的丈夫，他也可能是 M2 墓主倗伯和毕姬的长子，曾在王朝任职。M1 规格更高些，或许是"母以子贵"的缘故[16]。韩巍认为横水 M1 出土的倗伯再簋是恭王二十三年器，因此两墓出土的铜器大多应属恭王时期，墓葬的下葬年代可能已进入懿王初年[17]。倗伯再簋以定于恭王二十三年最为合适，铭文中的"益公"与永盂（恭王十二年）、休盘（恭王二十年）、乖伯簋（恭王或懿王九年）等器铭文中的"益公"应该是同一人，恭王纪年至少有 30 年。从随葬品的整体面貌来看，两座墓葬的年代比较接近，应该属于恭懿时期，不太可能早到穆王。由倗伯再簋，我们可以推定 M1 下葬年代的上限为恭王末年，很可能会进入懿王初年，倗伯夫妇墓的年代定在恭懿之际比较合适[18]。横水 M1、M2 的年代与平顶山应国墓地 M84 最为接近。横水、大河口两处墓地铜器墓葬的年代上限都在西周早中期之际，与晋侯墓地最早的 M114、M113 同时，这一点很值得注意[19]。陈昭容根据 M1：25 铜簋铭文，认为这位倗伯应该就是簋铭中的"倗伯再"，倗伯再簋铭文中所记的"廿三年"应是恭王二十三年，即公元前 900 年[20]。

李建生认为恭王二十三年倗伯再簋出土于横水 M1 倗伯夫人墓中，说明墓主下葬晚于恭王时期，属儿子器葬在母亲墓中，横水 M1 墓主倗伯夫人下葬的年代在懿王、孝王时期；M2 墓主倗伯的下葬年代要略早于

M1 倗伯夫人，可能在恭王时期下葬[21]。谢尧亭认为古曲沃开始作为晋国之邑的年代就是横水墓地废弃的年代[22]。张海认为倗伯爯簋的二十三年应是指穆王二十三年，故器属穆王中晚期，而 M1 埋葬于共王世[23]。考古队认为 M2158 的年代属西周中期偏早阶段[24]。韩巍认为 M2158 的下葬年代可能在穆王晚期[25]。陈晓宇等认为横水 M2158 的年代为穆王早期，M2 为恭王时期，M1 为恭王末年或略晚[26]。考古队认为 M2531 的年代属西周中期偏早阶段[27]。

2. 青铜器、铭文及相关问题

李零等认为倗姒是倗氏姒姓的女子，倗为国族或公族名。"倗"读为"冯"，冯是姬姓[28]。亭按：倗为媿姓，虎为姒姓。

牛济普认为西周中晚期有一个倗国氏族的存在。文献中提到的"冯"，即金文中的"倗"国所在。今郑州市荥阳市北张楼村的古城遗址就是西周时期的格氏族国所在地，其西南一带的冯地即倗国故地，直到东周时期这里尚有"格氏"城与"冯"地的称谓[29]。亭按：牛先生在此文中把倗生看作倗国人是错误的，但从其他传世倗器论倗国是正确的。

王晶认为倗生簋铭文中的殹妊和佫是人名，应为官方派出的踏勘田界的官员。倗生簋中盟誓者应为格伯，史官建立文书档案，书史盉武苍临盟誓现场，确定了田界的边道[30]。亭按：此殹妊当为妊姓女子，殹为国族或采邑名。此二人可能是格伯和倗生两方各一人。

黄锦前认为倗生簋中的倗生既以马匹换取格伯的田地，表明倗生所属之国与格国邻近，由此推断，他很可能是晋国人[31]。谢尧亭也认为从倗生簋来看，此倗生很可能是非姬姓晋人，是倗的外甥[32]。李建生认为倗生簋铭显示"格伯"在成周附近有耕田，"倗生""格伯"同为朝廷的王臣；大河口墓地之霸伯，并非在朝廷任职的"格伯"；倗生簋属恭王时期得到学界认同，与横水墓地 M1 倗伯夫人"毕姬"墓同时；倗生是毕国贵族，他供职于周王室；倗生不是晋人[33]。亭按：倗生簋铭文末有族氏铭文，显示倗生是"琱"族人。毕是姬姓，使用族氏铭文概率极小，因此倗生是毕国贵族这个结论是不正确的，而且毕属畿内采邑，严格讲不应当称国。

李学勤认为倗季鸟尊的年代是西周早期，也可能即横北村 M3 的盗掘品[34]。裴书研认为从纹饰看，倗季凤鸟尊时代在西周早期至西周中期前段，铭文中的"倗"字应为西周时期"倗"字的一个独立形式[35]。

2006 年考古队在《文物》上报道了横水 M1、M2 的青铜器铭文资料[36]。亭按：从两座墓葬出土的青铜器铭文来看，没有发现毕姬自作器；除了肃卣外，都是倗伯作器。肃卣未必是倗氏家族青铜器。毕姬死后享有的荣宠可能与其夫早亡，她有功于倗氏家族有关。M1：205 倗伯爯簋的铭文显示，倗伯爯有功于王室，其纪年非常重要。

吉琨璋等认为传世的倗仲鼎与横水 M1、M2 出土鼎的铭文"倗伯作毕姬宝旅鼎"的书写格式及内容均相似，时代应大致相同，倗仲与 M2 的墓主倗伯可能是兄弟或同族的伯仲关系。倗伯簋的时代稍晚，可能是另一代倗伯。倗伯不仅是家族的族长，而且是周王室的行政大员，倗伯就是爵称。M1 墓主是姬姓女子，嫁入非姬姓国家，除了部分地接受了倗国的葬俗外，还保持了母国的葬俗文化，例如仰身直肢、使用棺饰荒帷、用整齐的礼器随葬等[37]。亭按：目前并不能证明倗伯是周王室的行政大员。毕姬似乎也并不是保持了母国的葬俗文化，因为横水墓地的女性墓主一般都是仰身直肢；帷荒的使用是西周的礼制，与母国关系也不大；所谓整齐的礼器随葬也是周文化的特征。

杨亚长认为如同单氏家族一样，毕氏亦为西周时期的名门望族，毕鲜簋铭文证明，恭懿时期的益公当为毕氏，就像成王时期的单益公一样，此人亦当为一代毕公，即毕益公[38]。亭按：毕公见于成王时，单益公亦见于成王时。那么毕与单都可以追溯到成王时期，单是否由毕氏分出，只有逨盘的"盠父"与盠方彝的"盠"为媒，由此把单氏和益公串联起来。毕鲜簋又将益公和毕氏串联起来，这样益公、毕氏和单氏就挂上了钩。其实毕氏的采邑也可能后来为单氏所有，单氏后裔称毕氏，此单氏的毕和原毕氏可能非一。另外，盠和盠父是同一个人也属推测，即益公和单氏也未必一定有关联。生称益公与谥称益公是否一人，也属未知。

杨亚长认为益公为氏名的说法不能成立，"益"是溢美之词。他认为韩巍说益氏为姜姓，非是。毕鲜簋铭文中有"毕鲜作皇祖益公尊簋"，益公为一代毕公，字和谥称益公，主要活动在恭懿时期。佣伯再簋铭文中有"益公蔑佣伯再历"，载有益公名字的铜器随葬于毕姬墓中绝非偶然，益公极有可能就是毕姬的父亲，亦即佣伯再的老丈人[39]。亭按：毕公谥称益公是对的，但生称益公和毕公不是同一人，益公不是一代毕公。

张天恩认为冒鼎铭文反映的当是冒受晋侯之命追击来犯之敌，至其边鄙之佣地而有所获。研究者以铭文所记事件为恭王前后晋、佣之间发生武力冲突的认识，恐有未安[40]。

贾海生认为伯喜父卣中的"伯喜父"为佣母作器而王宗亦受其用，受器者与受用者不一致，反映了宝簋之作是为了祔新死者佣母于王宗，欲使佣母连属于王宗[41]。亭按：此为过度解释。铭文并没有表明佣母亡故之意，"王宗"即宗庙之意。作器于某人以祭祀于宗庙是通例，并无特别之处。

董珊认为在肃卣铭文中，"大宫"应指代肃和伯氏所属的大宗之族长，是更高等级的贵族，所以能和周王说得上话。大宫极有可能是指佣伯，很可能就是《穆天子传》中的邢伯絮。伯氏和肃是佣公室中的小宗，大宫为这件区区小事就烦扰周穆王，似说明周穆王此时正在佣国。诸侯贵族对其领地的庶人都只有治民权，没有人身所有权，因此不能随意降低庶人的等级[42]。

李学勤认为横水 M2 卣铭中的"伯氏"确是器主之兄，他很可能便是横水二号墓的墓主邢伯。据卣铭末句，当时周王东征，正在成周，即今洛阳，距离绛县一带不远。从卣和同出器物的形制特点看，这位周王应该是穆王。由邢伯赐其弟仆六家引起的这场纠纷，说起来似乎算不得什么大事，最后竟要由周天子出面判决，而且还正处于东征戎事的时候，是很值得思考的[43]。亭按：此"伯氏"未必是二号墓墓主邢伯，此铭反映的事件有两种可能，一种如李先生所言是佣国之事，一种可能是畿内采邑或别国之事。从铭文末句来看，此"伯氏"更可能是畿内之伯，之所以此卣埋藏在横水二号墓，或有各种原因，铭文不能证明此卣是佣氏家族之器。伯氏是大宗，渊当是小宗，应该都在畿内，所以才上报到王那里。但无论如何，西周时期，王朝对诸侯国的事务拥有干预的能力则是千真万确的。

杨坤认为肃卣铭文中的"复"，当读为"覆按"之"覆"。东征者，穆王征徐戎也。"有王东征"，盖以金粟助役，未必从行也[44]。

王宁认为肃卣铭文中的"兴邑"当是肃的邑名，"我兴邑"是肃自言其采邑。泽叔、再父、抚父均是王派遣来参与这次诉讼的大臣。"害义"即"曷议"，应无争议。被挑选出的六家要到肃的兴邑为仆，但是六家皆以正服重丧为由，拒绝到肃的兴邑，因此肃为了维护自己的权益和六家打起了官司，一直打到了王那里。贵族竟然无力管理庶人，还要找王诉讼裁决，这个是比较独特的现象。但是六家为什么不愿意去则情况不明[45]。

吴雪飞认为肃卣此处的"称命"，与乞盉的"称公命"含义相同，指用命、行命。"偿汝"也即补偿肃，重新付给肃仆。西周的庶人有影响政治的权利。"竞谏"的含义是对伯氏的行为提出异议。"大宫"代为其"净"，终于能够影响到王之决定。西周政治中有对"义"之追求，"义"在此是一种政治思想[46]。

李凯认为佣为狄族，肃卣上被伯氏赏赐的"仆"来自"邑人"。这里的"仆"和"虎臣"一样，皆从事征伐之事，这些"仆"不是家内奴隶，而是从王征战的"仆"。肃卣铭文中，周王把"仆"交付给肃，似乎是补充人员军备。肃的地位相当于师氏一类的武官，"仆"应该是从事征战的夷仆。佣国并不是周王"胙土命氏"建立的封国，但和周王室关系紧密。肃卣铭文中的夷仆，来自"邑人"，这一群体有着特殊的政治地位。裁断他们意见的不是晋侯，也不是执政卿士，而是周王本人，这种待遇是非比寻常的，他们很可能直辖于周王。佣国有"邑人"，那就说明佣国存在"邑人"和非"邑人"的区别。肃卣中"邑人"的情况和国人类似：他们是自由民"庶人"，成为随王作战的仆从是他们的义务。佣国这样的戎狄部族不仅受到周王的重视，而且已在制度与组织上与周人的封国看齐。周王直接控制的佣国"邑人"，有渠道上达周王，也可视为周王对这支听命于自己的戎狄族众的特权。"伯氏"作为佣国君长，对"邑人"应该有管理权，但周王掌控调拨夷仆的核心权力。佣国的夷仆就是听命于周王的卫队；肃的身份应是管辖"四夷之隶"的"师氏"，由王任命[47]。亭按：作者所论多是，但所言佣不是周王"胙土命氏"建立的封国，与其中的很多论述有一定矛盾，例如"裁断他们意见的不是晋侯，也不是执政卿士，而是周王本人。这种待遇是非比寻常的，很可能他们应直辖于周王"。此外，铭文中的"邑"也未必代表城邑，按李学勤的看法就不是这样。其三，铭文中的"伯氏"大多学者认为是佣伯，我看此"伯氏"未必是佣伯，没有证据表明这件器物的主人肃和"伯氏"就是佣国人，他们完全有可能是成周附近畿内采邑之人。要把铭文中的"邑"释为邑人之"邑"，则更像是畿内的采邑。埋葬在佣伯墓葬中的器物未必都与佣伯家族有直接关系，正如大河口霸伯墓葬 M1017 中有佣伯器物，横水 M2158 中有鲁侯鼎、太保鼎一样，这种例子不胜枚举。

王进锋认为横水渊卣铭文中的"伯氏"为佣国国君"佣伯"，即横水墓地 M2 的墓主人，他是渊的族兄。渊卣铭文中佣国的昔等三人到成周向周王直诉，反映了西周时期的民众可以通过设立在都城中的路鼓、肺石等设施来向周王直诉[48]。

段双龙认为横水墓地 M1、M2 食器数量均大于酒器，是重食组合，但仍保留随葬大量酒器的殷商遗风[49]。刘树满研究了部分佣国青铜器[50]。

袁金平认为横水 M2158：148、149 簋铭的"宝朕簋"应读作"宝尊簋"，而不是"宝媵簋"。将 M2158 盘盉铭文中的"王姊"理解为周王之姊，经不住推敲。"王姊"若为周王之姊外嫁佣伯为妻者，芮伯应称之为"王姬"才是，而绝非"王姊"。芮伯所称"王姊"者，当是芮伯之姊，而非周王之姊[51]。亭按：横水 M2158 的年代在穆王早期，昭王当政 19 年崩，其子穆王继位，"王姊"出嫁时，穆王为周王，芮伯完全可以称王室出嫁之女、穆王之姊为"王姊"，不必拘泥于文献非称"王姬"不可。

孙敬明认为横水 M2158 出土的太保鬲最有可能为召公所铸，推断 M2158 鲁侯鼎的时代与"太保铸"鬲相当，而这位鲁侯最有可能为鲁侯熙。陕西宝鸡戴家湾所出鲁侯熙鬲与山西绛县横水出土鲁侯鼎，乃迄今所见，鲁国西周早期铸造，且出土时间、地点明确的两件青铜器。这对研究鲁国与西周王室、诸侯封国例如佣、芮、匽等的关系，是极为珍贵而科学的资料[52]。

杨勇伟认为与横水青铜短剑人首纹最为相似的是华县东阳与长沙金井出土的短剑[53]。刘树满认为西周时期，晋南地区的青铜文化面貌总体与王畿等地区保持一致，尤其在西周早期，无论器物形制、纹饰还是组合关系大都基本相同。从西周早期后段开始，晋南地区以晋国为核心的青铜器开始展现出自己的特点，独特的器类，生动的动物、人物造型以及相对滞后的纹饰使用等都成为这一地区的主要风格。晋南地区西周青铜器在发展过程中出现了两次转变，第一次是西周早期后段至西周中期前段，约在昭穆时期；第二次是西周晚期前段，约在厉王前后[54]。

3. 婚姻关系

李学勤认为倗、毕互通婚姻。倗与南宫氏缔婚，虞也同南宫氏通婚，如西安市文物保护考古所的一件鼎，铭文有"吴（虞）王姬作南宫史叔飤鼎"。西周中期偏早的冪仲壶铭文中有"冪仲作倗生饮壶"，该器来自山西，冪当为在榆社的箕。格伯簋铭也有"倗生"，时代略晚，不一定与壶铭的"倗生"是同一人；格即格氏，在河南荥阳以北，曾和晋通婚[55]。亭按：西周晚期的这件鼎铭反映的是吴（虞）同史叔联姻，而非与南宫氏联姻，史叔服事于南宫氏。与晋通婚的格很可能就是霸，荥阳的格氏晚出。至于倗生簋中的格伯与倗生的交易虽在成周进行，但此二人不必邑于成周附近。没有其他证据能说明媿氏之倗生与格伯在王室供职，并在成周附近畿内有采邑。

韩巍认为倗毕互婚。传世的倗生簋年代也在恭懿时期，器主倗生是妘姓珇氏族人、倗氏的外甥，说明倗氏还曾与关中的珇氏通婚。倗生可能是冪仲同宗的长辈，由此看来冪国也曾与倗氏通婚。目前所见与倗氏通婚者以王朝世族为主，包括定居关中的姬姓世族毕氏、南宫氏、成氏，以及妘姓世族珇氏，此外还有远在山东的姜姓小邦冪国[56]。毕姬墓规格高于倗伯，究其原因，大概是因为毕姬的娘家毕氏是任职于王朝的大世族，地位远远高于倗这个附庸小邦。倗氏作为晋国的附庸，却与王朝贵族通婚，这或许是寻求外援以摆脱宗主国控制的一种举措[57]。

陈昭容认为倗国娶周王室大贵族毕公家的姬姓女子为妻，也将本家女子嫁入毕公家族，经由联姻往来，融入华夏主流社会，这是倗国部族华夏化的一种方式。M2墓主倗伯夫人拥有精美的荒帷作棺饰，也有丰厚超越其丈夫的礼器及繁缛华丽的组玉佩等玉器，这些应该与她的母家是姬姓贵族有关。墓中还出有13件三足陶瓮，这种西北民族的日用陶器，出现在姬姓倗伯夫人的墓葬中，是两种相异文化交会的又一实例。从冪仲壶铭文看，冪仲为倗生作器，大概倗生的母亲与姜姓冪国有联姻关系。以良马和格伯交换田地的倗生，他母亲婚嫁夫家，从铭末族徽看，也可能是妘姓珇氏，至于格氏所处约在荥阳附近。媿姓倗氏族群从西周早期已经开始走上华夏化的路程[58]。

谢尧亭认为目前已知倗国与毕、成、扰、番、𢎙、南宫、虎、义、晋、芮、刞、周王室等国族存在联姻关系[59]。陈昭容认为横水M1006：20、21仲旬人作刞姬盘、盉，刞可能应该读为姪，推测姪姬或许就是倗伯作芮姬簋中的芮姬之姪，仲旬人所制作的盘与盉，铭文与倗伯作芮姬簋十分相似，说明这套水器是在姪姬的夫家倗氏家族制作的，而不是从母家带来的媵器。"仲旬人"与墓主倗伯的关系，尚待考察。"南宫倗姬"，这种将母家氏与夫家氏并列且母家国族列在前头的例子也甚少见。北赵晋侯墓地M91出土伯喜父作倗母宝簋，伯喜父的母亲正是倗氏人。从倗生簋的铭末族徽看，他的父亲是妘姓珇氏人。与倗生交易的格伯，为"格氏之长"，过去学界对于"格氏"这个族群的地望，有很多推测，现在根据谢尧亭的研究，"格"正是大河口的"霸国"。倗生的父亲妘姓珇氏主要活动在陕西周原齐家村一带，而"格伯"所处霸国的位置就在离倗氏不远的大河口。珇与格（霸）两地相去甚远，看来这位以良马和"格伯"交换土地的"倗生"，似乎是在舅氏母家活动，这桩交易才可能成立。倗氏急切地娶入姬姓女子，有助于学习华夏文化，与华夏社会交流，而姬姓芮国并无此逆向的需求。西周晚期晋国嫁女儿晋姬给倗伯（横水 M1016 倗晋生鼎）[60]。亭按：凬姬与芮姬二女性称谓同出于一墓之器上，前者男性是仲旬（筍）人，后者是倗伯，作者的这个推测很有新意。但凬作为一个国族来解释也可以说得通，姬姓之凬，或即宜国。倗母似也可理解为倗氏女子的尊称或美称，其为伯喜父之妻。琱氏活动于周原，格氏过去认为在河南荥阳，主要依据的是战国材料。以他们同在畿内立说，格氏与琱氏既然可以发生土地交易，说明其相距不远。今以格氏在大河口，与周原琱氏依然很远，琱氏是否有一支在晋国也属推测。

4. 人群的归属和墓地的性质

高嵩认为"媿、狄、九"三位一体[61]。田建文等认为横水墓地是一处倗国墓地，倗伯的"伯"属爵位，倗国为异姓诸侯国。晋国自武公开始，大兴灭国之风，先后吞掉了霍、虢、虞、冀、黎、郇、董、韩、芮、魏、耿、贾、杨、沈、姒、蓐、黄等 17 个国家，史籍中均能找到线索[62]。亭按：据记载晋献公时已"并国十七，服国三十八"[63]，以上所举有很多不是晋武公、献公时灭国的。灭韩似是晋文侯时事，芮未被晋国所灭，沈、姒、蓐、黄灭国要晚，不在此时，其地可能在今霍州以北，不在晋南，17 国未必是指此 17 个国家。且郇、荀并非一国，先贤已经论证，此不赘。

李学勤认为从倗伯及其夫人大墓的规模看，倗伯显然具有国君身份。这个倗国，就是文献中的郥国。虞国在山西平陆，芮国在陕西大荔，虞、芮之间的郥，国境也可能有变迁，向北延伸到绛县西部横水一带。猜测隗就是媿姓的倗（郥），不过是一国而两名[64]。

宋建忠等认为横水墓地应是一处"倗"国墓地，"倗"应是地名、国名或姓氏，倗伯之"伯"可能是爵位[65]。吉琨璋等认为横水墓地是一处倗国墓地[66]。韩炳华认为至少自商代至西周中期倗一直存在，它可能是爵位较低的一个小国，猜测倗可能就是史书记载的彭姓后裔。毕原属任姓，与犬戎同系，后来的魏国实为任姓之毕而非毕公高之毕。横北墓葬也有一定的殷文化因素，这可能与"怀姓九宗"有关。怀姓九宗中还有一种部族，即殷遗民，入周以后分与唐叔，而后分居各地，作为晋国地方政权。至于《国语·郑语》及《左传》等不记倗，可能就是因为倗从属于晋[67]。亭按：倗与彭古音可通，并不能证明倗即是彭，彭不在晋南。商代至西周初魏国似当为媿姓，毕万据有魏地在春秋时期，应为姬姓，与倗伯器的毕媿无关，此毕当时也不在晋南，确实是姬姓的毕公高之毕无疑。西周毕氏当在关中畿内。内外传不记录倗的原因并非如作者所言，春秋之书不记西周小国本很正常，像《穆天子传》[68]所记录的数十个小国族，并不见于《左传》和《国语》等书。

李零认为"倗"读"冯"是没有问题的。"国在虞、芮间"，正与魏邻近，而魏从鬼声，也让人联想，这个地名会不会与冯氏所出的鬼方有关。当然，我们也不排斥，魏氏之后，或有与冯氏共处，而以同一地名为氏称为冯者。冯氏乃是源出河宗氏的正宗嫡脉，肯定是怀姓九宗中最重要的一支[69]。亭按："国在虞、芮间"这个记载正好说明倗可能出自古魏国，古魏国为媿姓河宗氏，绛县横水墓地的倗氏，可能是从商代晚期到西周初年就存在于今芮城的古魏国迁徙而来。春秋时晋献公灭魏，分封予毕万，即姬姓之魏，而封毕万之前西周的魏可能也是姬姓之魏[70]。西周初年倗氏族群可能是从魏分徙于横水一带，而为倗氏或倗邦。在芮城古魏国地一定有商代晚期媿姓魏国的遗存，期待将来的考古发现，这样或可解决倗国族群的来源问题。

田建文认为虞、芮两国之间不可能再冒出一个倗（郥）国。"虞、芮之间"离横水一百多公里，且有中条山阻隔，其北还有魏、荀、董等国，"郥"国境不会越过这些国家延伸到此的。倒是可以理解为，郥作为一个家族名（氏），在虞、芮两国皆有其成员。隗有可能有与"怀姓九宗"一样的历史背景，不为周所承认和管理，或与周的关系比较疏远，还没有通用或正式的国号，只能以姓氏代替了。即便这样，隗也绝不可能是已经达到"约定俗成"的"倗"这个国家[71]。亭按：文献所记倗氏"国在虞、芮间"（出自《世本》），有可能是指倗氏所出的古魏国而言。古魏国处于虞、芮之间，虞、芮二国未必不能接壤，因此不能以虞、芮争田来否定倗在两国之间。田氏言魏在中条山北，不知何据；说两国皆有其成员，乃是猜测之词；田氏说还没有通用或正式的国号，只能以姓氏代替等，未免猜测过度。其实在晋国周围分布着不止一两个媿姓国家或国族，文献以隗代替称呼此族群的原因可能是因为其既多又小，不便一一列举，而非没有通用或正式的国号。田氏说隗不为周承认和管理，或与周关系疏远等等，横水 M2 和 M2158 等相关的青铜器铭文已经证明并非如此。

马保春认为倗国在西周时期可能一直存在，后来即使从属于他国，政治地位仍是相当高的。绛县横水的倗国乃是"鄗伯絮"之国南迁的结果，抑或是随着穆王的回归而内迁的。关中西部似有倗族的踪迹[72]。

韩巍认为倗氏就是周初分封给唐叔虞的"怀姓九宗"之一，属于晋国的附庸。倗氏与"鄗人"可能有族源上的关系，但到穆王时期已分为两个不同的部族；推测倗氏的祖先可能居于河套一带，后来其中的一部分迁居于晋南，即为倗氏，留在原地的后裔就是所谓的"鄗人"[73]。亭按：横水墓地资料显示，在晚商时期这群人即受到商文化的强烈影响，恐怕不是到穆王时期才分为两个不同的部族，一部分迁居晋南，即这种分化至少可以追溯到商代晚期。

韩巍认为横水 M2 墓主倗伯的俯身葬也可能来源于商文化。以往西周墓葬殉人以女性和男性少年儿童居多，应该是服侍墓主日常生活的家内奴隶，倗伯夫妇墓大概也不例外。倗氏早先应是居住在黄河附近的戎狄。山西地区曾经是商文化的势力范围，武丁时期曾多次对西北方国大举用兵，倗氏可能被商人征服，从鬼方分离出来，并长期臣属于商，文化上受到商人影响。殷墟二期以后，商人势力迅速从西北撤退，倗氏及其他方国遂趁势脱离商人控制。周人崛起东进之后，倗氏又转而臣服于周，其作为"怀姓九宗"之一，被分封给晋国作附庸。晋南地区仍在西周王畿之外，本区内不称"侯"的国族，应该都是当地土著，其中有些是姬姓诸侯的附庸。倗氏就是晋国的附庸，其地位要低于一般"诸侯国"，因此我们不称其为"倗国"。冒鼎铭文显示，晋国军队可以自由地在倗氏的领土上作战，这正是宗主权的体现，倗地应该还是在晋国的控制范围内[74]。

张永山认为倗族最早出现在甲骨卜辞中，倗为媿姓国。倗生簋反映倗生与格伯二人是在成周时进行的这笔交易，从格伯作晋姬宝簋来看，格伯不是姬姓的王臣，但他与晋国的关系甚密，立国于山西还是河南尚难确定。魏原在西土，周初武王时迁至虞、芮之间。"怀姓九宗"只能是晋国疆域范围内的"怀姓九宗"，"怀姓九宗"是晋国的臣民，媿姓的倗国不是晋的属国[75]。亭按：其说多是。但宰倗父、仲倗父未必是倗国人，"倗父"是人名之字，非国族或地名，与倗国无关。倗生只能说明其母是倗国人，倗生则绝不是倗国人。

张天恩认为横水墓地所代表的，可能是晋国卿大夫级的家族，而不是由周天子直接赏赐或封赠的采邑发展起来的封国[76]。谢尧亭认为横水墓地的墓主属于戎狄，存在于晚商时期，并受商文化影响严重，或者在晚商时期它就是属于商王朝统辖的一个方国；推测应是西周初年分封时从他处迁来横水一带的，从哪里迁来，目前还不清楚。横水墓地发现大量的宗周文化因素，与倗国接受周王朝的分封和统治有密切关系。有作者认为"倗国应当是王畿范围之内的封国"的认识是错误的[77]。

田伟认为以横水墓地为代表的遗址规模较小，非诸侯国，将其定为怀姓九宗某一支的采邑更为恰当，其墓地当称为倗伯墓地，称其为国并不恰当[78]。张天恩认为横水墓地是晋国卿大夫的家族墓地，附近应有其采邑，倗充其量为晋之附庸[79]，倗氏是晋国的"怀姓九宗"之一，属晋国境内的采邑[80]。

谢尧亭认为倗伯与霸伯之"伯"均为排行之称。至迟在晚商时期，倗、霸这两个媿姓族群可能已属于商王朝的封国，他们与商王朝可能属于同盟关系。佣、霸既不是所谓的"怀姓九宗"，也不是晋国的采邑，更没有证据表明他们是晋国的附庸[81]。李建生认为《国语·郑语》所指"隗"就是佣国、霸国，佣伯之"伯"是爵称[82]。

吉琨璋认为有学者通过金文资料分析，认为佣是媿姓，是怀姓九宗之一，这个结论是正确的。同时又认为佣可能是一个有着相对独立地位的小封国，是晋的附庸。晋、佣、霸的关系，是一种松散的联邦关系，晋为区域内的盟主，这些族属作为臣服于晋的小国，处于晋国的疆域内，受晋监管，但有相对独立的空间和自由[83]。亭按：此文一边承认佣是分封给晋的怀姓九宗；一边又说是周王室册封；又说是联邦关系，晋是盟主，为晋之附庸。怀姓九宗是晋国之民族，相对独立的附庸却又为周室册封，似乎在强调晋、佣之间若即若离的关系。但西周时期晋是不是盟主，佣是不是附庸，并无确证。

刘绪认为佣当是怀姓九宗之一。在现知带墓道的西周墓中，凡墓主身份明确的有两类人物，一是各国诸侯（包括与之并穴而葬的夫人），如卫侯、晋侯、燕侯、邢侯、应侯等，河南鹿邑太清宫长子口墓也属此类；二是王室重臣和重要采邑之封君，前者如沣西井叔墓（M157和M170等），后者如宝鸡茹家庄弓鱼伯墓、横水佣伯墓等，山东高青陈庄两座带墓道的墓属此类[84]。亭按：宝鸡茹家庄弓鱼伯墓，是畿内还是畿外，存有争议。说其是畿内，一是称伯，一是距离周原很近，但其墓葬显示的文化因素比较复杂[85]，在发现的众多青铜器铭文中似乎也未提到畿内有此伯。说横水佣伯墓是重要采邑之封君的墓，这个采邑显然指的是晋国的采邑，我们不同意这种认识，西周畿外诸侯国当时恐怕尚未产生到东周才出现的国内"采邑"。山东高青陈庄的两座带墓道的墓，墓主究竟是什么人，存在较大争议，墓主是齐公之后，但与战争有关[86]，理解其为采邑，实在太小，似乎尚有研究余地。

刘树满认为佣国应属王畿范围内的诸侯国，而并非晋国卿大夫，佣国或为怀姓九宗的一支[87]。亭按：佣国不属于王畿范围内的诸侯国。佣国若是畿内，则虞国更应该在畿内，那么如何来解释虞侯的称呼呢？又说其为怀姓九宗的一支，言下之意怀姓九宗的这一支也在畿内，那么怀姓九宗的其他几支在不在畿内呢？照此逻辑，晋国也应该在畿内了，因为怀姓九宗是晋国的族群。这种说法使人不可理解。

谢尧亭认为佣和霸应是拥有独立主权的小国，即便像有些人提出的它们是附庸国，也必须承认它们是国。大河口狄人族群与横水狄人族群的源头可能在晋陕高原黄河两岸，但他们何时迁到中原商文化区尚不清楚。媿姓狄人与中原华夏族群之间的差异，更多的是文化上的差异，而不是生物特征上的差异[88]。

韩巍认为包括佣、霸两族在内的"怀姓九宗"应该是商代晚期周人东进扩张过程中所征服的鬼方部族，甚至有可能就是王季俘虏的"二十翟王"之后。佣、霸不应称为"国"，而应称"佣氏""霸氏"。"怀姓九宗"与"殷民六族""殷民七族"不同，很可能长期保持"晋臣"与"王臣"的双重身份，周王和晋侯对其都享有一定主权。"职官五正"在分封之前就已存在，是周王设立的专门管理"怀姓九宗"的官员。晋国对"怀姓九宗"采取了与其他诸侯国对待殷遗民不同的安置方式，即分散定居于都城周围有一定距离的采邑之中[89]。陈昭容推测佣伯媿姓，应是怀姓九宗之一，佣氏在西周中期可能有举足轻重的地位[90]。李建生认为佣、霸不是所谓的"怀姓九宗"[91]。

蔡运章认为商周金文中的佣国，就是著名的河伯冯夷以及后来在其故地上居住的媿姓国族，佣国实即古史中的冯国。他说李零认为佣伯即冯伯是正确的。夏商西周时期的冯夷国族，生活在以今山西垣曲诸冯山为中心的黄河两岸，垣曲商城遗址可能就是河伯冯夷部族早期的都城。商代晚期和西周早期的佣国铜器，可能就是姜姓河伯冯夷部族的遗物。而西周中晚期的佣伯、佣仲诸器，大多都是媿姓冯国的遗物。媿姓佣国，可能就是《国语·郑语》所说的蒲国[92]。

张海认为至迟在五帝时期，鬼方已经定居在今山西南部和东南部。大概在武丁克鬼方以后，此族就此分化成两部分。有了部分鬼方人的臣服，商王朝的势力从此进入了晋南腹地，使它在今山西省南部拥有了一支重要的同盟力量，可以缓解来自北方和西方的其他异族的压力。鬼方后裔怀姓九宗，分布在晋国都城的周围。此倗氏应是怀姓九宗下的一个族氏，其称"伯"不能成为它是封国的证据，它实际上是姬姓晋国的外围据点，并不是诸侯国，其地只能算是晋国的属邑。《国语·郑语》提到的隗国可能就是媿姓诸宗的封邑，后世人已不了解当时情况，便在文献中将之统称为"隗国"[93]。亭按：所谓"后世人已不了解当时情况，便在文献中将之统称为'隗国'"，只是作者的猜测之词，没有道理。

杨晓丽认为倗、霸应为周初迁封到晋南的，联系周康王时期的小盂鼎铭文对鬼方大规模征伐的记载，猜测倗、霸的分封很可能是这次征伐的结果。倗、霸，不是怀姓九宗，而是被分封的媿姓狄族[94]。

张海认为西周中期之冒鼎（《铭图》02395）铭有"晋侯命冒追于倗"，故倗乃地名，且在晋侯的辖区之内，因此倗氏极有可能是"怀姓九宗"之一宗。目前的铜器铭文材料，并未有倗氏之宗子具有"邦君"地位的证据，似将其性质定为晋侯辖下的异姓世家大族为妥。假使倗为一邦，也应类似于《论语·季氏》篇中提到的"颛臾"，乃是附庸于大邦下的小邦。益公为王室大臣，倗伯作为晋邦所属的贵族，亦可在其人手下任事，表明西周时期贵族的从属并非那么严格按照"王、邦君、臣属"的体系，也就是说王室大臣可越过邦君任用其辖区内的贵族，中央政权可直接影响地方各邦内部诸贵族的仕途[95]。亭按：冒鼎铭文并不能证明倗在晋侯的辖区之内。即便按作者所云，但在天马—曲村遗址出土的晋国青铜器铭文上没有见到类似的铭文，考古上似乎也没有证据，其下的注释也并不能说明此问题。

李零认为冯氏即郮氏，郮氏即西周金文中的倗氏。魏之称魏，可能与倗出媿姓，居鬼方之地有关。魏在山西芮城，本来是芮国的都城，他怀疑芮封芮城之前，这里本来是鬼方氏媿姓的地盘，魏字从鬼，可能与媿姓即后来的隗氏有关[96]。

5. 科技考古研究

南普恒等认为横水墓地出土的大部分青铜器可能是在绛县或侯马附近加工铸造而成[97]。亭按：这个测试和分析似乎具有局限性，样品较少，对比样品太少，应该在大范围、多样品比较的基础上得出结论。横水墓地在西周时期不大可能独立铸造青铜器，这种结论或许具有一定的偶然性。

杨益民等研究了横水 M2161 的一枚绿珠，经 X 射线衍射分析确认为绿松石质。该绿松石珠曾经历转动磨盘机械打磨的过程，石珠在打磨中曾经历粗磨和细磨两个阶段，其磨盘中心的相对位置皆保持不动。石珠的穿孔两端并不对称，穿孔内壁分布有螺旋纹，为空心管钻配合解玉砂高速旋转对钻而成[98]。

杨益民等从横水 M1011：58、M1011：62 这两件铜器内底选取土样和黑色薄层各一份，作为分析样品，采用快速溶剂萃取法（ASE）和高效液相色谱技术分析研究，认为这两份土样中有酒石酸，据此推测，这两件铜器在下葬时应盛有酒[99]。

秦颖等认为横水墓地同一墓葬男性墓主比殉人或殉狗的骨铅含量要高。女性和平民的骨铅含量低。男性墓主骨铅含量总体是随着墓葬级别的增高而增高。同一个体中，不论是墓主还是殉人，骨骼的铅含量均比牙齿的铅含量高[100]。

马颖等认为横水 M1 荒帷印痕样品为平纹织物，质地较均匀。测量结果显示，单根纱由 4—6 根生丝组成，经纬密度大约为 38×24 根 / 平方厘米。纺织物上的红色颜料为朱砂，黄色颜料推测为黄赭石；荒帷的红色颜料应添加了淀粉类黏合剂石染而成 [101]。陈华锋认为横水西周墓地的荒帷纺织材料为家蚕蚕丝 [102]。

谷舟等分析了横水墓地 M2161 出土的一颗浅蓝色穿孔釉砂珠，认为釉砂珠的胎料为研磨很细的石英颗粒，结构较为紧密，明显不同于西方釉砂的内部结构，暗示该釉砂珠不是源自西方的舶来品。其制作工艺为，首先围绕圆柱形内芯制作石英胎，直接施釉法上釉，完成烧制后去除内芯 [103]。

南普恒认为横水墓地青铜容器的合金以锡青铜为主。合金的锡含量多处于中高区域，低铅是其最显著的合金特色。青铜兵器的合金特点是主要使用高锡锡青铜及低铅中锡的铅锡青铜，基本不使用类青铜或纯铜及铅青铜。三件工具主要使用含锡中等的锡青铜和低铅中锡的铅锡青铜，车马器大多使用中锡青铜，兵器和工具含锡量略高于容器和车马器。这批青铜器的合金以中锡青铜为主，低铅铅锡青铜也占相当的比例。横水墓地锡青铜比例高于铅锡青铜，低铅特征十分显著 [104]。

南普恒等认为横水墓地青铜器中所含的矿石铅多数都在普通铅范围内，仅一件器物含高放射成因铅。晋南天马—曲村、横水和大河口三墓地青铜器所含矿石铅均具有相似的铅同位素特征，说明其矿料来源相同；锡料的来源也应基本相同 [105]。杨益民等通过对横水 M1011 ：121 铜簋内残留物的检测分析，推测铜簋原曾盛有煮熟的大米及肉类——"羹" [106]。

宋建忠等认为，锡青铜和低铅的铅锡青铜是横水墓地青铜器的主流合金。低铅是横水墓地青铜器最显著的特色。横水墓地青铜器制作技术以铸造为主，辅助以冷热加工工艺。其合金材质以低铅高锡的三元铅锡青铜和高锡的二元锡青铜为主流，合金强度较高，铸造缺陷较少，材质优良，制作技术成熟，水平较高。横水墓地、大河口墓地及晋国遗址的锡器具有相同或相似的铅同位素比值特征。横水西周墓地青铜器的微量元素组成较接近于内蒙古赤峰林西大井铜矿，其铜很可能与北方铜矿带有密切的联系。横水墓地青铜器应在本地铸造而成，其铸造地点或区域应与侯马铸铜遗址相距不远。横水分析的纺织品均为麻纤维织物，属天然纤维素纤维，分为苎麻和大麻两种 [107]。

宋建忠等分析了横水墓地四件纺织品，认为均为麻织品，分为苎麻和大麻两类，均为平纹组织。说明商周时期主要以大麻纤维作为粗麻布的纺织原料，以苎麻纤维作为细麻布的纺织原料 [108]。

王伟对横水墓地的人骨进行研究后认为，横水墓地墓主在青年期、壮年期和中年期较易死亡，壮年期是死亡高峰期。男性与女性的比率是 1.2 ：1。西向人群和东向人群体质特征较为接近，同时也存在着不可忽视的差别。横水墓地颅骨与现代蒙古人种比较，横水墓地西向人群与东亚蒙古人种、南亚蒙古人种具有较多的一致性，东向人群体质上与东亚蒙古人种具有较多的相似性。与亚洲蒙古人种近代组比较，横水墓地西向和东向人群与东亚蒙古人种组接近，而与北亚蒙古人种组疏远。横水西向人群一般与瓦窑沟组、大河口组、殷墟中小墓 II 组具有更为密切的亲缘关系，而横水东向人群一般与乔村合并组和上马组亲缘关系最为接近。横水墓地西向人群和东向人群身高上具有相同的特征：男性身高中等，女性身高较高。横水墓地西向人群与东向人群为两个不同人群，他们在体质上较为接近，但同时保持着各自人群的特点。倗国西向人群与东向人群在体质特征上应属先秦古代居民体质类型的"古中原类型"，在时空关系上横水墓地两人群与大河口组、上马组最为接近；在亲缘关系的研究中我们仍然可以看出横水墓地东向人群与乔村墓地和上马墓地的古代人群亲缘关系最为接近 [109]。

李钊认为长子县西南呈墓地在古代对比组中，与横水组、瓦窑沟组、大河口组等相接近 [110]。赵惠杰认为先秦时期晋南地区古代居民体质特征与现代东亚蒙古人种存在较多相似性，亦具有一定的北亚、南亚蒙古人种特征。绛县雎村墓地与横水墓地在人群体质特征上也较为接近，体质特征上与"古中原类型"存在较多一致性[111]。

程虎伟等以横水墓地青铜器三维扫描为例探讨了三维数字技术在古代青铜器保护中的应用问题[112]。

秦颖等通过对横水墓地出土的 65 件骨骼和牙齿样品的铅含量检测分析，认为高等级墓主牙齿和骨骼的铅含量与同一墓葬的殉人不同，遗骸骨铅含量的差异与其生前的社会地位明显相关[113]。

孙语泽认为横水墓地的殉狗主要以 C4 植物类食物为主食，辅以一定的动物蛋白。其食物可能来自粟黍农副产品和人类残羹，体现出了家养动物的食谱特性。此外，殉狗内部存在着 C4 植食和 C4 杂食两种食物结构类型。横水墓地先民食物结构中的主食主要来自 C4 类的粟、黍农作物，肉食主要来自以 C4 植物为食的家畜，但该墓地人群内部存在着食物资源分配的差异。粟作农业、家畜饲养和渔猎共同构成了横水墓地倗国先民的生业经济，其中前两者，尤其是粟作农业占有很大的比重。水稻可能是横水墓地古代人群祭祀或陪葬时所用的食物，但不是人们日常食谱中的主要组成部分。墓主普遍比殉人获得了更多的动物蛋白。庶人普遍摄入更多的 C4 植物，而贵族日常餐食中的肉食比例明显多于庶人。倗伯墓殉人与非倗伯墓殉人之间也存在着非常显著的食性差异，表现在倗伯墓殉人与非倗伯墓殉人分属两个营养级，前者明显摄入更多的动物蛋白。殉人的摄食特征与其所属墓主的等级存在稳定的对应关系，倗国的殉人或许在生前就是倗国古代社会中的一个固定阶层。身份、等级和时代的变化才是影响食性差异的原因[114]。亭按：看来殉人的身份是家臣或家奴的可能性较大，殉人与墓主具有一定的依附关系。

6. 其他研究

吉琨璋等认为至少在西周中期以前，晋国的疆域范围还没有越过绛山。倗伯称"伯"，倗国应当是王畿范围之内的封国，横水"倗伯"的发现表明，西周时期的王畿范围需要重新界定。他们推测在晋南地区，西周时期"伯"与"侯"的分界线是峨嵋岭—绛山，"伯"在分界线以南，即涑水流域的运城盆地和中条山与黄河之间的山前坡地，当属王畿之内；"侯"在分界线以北，即汾河下游谷地，"侯"应该被分封在王畿以外[115]。亭按：此说不确，张天恩等已著文论证过这个问题。

马保春也认为倗"伯"大墓所在的地区应当属于王畿的范围[116]。张海认为成周王畿的北限应该以黄河为界[117]。

陈昭容认为不论是横水 M1 的五鼎五簋还是 M2 的三鼎，皆是杂凑而得，非成套礼器。西周时期倗国青铜器有一件銮铃，铭为"倗史"（《集成》12012），可能是倗国人在朝为史官者所有[118]。

谢尧亭认为横水墓地腰坑和殉牲的意义更多在于财富和地位而非习俗。殉人的地位有一定差别。男性墓葬使用仰身葬和俯身葬，可能与某种习俗有关，不应是人群的差别。横水墓地人群相对比较单纯，西向墓葬是人群的主体，高级贵族可以使用夫妻并穴合葬墓，个别陶器墓随葬青铜车马器或陪葬有单独的车马坑。东向墓主在贵族和庶民阶层中的地位都比较低。大河口墓地与横水墓地也可能属于同一文化的两个不同的类型。族墓地特征反映了西周时期血缘关系仍然是最基本的社会关系，族组织可能是当时社会基本的组织单位。横水墓地世袭贵族来源单纯，他们与君主具有密切的亲缘关系。横水墓地布局所反映的统治方式，不仅强调君臣关系，而且同时也强调宗法关系[119]。他认为横水墓地斜洞的年代下限不晚于西周中期偏早阶段，到了西周中期晚段就见不到这种特殊的构造了[120]。亭按：这种斜洞不适宜立柱下棺，为下棺的绳索穿孔可能比较合理。

谢尧亭还认为佣、霸这两个媿姓族群，至迟在晚商时期可能已属于商王朝的封国，属于同盟关系，受到中原商文化的巨大影响。在晚商时期，媿姓狄人的这些族群已经被商文化所同化。他们可能是被周王朝从其他地方迁移分封到这里来的。绛县横水墓地和翼城县大河口墓地，就不存在所谓的鼎簋制度[121]。谢尧亭还讨论了西周墓地的发掘方法问题[122]。

李建生认为横水 M1 佣伯夫人墓出土的高圈足陶簋或铜簋主要见于李家崖文化、晋陕高原黄河两岸晚商和西周遗存中。媿姓佣国是从黄河两岸狭长的高原山地迁徙来的鬼方后裔，商代晚期鬼方未必生活在中原地区[123]。

黄翠梅认为西周早、中期阶段在晋国、佣国等女性贵族墓葬中出土的梯形牌联珠串饰，应是延续自河套及燕山地带由红玛瑙珠、绿松石珠或各色料珠和穿孔海贝等组成的多彩串饰传统。它们的出现除了反映女性贵族的文化背景或原生族属外，还可能要从周人领域以北的地区寻找根源。横水墓地虽然受到周人青铜礼器系统的影响，但佣伯夫人毕姬墓中一次随葬多组穿缀了众多海贝并在骨牌上镶嵌绿松石的梯形骨牌联珠串饰，很可能与她来自势力强大的原生家庭，而佣氏又有欧亚草原文化背景有关[124]。

吉琨璋认为横水 M1 毕姬墓约三分之二的荒帷得以立体保存，玉石蚌质的圭、戈被缝缀在条状纺织品上，再搭附在荒帷之上。M1 出土玉石蚌质的圭、戈数量达 200 多件，主要集中在外棺的四周及顶端一周，达到饰棺目的[125]。

刘绪认为横水墓葬墓室东端的两个柱洞的功能，可能如照壁，抑或近似牌坊、门阙类设施，即文献中所谓的"屏"或"树"，总之，应属墓上标志[126]。谢尧亭认为横水墓地 M1 这位毕国公主嫁给佣伯以后，在一定时期曾经主持过佣国大政，拥有国家权柄，她极有可能当过佣国的国君，极有可能是目前所知中国文明史上第一位女君主。横水墓地殉人现象与主体人群推行的文化价值观有关，长期存在并根深蒂固的原因是某种文化价值观的束缚与禁锢，横水墓地的这种殉人现象说明它与大河口霸国墓地在宗教信仰观念上具有很大差异。斜洞的设置与下葬方式有关[127]。亭按：横水墓地的斜洞，延续使用到 M1011、M1、M2 这三座墓葬时，已被墓道替代，而柱洞延续时间较长，这三座带墓道的大墓墓室东侧都发现有柱洞。但大河口的斜洞只见于年代属西周早期的 M1 和 M8031，此后并未出现墓道，也未发现柱洞。

曹碧溪认为横水墓地 M1、M2，M1011、M1009、M1013、M1012、M1008、M1005、M1016、M1015、M2158、M2144，M2007、M2002 是夫妻异穴合葬墓。M2083、M2084，M2050、M2043 疑似同性异穴合葬墓[128]。

张海认为周人的墓向一般是南北向，毕姬在此墓地中是随夫家之俗，但保留了周人的仰身直肢葬式。而佣伯及其他许多中小墓葬不仅是东西向，墓主还以俯身直肢的方式下葬，这应是佣氏所出之族属的葬俗。按照贵族间的等级而言，毕姬嫁给佣伯乃是"下嫁"，这是西周时期贵族通婚中高等级女性贵族屈尊委身于比自己等级低的男性贵族的现象[129]。亭按：毕姬的仰身直肢与此墓地其他女性墓主的葬式一致，并非所谓"保留了周人的仰身直肢"。仰身直肢并非周人的独有葬式，其他族群同样可以使用，这样的例子不胜枚举。所谓"下嫁"曾有先生提及，作者并未注释，其实这种观点并不正确。当时的历史实况我们并不知情，这种"下嫁"之说难以使人信服，因为依此逻辑，周王的女儿嫁给一般诸侯或贵族都是"下嫁"，她们的墓葬都应该规模大、等级高，但事实并非如此。M2158 佣伯与周王的姐姐"王姊"结婚，并未出现这种情况。除了这种原因，应该还有其他可能性，例如该女子是实际权力的掌握者，或其儿子对母亲的尊崇等。不过值得注意的是，横水 M2、M2158 这两座墓的墓主倗伯都是俯身葬，前者的夫人是毕姬，后者的夫人是王姊，这种现象对于解释俯身葬的习俗无疑是大有帮助的。

张潇静认为横水 M1 夫人墓的级别要高于 M2 倗伯墓，这或许正是 M1 在晋国及周边有较严格的葬钟制度的环境下，可以随葬与其夫甚至早期晋侯数量相若的青铜甬钟的原因[130]。

三、结　语

绛县横水墓地发表的资料较少。此墓地发现的斜洞和柱洞是西周考古的首次发现，M1 的帷荒保存较好，甚为难得，且倗国族姓明确是狄人的媿姓，这在中原地区西周墓葬中是非常重要的发现。加之这个墓地是一处完整揭露的西周墓地，资料信息极为丰富，因此引起学界的高度重视。就目前的发现和研究来看，相关资料需要尽快整理发表；墓地和墓葬年代的认识比较一致；青铜器及其铭文发表有限，相关问题尚有很大的研究空间；倗国的婚姻关系已比较明确；人群归属和墓地性质，除了族姓明确之外，其余问题仍无定论，尚需进一步研究；科技考古研究在广度和深度上都有待拓展和深入；其他方面的研究都还较为薄弱，尚需加强。总之，横水墓地的资料对于推进西周社会和历史多方面的研究极具价值，需要学者们共同努力，不断探索。

1　宋建忠、李百勤：《绛县横水西周墓地：不为人知的倗国——发掘与保护：从艰难中创造完美》，《中国文化遗产》2006 年第 2 期。

2　宋建忠、吉琨璋、田建文、谢尧亭：《山西绛县横水西周墓地》，《2005 中国重要考古发现》，文物出版社，2006 年。

3　山西省考古研究所、运城市文物工作站、绛县文化局：《山西绛县横水西周墓地》，《考古》2006 年第 7 期；山西省考古研究所、运城市文物工作站、绛县文化局：《山西绛县横水西周墓发掘简报》，《文物》2006 年第 8 期。

4　山西省考古研究所、运城市文物工作站、绛县文化局：《山西绛县横水西周墓发掘简报》，《文物》2006 年第 8 期，第 9 页。

5　高炜、王岩：《帷帐形棺饰溯源》，《鹿鸣集——李济先生发掘西阴遗址八十周年、山西省考古研究所侯马工作站五十周年纪念文集》，科学出版社，2009 年，第 255 页。

6　(宋) 聂崇义纂辑，丁鼎点校、解说：《新定三礼图》，清华大学出版社，2006 年，第 600 页。

7　宋建忠、谢尧亭、王金平、李永敏、杨及耘、李建生：《山西绛县横水西周墓地》，《2006 中国重要考古发现》，文物出版社，2007 年，第 59 页。

8　谢尧亭：《晋南地区西周墓葬研究》，吉林大学博士学位论文，2010 年，第 85—129 页。

9　山西省考古研究所、运城市文物工作站、绛县文物局联合考古队，山西大学北方考古研究中心，中国人民大学出土文献与中国古代文明研究协同创新中心：《山西绛县横水西周墓地 M2158 发掘简报》，《考古》2019

年第 1 期，第 58 页。

10 山西省考古研究所、运城市文物工作站、绛县文物局联合考古队，山西大学北方考古研究中心：《山西绛县横水西周墓地 M2531 发掘报告》，《考古学报》2020 年第 1 期。

11 田建文、宋建忠、吉琨璋：《横水墓地的发现与晋文化研究》，《中国文物报》2005 年 12 月 16 日第 7 版。封成师于曲沃应在公元前 745 年。

12 宋建忠、吉琨璋、田建文、谢尧亭：《山西绛县横水西周墓地》，《2005 中国重要考古发现》，文物出版社，2006 年，第 70、75 页。

13 田建文、李永敏：《史籍失载的倗国》，《中国文化遗产》2006 年第 2 期，第 67 页。

14 山西省考古研究所、运城市文物工作站、绛县文化局：《山西绛县横水西周墓地》，《考古》2006 年第 7 期，第 20 页；山西省考古研究所、运城市文物工作站、绛县文化局：《山西绛县横水西周墓发掘简报》，《文物》2006 年第 8 期，第 17 页。

15 宋建忠、谢尧亭、王金平、李永敏、杨及耘、李建生：《山西绛县横水西周墓地》，《2006 中国重要考古发现》，文物出版社，2007 年，第 56 页。

16 李学勤：《论倗伯再簋的历日》，《文物中的古文明》，商务印书馆，2008 年，第 538—540 页。

17 韩巍：《西周金文世族研究》，北京大学博士学位论文，2007 年，第 220 页。

18 韩巍：《关于绛县倗伯夫妇墓的几个问题》，《西周金文世族研究》附录四，北京大学博士学位论文，2007 年，第 349、350 页。

19 韩巍：《横水、大河口西周墓地若干问题的探讨》，《两周封国论衡——陕西韩城出土芮国文物暨周代封国考古学研究国际学术研讨会论文集》，上海古籍出版社，2014 年，第 392、401 页。

20 陈昭容：《从青铜器铭文看两周夷狄华夏的融合》，《古文字与古代史》第二辑，中研院史语所，2009 年，第 333、334 页。

21 李建生：《新发现的异姓封国研究》，《有实其积——纪念山西省考古研究所六十华诞文集》，山西出版传媒集团·山西人民出版社，2012 年，第 395 页。

22 谢尧亭：《简论横水与大河口墓地人群的归属问题》，《有实其积——纪念山西省考古研究所六十华诞文集》，山西出版传媒集团·山西人民出版社，2012 年，第 379 页。

23 张海：《倗伯、霸伯诸器与西周政权结构问题》，《青铜器与金文》第二辑，上海古籍出版社，2018 年，第 204 页。

24 山西省考古研究所、运城市文物工作站、绛县文物局联合考古队，山西大学北方考古研究中心，中国人民大学出土文献与中国古代文明研究协同创新中心：《山西绛县横水西周墓地 M2158 发掘简报》，《考古》2019 年第 1 期，第 58 页。

25 韩巍：《翼城大河口 M1017、M2002 两墓的年代及相关问题》，《青铜器与金文》第三辑，上海古籍出版社，2019 年，第 254 页。

26 陈晓宇、谢尧亭：《试论大河口与横水墓地六座墓葬的年代及特征》，《文物世界》2020 年第 1 期，第 21 页。

27 山西省考古研究所、运城市文物工作站、绛县文物局联合考古队，山西大学北方考古研究中心：《山西绛县横水西周墓地 M2531 发掘报告》，《考古学报》2020 年第 1 期，第 121 页。

28 李零、董珊：《虎叔作倗姒簋》，《保利藏金——保利艺术博物馆精品选》，岭南美术出版社，1999 年，第 86 页。

29 牛济普：《格国、倗国考》，《中原文物》2003 年第 4 期，第 64 页。

30 王晶：《倗生簋铭文集释及西周时期土地转让程序窥探》，《农业考古》2012 年第 1 期，第 60、62 页。

31 黄锦前：《金文所见霸国对外关系考索》，《两周封国论衡——陕西韩城出土芮国文物暨周代封国考古学研究国际学术研讨会论文集》，上海古籍出版社，2014 年，第 423 页。

32 谢尧亭：《"格"与"霸"及晋侯铜人》，《两周封国论衡——陕西韩城出土芮国文物暨周代封国考古学研究国际学术研讨会论文集》，上海古籍出版社，2014 年，第 440 页。

33 李建生：《"倗"、"霸"国家性质辩证》，复旦大学出土文献与古文字研究中心网站，http://www.gwz.fudan.edu.cn/Web/Show/2395，2014 年 12 月 10 日。

34 李学勤：《绛县横北村大墓与郮国》，《中国文物报》2005 年 12 月 30 日第 7 版。

35 裴书研：《倗季凤鸟尊器考》，《宝鸡文理学院学报（社会科学版）》2019 年第 1 期，第 33、34 页。

36 山西省考古研究所、运城市文物工作站、绛县文化局：《山西绛县横水西周墓发掘简报》，《文物》2006 年第 8 期。

37 吉琨璋、宋建忠、田建文：《山西横水西周墓地研究三题》，《文物》2006 年第 8 期，第 47 页。

38 杨亚长：《金文所见之益公、穆公与武公考》，《考古与文物》2004 年第 6 期，第 72 页。

39 杨亚长：《再说金文所见之益公——兼与韩巍先生商榷》，《考古与文物》2009 年第 5 期，第 62、67 页。

40 张天恩：《考古发现的西周采邑略析》，《周秦文化研究论集》，科学出版社，2009 年，第 190 页。

41 贾海生：《晋侯墓地出土伯喜父簋铭文索隐》，《山西档案》2013 年第 2 期，第 82 页。

42 董珊：《山西绛县横水 M2 出土肃卣铭文初探》，《文物》2014 年第 1 期，第 52、53 页。

43 李学勤：《绛县横水二号墓卣铭释读》，《晋阳学刊》2014 年第 4 期，第 144、145 页。

44 杨坤：《跋绛县横水 M2 所出铜卣铭文》，武汉大学简帛研究中心网站，http://www.bsm.org.cn/show_article.php?id = 1985，2014 年 1 月 31 日。

45 王宁：《山西绛县横水 M2 出土肃卣铭文简释》，武汉大学简帛研究中心网站，http://www.bsm.org.cn/show_article.php?id = 2010，2014 年 4 月 21 日。

46 吴雪飞：《山西绛县横水西周墓出土肃卣补释》，《考古与文物》2016 年第 3 期，第 66—68 页。

47 李凯：《肃卣之"仆"与西周军事制度》，《杭州师范大学学报（社会科学版）》2018 年第 1 期，第 27—30 页。

48 王进锋：《渊卣铭文与西周时期的直诉》，《杭州师范大学学报（社会科学版）》2018 年第 1 期，第 22、26 页。

49 段双龙：《中原地区西周时期随葬青铜酒器研究》，山西大学硕士学位论文，2014 年，第 53 页。

50 刘树满：《中国古代青铜器整理与研究：晋南地区卷》，科学出版社，2016 年，第 249 页。

51 袁金平：《新出芮伯簋铭文释读补正——兼论横水 M2158 所出器铭中的人物关系》，《中国文字研究》第二十三辑，上海书店出版社，2016 年，第 39、40 页。

52 孙敬明：《鲁侯吉金偶札》，《中国文物报》2019 年 4 月 30 日第 7 版。

53 杨勇伟：《山西横水墓地出土人首纹青铜短剑研究》，《文物世界》2019 年第 1 期，第 13 页。

54 刘树满：《晋南地区前晋系青铜器研究》，《晋阳学刊》2019 年第 3 期，第 128 页。

55 李学勤：《绛县横北村大墓与郮国》，《中国文物报》2005 年 12 月 30 日第 7 版。

56 韩巍：《西周金文世族研究》，北京大学博士学位论文，2007 年，第 220 页。

57 韩巍：《关于绛县倗伯夫妇墓的几个问题》，《西周金文世族研究》附录四，北京大学博士学位论文，2007 年，第 353、354 页。

58 陈昭容：《从青铜器铭文看两周夷狄华夏的融合》，《古文字与古代史》第二辑，中研院史语所，2009 年，第 335、337 页。

59 谢尧亭：《倗、霸及其联姻的国族初探》，《金玉交辉——商周考古、艺术与文化论文集》，中研院史语所，2013 年，第 299 页。

60 陈昭容：《两周夷夏族群融合中的婚姻关系——以姬姓芮国与媿姓倗氏婚嫁往来为例》，《两周封国论衡——陕西韩城出土芮国文物暨周代封国考古学研究国际学术研讨会论文集》，上海古籍出版社，2014 年，第 96、101、105 页。

61 高嵩：《论媿姓族系》，《西北第二民族学院学报（哲学社会科学版）》1990 年第 2 期，第 15 页。

62 田建文、宋建忠、吉琨璋：《横水墓地的发现与晋文化研究》，《中国文物报》2005 年 12 月 16 日第 7 版；田建文、李永敏：《史籍失载的倗国》，《中国文化遗产》2006 年第 2 期，第 68 页。

63 《诸子集成·韩非子集解》难二第三十七，中华书局，1954 年，第 280 页。《吕氏春秋》卷第二十三，贵直论第三，却说晋献公即位五年"兼国十九"，见《诸子集成·吕氏春秋》，中华书局，2006 年，第 298 页。

64 李学勤：《绛县横北村大墓与郮国》，《中国文物报》2005 年 12 月 30 日第 7 版。

65 山西省考古研究所、运城市文物工作站、绛县文化局：《山西绛县横水西周墓地》，《考古》2006 年第 7 期，第 20、21 页。

66 吉琨璋、宋建忠、田建文：《山西横水西周墓地研究三题》，《文物》2006 年第 8 期，第 47 页。

67 韩炳华：《倗国及其相关问题》，《中国文物报》2006 年 1 月 27 日第 7 版。

68 （晋）郭璞注，王贻樑、陈建敏校释：《穆天子传汇校集释》，中华书局，2019 年，整理前言第 11 页。

69 李零：《冯伯和毕姬——山西绛县横水西周墓 M2 和 M1 的墓主》，《中国文物报》2006 年 12 月 8 日第 7 版。

70 戴尊德、刘岱瑜：《山西芮城柴村出土的西周铜器》，《考古》1989 年第 10 期。

71 田建文：《有关横水大墓的两个问题》，《中国文物报》2007 年 1 月 19 日第 7 版。

72 马保春：《山西绛县横水西周倗国大墓的相关历史地理问题》，《考古与文物》2007 年第 6 期，第 38、40 页。

73 韩巍：《西周金文世族研究》，北京大学博士学位论文，2007 年，第 220 页。

74　韩巍：《关于绛县倗伯夫妇墓的几个问题》，《西周金文世族研究》附录四，北京大学博士学位论文，2007年，第351—353页。

75　张永山：《倗国考》，《鹿鸣集——李济先生发掘西阴遗址八十周年、山西省考古研究所侯马工作站五十周年纪念文集》，科学出版社，2009年，第228、229、232—234、236页。

76　张天恩：《考古发现的西周采邑略析》，《周秦文化研究论集》，科学出版社，2009年，第190页。

77　谢尧亭：《晋南地区西周墓葬研究》，吉林大学博士学位论文，2010年，第129、346页。

78　田伟：《试论绛县横水、翼城大河口墓地的性质》，《中国国家博物馆馆刊》2012年第5期，第10页。

79　张天恩：《晋南已发现的西周国族初析》，《考古与文物》2010年第1期，第54、55页。

80　张天恩：《西周社会结构的考古学观察》，《考古与文物》2013年第5期，第58页。

81　谢尧亭：《简论横水与大河口墓地人群的归属问题》，《有实其积——纪念山西省考古研究所六十华诞文集》，山西出版传媒集团·山西人民出版社，2012年，第376、379页；谢尧亭：《发现霸国：讲述大河口墓地考古发掘的故事》，山西出版传媒集团·山西人民出版社，2012年，第116页。

82　李建生：《新发现的异姓封国研究》，《有实其积——纪念山西省考古研究所六十华诞文集》，山西出版传媒集团·山西人民出版社，2012年，第392、394页。

83　吉琨璋：《西周时期的晋南政治格局——从晋、倗、霸说起》，《有实其积——纪念山西省考古研究所六十华诞文集》，山西出版传媒集团·山西人民出版社，2012年，第388、389、391页。

84　刘绪：《近年发现的重要两周墓葬述评》，《梁带村里的墓葬——一份公共考古学报告》，北京大学出版社，2013年，第125、128页。

85　贾高强：《宝鸡弜伯墓地研究》，山西大学硕士学位论文，2018年。

86　靳桂云、郑同修、刘长江、王传明、高明奎：《西周王朝早期的东方军事重镇：山东高青陈庄遗址的古植物证据》，《科学通报》2011年第35期。

87　刘树满：《霸国、倗国青铜器整理与研究》，陕西师范大学硕士学位论文，2013年，第101页。

88　谢尧亭：《解读霸国》，《呦呦鹿鸣——燕国公主眼里的霸国》，科学出版社，2014年，第14、26页。

89　韩巍：《横水、大河口西周墓地若干问题的探讨》，《两周封国论衡——陕西韩城出土芮国文物暨周代封国考古学研究国际学术研讨会论文集》，上海古籍出版社，2014年，第401、402、405、406页。

90　陈昭容：《两周夷夏族群融合中的婚姻关系——以姬姓芮国与媿姓倗氏婚嫁往来为例》，《两周封国论衡——陕西韩城出土芮国文物暨周代封国考古学研究国际学术研讨会论文集》，上海古籍出版社，2014年，第97、99页。

91　李建生：《"倗"、"霸"国家性质辩证》，复旦大学出土文献与古文字研究中心网站，http://www.gwz.fudan.edu.cn/Web/Show/2395，2014年12月10日。

92　蔡运章：《商周倗国铜器与河伯冯夷国族——兼谈山西绛县西周倗国墓地的族属问题》，《湖南科技学院学报》2015年第6期，第4、8页。

93　张海：《商周时期的鬼方、媿姓族氏及其华夏化》，《殷都学刊》2015年第2期，第1—4页。

94　杨晓丽：《两周狄族初探》，华中师范大学硕士学位论文，2017年，第24、27页。

95　张海：《倗伯、霸伯诸器与西周政权结构问题》，《青铜器与金文》第二辑，上海古籍出版社，2018年，第205页。

96　李零：《太行东西与燕山南北——说京津冀地区及其周边的古代戎狄》，《青铜器与金文》第二辑，上海古籍出版社，2018年，第43页。

97　南普恒、秦颖、谢尧亭、范文谦、韩楚文、罗武干、金爽：《横水西周墓地部分青铜器残留泥芯的矿物组成及成分分析》，《岩矿测试》2008年第4期，第262页。

98　杨益民、郭怡、谢尧亭、夏季、王昌燧：《西周倗国墓地绿松石珠微痕的数码显微镜分析》，《文物保护与考古科学》2008年第1期，第47、48页。

99　杨益民、郭怡、马颖、王昌燧、谢尧亭：《出土青铜酒器残留物分析的尝试》，《南方文物》2008年第1期，第109、110页。

100　秦颖、秦亚、谢尧亭、刘文齐：《山西绛县横北西周墓地人骨铅含量分析》，《文物》2009年第7期，第46页。

101　马颖、杨益民、宋建忠、吉琨璋、王昌燧：《西周倗国墓地出土荒帷印痕的科技分析》，《中原文物》2009年第1期，第104页。

102　陈华锋：《古代丝绸腐蚀残留物鉴定分析技术的研究》，中国科学技术大学硕士学位论文，2010年，第33页。

103 谷舟、谢尧亭、杨益民、王宁、肖体乔、王昌燧：《显微 CT 在早期釉砂研究中的应用：以西周倗国出土釉砂珠为例》，《核技术》2012 年第 4 期，第 267 页。

104 南普恒：《绛县横水西周墓地青铜器的合金技术研究》，《文物世界》2012 年第 2 期，第 8—11、13、14 页。

105 南普恒、马江波：《绛县横水西周墓地青铜器的铅同位素比值分析》，《文物世界》2012 年第 4 期，第 16 页。

106 杨益民、金爽、谢尧亭、黄文川、王昌燧：《绛县倗国墓地铜簋的残留物分析》，《华夏考古》2012 年第 3 期，第 71 页。

107 山西省考古研究所：《绛县横水西周墓地青铜器科技研究》，科学出版社，2012 年，第 38、96、130、147、231 页。

108 宋建忠、南普恒：《西周倗国墓地出土纺织品的科学分析》，《文物》2012 年第 3 期，第 83 页。

109 王伟：《山西绛县横水西周墓地人骨研究》，吉林大学硕士学位论文，2012 年，第 6、9、51、73、89、92—94 页。

110 李钊：《山西长子县西南呈西周墓地人骨研究》，吉林大学硕士学位论文，2017 年，第 56 页。

111 赵惠杰：《山西绛县雎村墓地人骨研究》，吉林大学硕士学位论文，2018 年，第 2、54 页。

112 程虎伟、高振华、陈鑫：《浅谈三维数字技术在古代青铜器保护中的应用——以绛县横水西周墓地青铜器三维扫描为例》，《文物世界》2013 年第 6 期。

113 Ying Qin, Haomiao Li, Xiaoyong Yang, Huang Huang, Ya Qin, Yaoting Xie."Experimental dissolution of lead from bronze vessels and the lead content of human bones from Western Zhou dynasty tombs in Hengshui, Shanxi, China". *Journal of Archaeological Science*,Volume 64, December 2015, pp. 22-29.

114 孙语泽：《横水墓地人和动物骨骼的 C、N 稳定同位素分析》，山西大学硕士学位论文，2019 年，第 18—21、34—36、38、40 页。

115 吉琨璋、宋建忠、田建文：《山西横水西周墓地研究三题》，《文物》2006 年第 8 期，第 48 页。

116 马保春：《山西绛县横水西周倗国大墓的相关历史地理问题》，《考古与文物》2007 年第 6 期，第 42 页。

117 张海：《商周时期的鬼方、媿姓族氏及其华夏化》，《殷都学刊》2015 年第 2 期，第 3 页。

118 陈昭容：《从青铜器铭文看两周夷狄华夏的融合》，《古文字与古代史》第二辑，中研院史语所，2009 年，第 333、335 页。

119 谢尧亭：《晋南地区西周墓葬研究》，吉林大学博士学位论文，2010 年，第 93、98、117、126、128、140、342、346 页

120 谢尧亭：《发现霸国：讲述大河口墓地考古发掘的故事》，山西出版传媒集团·山西人民出版社，2012 年，第 18 页。

121 谢尧亭：《发现霸国：讲述大河口墓地考古发掘的故事》，山西出版传媒集团·山西人民出版社，2012 年，第 102、104 页。

122 谢尧亭：《西周墓地考古方法杂记——从横水和大河口墓地谈起》，《有实其积——纪念山西省考古研究所六十华诞文集》，山西出版传媒集团·山西人民出版社，2012 年。

123 李建生：《新发现的异姓封国研究》，《有实其积——纪念山西省考古研究所六十华诞文集》，山西出版传媒集团·山西人民出版社，2012 年，第 397、400 页。

124 黄翠梅：《流光溢彩，翠绕珠围——西周至春秋早期的梯形牌联珠串饰》，《金玉交辉——商周考古、艺术与文化论文集》，中研院史语所，2013 年，第 590、591 页。

125 吉琨璋：《西周椁棺装饰研究》，《金玉交辉——商周考古、艺术与文化论文集》，中研院史语所，2013 年，第 514、519 页。

126 刘绪：《近年发现的重要两周墓葬述评》，《梁带村里的墓葬——一份公共考古学报告》，北京大学出版社，2013 年，第 125 页。

127 谢尧亭：《解读霸国》，《呦呦鹿鸣——燕国公主眼里的霸国》，科学出版社，2014 年，第 17、19、21 页。

128 曹碧溪：《商周时期黄河中下游地区夫妻异穴合葬现象研究》，山西大学硕士学位论文，2015 年，第 25、74 页。

129 张海：《倗伯、霸伯诸器与西周政权结构问题》，《青铜器与金文》第二辑，上海古籍出版社，2018 年，第 203 页。

130 张潇静：《西周青铜甬钟出土背景的考古学研究》，山西大学硕士学位论文，2019 年，第 15 页。

绛县横水西周墓地发掘总平面航拍照片

1.M1005　2.M1006　3.M1011　4.M1016　5.M2001　6.M2006　7.M2007　8.M2013　9.M2016　10.M2021　11.M2022

12.M2047　13.M2049　14.M2055　15.M2056　16.M2058　17.M2082　18.M2102　19.M2105　20.M2113　21.M2123

22.M2129　23.M2158　24.M2165　25.M2320　26.M2340　27.M2363　28.M2508　29.M2531　30.M2606　31.M3011

32.M3098　33.M3183　34.M3184　35.M3195　36.M3250　37.M3272

墓口长 270、宽 170 厘米，墓底长 320、东宽 215、西宽 208 厘米，深 668 厘米。方向 265°。一椁一棺。墓主仰身直肢，女性，30 岁左右。腰坑内殉 1 狗。随葬铜礼器 5 件：鼎 1、簋 1、瓶 1、盘 1、盉 1。

001

者兒盘

M1005∶8。2006 年出土。

耳间距 36.5、口径 33.7 ～ 34.8、圈足径 25.6、通高 11.5 厘米。重 3350 克。容积 4550 毫升。

敞口，折沿，斜方唇，弧腹斜收，附耳，圜底，高圈足外撇下折成阶。上腹饰一周六条顾首龙纹，以云雷纹衬地。六合范铸造。

内底铸铭文："者兒作宝盘，子子孙孙其万年永宝用。"

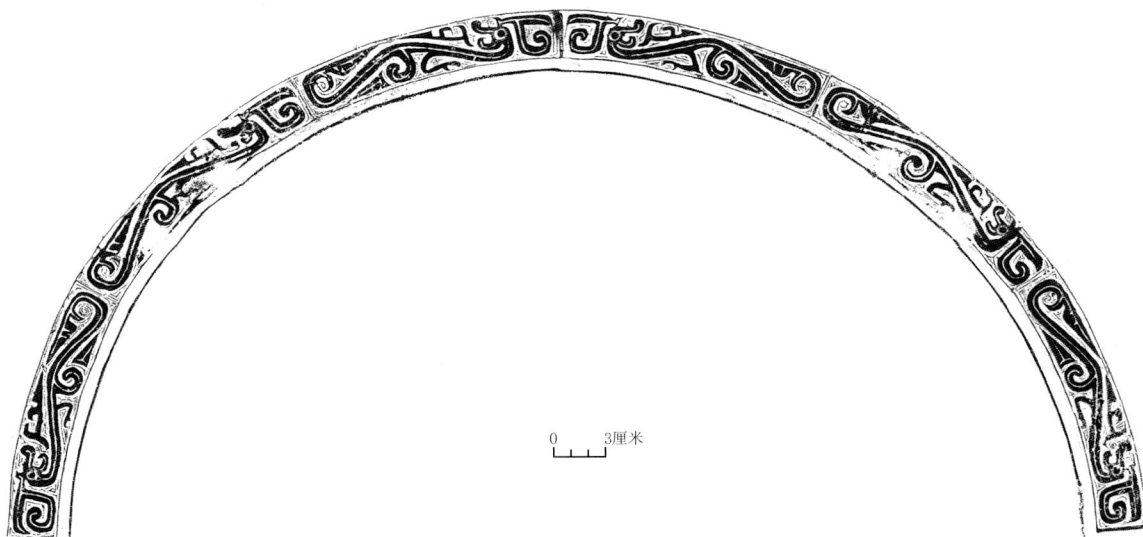

0   3厘米

腹部纹饰拓片

0   3厘米

外底

左耳

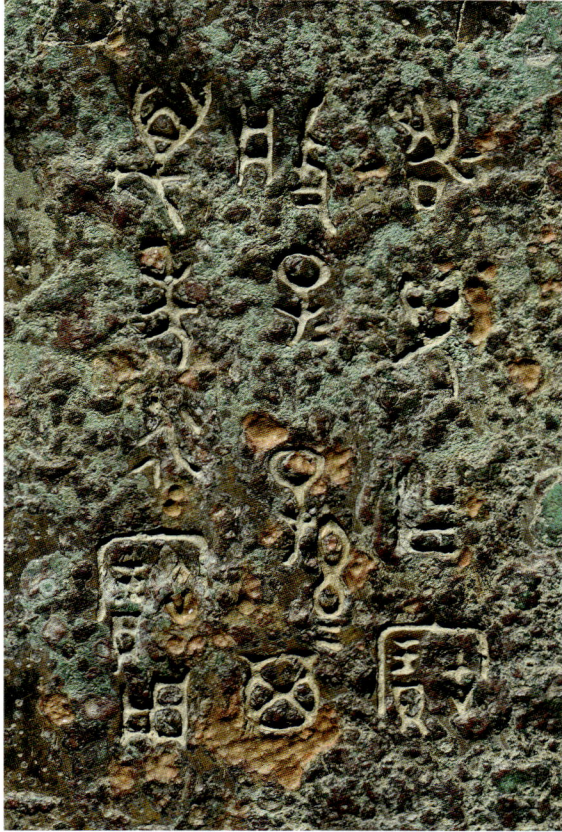

内底铭文　　　/　　　内底铭文拓片

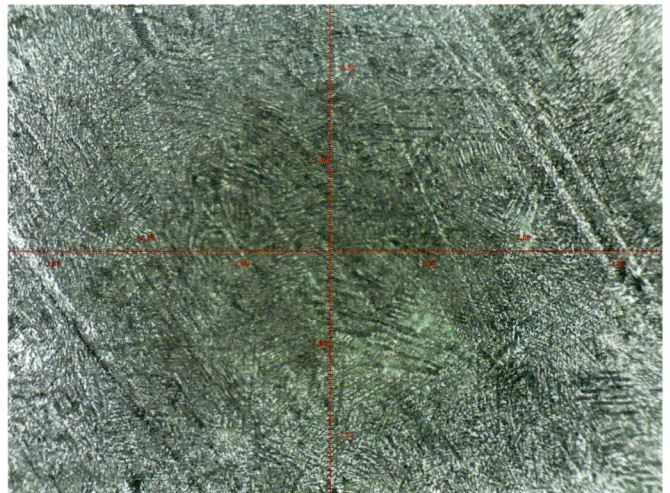

外底 X 光片　　　/　　　盘腹外壁丝织品痕迹

002

者兒盉

M1005：10。2006 年出土。

流耳间距 24.2 厘米，盖长径 13.7、短径 12.6 厘米，器口长径 13.7、短径 12.4 厘米，通高 21.6 厘米。重 2200 克。容积 1430 毫升。

椭方形口。盖为子口，中部有半环形提手，盖和器身以"8"字形链环连接。器身侈口，方唇，高直领，扁圆腹，平底，四柱足。管状流与龙首半环形竖耳相对称。盖面和器身颈部均饰一周两组顾首龙纹，以云雷纹衬地，流上饰两组简化蝉纹。盖、链、器分铸，盖为双合范，器为四合范铸造。

盖内铸铭文："者兒作宝盉，子子孙孙其万年永宝用。"

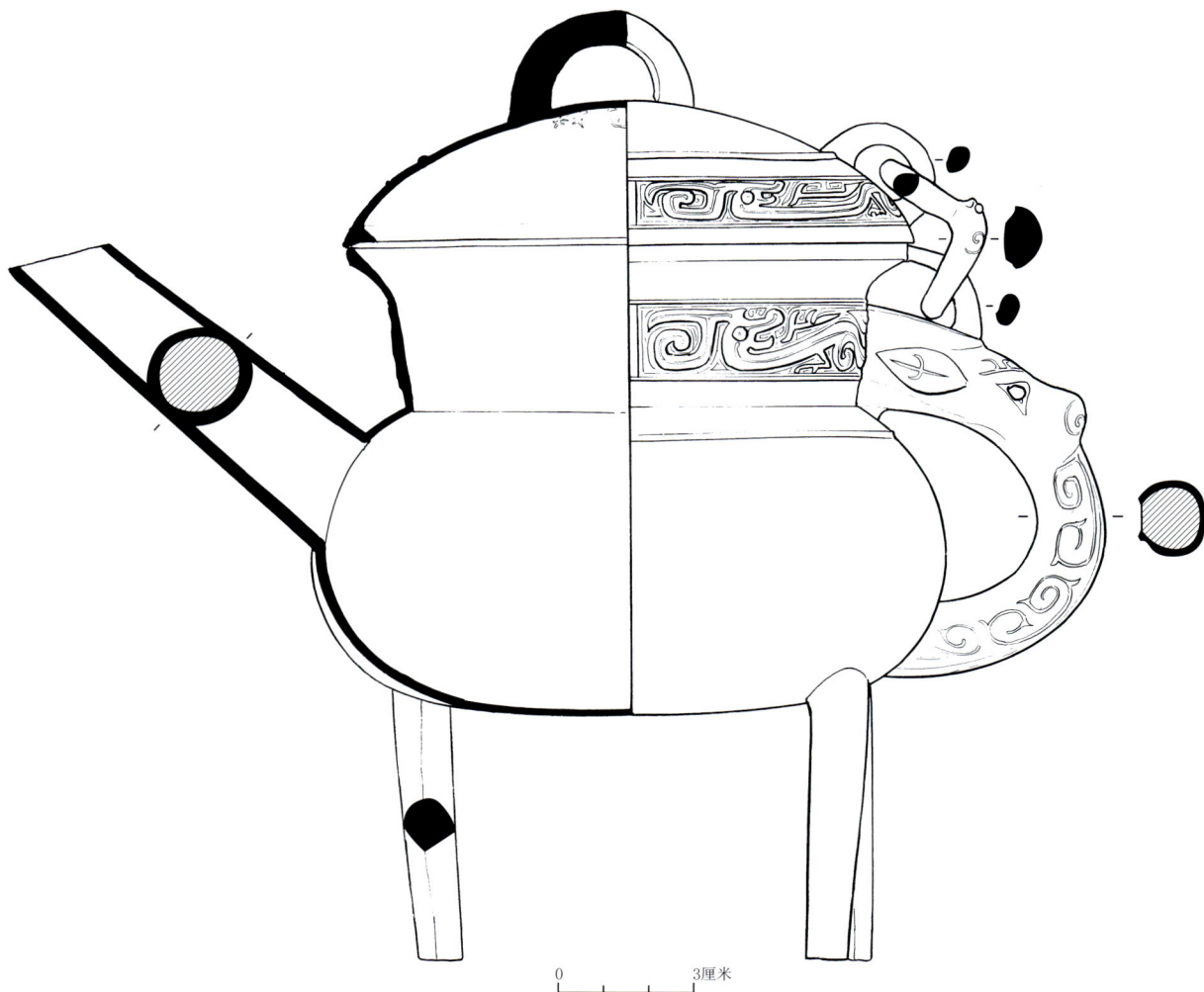

0　　　　　　3厘米

耳及链环

盖内铭文　　/　　盖内铭文拓片

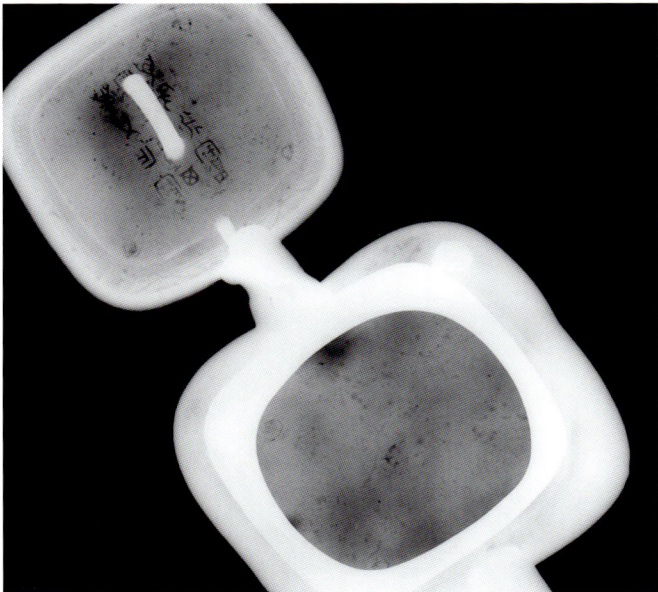

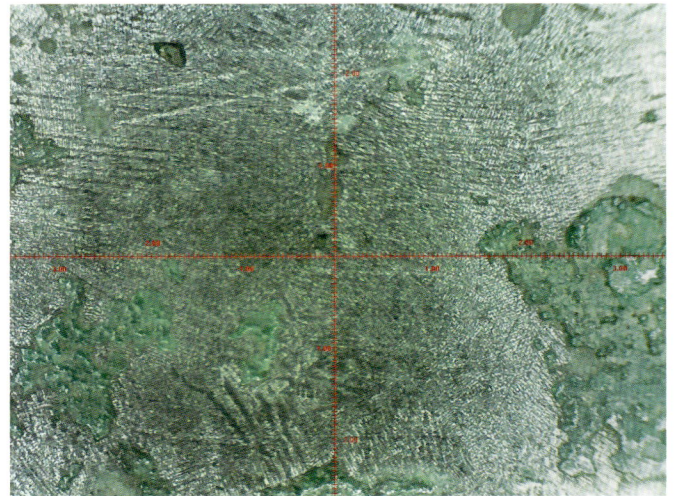

内底和盖内 X 光片　　/　　盖面丝织品痕迹

0   3厘米

盖面纹饰拓片

0   3厘米

颈部纹饰拓片

M1006　墓口长 443、东宽 318、西宽 320 厘米，墓底长 450、宽 330 厘米，深 958 厘米。

方向 265°。一椁二棺。墓主仰身直肢，男性，40 岁左右。殉 3 人。随葬 2 车。

随葬铜礼器 18 件：鼎 3、簋 3、甗 1、盘 1、盉 1、尊 1、方觚 1、壶 1、方彝 1、觯 2、爵 2、觥 1。

003

倗伯簋

M1006∶66。2006 年出土。

盖口径 17.8、高 6.5 厘米，器口径 16.4、耳间距 21.4、圈足径 18.4 厘米，通高 22 厘米。

重 4905 克。容积 2950 毫升。

圆形盖，母口，顶面隆起，中部置一圈形捉手。器身子口，垂鼓腹，上腹两侧置对称兽首衔环双耳，圜底，矮圈足外撇下折成阶，足底接四个兽首矮柱足。盖面饰三道瓦棱纹，盖缘和器身上腹饰一周窃曲纹，间以涡纹，器中腹饰四道瓦棱纹。盖、器均为双合范铸造。

盖内铸铭文："倗伯肇作芮姬宝簋，其用夙夜享于厥宗，用享孝于朕文祖考，用匃百福，其万年永宝，子子孙其万年用，夙夜于厥宗用。"器内底铸铭文："倗伯肇作芮姬宝簋，其用夙夜享于厥宗，用享孝于朕文祖考，用匃百福，其万年永宝，子子孙孙其万年用，夙夜于厥宗用。"

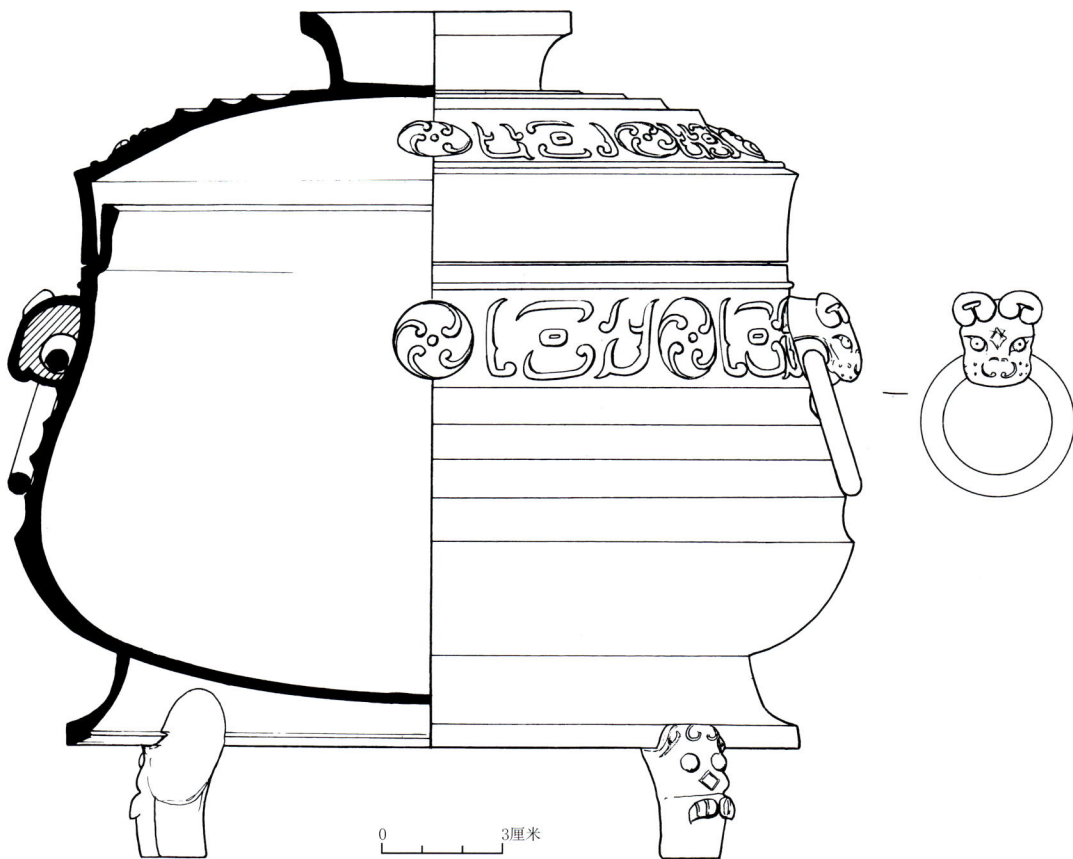

0　　　　3厘米

右耳侧　　/　　右后足

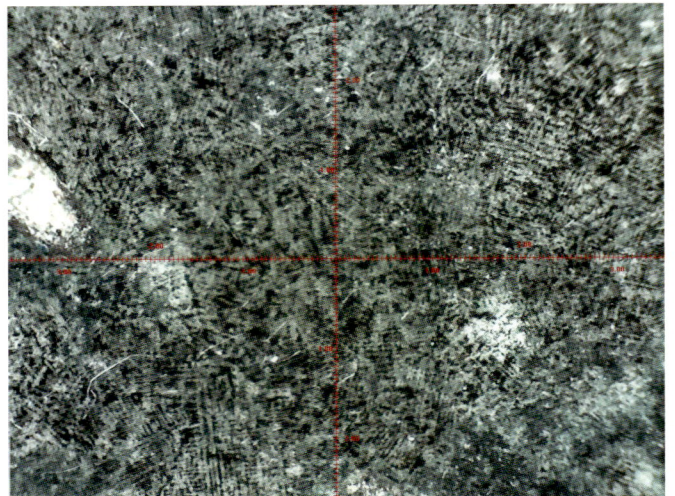

内底和盖面 X 光片　　/　　内底丝织品痕迹

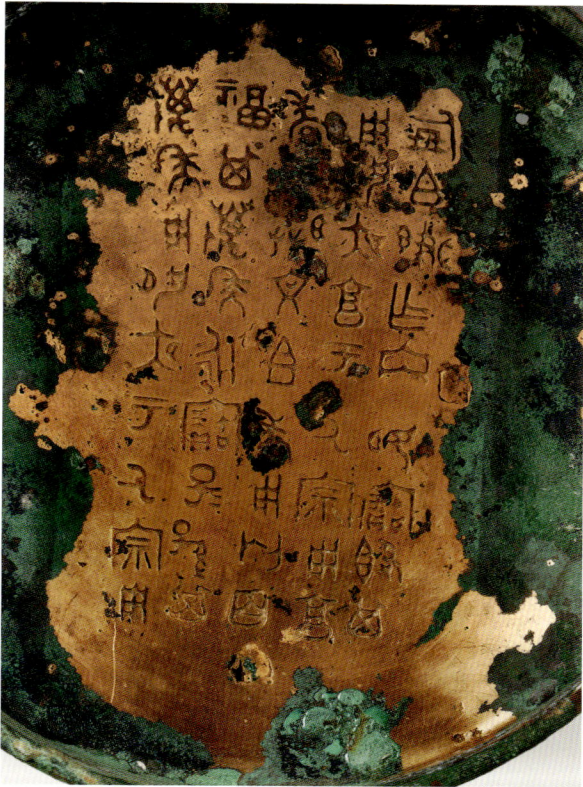

盖内铭文 / 盖内铭文拓片

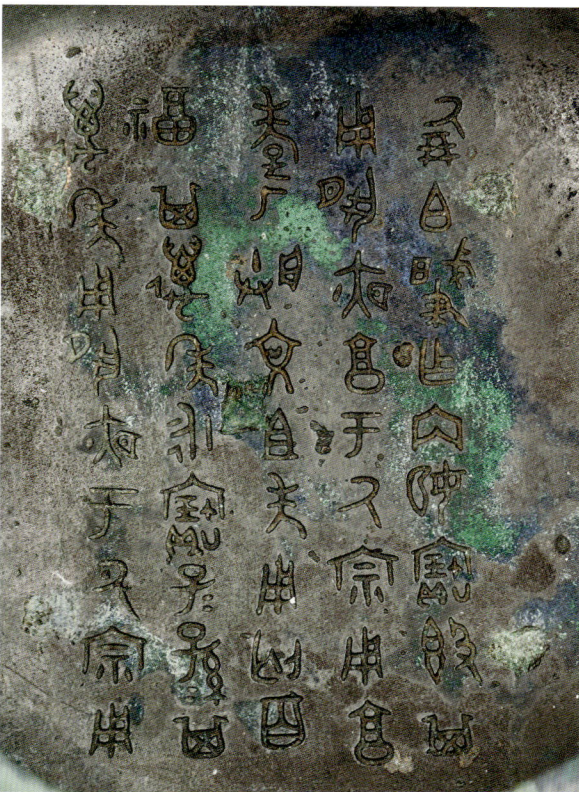

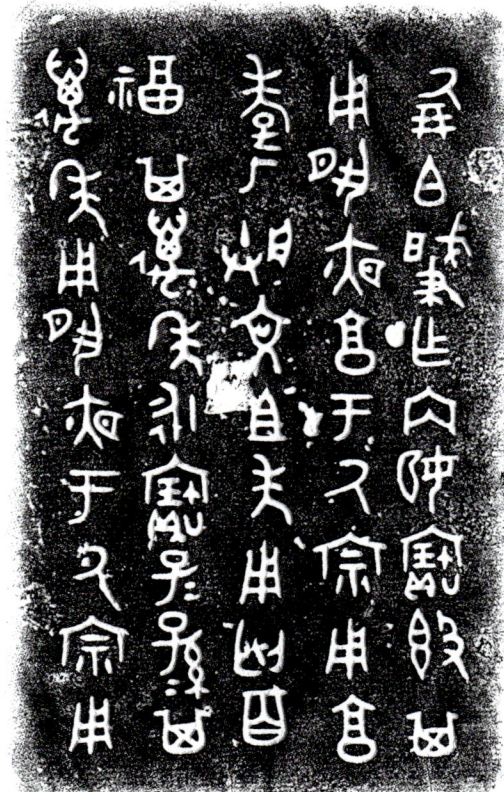

内底铭文 / 内底铭文拓片

004

倗伯簋

M1006：122。2006 年出土。

盖口径 18、高 6.7 厘米，器口径 16.8、耳间距 21.7、圈足底径 18.6 厘米，通高 21.9 厘米。重 4735 克。容积 3050 毫升。

器形、纹饰、制法和铭文与 M1006 ：66 簋近同，唯一不同的是耳内无衔环。
盖内铸铭文："倗伯肇作芮姬宝簋，其用夙夜享于厥宗，用享孝于朕文祖考，用匄百福，其万年永宝，子子孙其万年用，夙夜于厥宗用。"器内底铸铭文："倗伯肇作芮姬宝簋，其用夙夜享于厥宗，用享孝于朕文祖考，用匄百福，其万年永宝，子子孙孙其万年用，夙夜于厥宗用。"

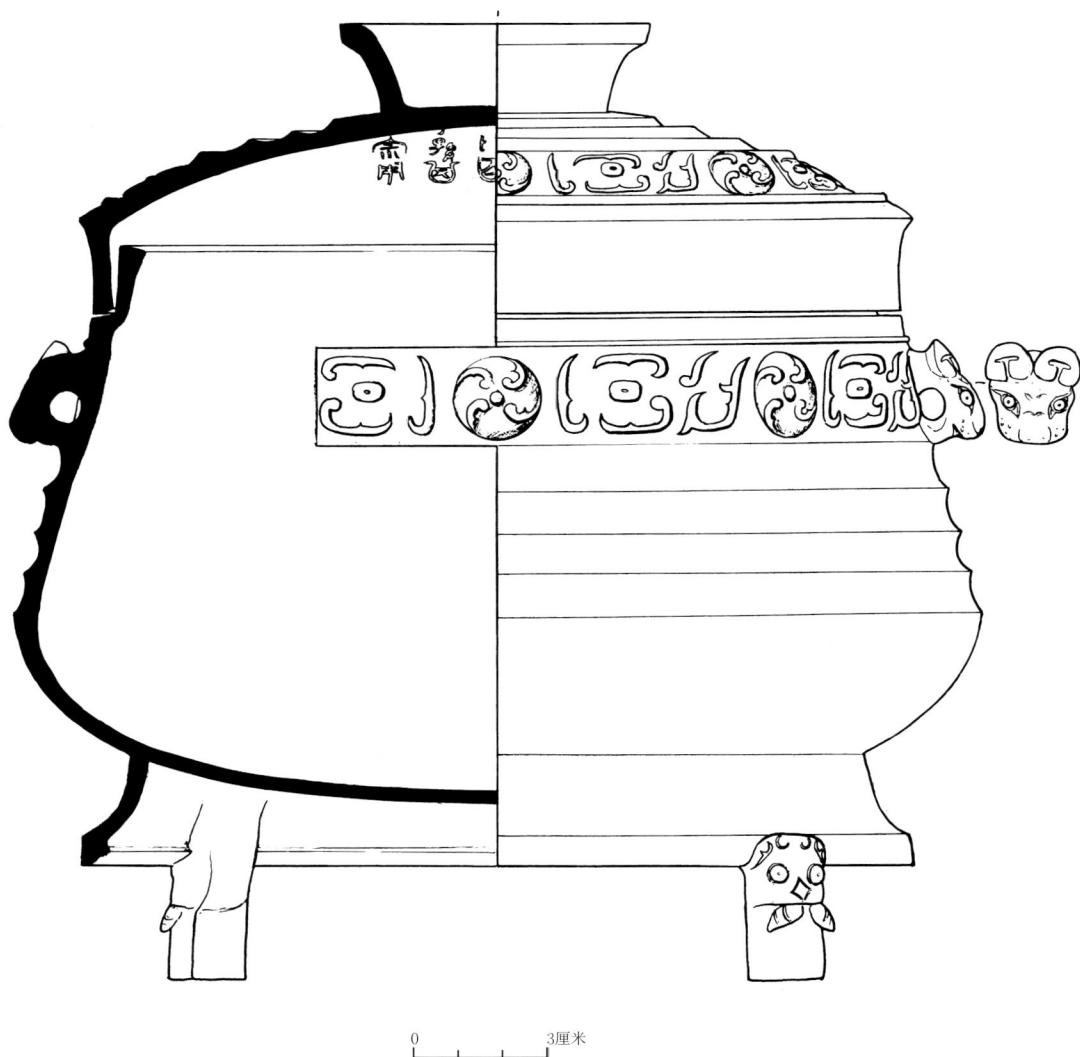

0   3厘米

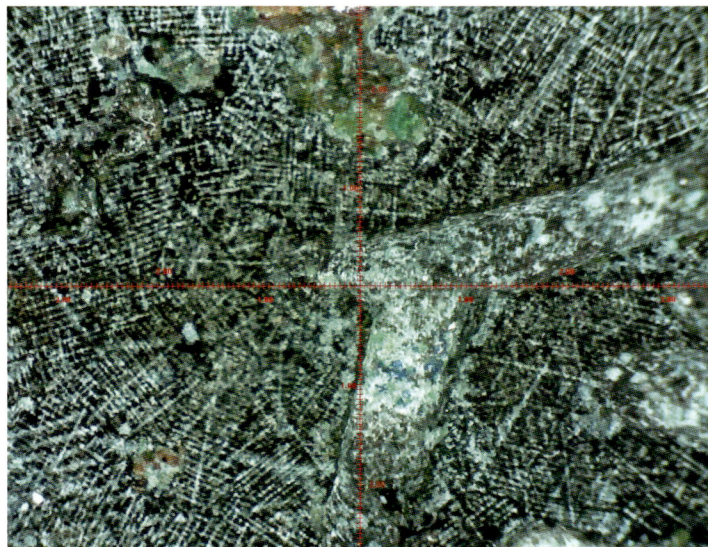

盖内丝织品痕迹

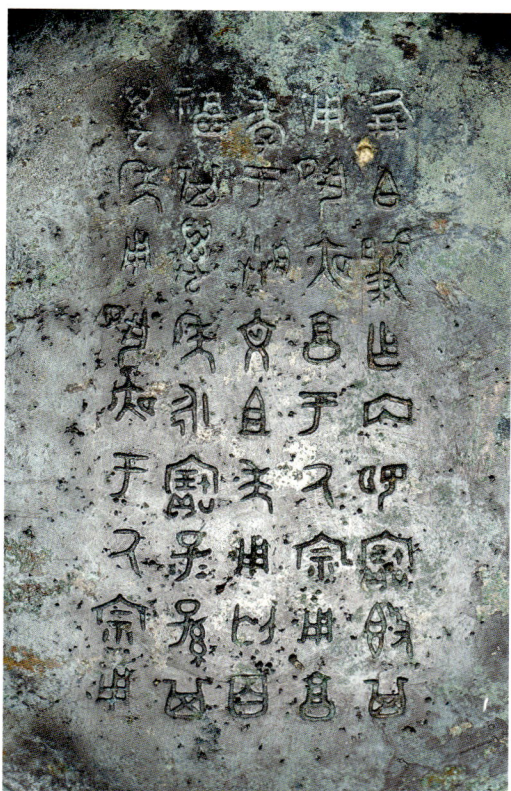

盖内铭文 / 盖内铭文拓片

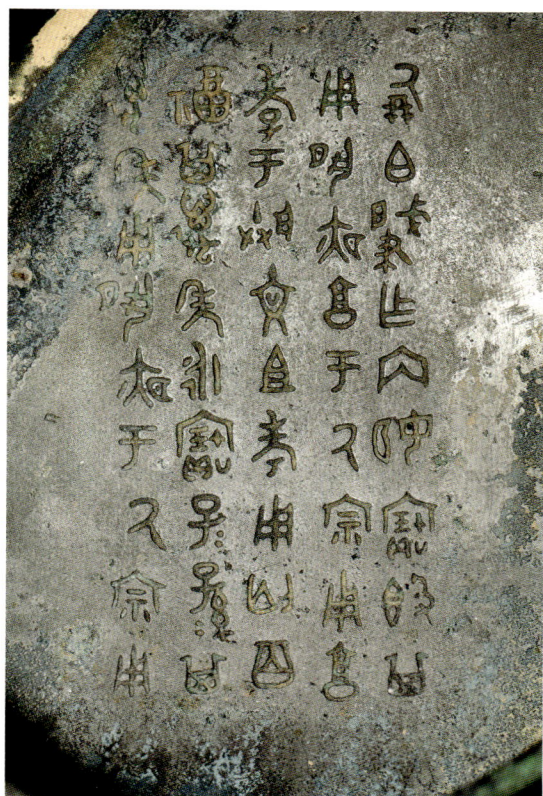

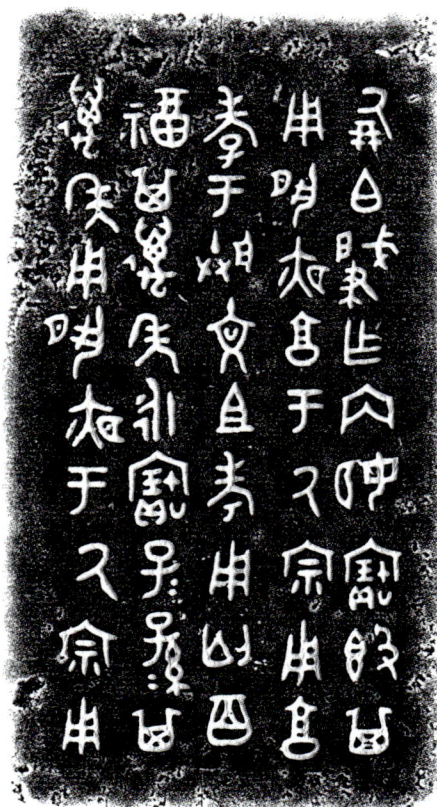

内底铭文 / 内底铭文拓片

005

作宝彝鬲

M1006：60。2006 年出土。

耳间距 31.2、口径 30、通高 46.2 厘米。重 7845 克。甑部容积 7100、鬲部容积 3200 毫升。

上甑下鬲联体。甑为桃形敞口，方唇，索状双立耳，腹较深直。束腰，腰内附三个桃形箅齿。鬲腹略鼓，袋足，锥状实足根。甑腹上部饰一周三组兽面纹，鬲三袋腹各饰一浮雕兽面纹。三合范铸造。

甑后腹内壁铸铭文："作宝彝。"

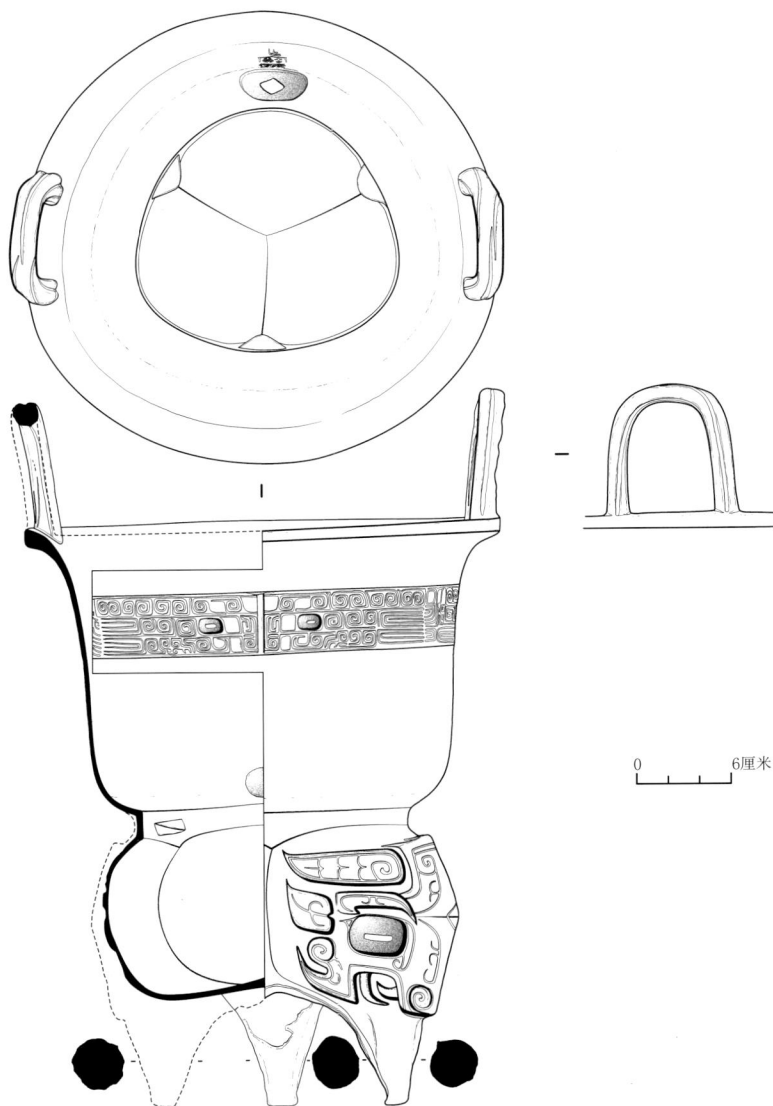

甑后腹内壁铭文　　/　　甑后腹内壁铭文拓片

0 ————— 3厘米

后足上部兽面纹拓片

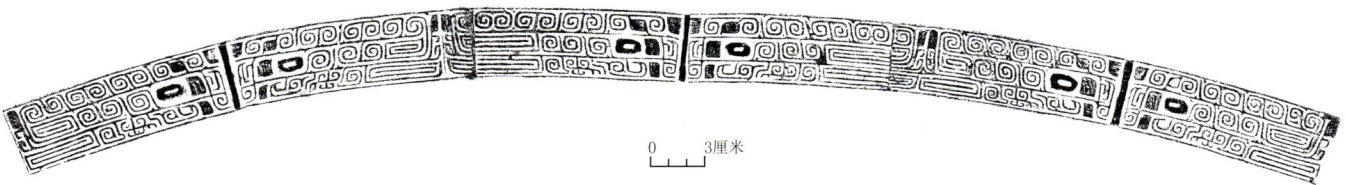

0 ——— 3厘米

甑腹上部纹饰拓片

006

覾爾方尊

M1006：121。2006 年出土。

口径 24.2 ～ 24.6、圈足长 15.8、圈足宽 15.4、通高 27.6 厘米。重 6590 克。容积 3500 毫升。

圆形敞口，厚方唇，长颈，腹微鼓，圜底，方形高圈足外撇下折成阶。口以下横截面均呈方形，器身四角各饰一扉棱。颈部蕉叶纹内饰夔龙，腹部饰四个兽面纹，圈足每面饰两夔龙。四合范铸造。

内底铸铭文："覾爾作父丁宝尊彝，孙孙子子其永宝。戈。"

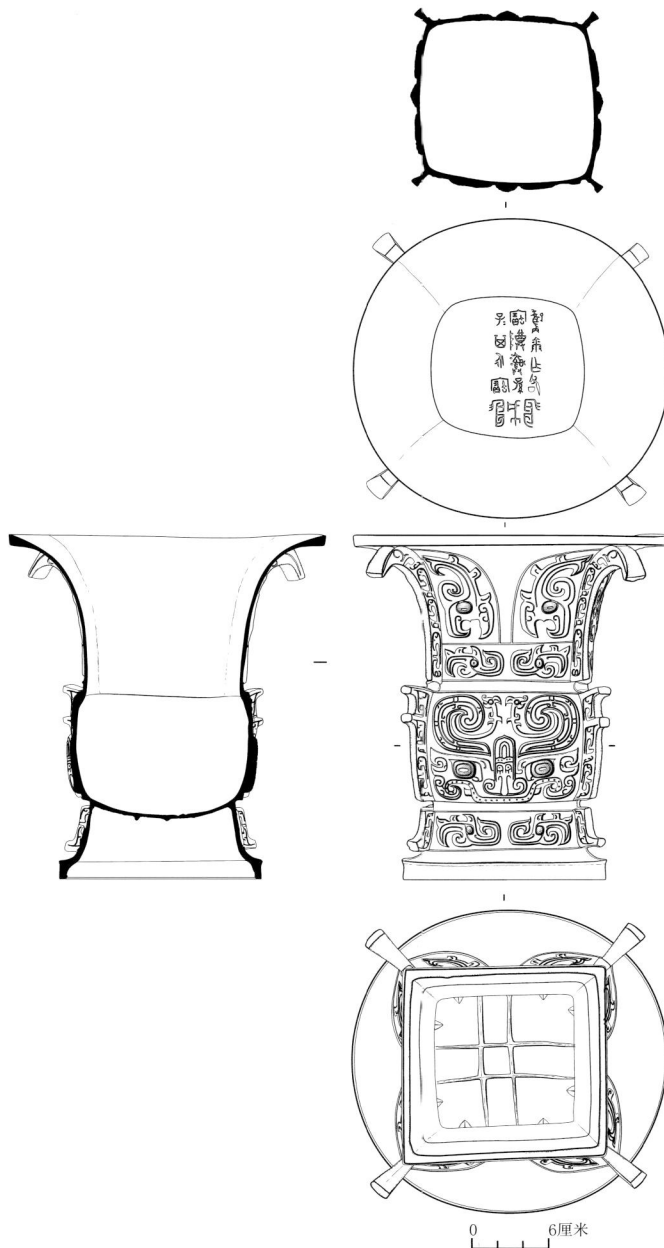

0　　　6厘米

外底

内底铭文　　/　　内底铭文拓片

0   3厘米

左侧纹饰拓片

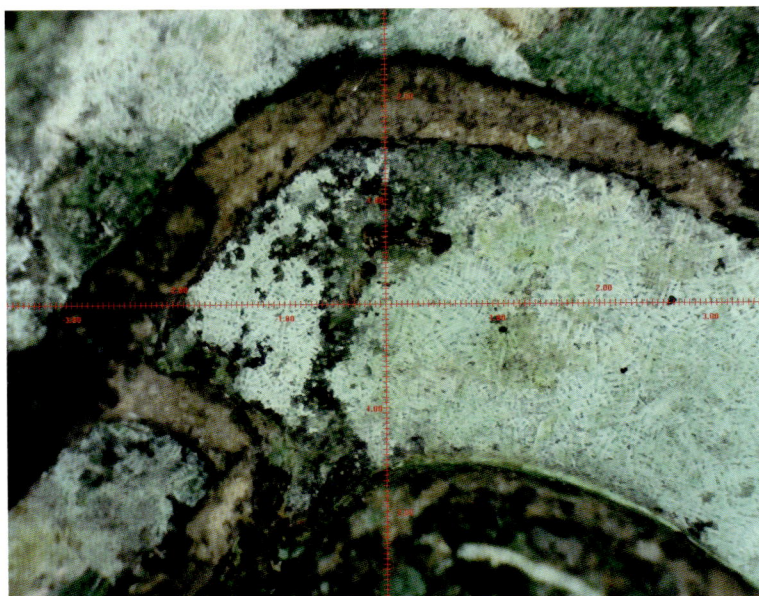

下腹部丝织品痕迹

007

佣公仲壶

M1006：145。2006 年出土。

盖最大径 10.8、口径 8.8、高 14.5 厘米，器口径 10.3 ～ 10.8、耳间距 14.4、圈足径 15.2 ～ 15.5、高 42 厘米，通高 49.5 厘米。重 6915（盖 1315、器 5600）克。容积 5315 毫升。

覆钵式盖，子口，长舌，顶面中部置一圈形捉手，捉手下部有一对方形穿。器身修长，直口，颈微束，颈两侧各有一竖贯耳，鼓腹，圜底，矮圈足外撇下折成阶。器身横截面略扁圆。盖面和颈部各饰两周凸弦纹。盖、器分铸，均为双合范铸造。

盖内铸铭文："佣公仲作鬱壶。"

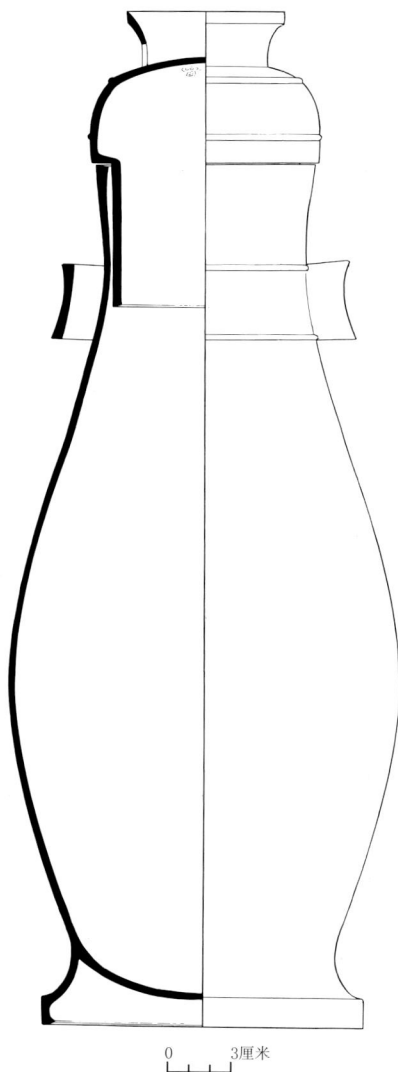

0   3厘米

壶盖

外底

盖内铭文 / 盖内铭文拓片

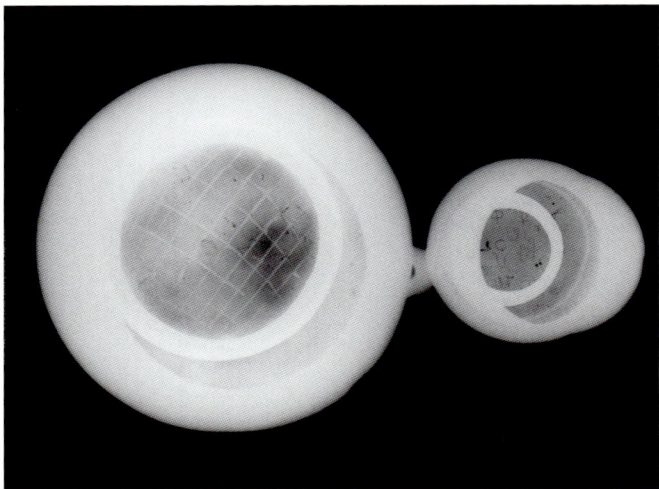
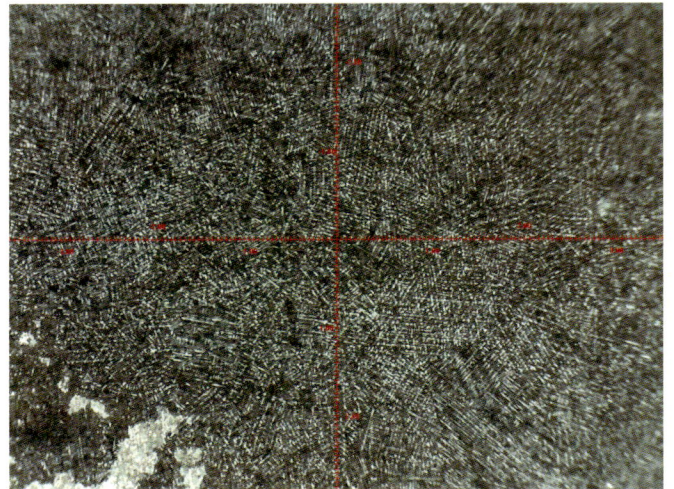

外底和盖内 X 光片 / 盖子口面丝织品痕迹

008

敊父方觚

M1006：48。2006 年出土。

口径 17、圈足边长 9.6、通高 31 厘米。重 2225 克。容积 700 毫升。

喇叭口，方唇，深腹，平底，高圈足外撇下折成阶。颈、腹、圈足横截面均呈
方形，外壁有四条竖扉棱。上腹蕉叶纹内饰兽面纹，其下饰鸟纹；下腹饰兽面纹；
圈足上部饰鸟纹，下部饰兽面纹，均以云雷纹衬地。四合范铸造。

圈足内壁铸铭文："敊父作厥文父丁宝彝。㲀。"

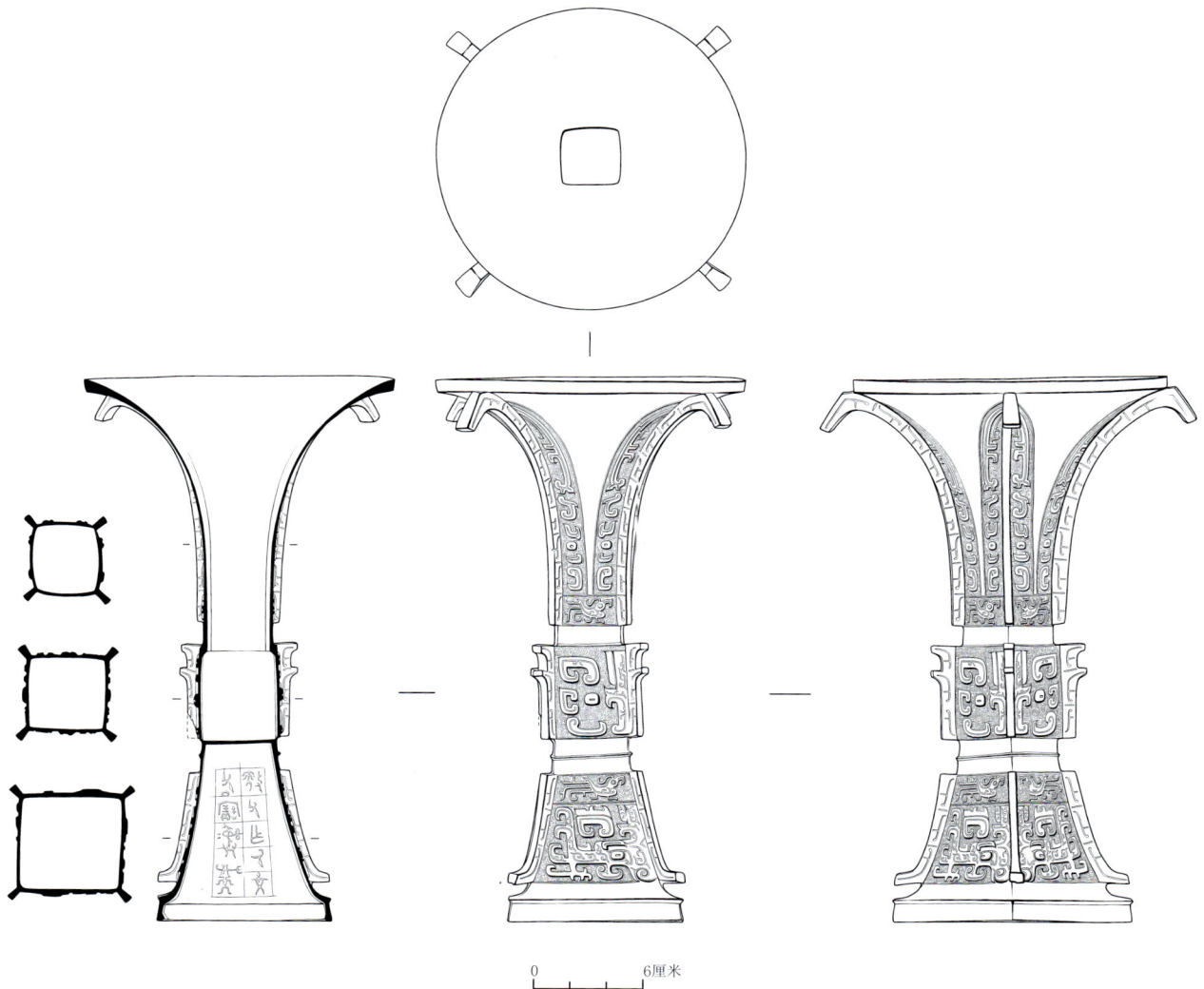

0   6厘米

外底

圈足内壁铭文拓片

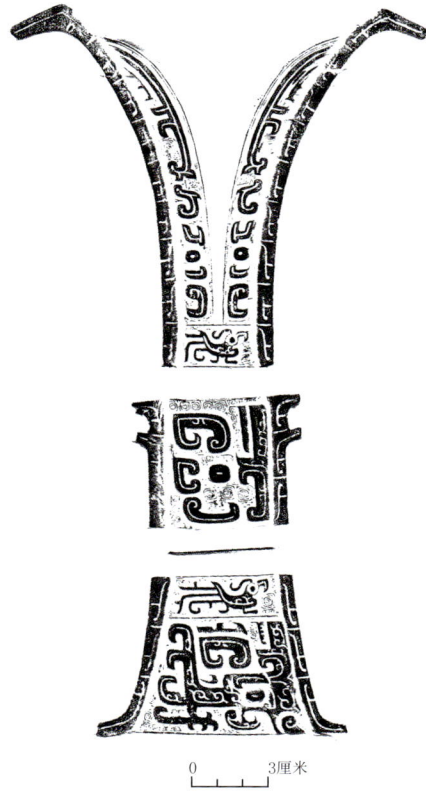

正面纹饰拓片

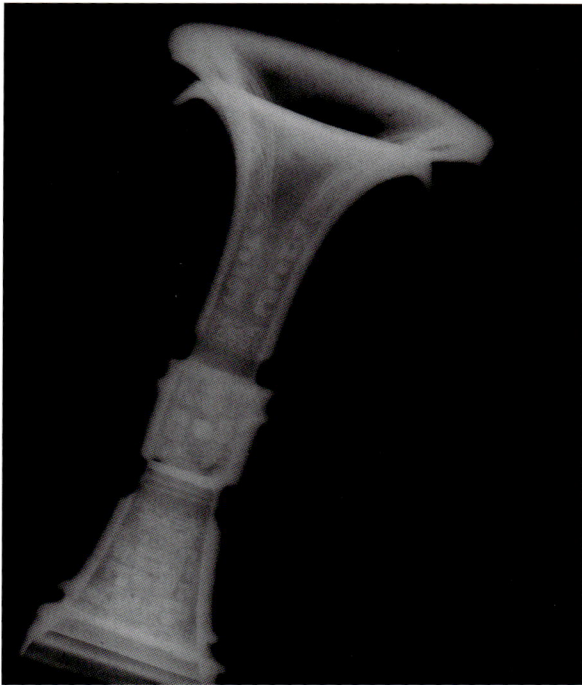

侧面 X 光片　　/　　足阶面丝织品痕迹

009

茻爵

M1006：53。2006年出土。

流尾间距19.8、柱间距9.9、口宽9.5、通高23.7厘米。重1005克。容积225毫升。

长流上折翘起，尖尾斜侈。侈口，近流折处立伞状双柱，深腹，腹一侧置龙首桥形竖鋬，圜底，三棱刀状足外撇。腹饰一周两组兽面纹间三条竖向扉棱，以云雷纹衬地。三合范铸造。

柱面及腹上部铸铭文："茻作父癸。"

0　　　　3厘米

腹部纹饰拓片

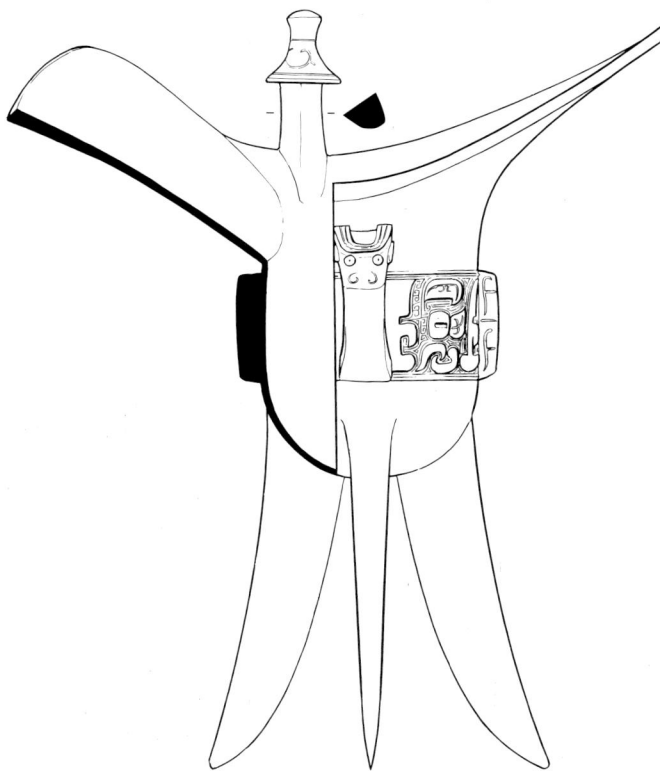

0　　　　3厘米

0 _____ 3厘米

腹部纹饰拓片

柱面及腹上部铭文 　／　 柱面及腹上部铭文拓片

弦纹双耳觯

M1006：112。2006 年出土 。

盖口长径 9.5、口短径 6.8、高 4.8 厘米；器口长径 11、短径 7.9 厘米，耳间距 18.2 厘米，圈足长径 11.8、短径 8.4 厘米，高 12.6 厘米；通高 16.7 厘米。重 2060 克。容积 700 毫升。

椭方形盖，子口内敛，顶面圆隆，中部置一椭方圈形捉手。器身侈口，厚方唇，粗颈微束，垂鼓腹，圜底近平，矮圈足外撇下折成阶。器身横截面均呈椭方形，器身长轴两侧置对称龙首半环形竖耳。盖面、器身颈部和圈足面各饰两周凸弦纹。盖、器分铸，均为双合范铸造。

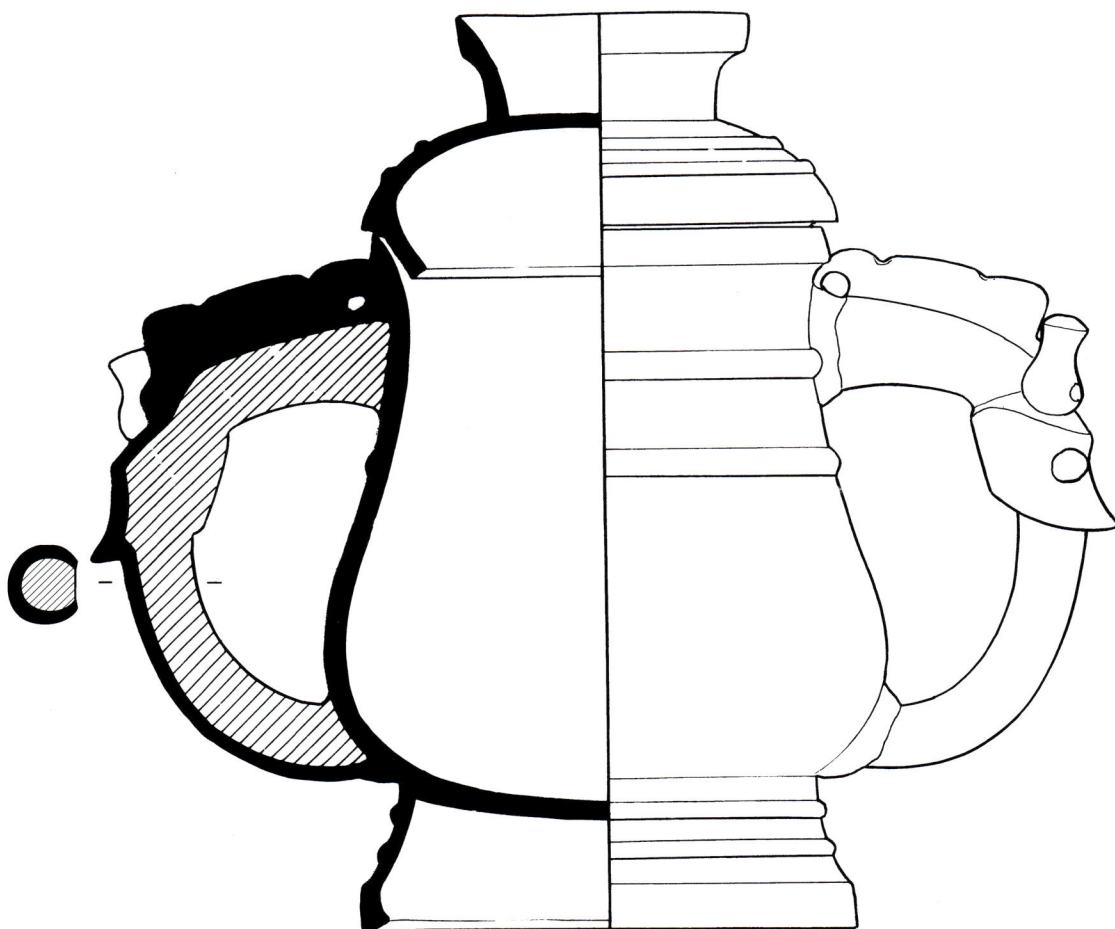

0　　　　　　3厘米

腹部纹饰

柱面及腹上部铭文　　　/　　　柱面及腹上部铭文拓片

茆爵

M1006：54。2006 年出土 。

流尾间距 19.3、柱间距 10.1、口宽 9.7、通高 23.9 厘米。重 980 克。容积 250 毫升。

长流上折翘起，尖尾斜侈。侈口，近流折处立伞状双柱，深腹，腹一侧置龙首桥形竖鋬，圜底，三棱刀状足外撇。腹饰一周两组兽面纹间三条竖向扉棱，以云雷纹衬地。三合范铸造。

柱面及腹上部铸铭文："茆作父癸。"

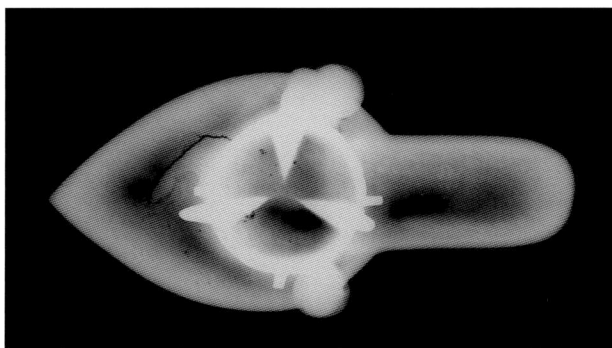

外底 X 光片

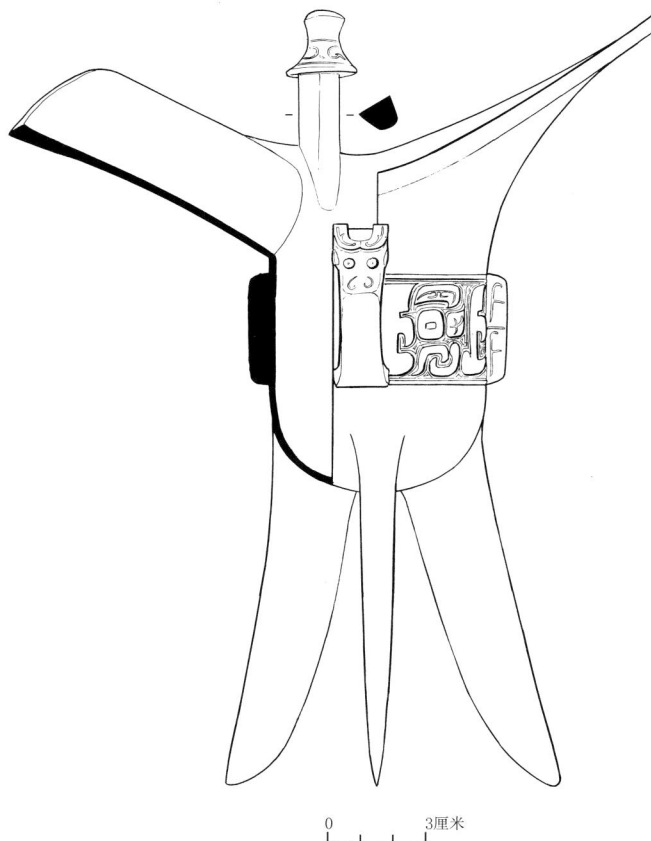

0　　　　3厘米

内底

外底

盖面

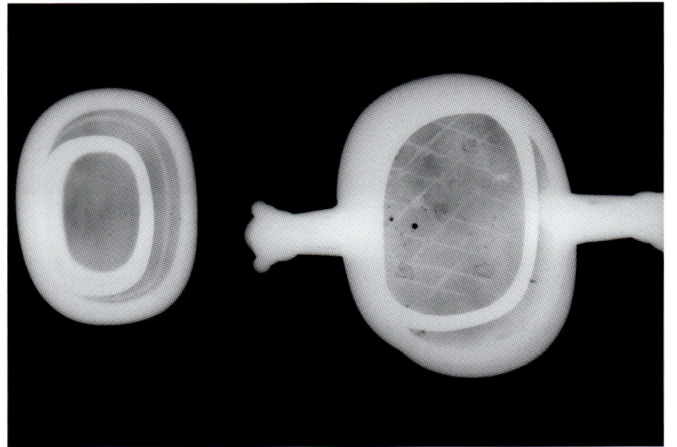

左耳 / 外底和盖面 X 光片

012

覒爾觥

M1006：107。2006 年出土。

盖长 26、最宽 13.2、高 15.8 厘米；器长 28、最宽 13.2 厘米，圈足底长 14.6、宽 10.2 厘米，高 17.4 厘米；通高 29.8 厘米。重 5970（盖 2375、器 3595）克。容积 1410 毫升。

曲体双龙形盖，子口内敛。器身前窄后宽，平面呈梯形，敞口，方唇，前端有流，颈略束，腹微鼓，腹后置一鸟首半环形竖耳，耳下垂扁珥，圜底，圈足外撇下折成阶。腹和圈足四角饰扉棱，盖面前后各浮雕一龙，腹四面各浮雕一兽面，其余部分多饰龙纹。盖、器分铸，盖为六合范，器为五合范铸造。

盖内铸铭文："覒爾作父丁宝尊彝，孙子子其永宝。戈。"器内底铸铭文："覒爾作父丁宝尊彝，孙孙子子其永宝。戈。"

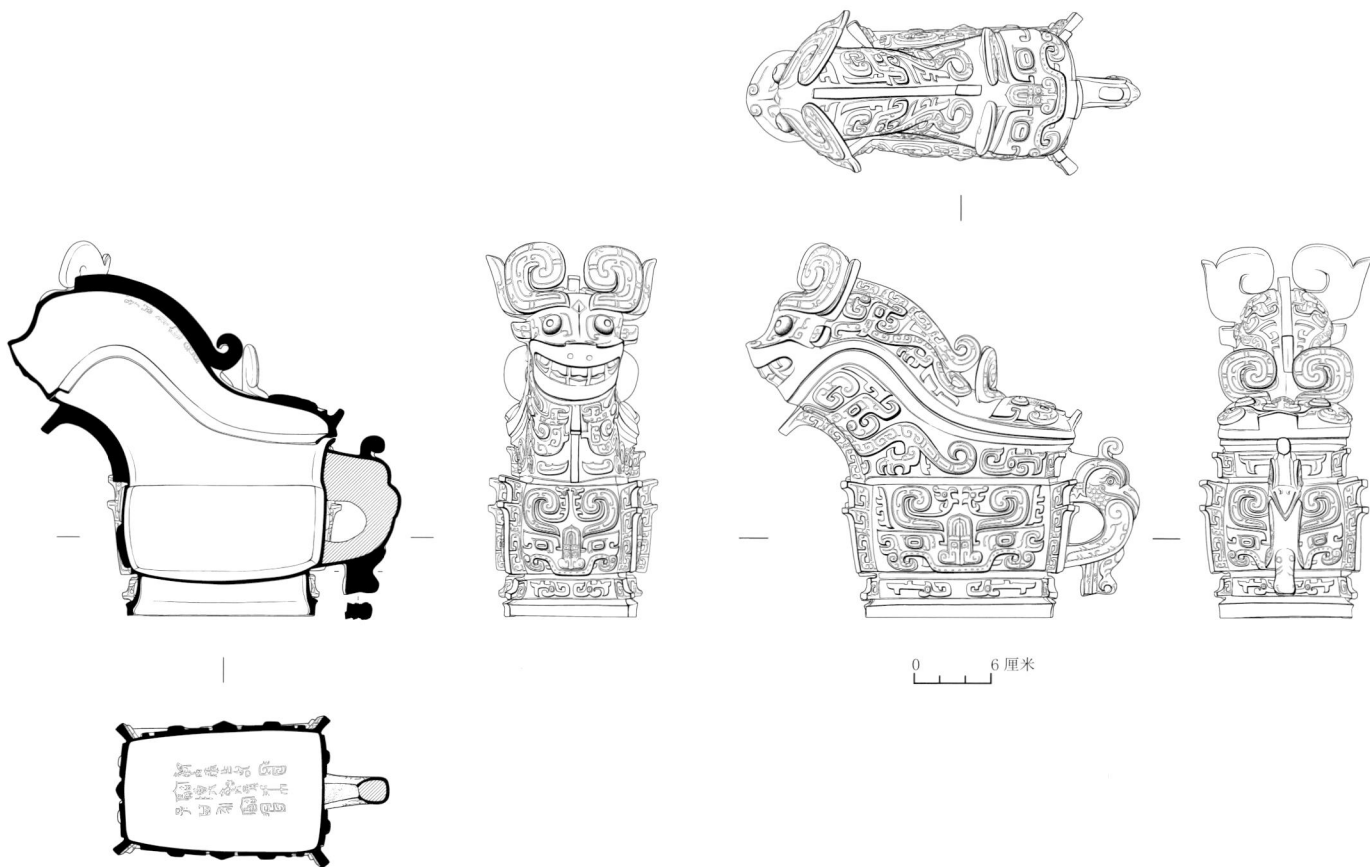

0   6 厘米

盖内铭文拓片   /   内底铭文拓片

盖头端、尾端纹饰拓片

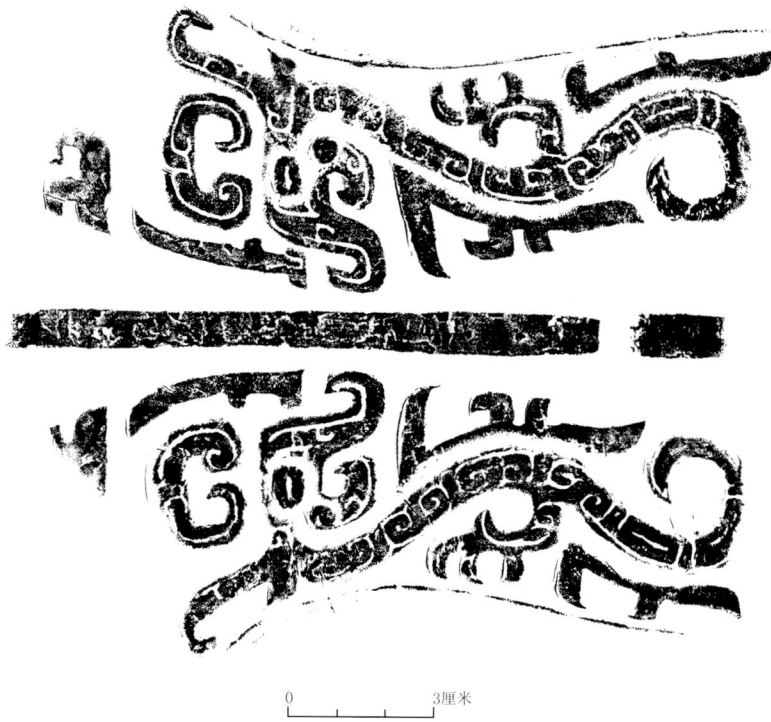

盖顶面中部纹饰拓片

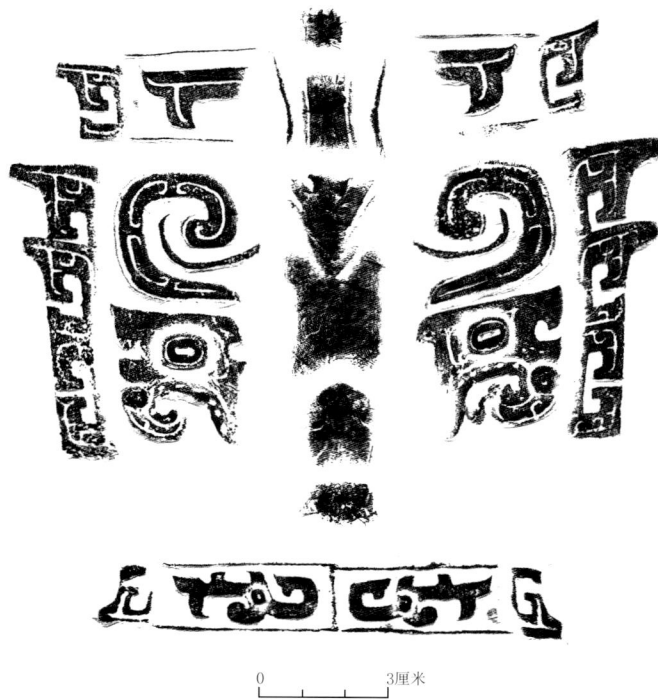

器右侧纹饰拓片

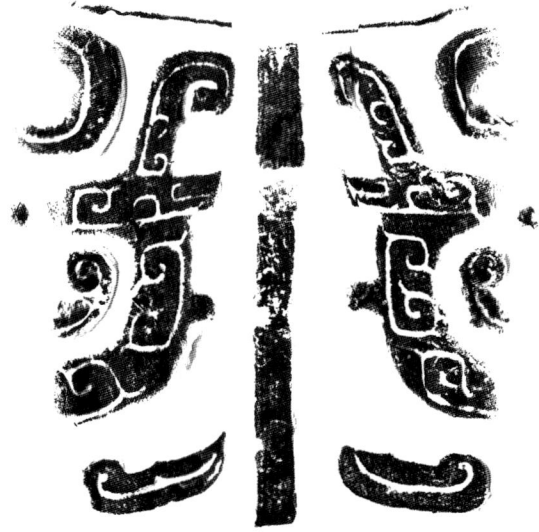

器左侧纹饰拓片

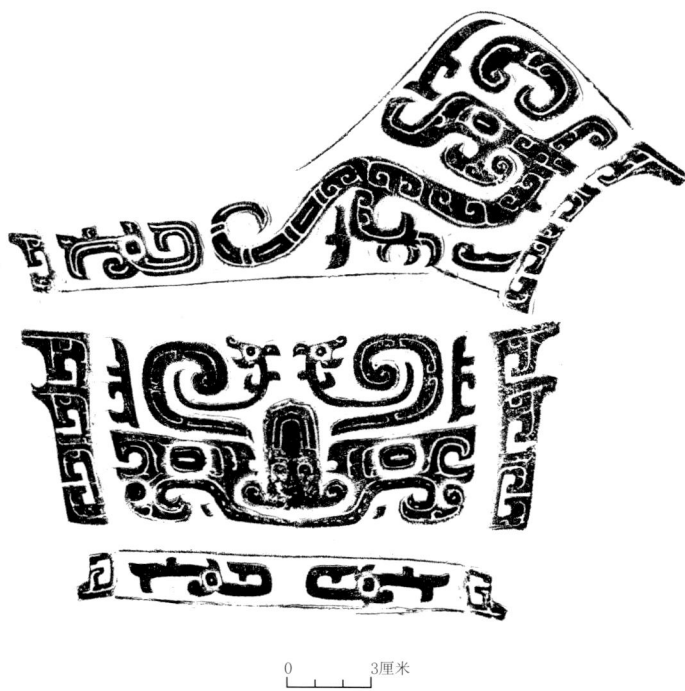

器背面纹饰拓片

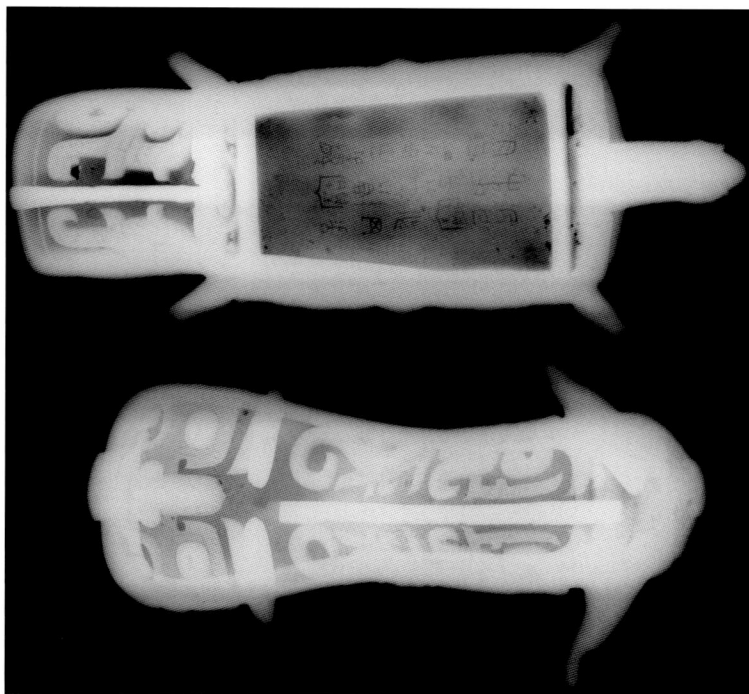

内底和盖面 X 光片

覸爾方彝

M1006：105。2006 年出土 。

盖口长 18.4、口宽 12.2、高 18 厘米；器口长 22.2、宽 15.8 厘米，圈足长 21.8、宽 15.4 厘米，高 19.2 厘米；通高 35.8 厘米。重 12230（盖 4485、器 7745）克。容积 4100 毫升。

长方形口。盖子口内敛，四阿顶中部立一扁柱四阿顶捉手。器身敛口，窄折沿，厚方唇，腹略垂鼓，圜底，圈足外撇下折成阶。盖、器四角和盖面饰扉棱，盖面和器身四面均浮雕兽面纹，圈足四面各饰两条夔龙纹。盖、器分铸，均为四合范铸造。

盖内和器内底铸相同的铭文："覸爾作父丁宝尊彝，孙孙子子其永宝。戊。"

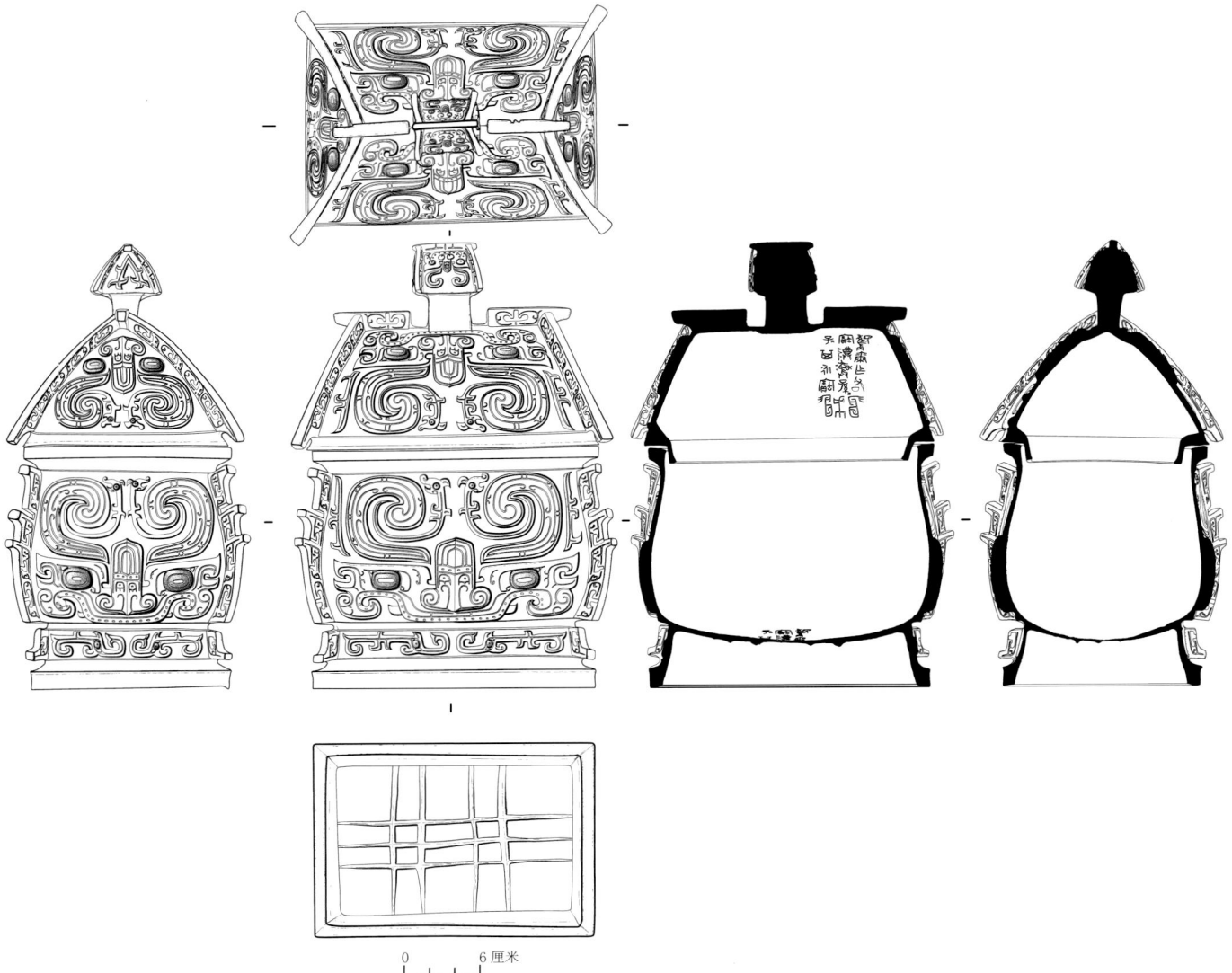

0 6 厘米

内底

盖内

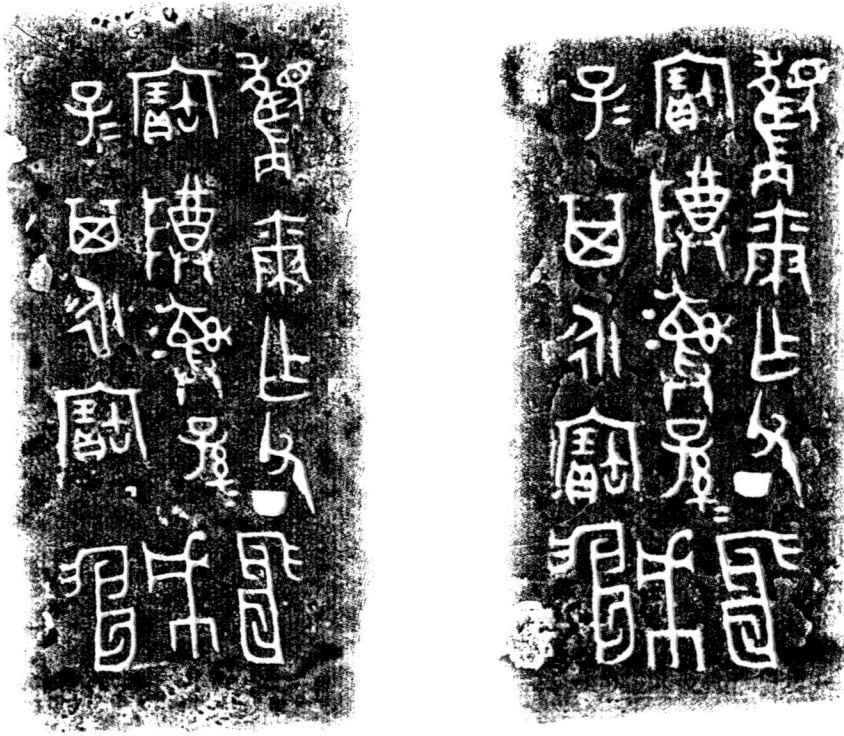

内底铭文拓片　　　／　　　盖内铭文拓片

0 ⊢⊣⊢⊣ 3厘米

盖正面纹饰拓片

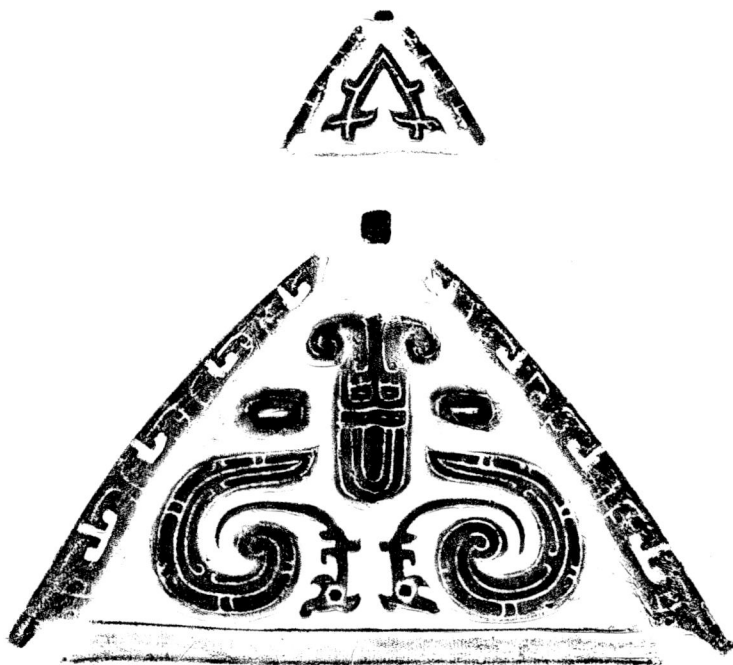

盖左侧纹饰拓片

器左侧纹饰拓片

0   3厘米

器背面纹饰拓片

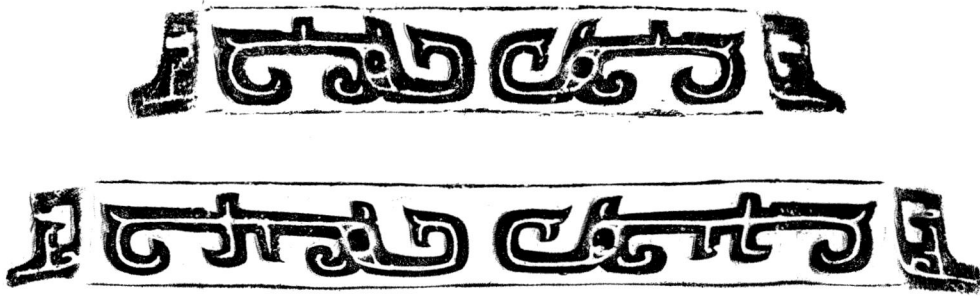

0   3厘米

圈足右侧、背面纹饰拓片

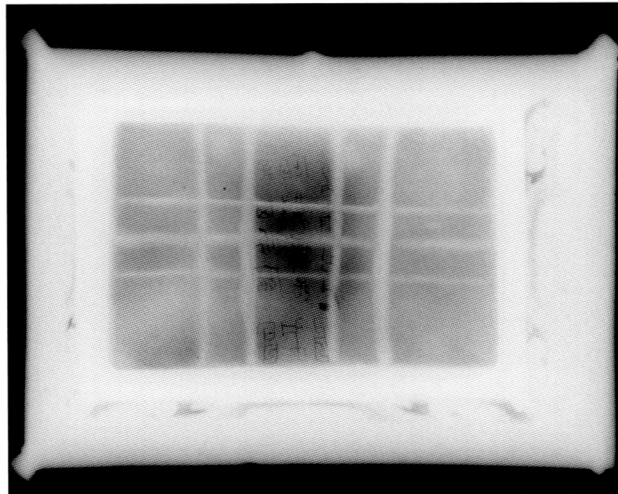

外底 X 光片

014

仲筍父盘

M1006：20。2006 年出土。

耳间距 44.8、口径 40.4 ～ 40.6、圈足径 30.4、通高 14.6 厘米。重 8260 克。容积 8700 毫升。

微敞口，折沿，厚方唇，弧腹内收，附耳，圈足外撇下折成阶。上腹饰一周涡纹。三合范铸造。

内底铸铭文："仲筍人（父）肇作宜姬宝盘，其用夙夜享于厥宗，用享考（孝）于朕文祖考，用匄百福，其万年永宝，子子孙孙其万年用，夙夜享考（孝）于厥宗用。"

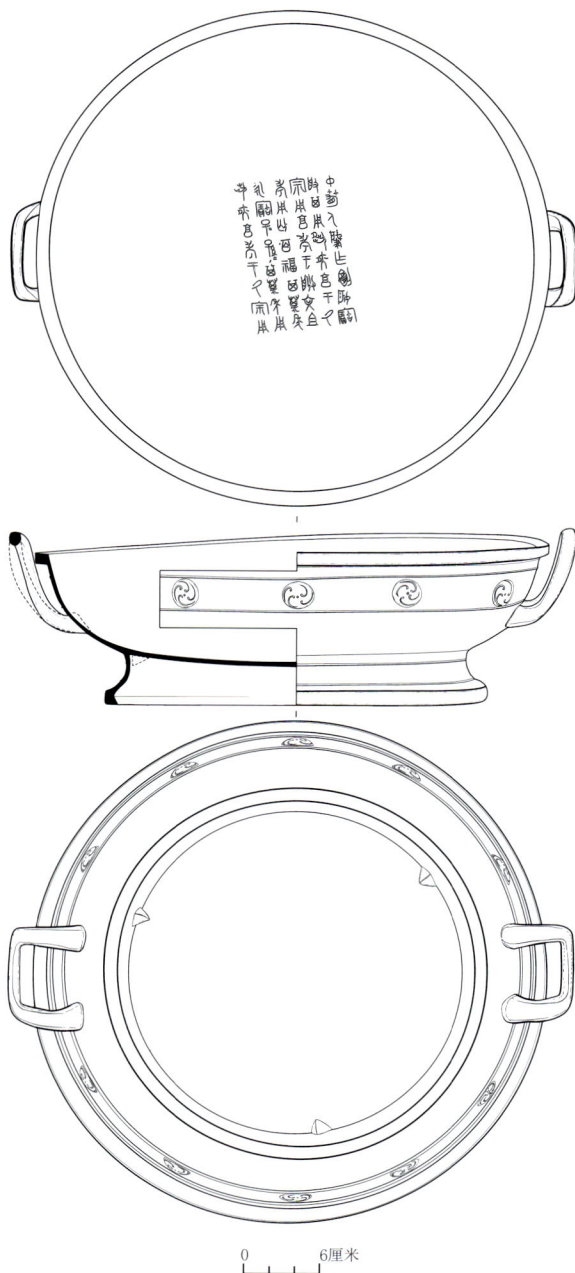

0   6厘米

外底

右耳

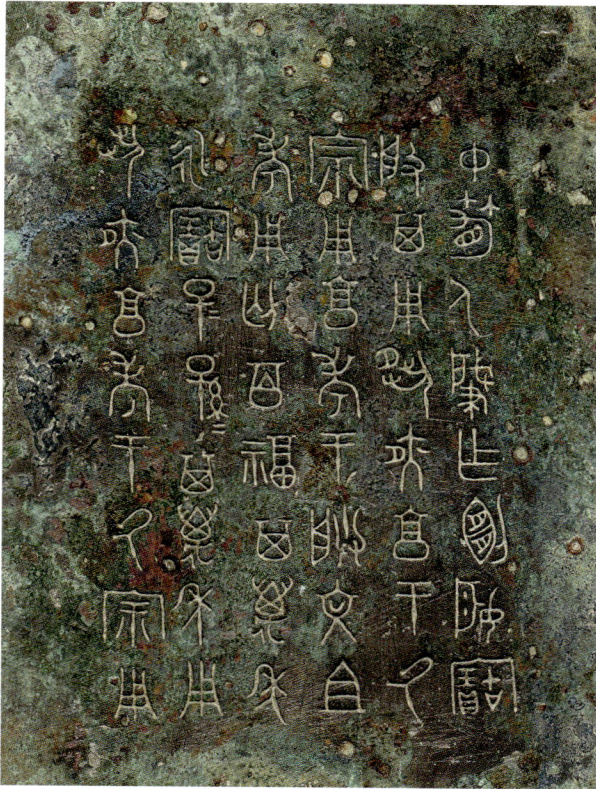

内底铭文 / 内底铭文拓片

外底 X 光片

015

仲筍父盉

M1006：21。2006 年出土 。

流耳间距 31.3 厘米，盖长径 17.9、短径 17.5 厘米，器口长径 18、短径 17.6 厘米，通高 26.4 厘米。重 4940 克。容积 3050 毫升。

桃形盖，子口，顶面圆隆，中部置一三角形提手，盖和器身以 "8" 字形链环连接。器身为鬲形，侈口，厚方唇，高领，横截面呈桃形，圆鼓腹，分裆，矮实足根，管状流与龙首半环形竖耳相对称。盖面和器颈部均饰一周涡纹，器身饰连续双阳线曲折纹，流部饰简化蝉纹。盖、器分铸，盖为双合范，器为四合范铸造。

盖内铸铭文："仲筍人（父）肇作宜姬宝盉，其用夙夜享于厥宗，用享考（孝）于朕文祖考，用匄百福，其万年永宝，子子孙其万年用，夙夜享考(孝）于厥宗用。"

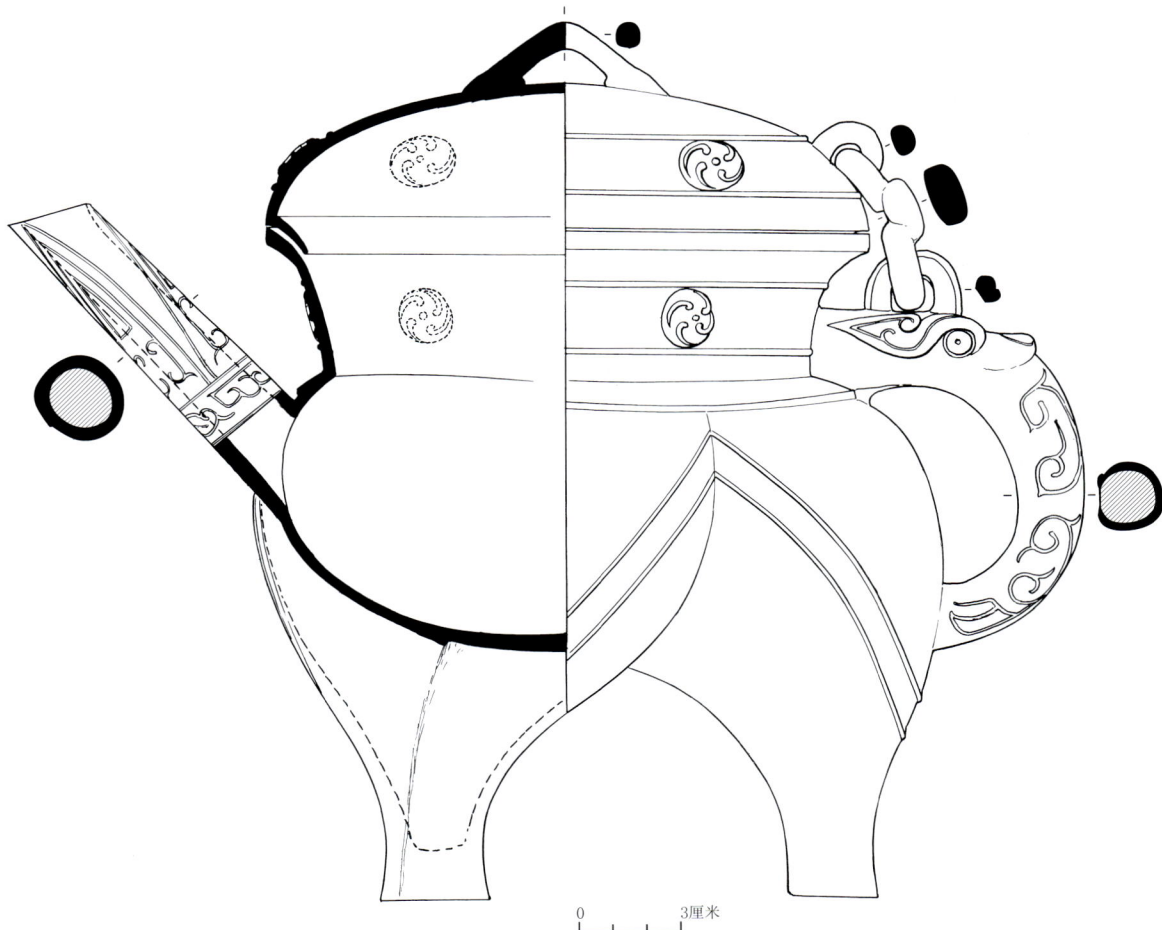

0   3厘米

耳及链环

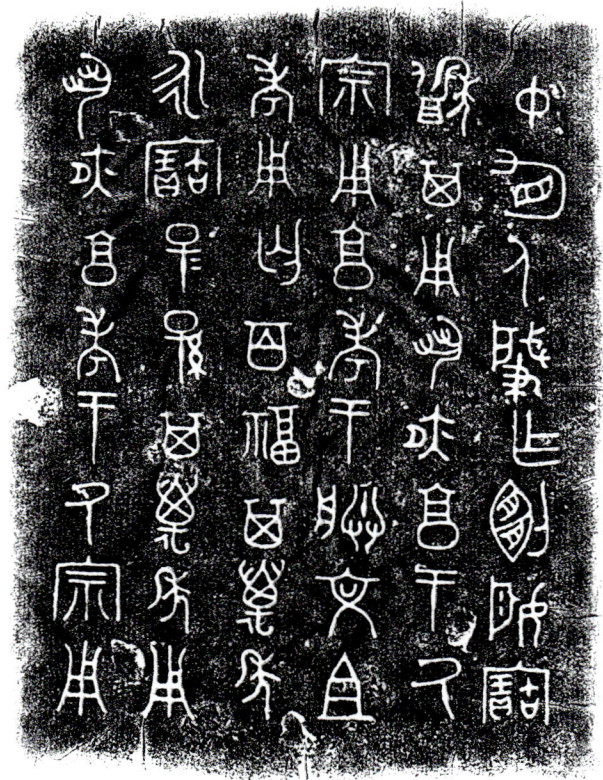

盖内铭文　　　/　　　盖内铭文拓片

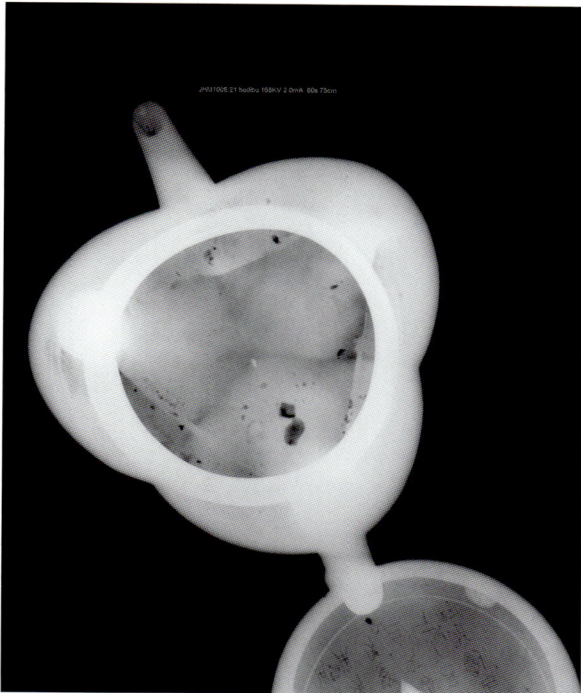

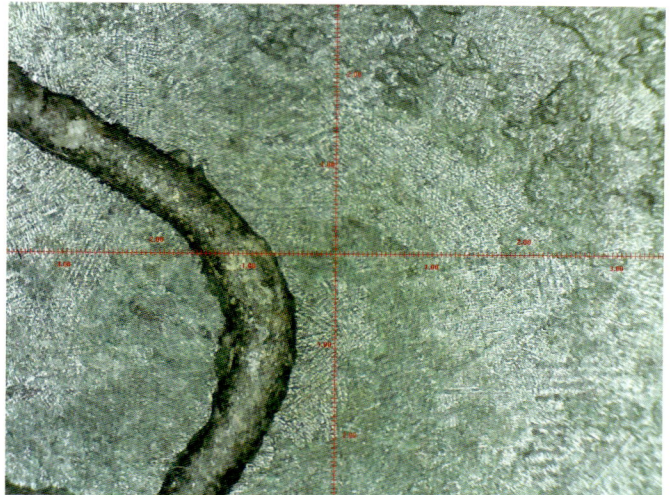

内底和盖内 X 光片　　　/　　　盖内丝织品痕迹

全长 2300 厘米。墓道口长 1870、宽 330 厘米，底宽 330 ～ 360 厘米，深 0 ～ 490 厘米；墓室口长 430、宽 330 厘米，底长 495、宽 410 厘米，深 1090 厘米。

方向 280°。一椁二棺。墓主仰身直肢，男性，年龄不详。腰坑 1，未见殉牲。殉 5 人。随葬 2 车。随葬铜礼乐器 26 件：鼎 3、簋 2、瓹 1、尊 1、提梁卣 1、爵 2、觚 1、壶 1、斗 1、盘 1、盉 1、扣器 4、甬钟 7。

016

弦纹鼎

M1011：117。2006 年出土。

耳间距 19、口径 19.4、通高 21.6 厘米。重 2555 克。容积 2620 毫升。

桃形敛口，折沿，方唇，双立耳，上腹微凹，下腹倾垂，圜底，三圆柱足。上腹饰两周凸弦纹。三合范铸造。

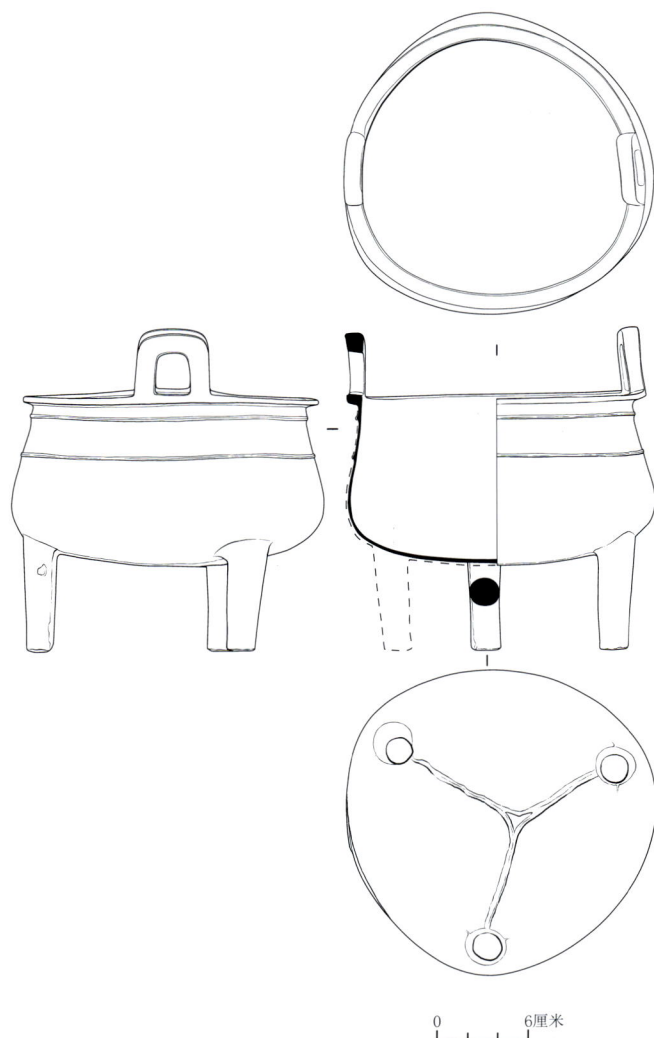

0 6厘米

内底

外底

伯夗簋

017

M1011：49-1。2006 年出土。

盖口径 18.7 ～ 18.8、高 6.8 厘米，器口径 18、耳间距 23.6、高 14.2 厘米，通高 19.2 厘米。重 3275（盖 1170、器 2105）克。容积 2510 毫升。

覆钵形盖，母口，盖面圆隆，中部置一圆形平顶捉手，捉手侧面有一对方穿，盖外缘下折。器身子口微敛，舌较长，斜直腹微垂，上腹两侧设兽首衔环耳，近平底，圈足下设四个兽首矮柱足。捉手顶面饰龙凤纹，盖面外缘和器身上腹各饰一周窃曲纹，圈足饰一周斜角云纹。盖、器分铸，盖为双合范，器为四合范铸造。

盖内铸铭文："伯夗建（肇）作宝，用廟（朝）夜康于宗。"器内底铸铭文："伯夗建（肇）作宝，用廟（朝）夜庚（康）于宗。"

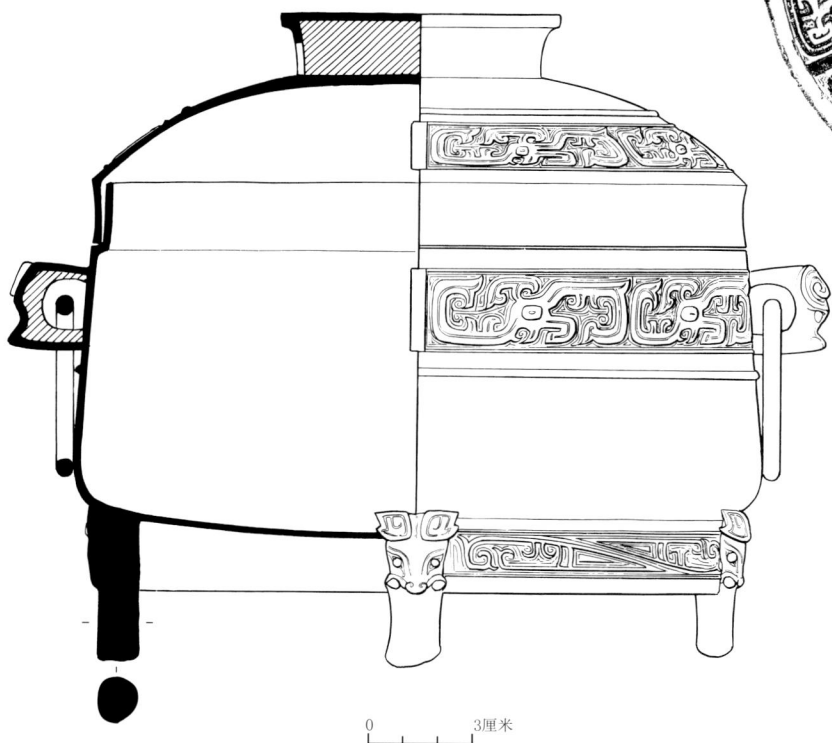

盖面、捉手面纹饰拓片

正面腹上部纹饰拓本

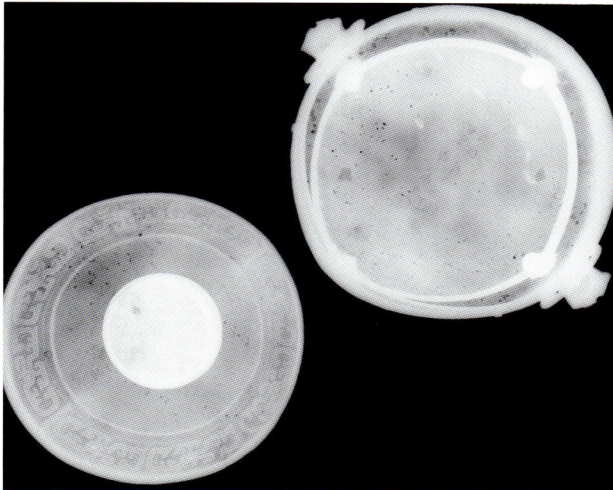

0   3厘米

外底和盖面 X 光片   /   盖内丝织品痕迹

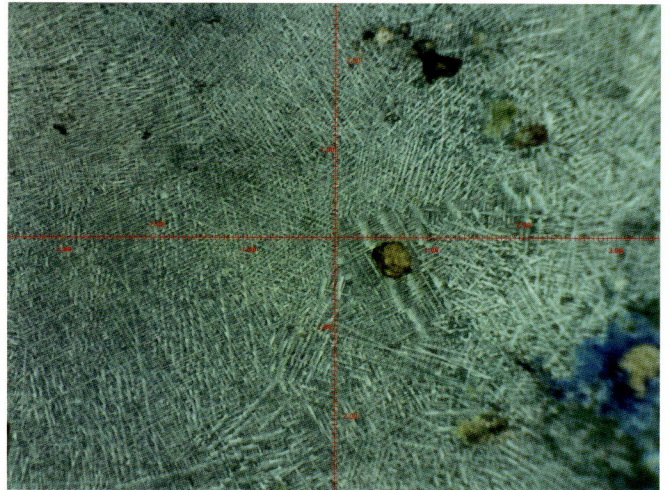

盖内铭文　　/　　盖内铭文拓片

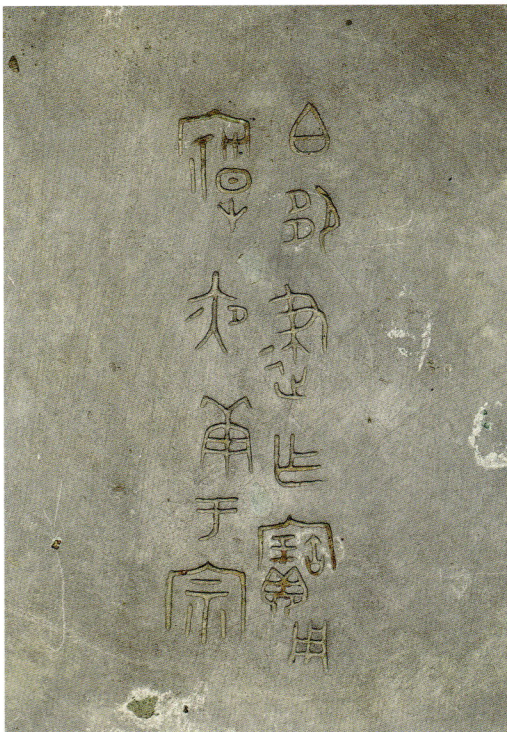

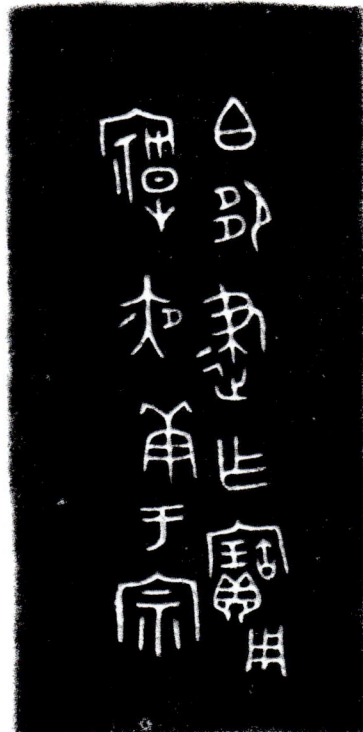

内底铭文　　/　　内底铭文拓片

018

伯刭簋

M1011：121。2006 年出土。

盖口径 18.6 ～ 18.8、高 6.8 厘米，器口径 18、耳间距 23.2、高 14 厘米，通高 19 厘米。

重 3410（盖 1060、器 2350）克。容积 2450 毫升。

器形、纹饰、制法和铭文与 M1011 ： 49-1 簋近同。

盖内和器内底铸相同的铭文："伯刭建（肇）作宝，用廟（朝）夜康于宗。"

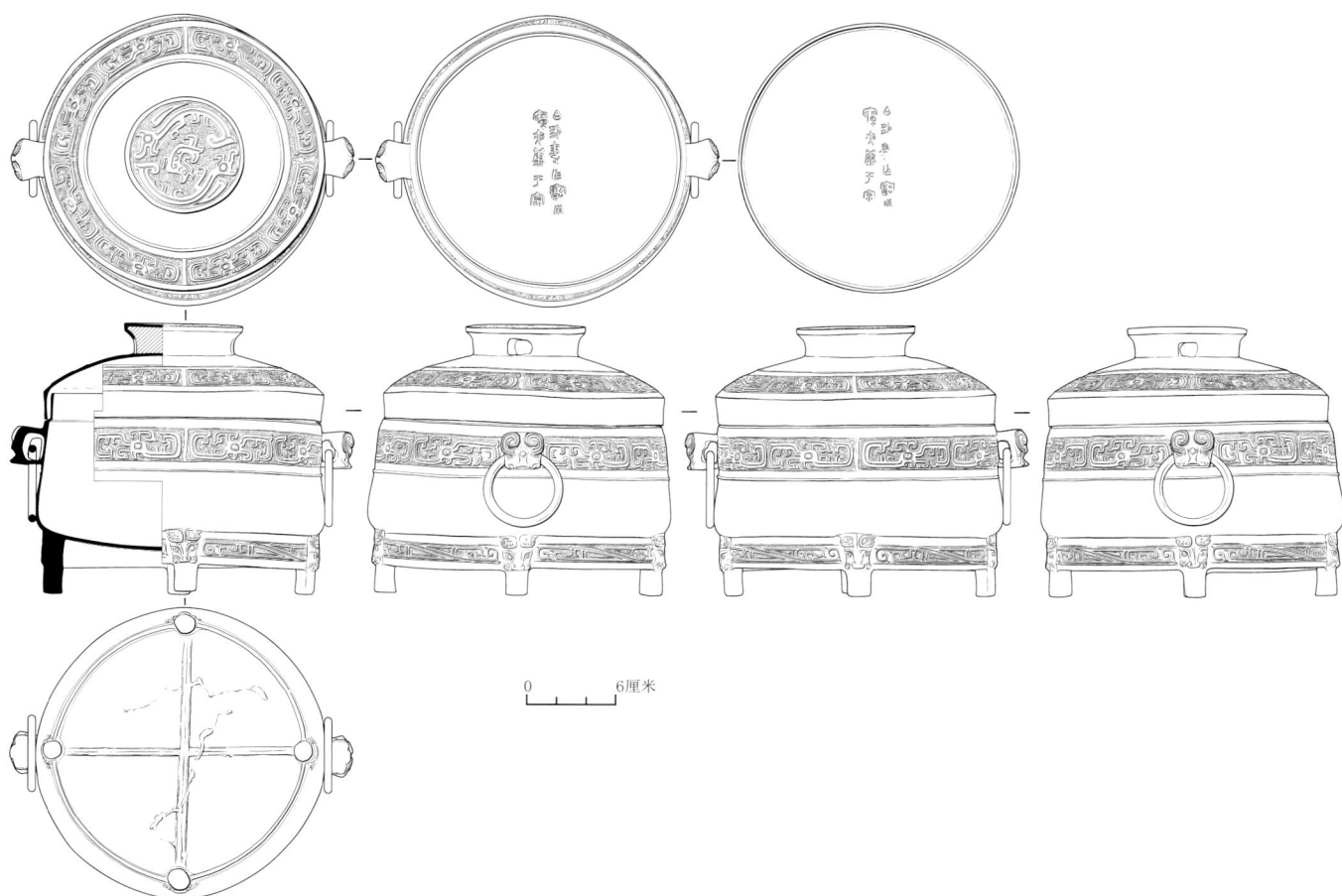

0   6厘米

外底

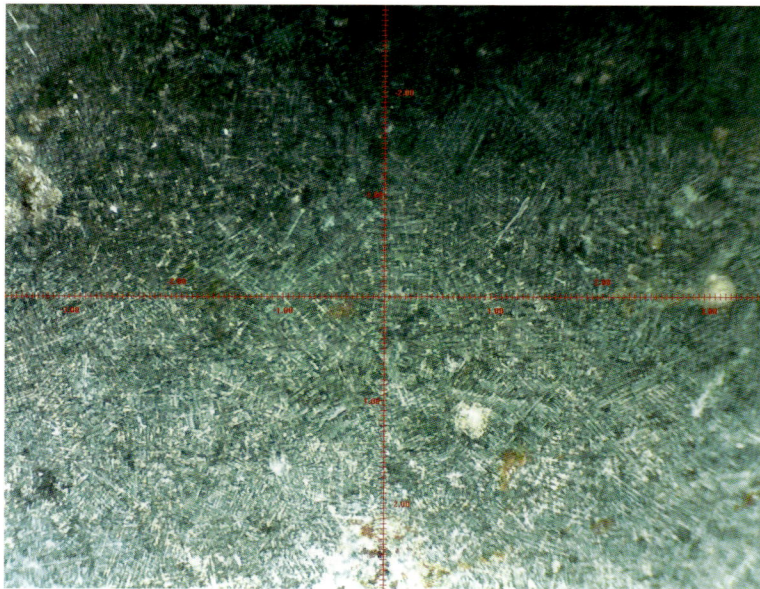

盖内丝织品痕迹

盖内铭文　　/　　盖内铭文拓片

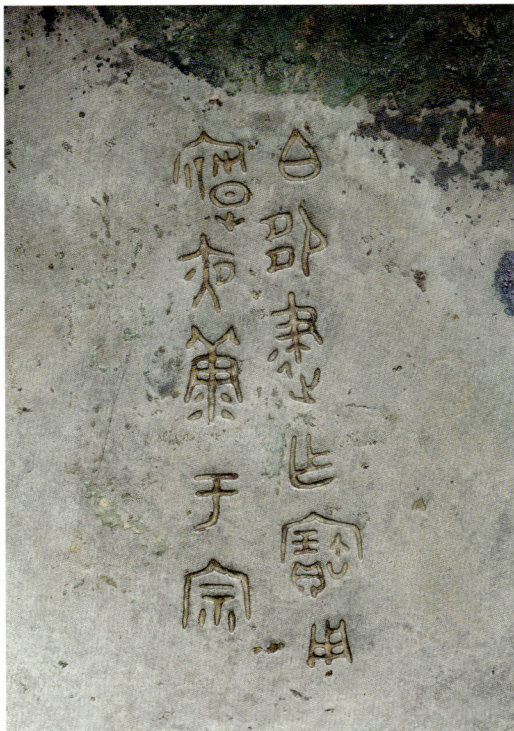

内底铭文　　/　　内底铭文拓片

019

倗叔甗

M1011：64。2006 年出土。

耳间距 31.6、口径 30.4 ～ 31.4、通高 43.2 厘米。重 7800 克。甑部容积 6000、鬲部容积 3300 毫升。

上甑下鬲联体。甑为桃形敞口，方唇，沿上立双耳，腹斜收。束腰，腰内有三个三角形箅齿，上承桃形箅，箅面有"十"和"T"形镂孔。鬲部鼓腹，分裆袋足，半圆实足根。甑腹上部饰两周凸弦纹。三合范铸造。

甑后腹内壁铸铭文："倗叔作宝甗，其永用享。"

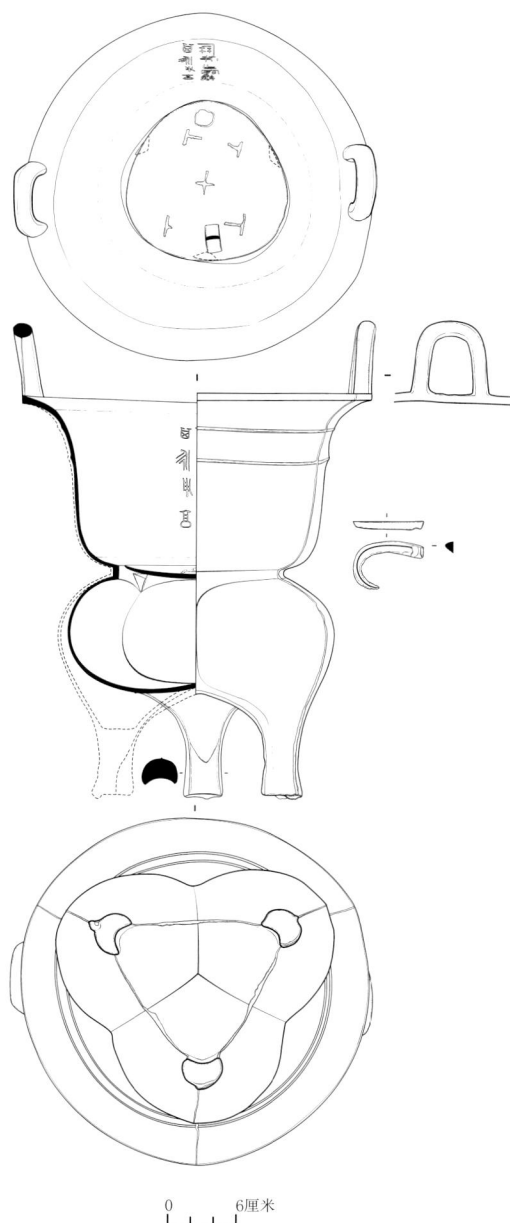

0　　　6厘米

算

右耳处甗腹范线　　/　　箅钩

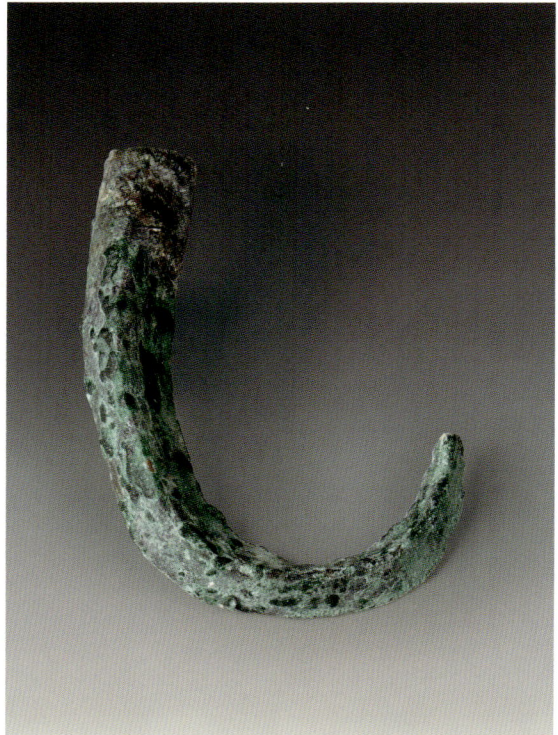

甗后腹内壁铭文　　/　　甗后腹内壁铭文拓片

020

作宝尊彝尊

M1011：54。2006 年出土。

口径 22.4 ～ 22.6、圈足径 16.2、通高 23.6 厘米。重 3355 克。容积 3350 毫升。

圆形敞口，厚方唇，颈微束，圆垂腹，圜底，圈足外撇下折成阶，口径大于腹径。颈上部蕉叶纹内饰鸟纹，颈下部一周饰八只鸟纹，间二兽首，腹饰波带纹和大鸟纹一周，均以云雷纹衬地。四合范铸造。

内底铸铭文："作宝尊彝。"

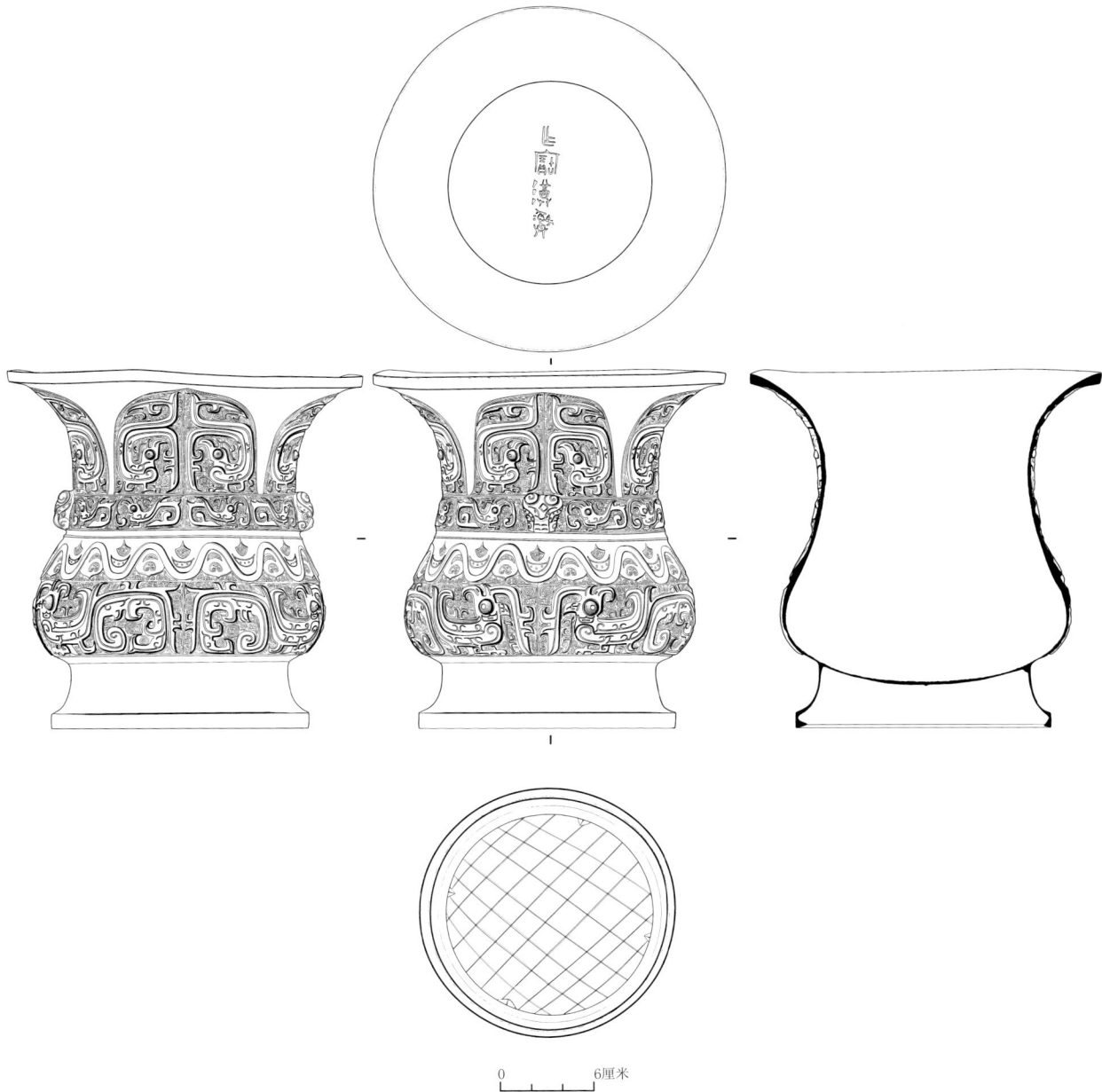

0　　　　6厘米

背面颈下部兽首

0   6厘米

正面腹下部纹饰拓片

0   6厘米

正面颈部纹饰拓片

内底铭文　　/　　内底铭文拓片

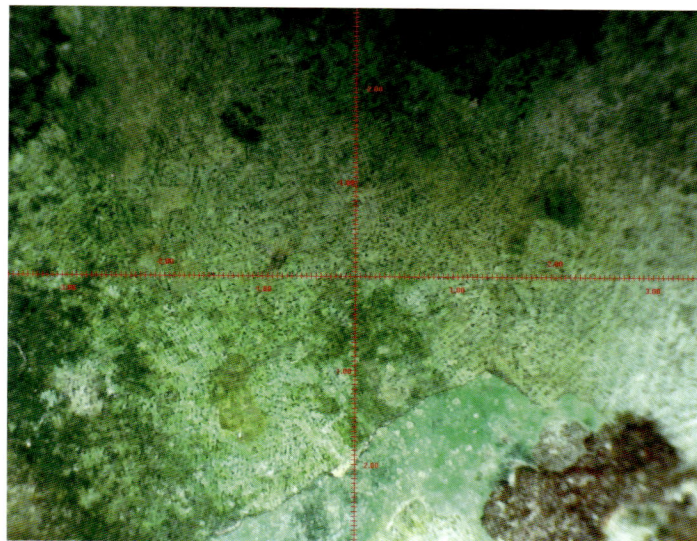

口部丝织品痕迹

021

作宝尊彝卣

M1011：55。2006 年出土。

盖口长径 17.2、口短径 14.2、高 10.6 厘米；提梁两端兽首间距 27 厘米；器口长径 15.2、短径 12.2 厘米，圈足长径 19.2、短径 16 厘米，高 17.4 厘米；通高 30 厘米。重 5255（盖 1240、器 4015）克。容积 3200 毫升。

椭方形盖，母口内敛，顶面圆隆，中部置一椭方圈形捉手，两侧边缘作犄角状凸起。器身子口内敛，舌较长，垂腹圆鼓，圜底，圈足外撇下折成阶，横截面均为椭方形。上腹两侧半环形钮衔弓形提梁两端圆环，圆环外铸一兽首。盖面和器身均饰鸟纹和波带纹，以云雷纹衬地。盖、提梁和器身分铸，盖、器均为四合范，提梁为双合范铸造。

盖内和器内底铸相同的铭文："作宝尊彝。"

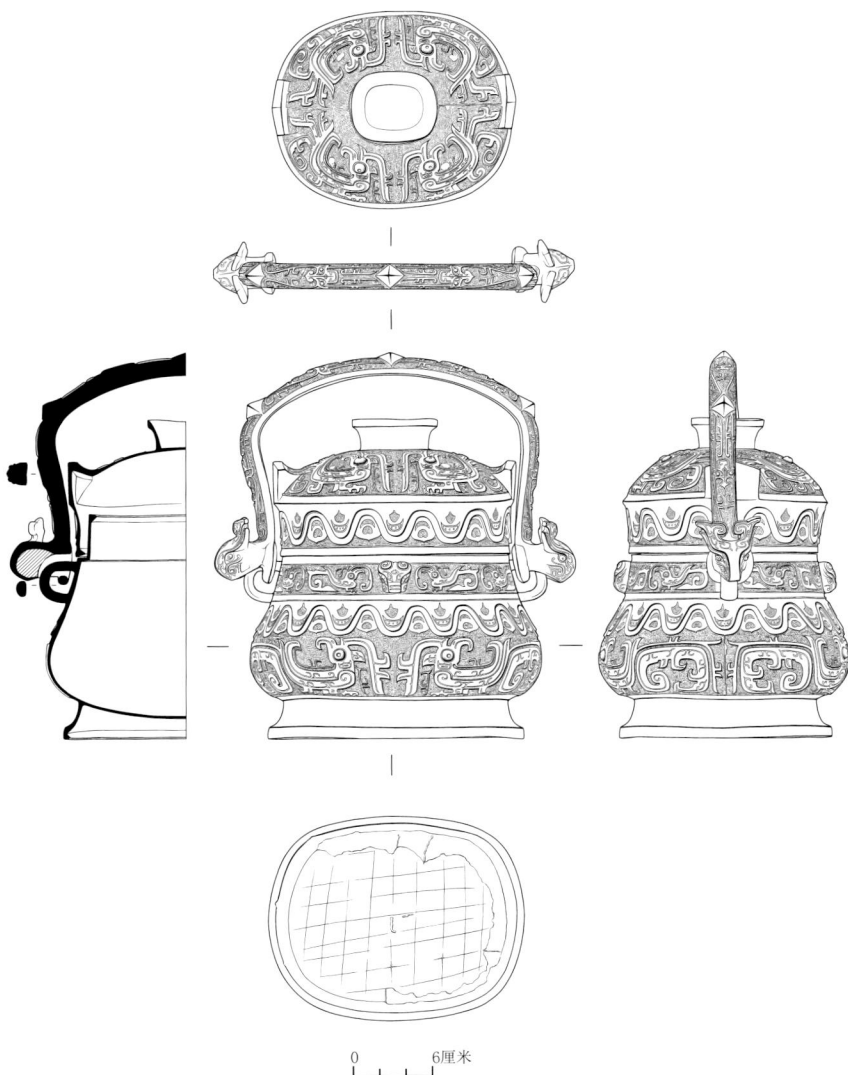

盖内铭文　　/　　盖内铭文拓片

内底铭文　　/　　内底铭文拓片

0　　　3厘米

盖面纹饰拓片

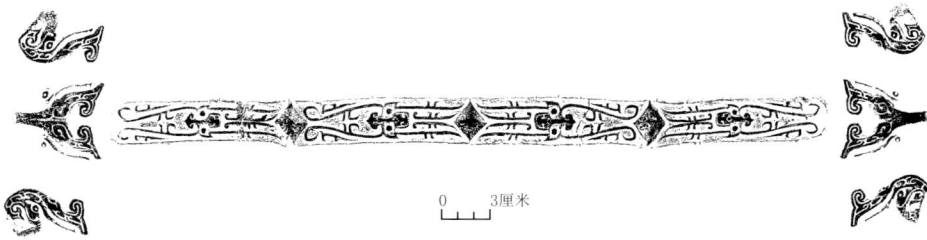

0　3厘米

提梁纹饰拓片

0　　　3厘米

正面腹上部纹饰拓片

0　　　　6厘米

正面腹下部纹饰拓片

022

卷云纹壶

M1011：63、77。2006 年出土。

盖捉手径 5.6、口径 6.6、高 12.6 厘米；器口长径 9、短径 8.2 厘米，圈足长径 11.8、短径 11.4 厘米，高 40.4 厘米；通高 46 厘米。重 3545（盖 405、器 3140）克。盖容积 300、器容积 3900 毫升。

椭圆形盖，盖面圆隆，中部有一圈形捉手，子口，长舌，舌面凹曲，倒置为觯。器身修长，直口，长颈微内曲，两侧置一对竖贯耳，深腹呈纺锤形，近平底，圈足外撇下折成矮阶，圈足上部有相对两穿，与贯耳上下一线。盖面饰一周鸟纹，舌中部饰一周斜角目云纹。器耳饰兽面纹；颈部饰三角蝉纹，以云雷纹衬地；腹饰三周粗壮横"C"形卷云纹，以云雷纹衬地，三周云纹上部饰三排菱形凸钉纹，与云纹相错分布。盖、器分铸，均为四合范铸造。

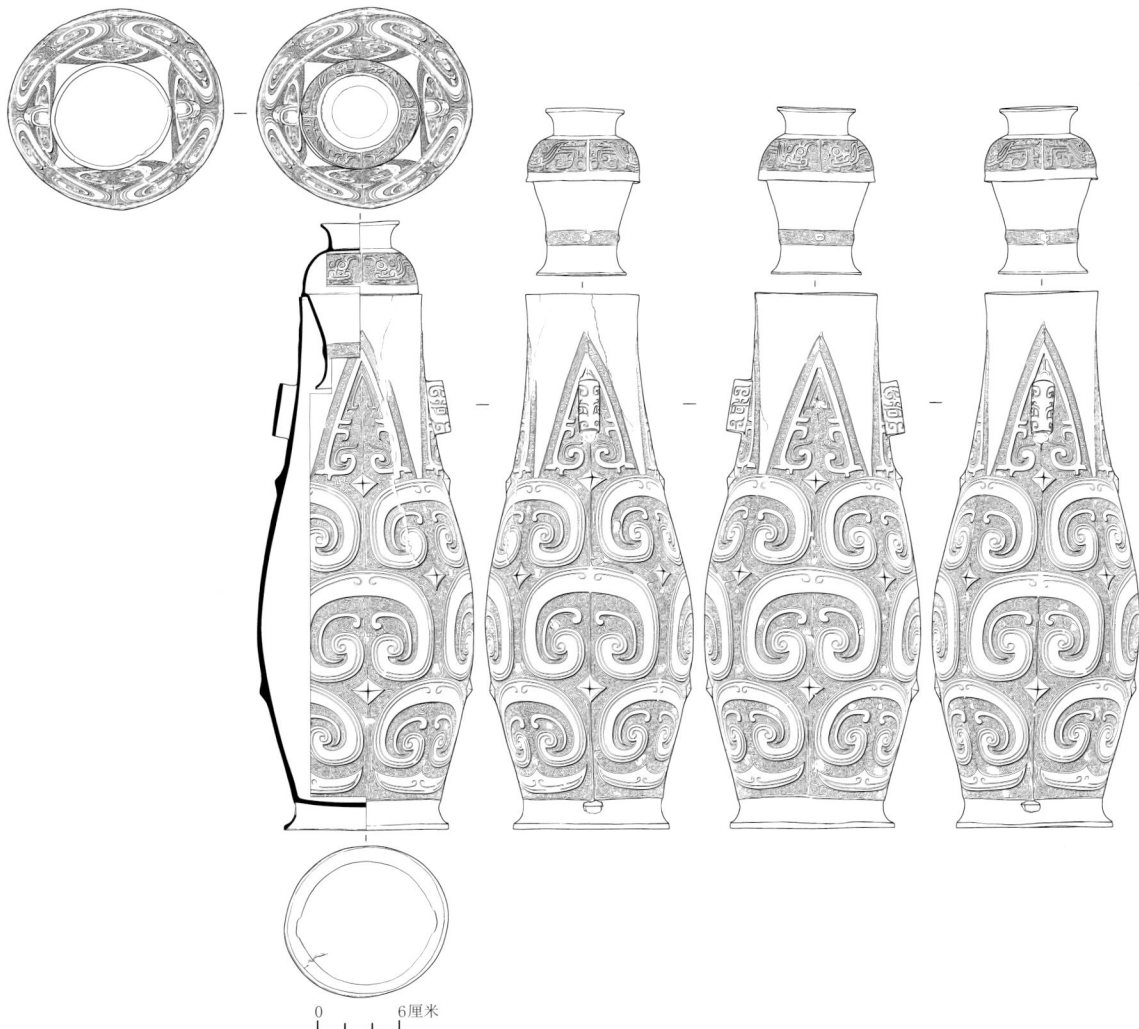

0   6厘米

壶盖

0   3厘米

盖面纹饰拓片

器背面颈腹部纹饰拓片　　/　　器左侧颈腹部纹饰拓片

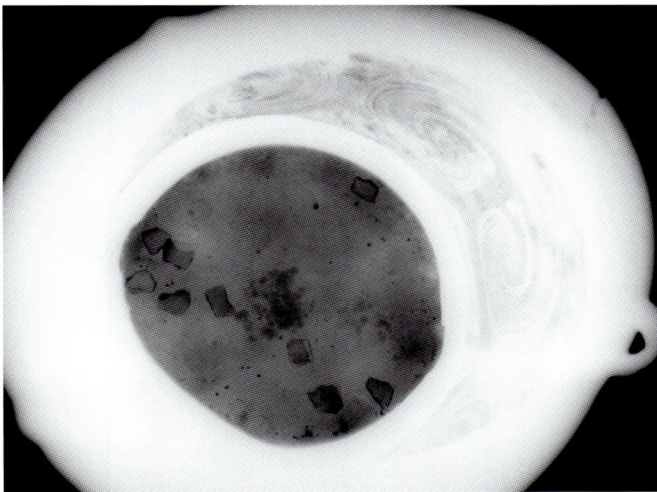

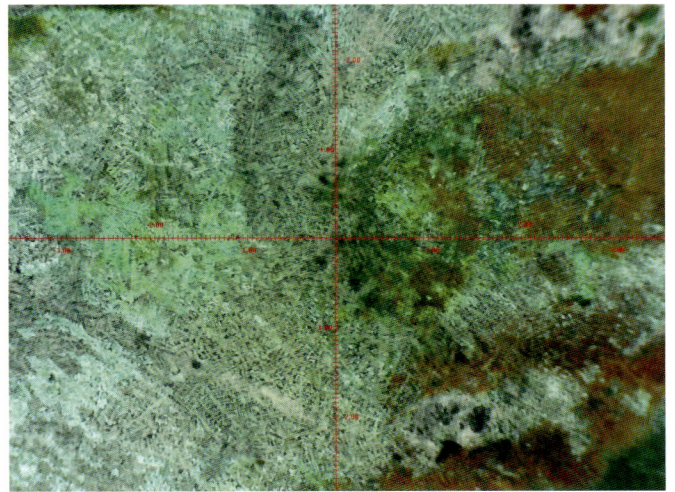

外底 X 光片　　/　　颈部丝织品痕迹

023

鳞纹觚

M1011：62。2006 年出土 。

口径 13、圈足径 7.6、通高 22.9 厘米。重 445 克。容积 350 毫升。

喇叭口，窄方唇，腹身细高，平底，喇叭形圈足，圈足外为方唇。圈足上部有一周素面箍带，箍带上下饰一周波带圆圈纹，圆圈内镶嵌绿松石，其下饰鳞纹。双合范铸造。

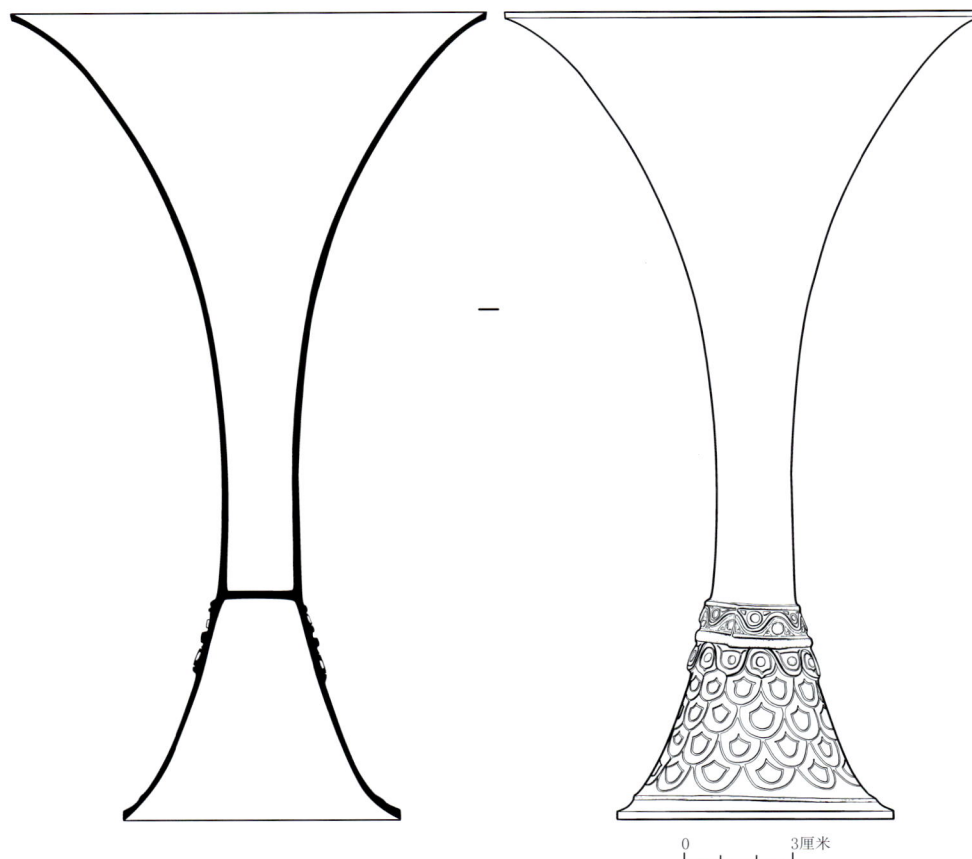

0   3厘米

圈足

外底

口部

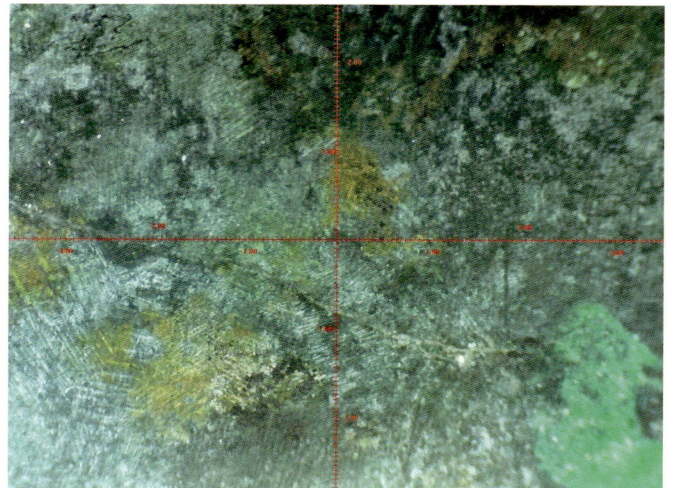

侧面 X 光片　　/　　腹上部丝织品痕迹

024

□史小子矢爵

M1011：60。2006 年出土。

流尾间距 17.8、柱间距 9.6、口宽 9.2、通高 22.6 厘米。重 865 克。容积 200 毫升。

长流上翘，尖尾斜侈。侈口，方唇，近流折处立伞状双柱，筒状深腹，腹一侧置龙首半环形竖鋬，横截面略扁圆，圜底，三棱刀状足外撇。柱帽饰四周凹弦纹，帽顶饰一周卷云纹，腹中部饰一周兽面纹，以云雷纹衬地。三合范铸造。

柱面及上腹、鋬内腹壁铸铭文："□史小子矢作父尊彝。"

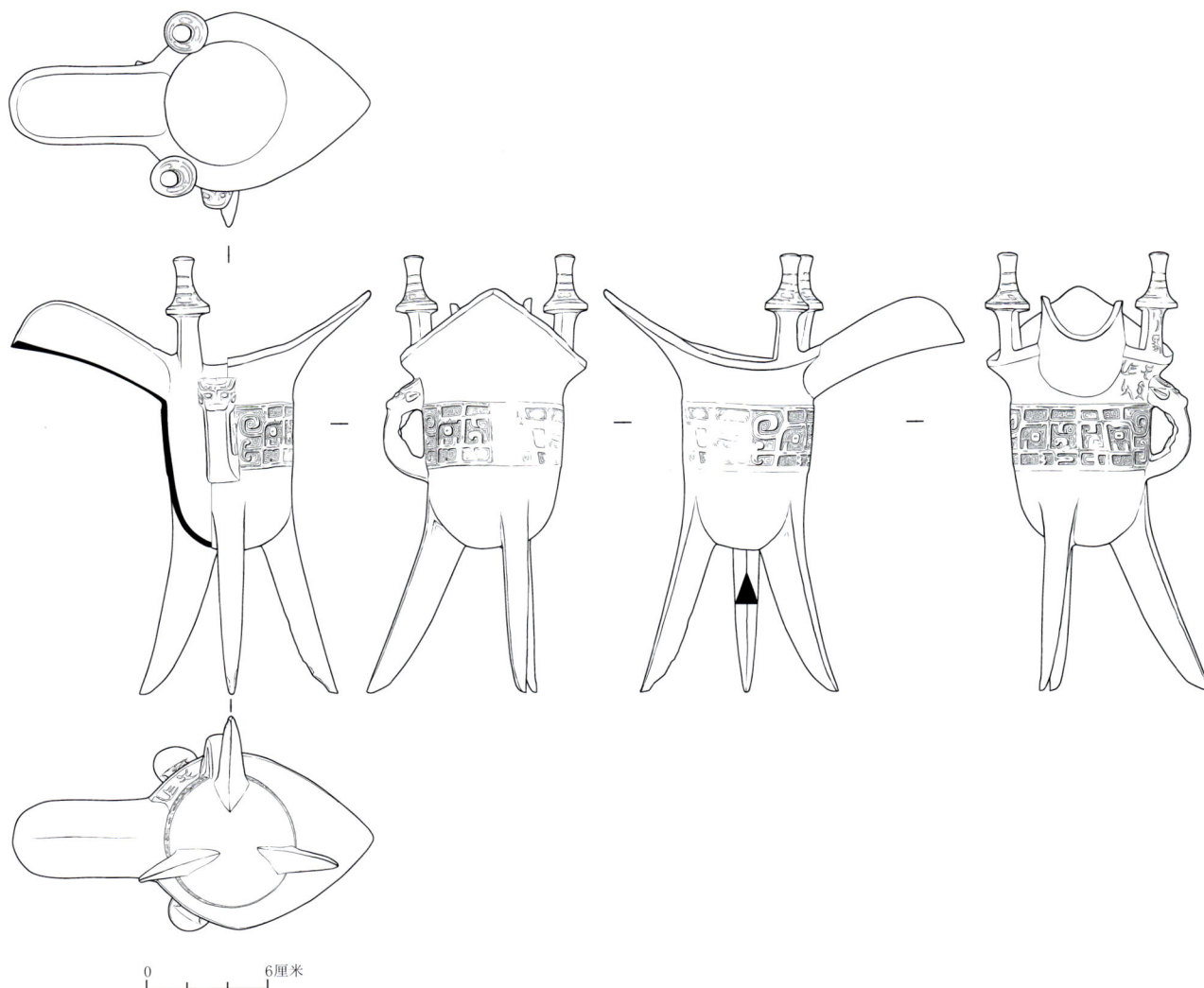

0   6厘米

外底

耳左侧纹饰

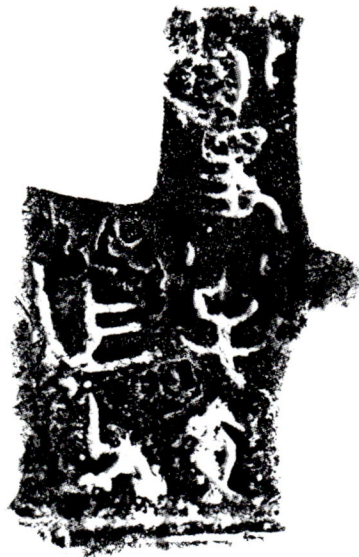

柱面及腹上部铭文 / 柱面及腹上部、錾内腹壁铭文拓片

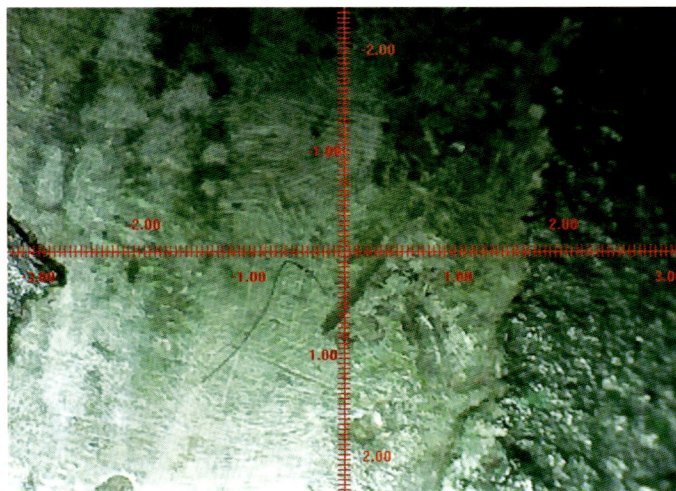

腹部丝织品痕迹

025

倗叔盘

M1011：59。2006 年出土。

耳间距 44.2、口径 40.4、圈足径 31、通高 11.8 厘米。重 6395 克。容积 6600 毫升。

敞口，折沿，方唇，圆弧腹内收，腹两侧有附耳，圜底近平，圈足外撇下折成阶。腹和圈足各饰两周凸弦纹。六合范铸造。

内底铸铭文："倗叔作宝盘盉，其永用享。"

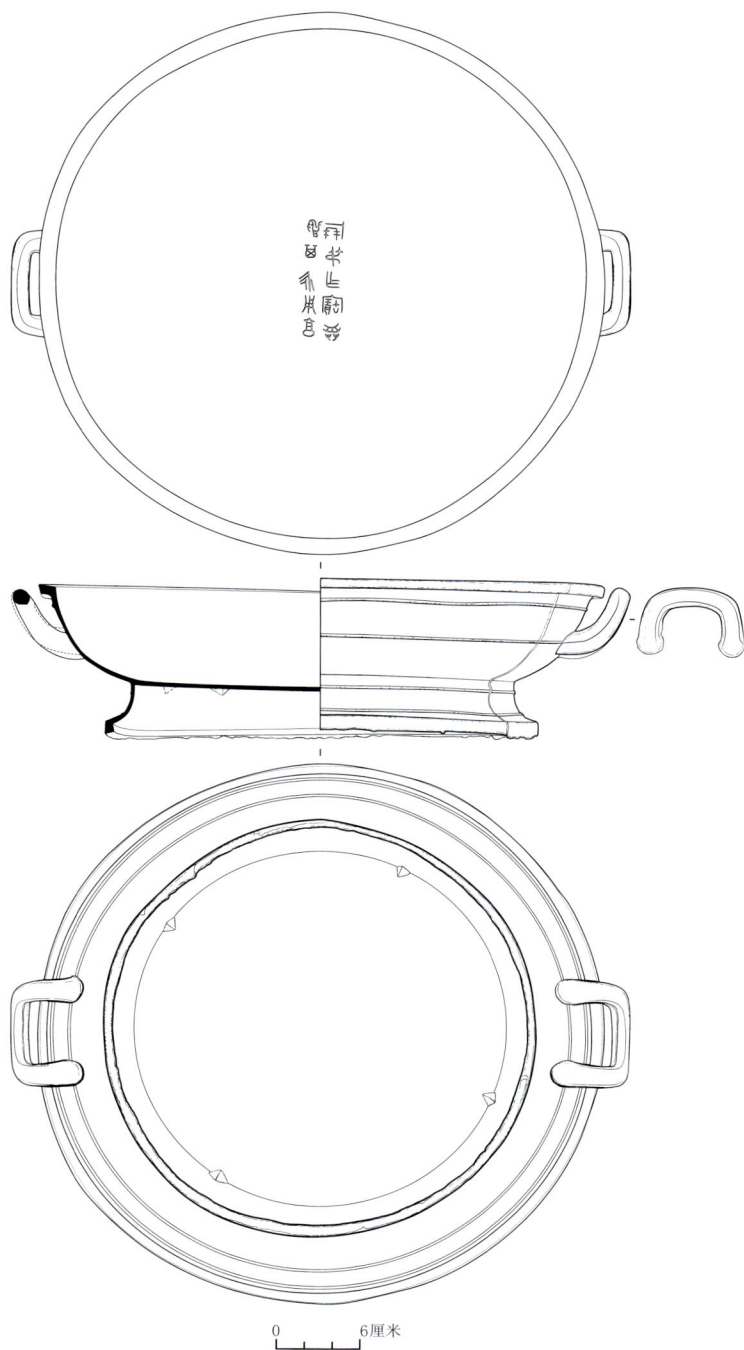

0   6厘米

内底

外底

右耳

内底铭文　/　内底铭文拓片

026

折线纹盉

M1011：58。2006 年出土。

流耳间距 29.2 厘米，盖口长径 15.2、口短径 14.6、高 6.6 厘米，器口长径 17、口短径 16.4、高 19.8 厘米，通高 26.2 厘米。重 4385（盖 895、器 3490）克。容积 2600 毫升。

桃形盖，子口内敛较甚，顶面弧隆，中部立一扁圆环形提手，一侧边缘铸一半环形钮。器身为鬲形，桃形敞口，方唇，斜直领，圆鼓腹，分裆，袋足，三实心柱足。器身一侧两袋腹中间斜出管状长流，与流相对一侧颈腹部置龙首桥形竖耳。盖面周缘和器身颈部饰两周凸弦纹，环钮两面各饰一周阴线纹，器身腹足饰连续双阳线曲折纹。盖、器分铸，盖为双合范，器为四合范铸造。

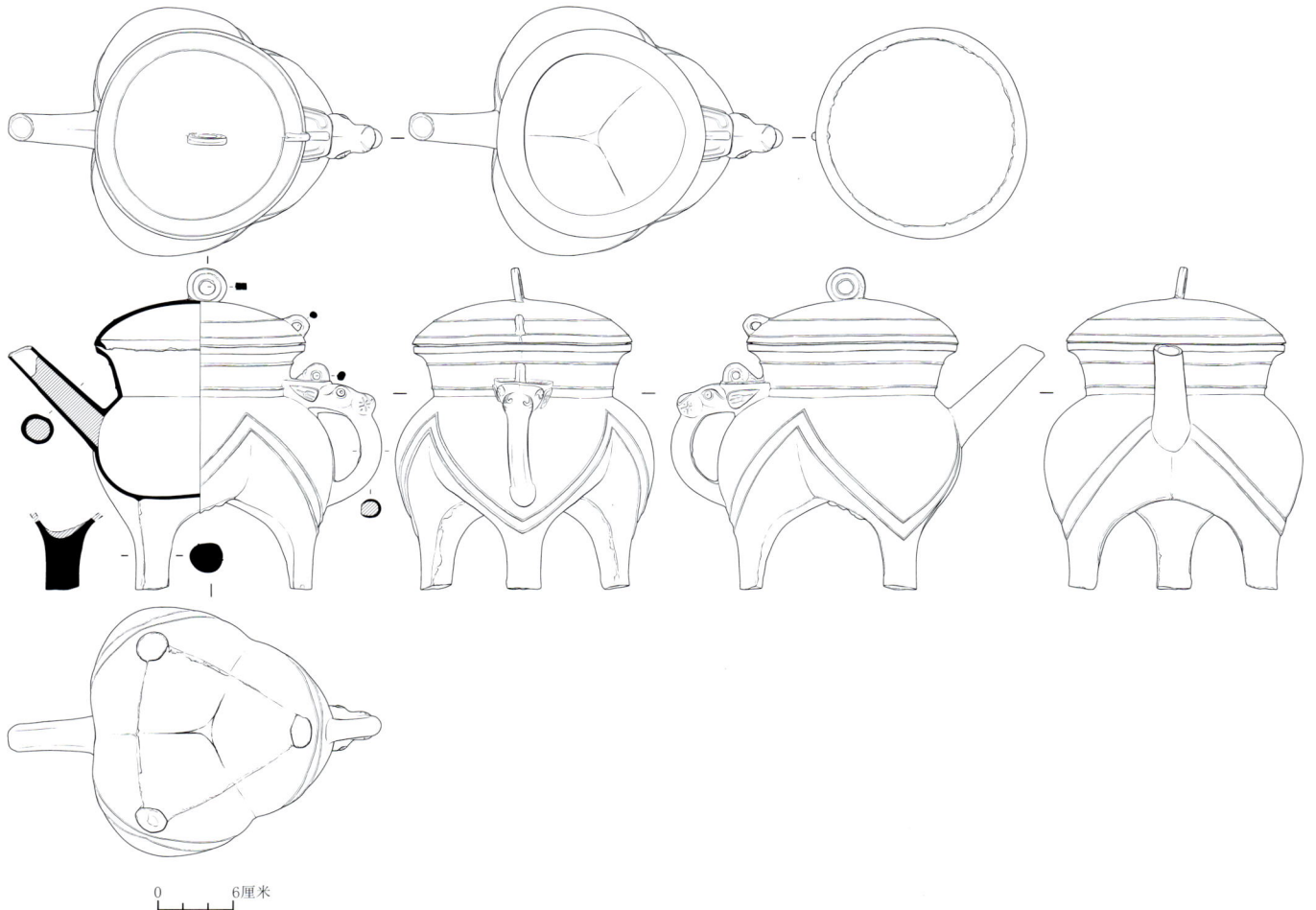

0   6厘米

内底

外底

耳

盖面丝织品痕迹

027

虎形饰

M1011：173。2006 年出土。

长 9.3、宽 4、高 3.8 厘米。重 70.1 克。

虎作伏卧式，伸颈扭头作观望状，圆耳直立，嘴角饰阴线纹和凹圆点纹以示胡须，左侧前、后两肢向前弯折，长尾后曳，末端卷翘。背面为凹槽状空腔、颈、身交接处设一半环钮，钮内残存麻绳。虎头两耳饰横"C"形卷云纹，身饰波折纹，尾和前后肢饰阴线纹。双合范铸造。

0　　　　　　3厘米

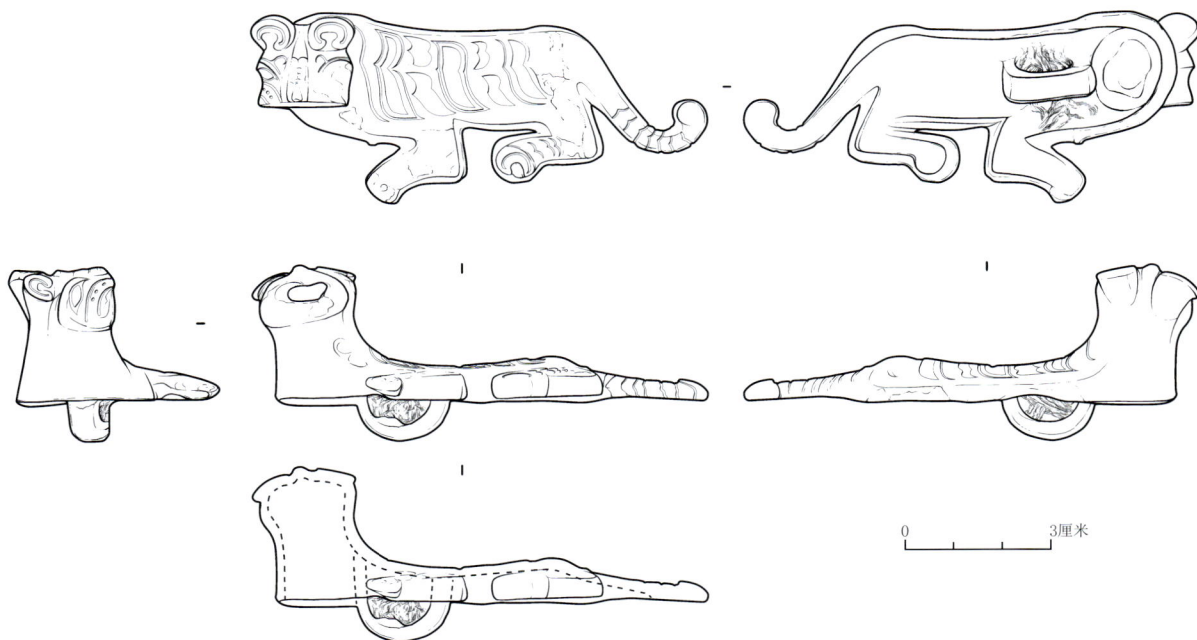

0　　　　　　3厘米

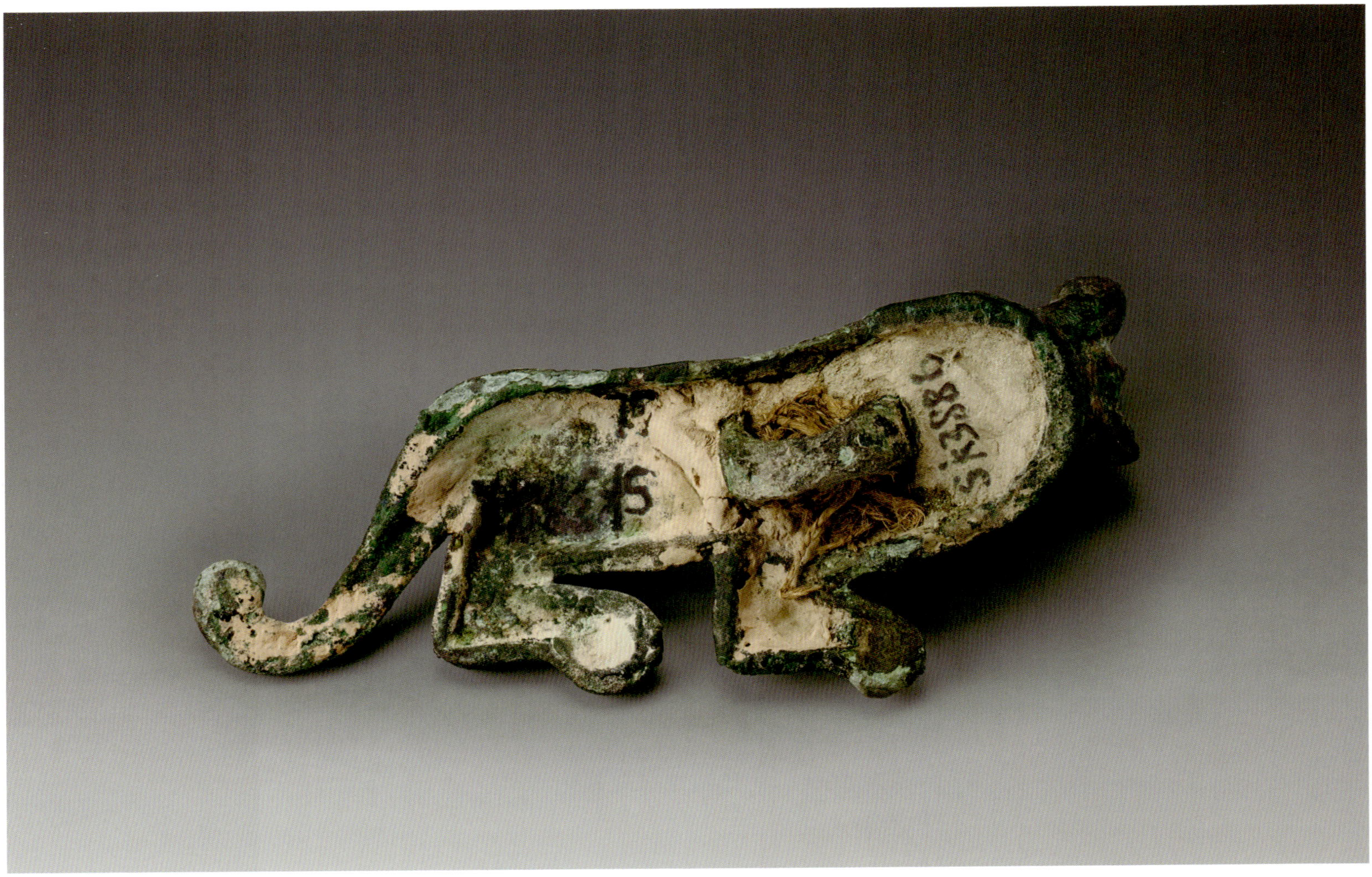

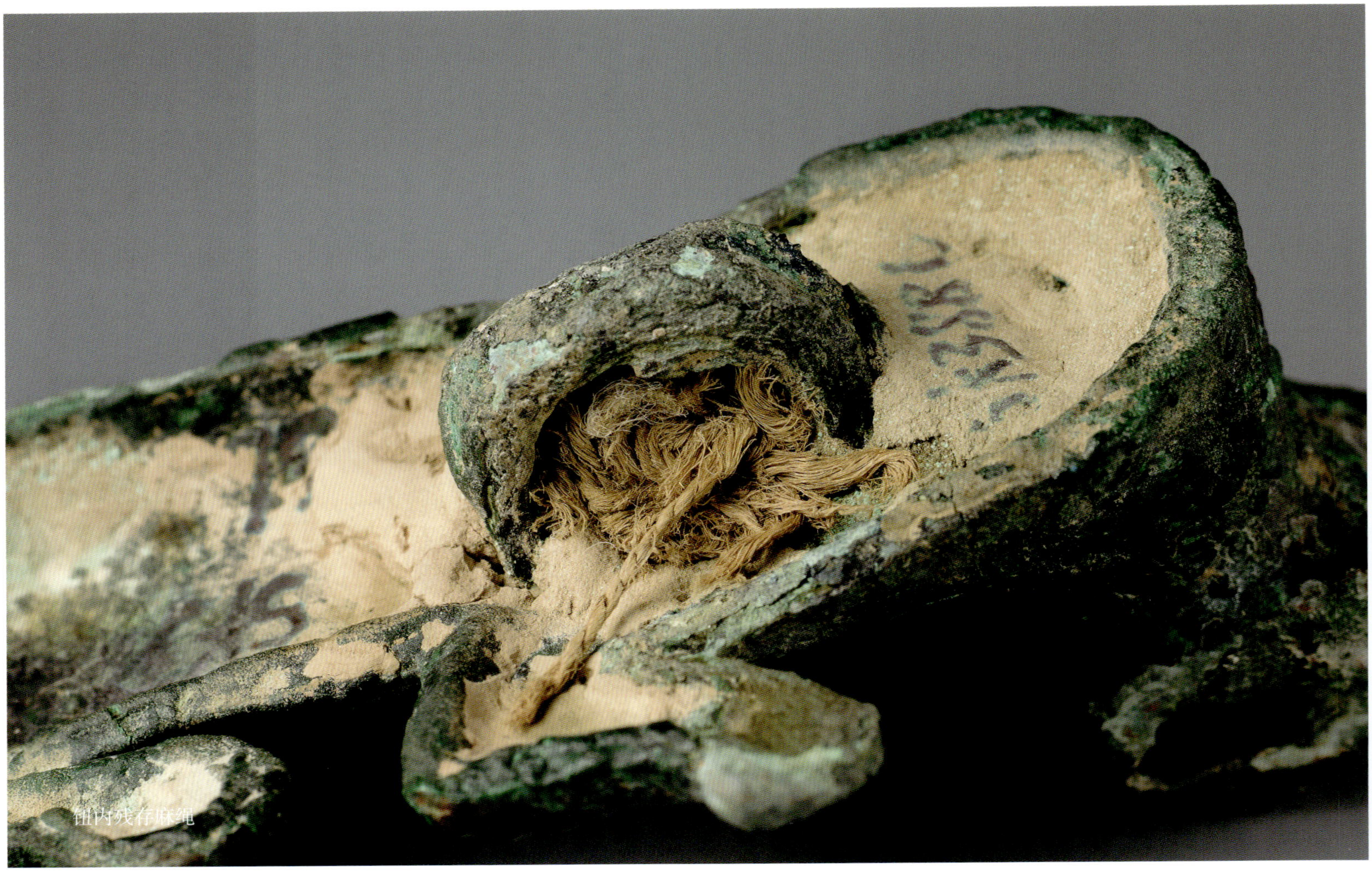

钮内残存麻绳

028
虎形饰

M1011：181。2006 年出土。
长 8.4、宽 3.8、高 3.6 厘米。重 51.1 克。

器形、纹饰、制法与 M1011：173 近同，唯朝向相反。

0　　　　　　　　　3厘米

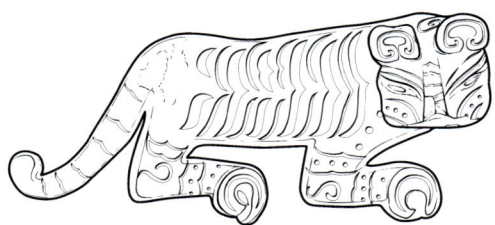 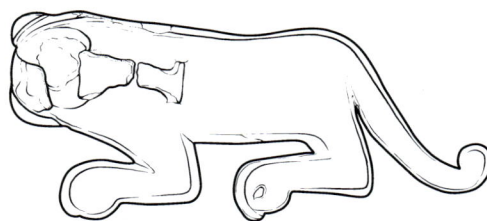

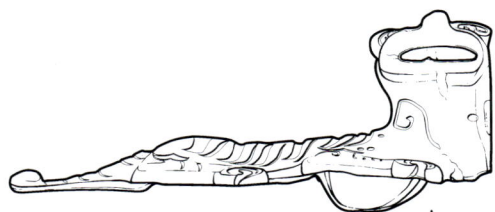 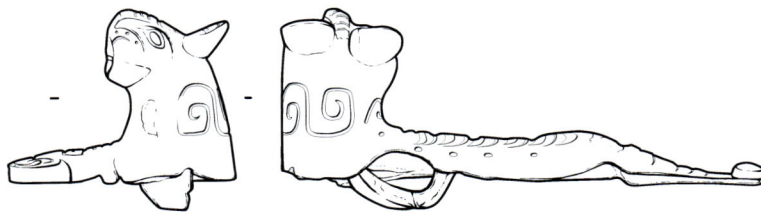

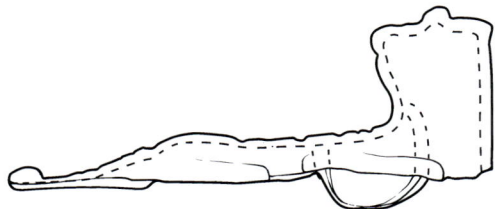

0　　　　　　　　　3厘米

墓口长 460、宽 266 厘米，墓底长 443、宽 315 厘米，深 1412 厘米。

方向 272°。一椁二棺。墓主仰身直肢，男性，35 岁左右。殉 2 人。随葬 1 车。

随葬铜礼器 6 件：鼎 3、簋 1、瓶 1、盘 1。

029

伯晋生鼎

M1016：32。2006 年出土。

耳间距 18.6、口长径 19.2、口短径 18.4、腹径 19.6、通高 21 厘米。重 2745 克。容积 2485 毫升。

桃形敛口，折沿，方唇，垂鼓腹，圜底近平，半圆形三柱足。腹上部饰一周中目窃曲纹，以云雷纹衬地。三合范铸造。

后腹内壁铸铭文："伯晋生作尊鼎。"

腹上部纹饰拓片

0 3厘米

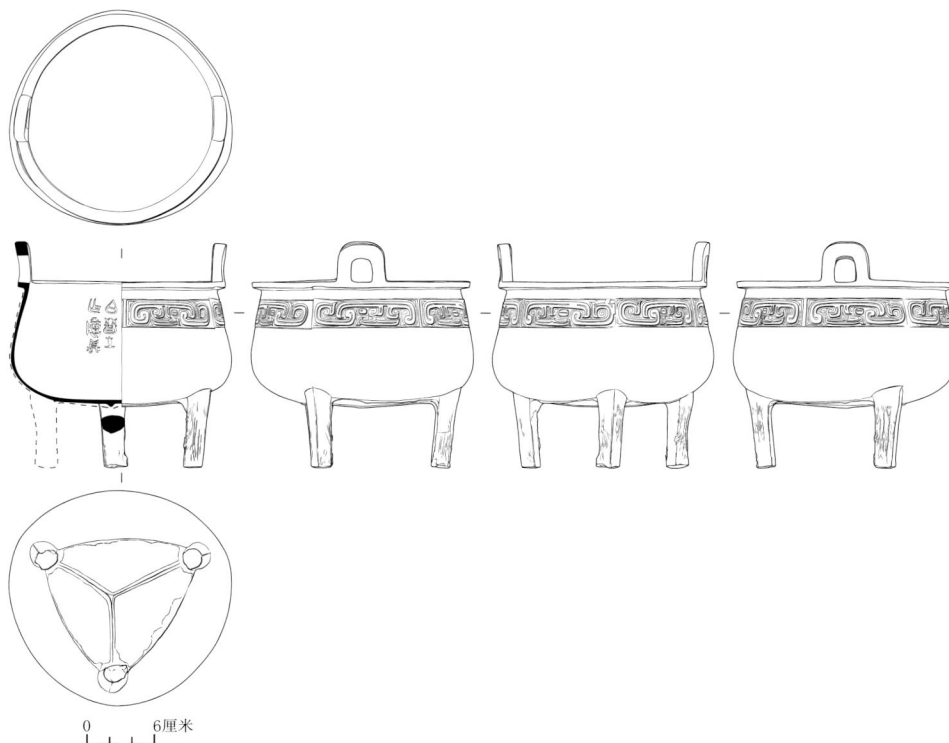

0 6厘米

右耳下

外底

后腹内壁铭文   /   后腹内壁铭文拓片

030

伯晋生鼎

M1016：42。2006 年出土。

耳间距 27.3、口长径 32.4、口短径 29.7、腹长径 33、腹短径 32.1、通高 34.5 厘米。重 9565 克。容积 11175 毫升。

敛口，折沿，方唇，双立耳，斜垂腹，圜底近平，三圆柱状蹄足。腹上部饰一周卷尾龙纹，以云雷纹衬地，三足面上部各饰一扉棱兽面纹。三合范铸造。

后腹内壁铸铭文："唯正月初吉，伯晋生肇作宝尊鼎，其万年永宝，其用享。"

0　　3厘米

腹上部纹饰拓片

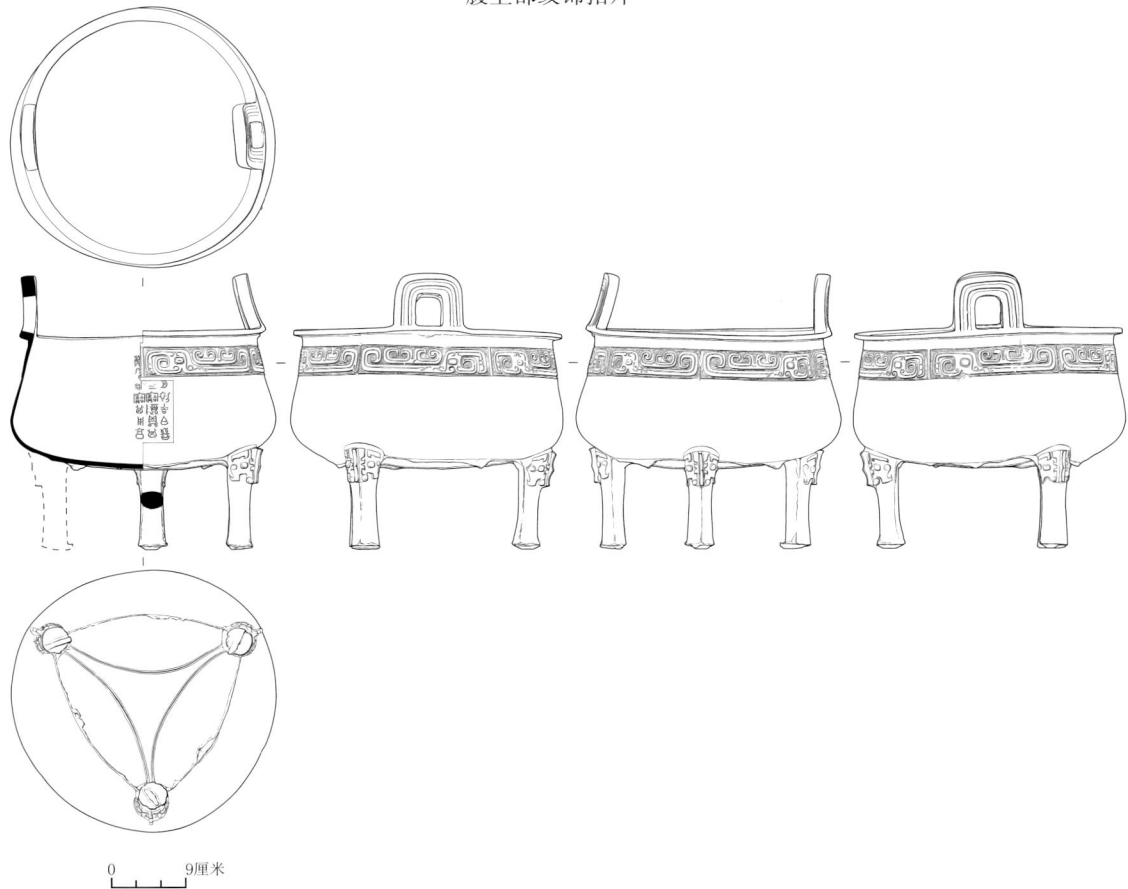

0　　9厘米

外底

左耳外侧

 /

后腹内壁铭文　　/　　后腹内壁铭文拓片

127

墓口长 310、宽 203 厘米，墓底长 324、宽 232 厘米，深 662 厘米。
方向 272°。一椁一棺。墓主直肢，性别不详，成年。殉 1 人、2 狗。
随葬铜礼器 2 件：鼎 1、簋 1。

031

五簋

M2001：3。2006 年出土。

耳间距 22.3、口长径 17.7、口短径 17.1、圈足径 12.4、通高 12.1 厘米。重 1585 克。
容积 1540 毫升。

侈口，方唇，腹略垂鼓，腹两侧置对称龙首半环形竖耳，耳下垂长方珥，圜底近平，
斜直圈足。上腹饰一周龙纹间涡纹，间二兽首，下腹饰竖条棱纹，圈足饰一周
鸟首龙纹。四合范铸造。
内底铸铭文："五。"

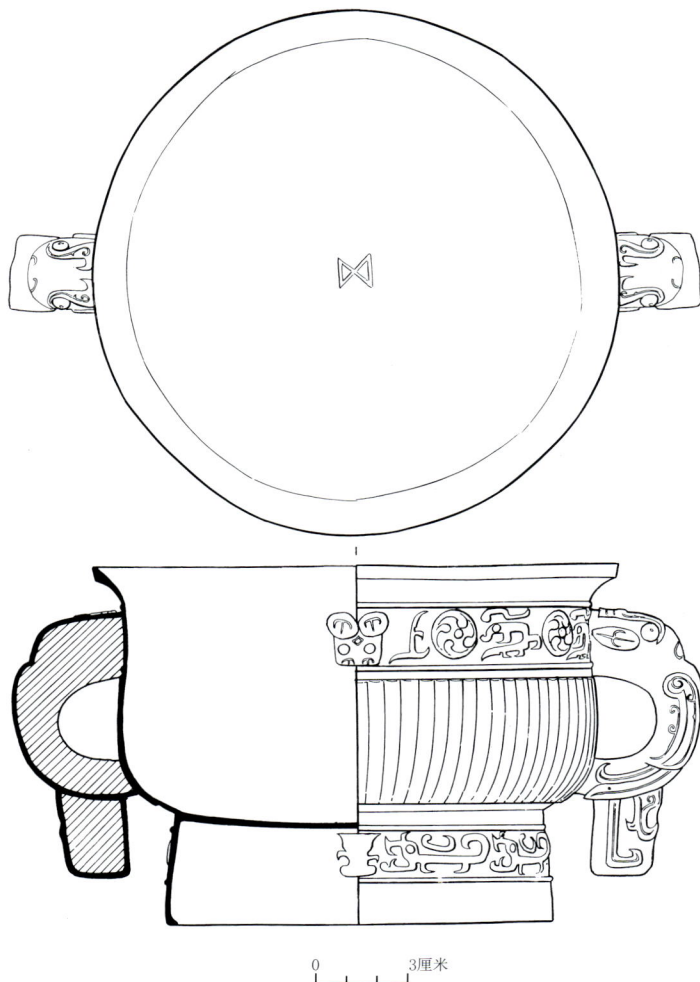

0 —— 3厘米

内底

外底

背面

内底铭文拓片

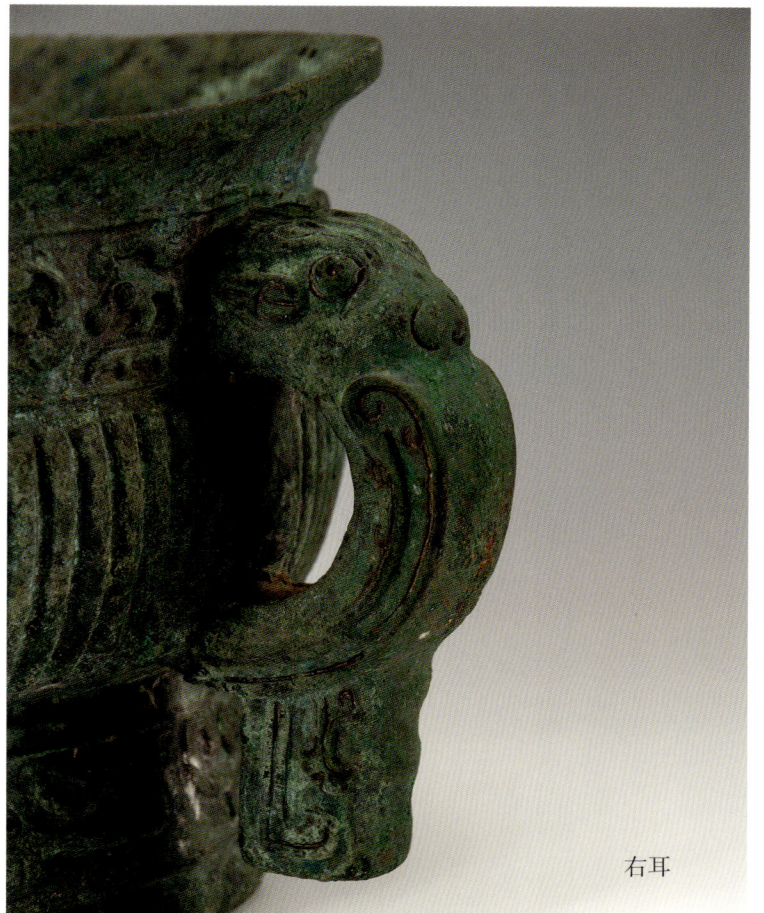

右耳

032

叔父鼎

M2006∶15。2006 年出土。

耳间距 12.6、口径 12.2、通高 12.9 厘米。重 735 克。容积 740 毫升。

敛口，折沿，方唇，双立耳，斜垂腹，圜底近平，半圆柱足。素面。三合范铸造。
后腹内壁铸铭文："叔父作旅鼎。"

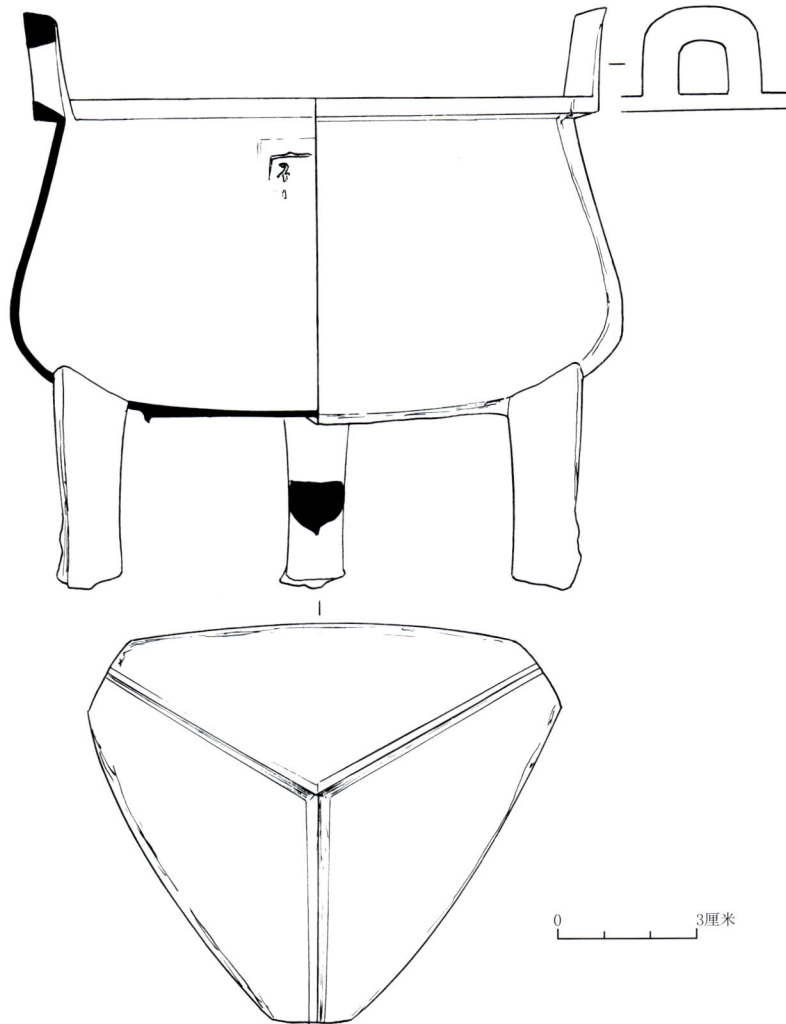

0   3 厘米

外底

左耳内侧

左足内侧

　　/　　

后腹内壁铭文　　/　　后腹内壁铭文拓片

033

叔父簠

M2006：12。2006 年出土 。

口径 12.9、圈足径 10.3、通高 8.9 厘米。重 575 克。容积 805 毫升。

侈口，卷沿，方唇，垂鼓腹，平底，圈足外撇下折成阶。素面。双合范铸造。
内底铸铭文："叔父作旅簠。"

0   3厘米

内底

外底

右侧范线

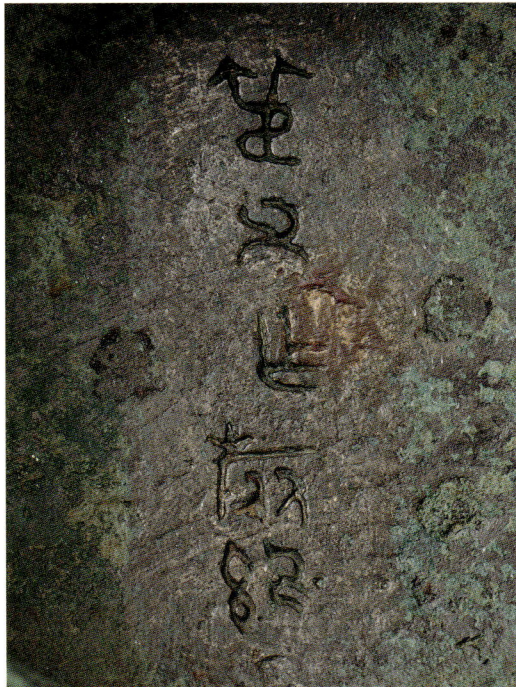

内底铭文 / 内底铭文拓片

墓口长 387、宽 220 厘米，墓底长 370、宽 238 厘米，深 897 厘米。
方向 276°。一椁二棺。墓主俯身直肢，男性，30～35 岁。殉 3 人。腰坑内殉 1 狗。
随葬铜礼器 6 件：鼎 2、簋 1、甗 1、盘 1、盉 1。

034

素面盉

M2007：54。2006 年出土。

流耳间距 16.4 厘米，盖长轴 10.3、短轴 9.2、高 3.3 厘米，器口长轴 10.3、口短轴 9.2、高 11.1 厘米，通高 14.4 厘米。重 815（盖 180、器 635）克。容积 570 毫升。

椭方形口。覆盘式盖为子口，顶面中部置一桥形钮。器身侈口，卷沿，方唇，高领，圆鼓腹，圜底，四半圆扁足。实心扁圆长流与半环形竖耳相对称。素面。合范铸造。

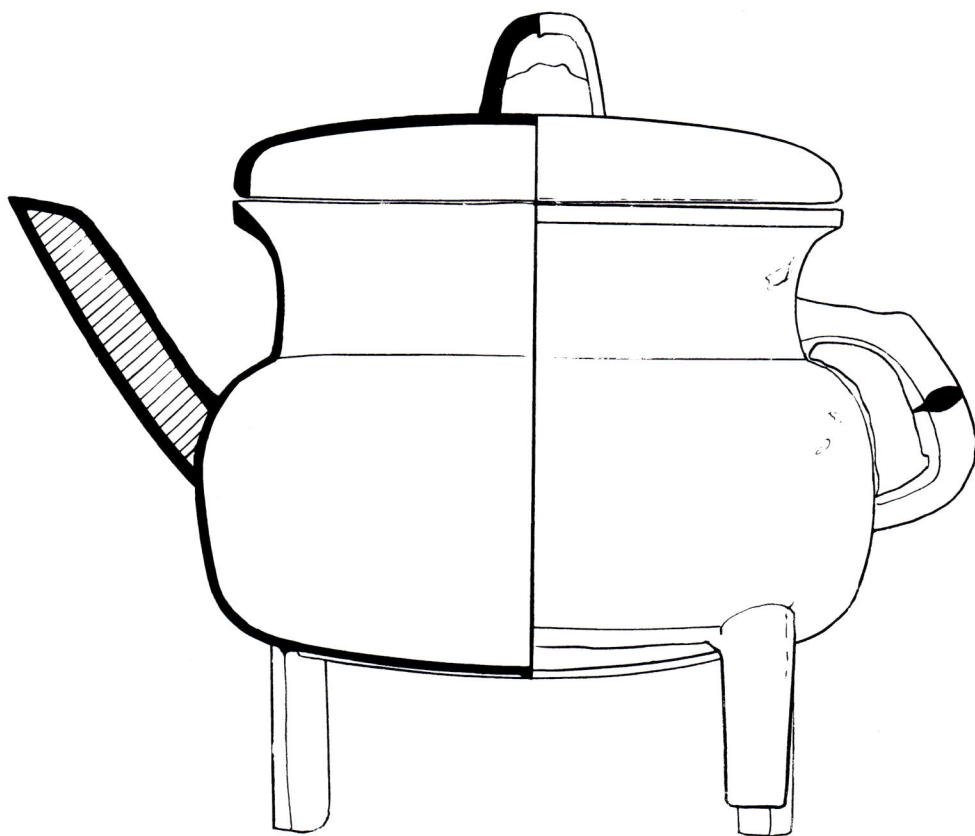

0   3厘米

内底

外底

盖面　/　盖内

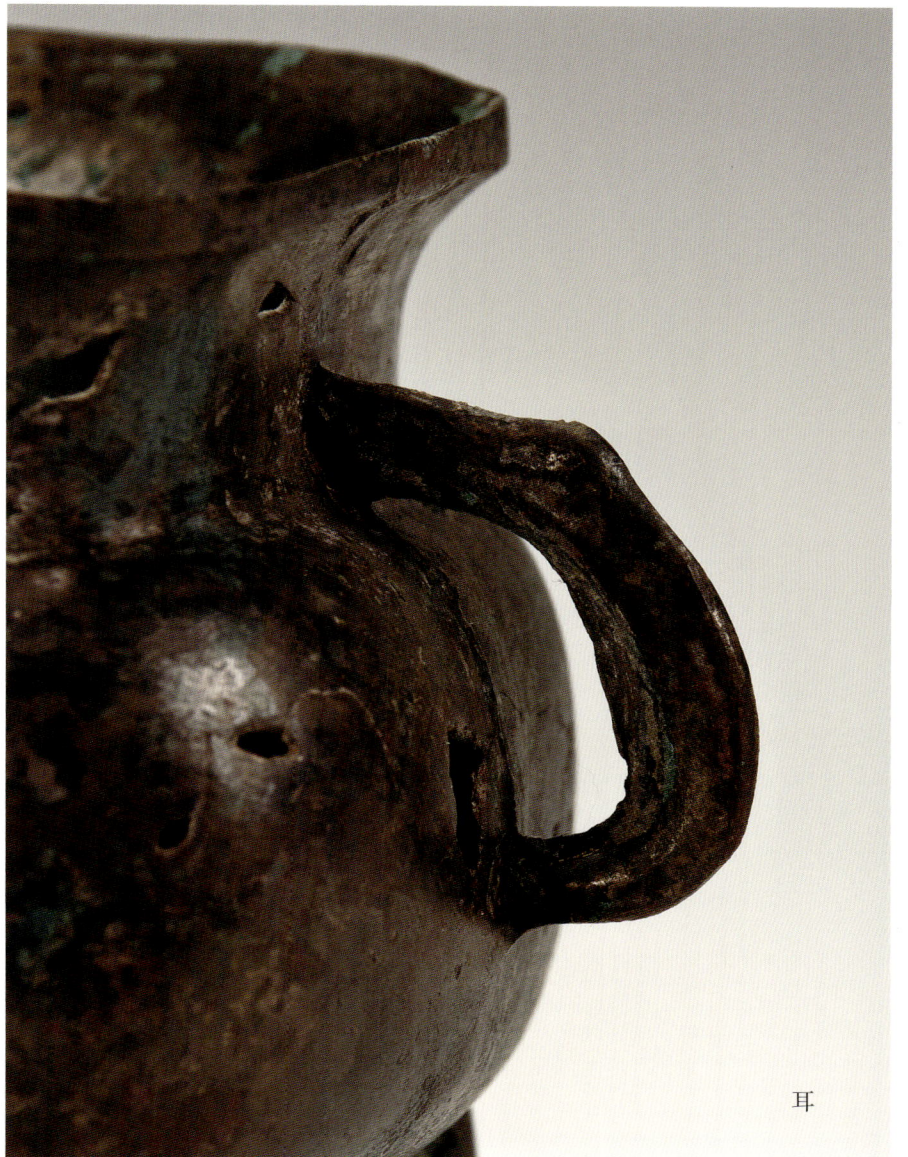

耳

墓口长315、宽225厘米，墓底长315、宽225厘米，深700厘米。
方向290°。一椁一棺。盗扰，墓主仰身直肢，性别、年龄不详。殉2人。
随葬铜礼器2件：方鼎1、匕1。

035

夌伯方鼎

M2013：4。2006年出土。
耳间距14.4、口长径14.4、口短径9.9、通高14.8厘米。重790克。容积800毫升。

长方形直口微敛，折沿，方唇，双立耳，直腹微鼓，平底略圜，四圆柱足。腹中上部两周凸弦纹间饰八条竖扉棱。四合范铸造。
后腹内壁铸铭文："夌伯肇作尊鼎。"

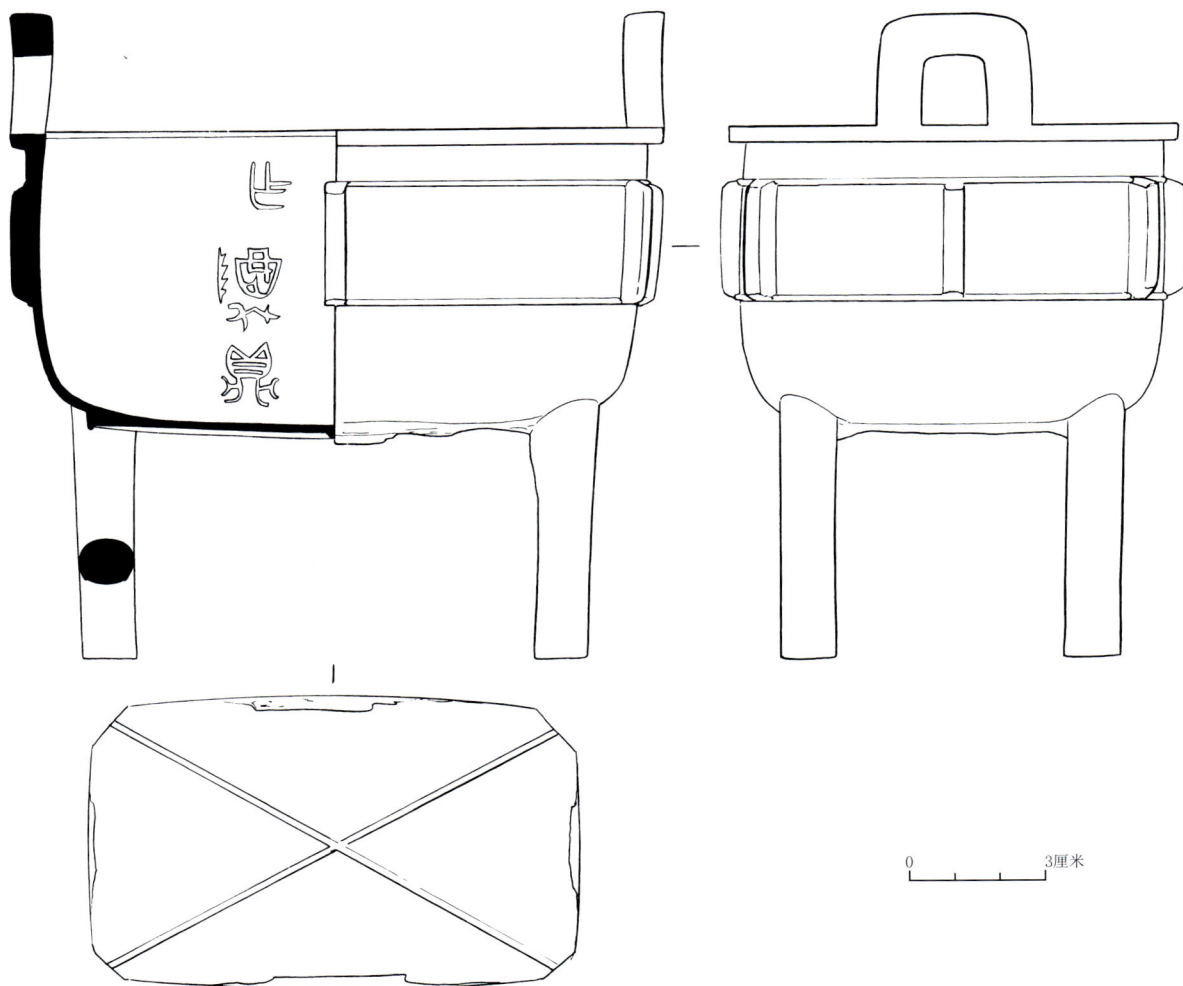

0   3厘米

右侧

外底

右耳内侧

 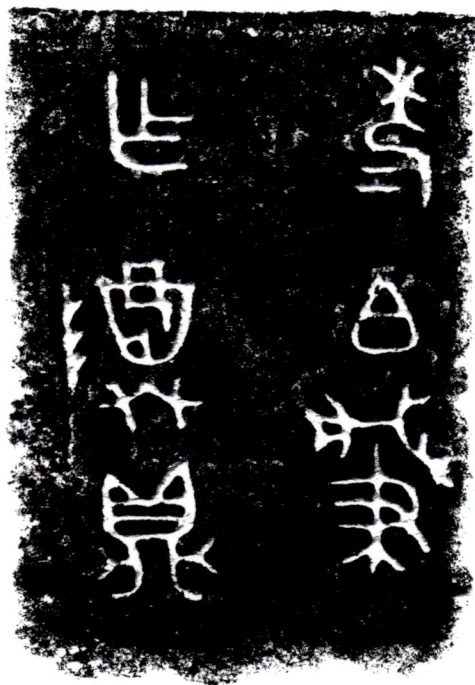

后腹内壁铭文　/　后腹内壁铭文拓片

墓口长 270、宽 110 厘米，墓底长 268、宽 132 厘米，深 310 厘米。
方向 96°。一椁一棺。墓主俯身直肢，男性，40 ～ 45 岁。殉 1 狗。
随葬铜礼器盆 1 件。

036

□□父盆

M2016：13。2005 年出土。
口径 21.5、底径 12.3、通高 12.4 厘米。重 2165 克。容积 2950 毫升。

直口，折沿，方唇，折腹，两侧置兽首衔环耳，平底。上腹部饰两周凸弦纹。
四合范铸造。
后腹内壁铸铭文："唯正月初吉，辰在庚申，□□父肇作文祖考宝簋，
□□□□享孝，匄百福，其万年子子孙孙其永宝，用享孝。"

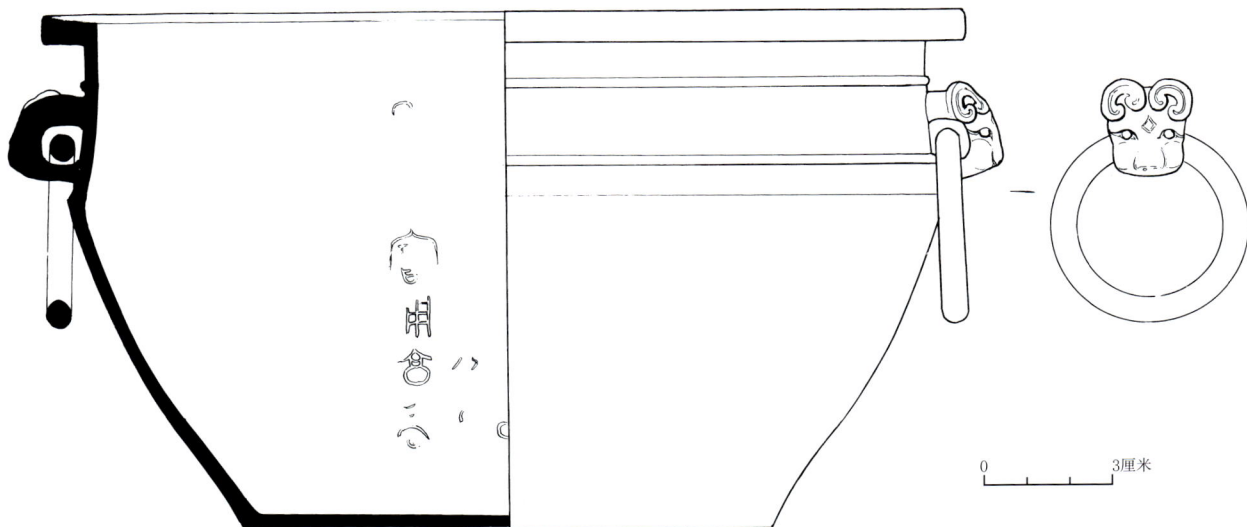

外底

左耳

后腹内壁铭文 / 后腹内壁铭文拓片

底部 X 光片

M2021

墓口长 315、宽 164 厘米，墓底长 357、宽 188 厘米，深 646 厘米。
方向 281°。一椁一棺。墓主仰身直肢，女性，25 岁左右。殉 1 人。腰坑内殉 1 狗。
随葬铜礼器 5 件：鼎 1、盆 1、甗 1、盘 1、盉 1。

037

麦伯盆

M2021 : 9。2006 年出土 。
口径 22.6、底径 12.2、通高 13 厘米。重 2390 克。容积 3105 毫升。

敛口，折沿，方唇，折腹，两侧置竖桥形钮衔环耳，平底，底面内凹。素面。四合范铸造。
后腹内壁铸铭文："麦伯作隮盆，万年宝用。"

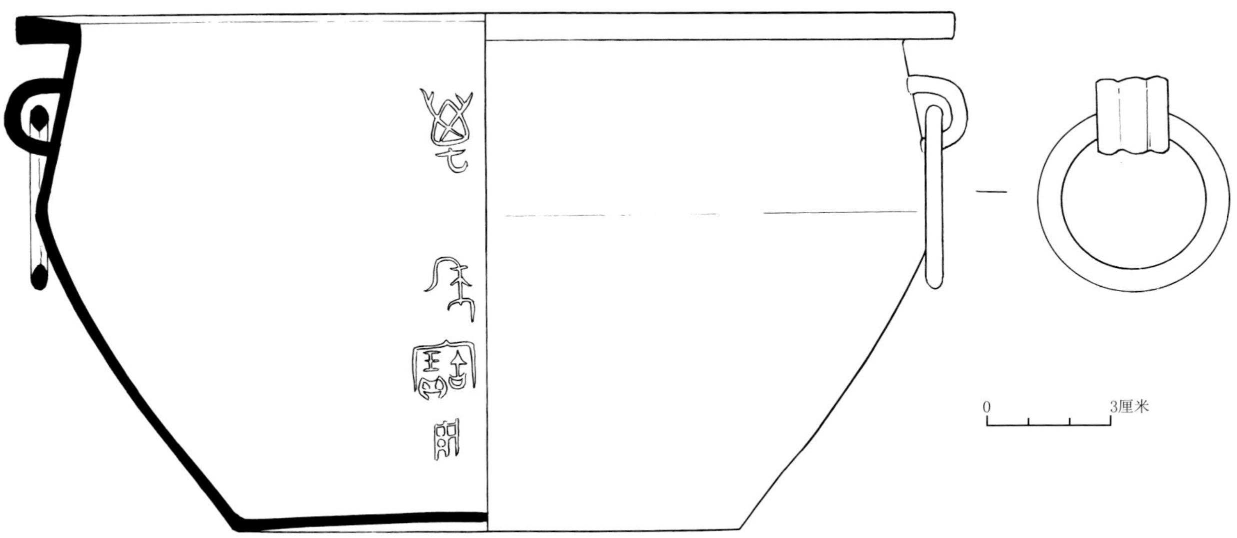

背面中部口沿下范线

外底

右耳

后腹内壁铭文　/　后腹内壁铭文拓片

墓口长 390、宽 240 厘米，墓底长 410、宽 270 厘米，深 550 厘米。

方向 275°。一椁二棺。墓主仰身直肢，性别不详，成年。殉 3 人。腰坑内殉 1 狗。

随葬铜礼乐器 16 件：鼎 3、簋 1、甗 1、匕 1、壶 1、尊 1、觚 1、提梁卣 1、爵 1、觯 2、盘 1、盉 1、甬钟 1。

038

窃曲纹方鼎

M2022：203。2006 年出土。

耳间距 14.9、口长 14、口宽 10.1、通高 14.3 厘米。重 895 克。容积 900 毫升。

圆角长方形直口，折沿，方唇，双立耳，腹较深，下腹内收，底近平，四圆柱足。
腹部八条扉棱间饰窃曲纹，以云雷纹衬地。四合范铸造。

0 ___ 3厘米

腹部纹饰拓片

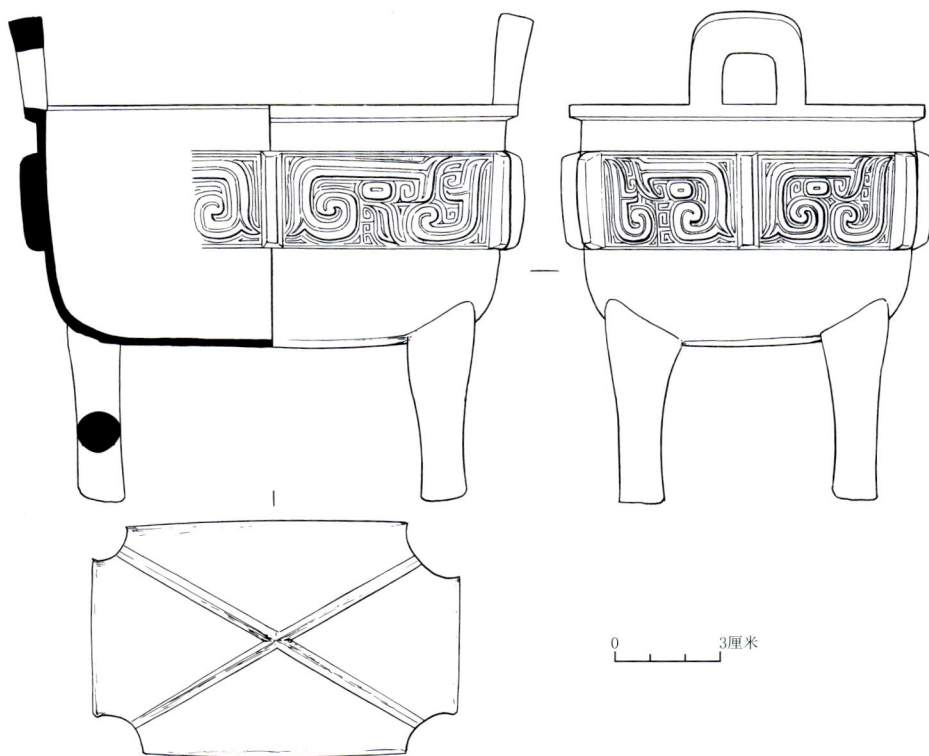

0 ___ 3厘米

内底

外底

左耳外側

右耳内側

039

膚鼎

M2022：201。2006 年出土 。

耳间距 13.6、口径 13.2、通高 15.7 厘米。重 975 克。容积 1000 毫升。

桃形敛口，折沿，方唇，斜垂腹，圜底，三柱足。上腹饰两周凸弦纹。三合范铸造。
后腹内壁铸铭文："膚作父甲宝䵼彝。"

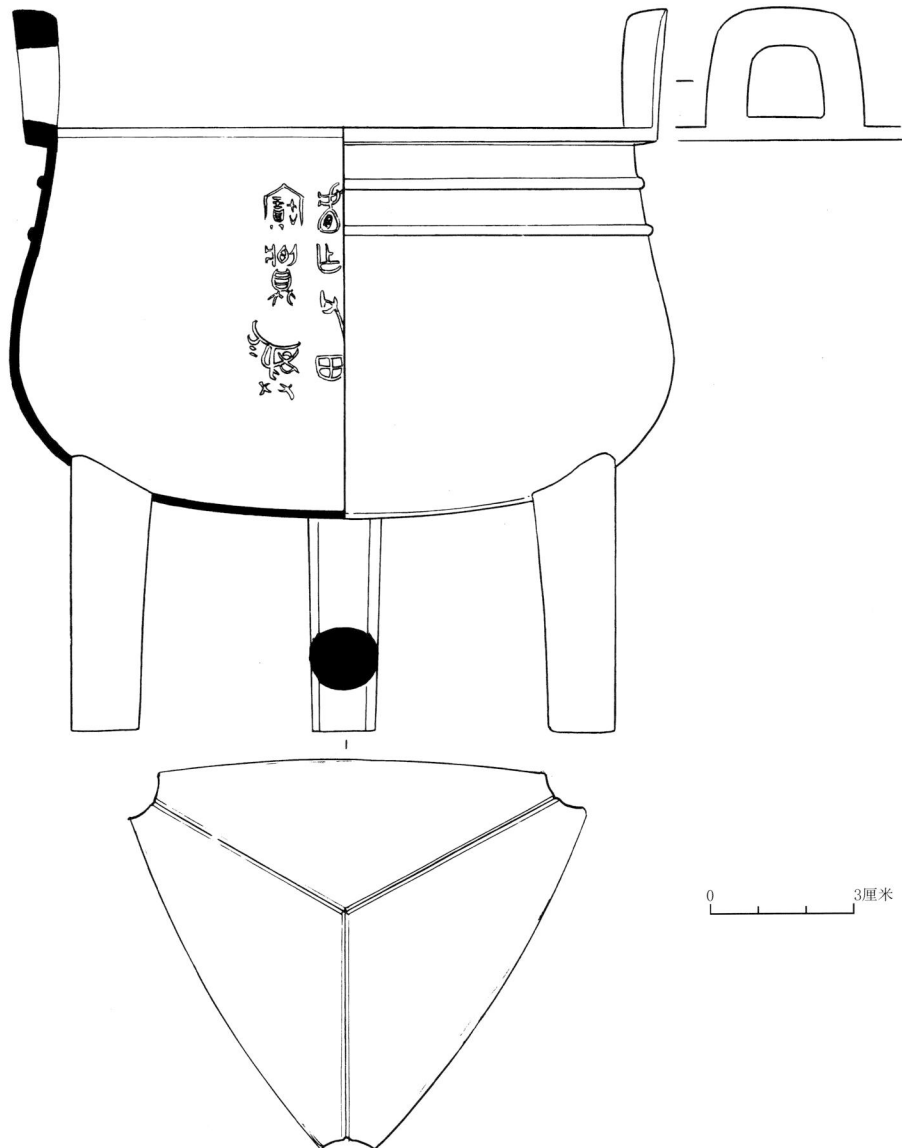

0   3厘米

外底

右耳外侧

后足内侧

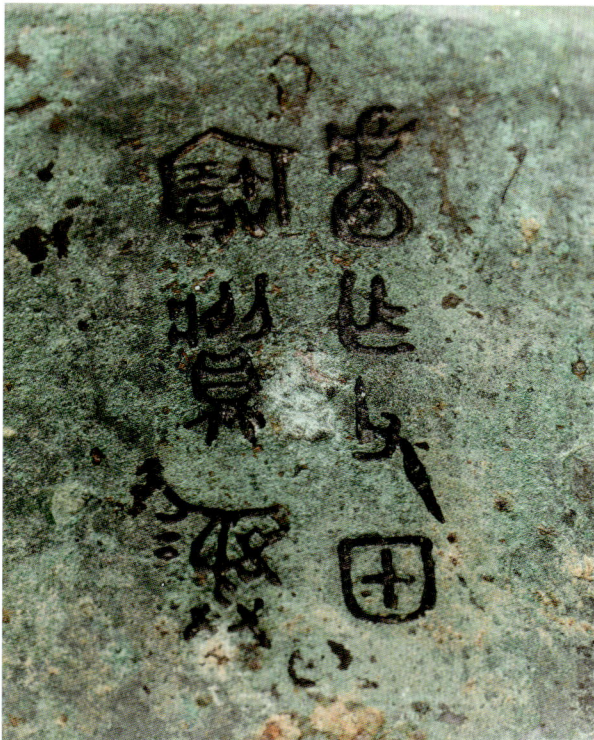 

后腹内壁铭文 / 后腹内壁铭文拓片

040

量簋

M2022：195。2006年出土。

盖口径21.2、高8.6厘米，器口径24、耳间距33.8、圈足径20.8、高16.8厘米，通高24.4厘米。重5535（盖1455、器4080）克。容积5000毫升。

圆形口。盖子口内敛，顶面隆起，中部置一圈形捉手，捉手两侧有一对方形穿。器身侈口，方唇，束颈，垂鼓腹，腹两侧置兽首桥形竖耳，耳下有方珥，圜底，高圈足外撇下折成阶。盖面和器腹各饰一周回首大鸟纹，颈部饰一周长卷尾鸟纹，均以云雷纹衬地，双耳内侧腹壁各饰一只蝉纹。盖、器分铸，均为四合范铸造。

捉手内盖顶面和器内底铸相同的铭文："量肇作父乙宝尊簋。"

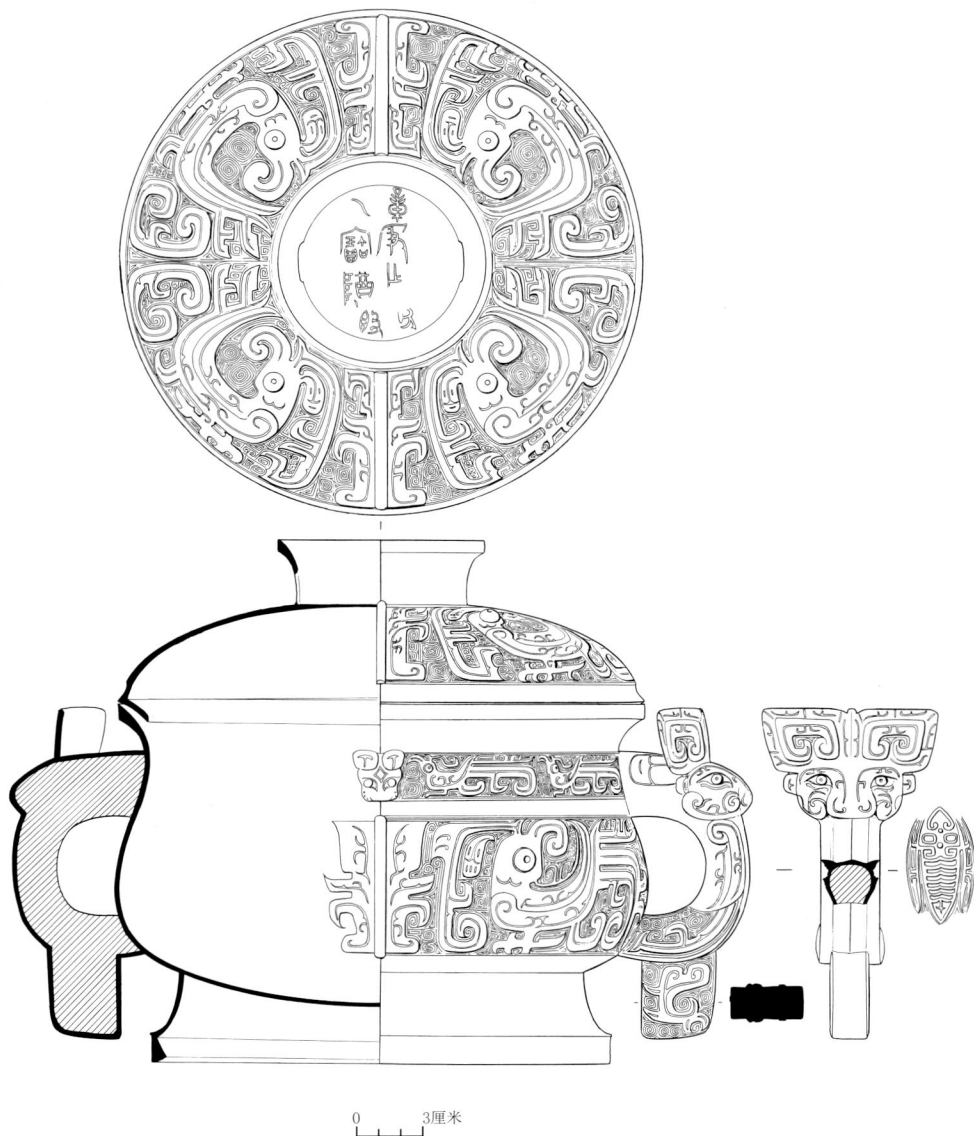

0 ____ 3厘米

簋盖

外底

捉手内顶面铭文　　/　　捉手内顶面铭文拓片

内底铭文　　/　　内底铭文拓片

0 ____ 3厘米

盖面纹饰拓片

0 ____ 3厘米

正面颈部纹饰拓片

0 ____ 3厘米

背面腹部纹饰拓片

041

芮□甗

M2022：200。2006 年出土。

耳间距 31.8、口径 31.4、通高 43.1 厘米。重 7940 克。甑部容积 7300、鬲部容积 2550 毫升。

上甑下鬲联体。甑桃形敞口，卷沿，方唇，索状双立耳，深腹斜收。束腰，腰内有三个三角形箅齿，无箅。鬲腹圆鼓，联裆，实足根。甑上腹饰一周凸弦纹，鬲腹饰双阳线曲折纹。三合范铸造。

甑前腹内壁铸铭文："芮□作倗姬旅甗。"

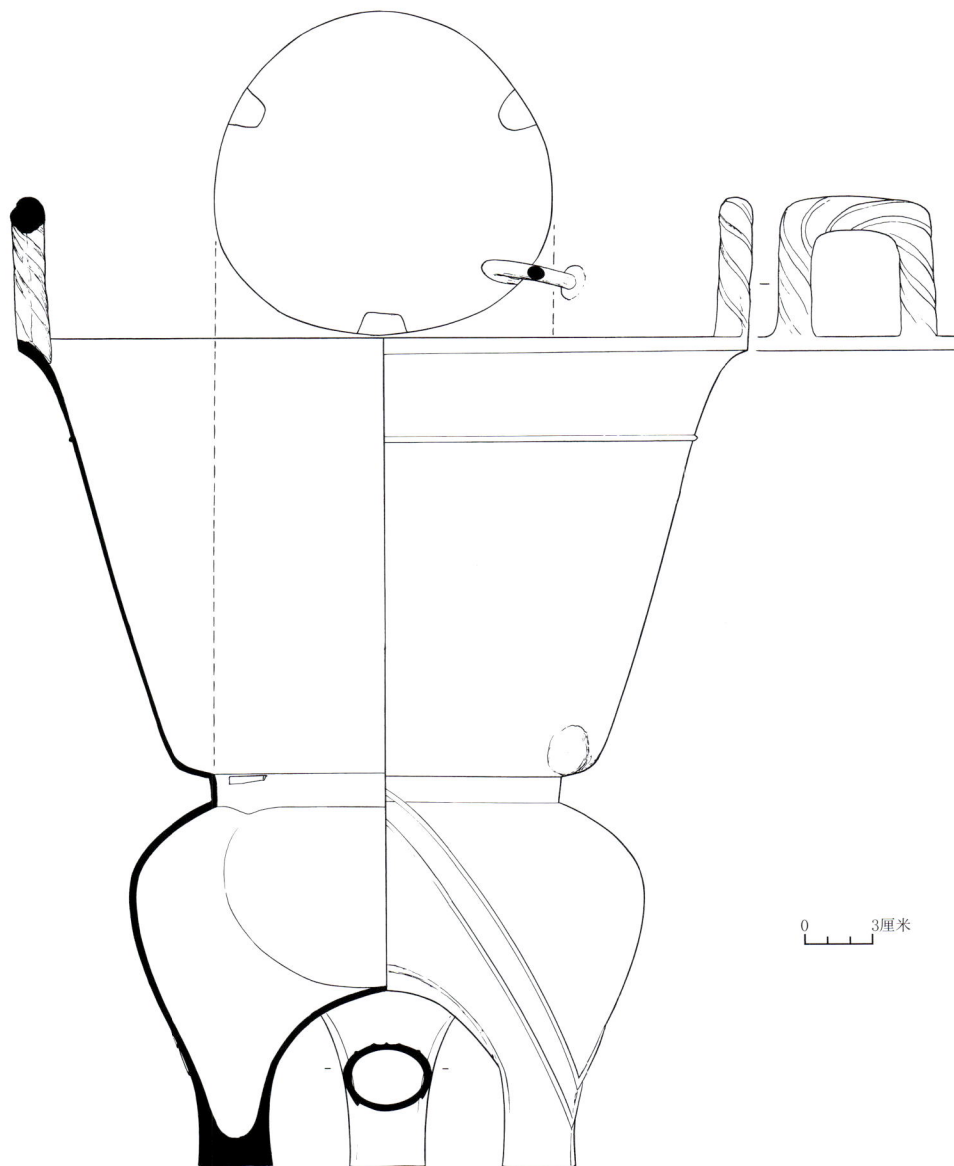

0   3厘米

外底

口内

右耳内侧

 /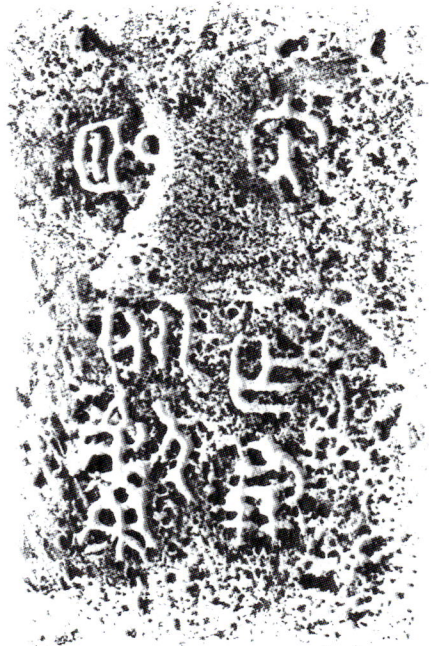

甗前腹内壁铭文 / 甗前腹内壁铭文拓片

042

夆我卣

M2022：191。2006 年出土。

盖口径 10.6、高 6.3 厘米，提梁两端间距 17.8 厘米，器口径 9.8、圈足径 12、高 12.7 厘米，通高 18.8 厘米。重 2370（盖 555、器 1815）克。容积 1170 毫升。

圆形口。母口盖顶面隆起，中部置一圆形捉手，两侧边缘各有一犄角形凸饰，周壁内曲。器身子口，舌较长，垂腹圆鼓，圜底，圈足外撇下折成阶。上腹两侧半环形钮衔弓形提梁两端圆环，圆环外各铸一兽首。捉手顶面饰一回首大鸟纹，盖面边缘和器身上腹各饰一周长卷尾鸟纹，提梁面饰四只鸟纹，外底面饰一阳线鸟纹。盖、提梁和器身分铸，盖和器身均为四合范铸造。

盖内和器内底铸相同的铭文："唯五一月初吉辛卯，王饔氐宫，夆我肇进从多邦君即事，王赏邦君，夆我蔑历眔赏十朋，对𧶽（扬）王休，用作宝彝，子子孙孙永宝。"

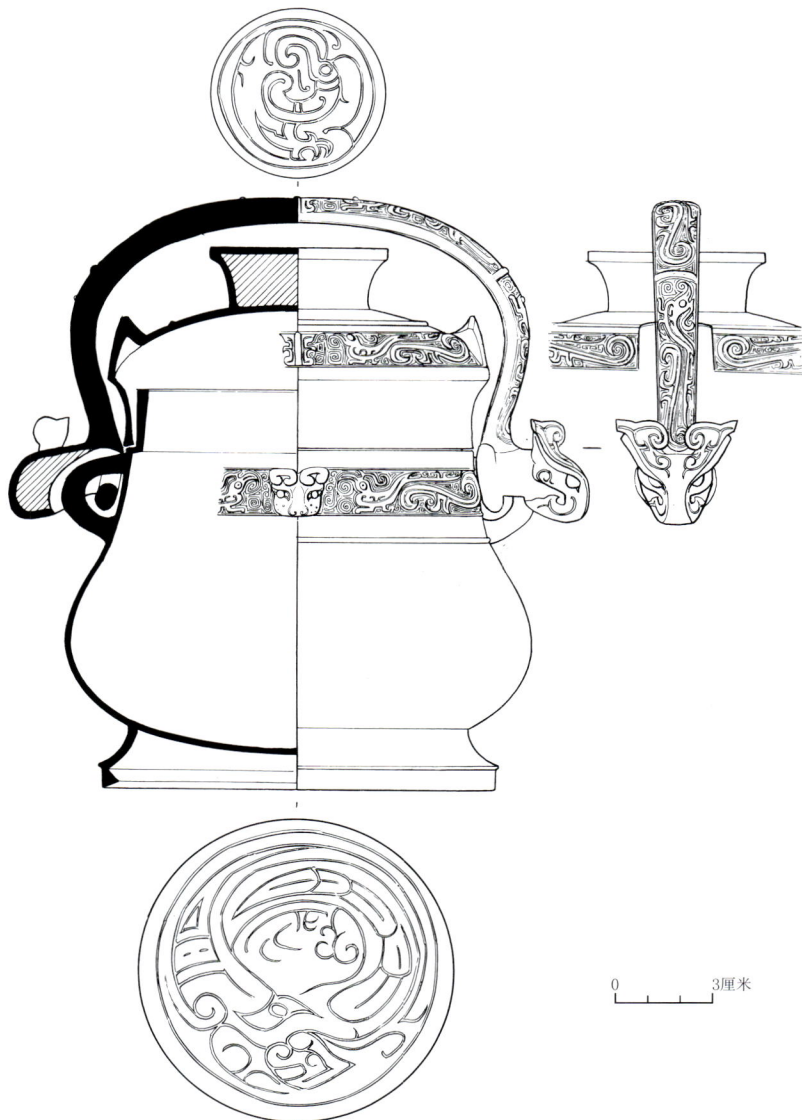

0 _____ 3厘米

外底

右耳

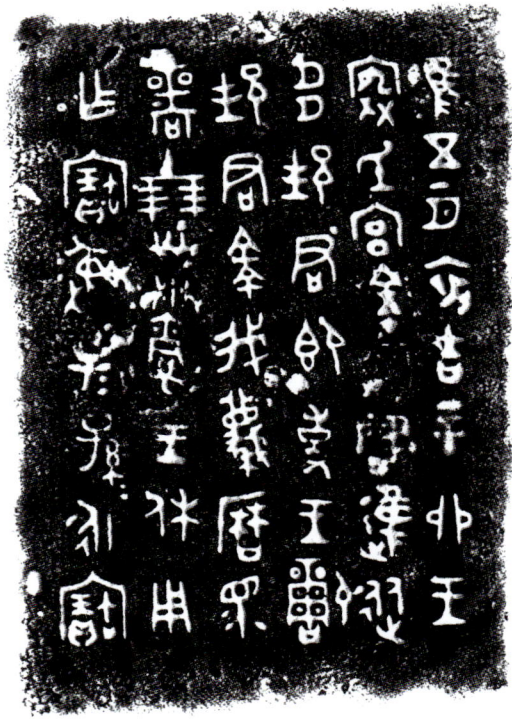

盖内铭文　　/　　盖内铭文拓片

内底铭文　　/　　内底铭文拓片

提梁纹饰拓片

正面腹上部纹饰拓片

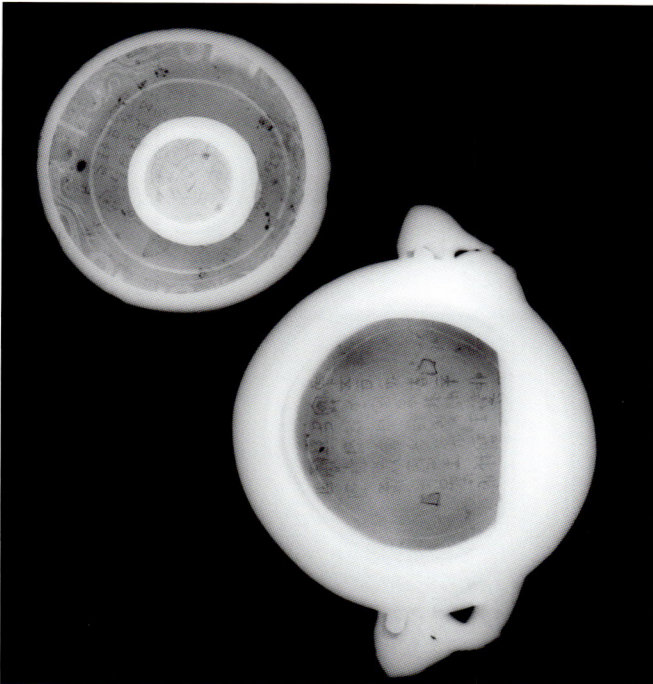

盖面和内底 X 光片 / 内底丝织品痕迹

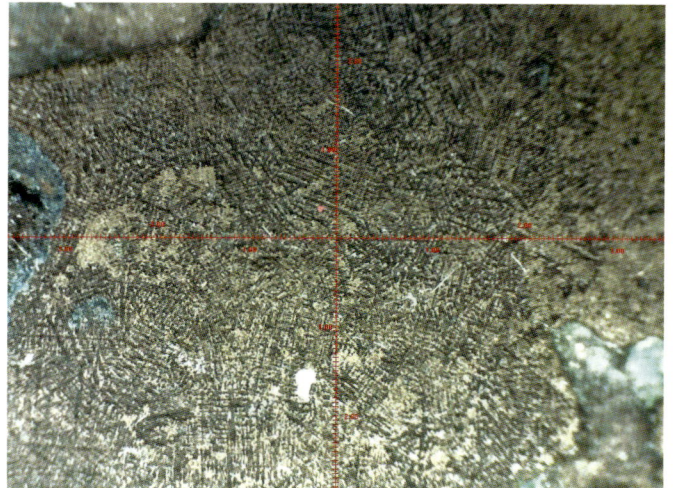

043

云纹觚

M2022：190。2006 年出土 。

口径 13.3、圈足径 8.1、通高 23.4 厘米。重 460 克。容积 340 毫升。

喇叭口，方唇，细腰，平底，喇叭形圈足下折成阶。圈足上下各饰一周目纹，上部镂空竖云纹，下部镂空横云纹。双合范铸造。

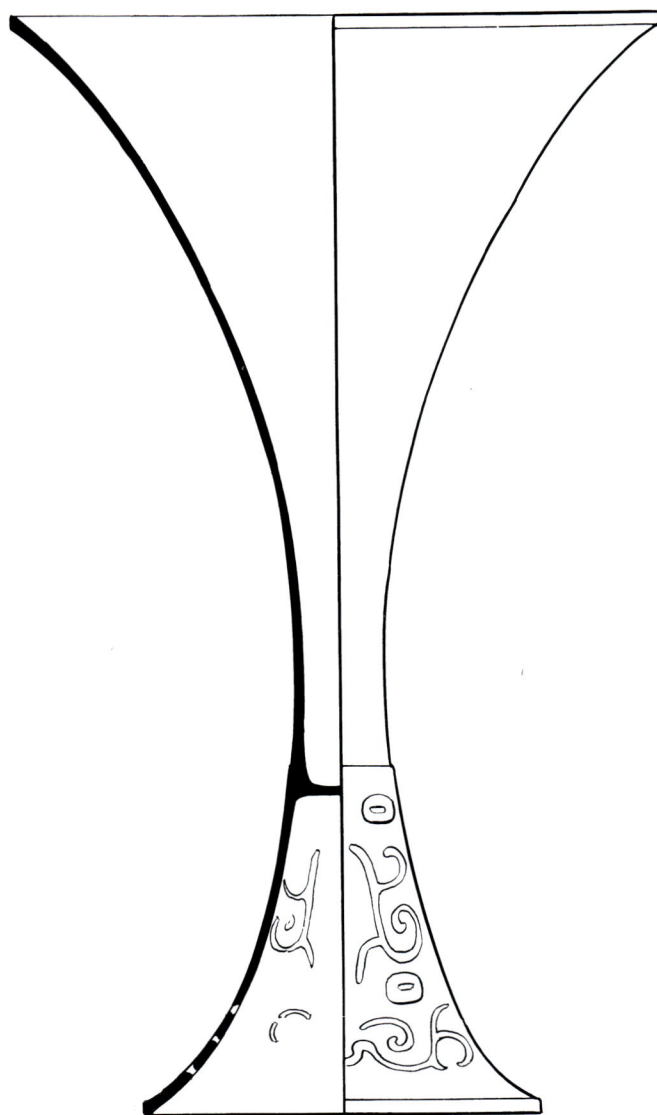

0   3厘米

五觯

M2022：196。2006 年出土 。

盖长轴 13.5、短轴 8.4、高 5.9 厘米；器口长轴 12.3、短轴 8.3 厘米，圈足长轴 8.5、短轴 6.8 厘米，高 13.9 厘米；通高 18.4 厘米。重 945（盖 275、器 670）克。容积 660 毫升。

椭圆形口。盖子口内敛，顶面圆隆，中部置一龙首桥形钮，一侧作龟首形。器身侈口，一侧斜出"U"形流，束颈，垂腹圆鼓，腹侧置一桥形竖耳，圜底近平，圈足外撇下折成阶。盖面外缘和器上腹各饰一周回首龙纹，均以云雷纹衬地，腹上部和圈足各饰一周凸弦纹。盖为双合范，器为四合范铸造。

盖内和器内底铸相同的铭文："五。"

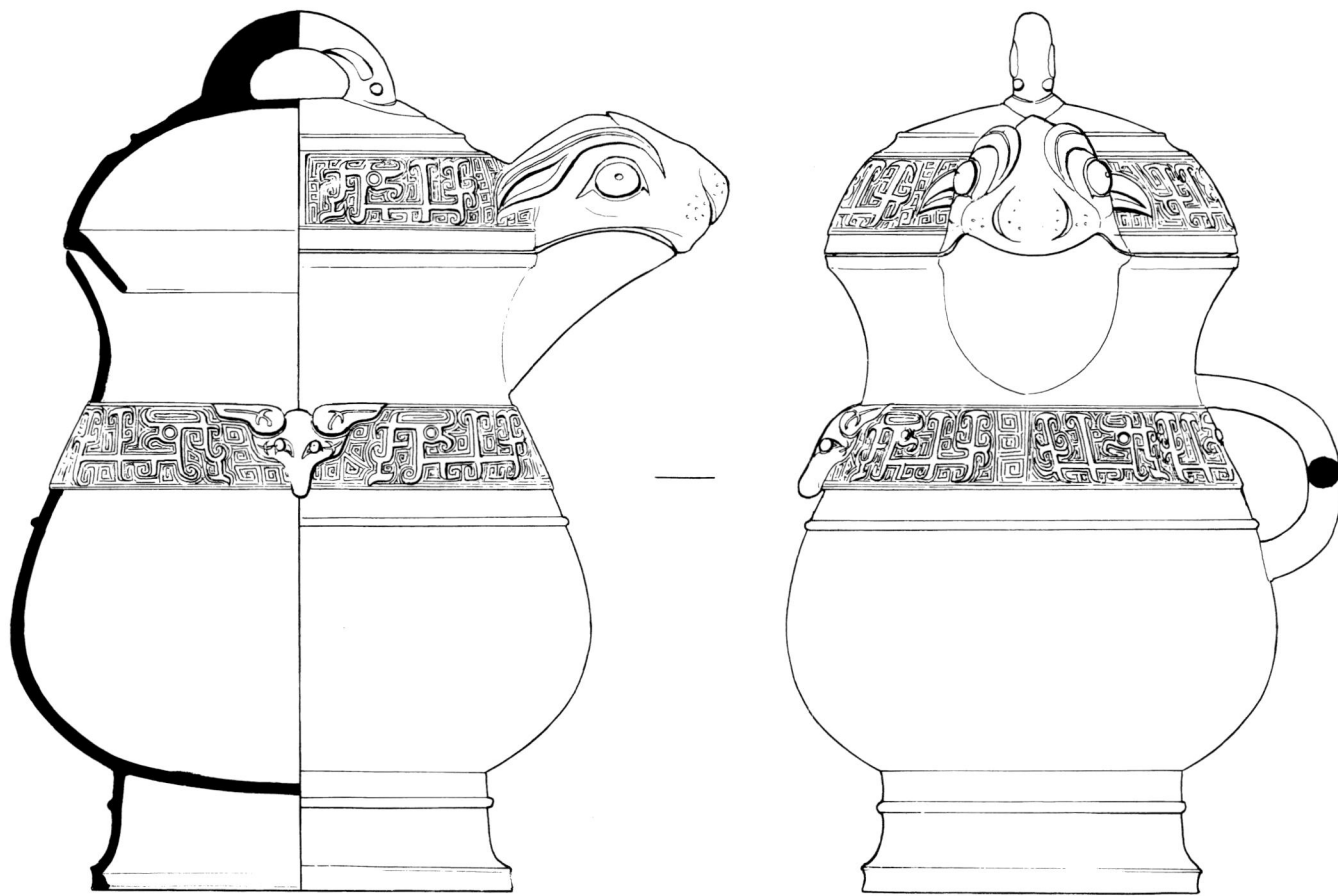

0   3厘米

盖内铭文　　/　　内底、盖内铭文拓片

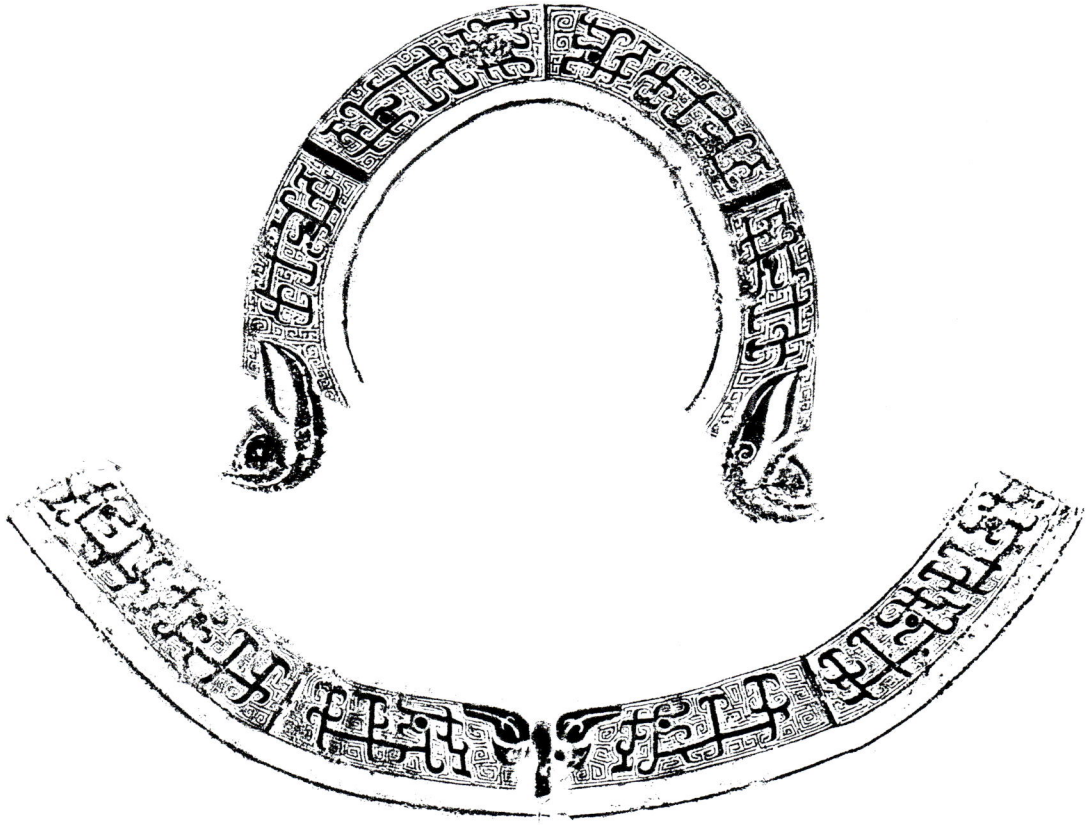

盖面、腹上部纹饰拓片

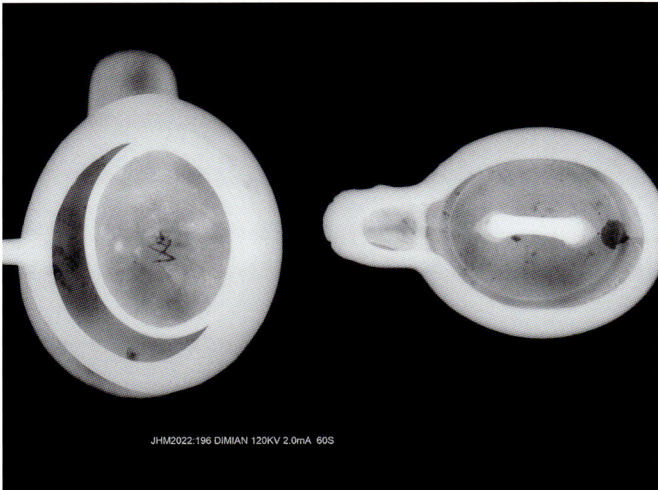

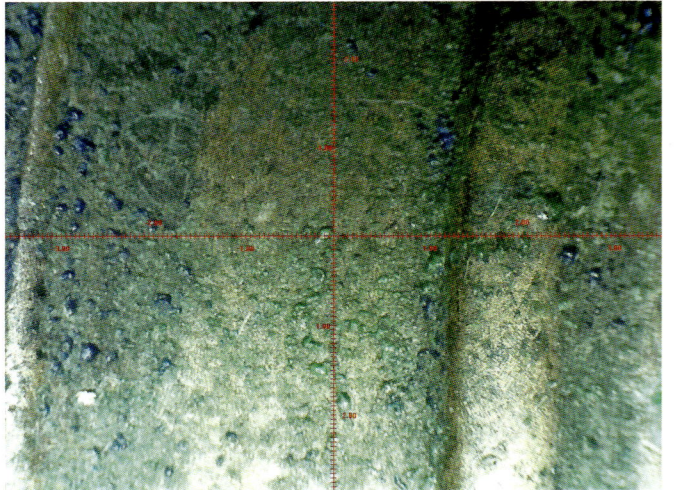

外底和盖面 X 光片　　/　　盖面丝织品痕迹

045

弦纹觯

M2022：198。2006 年出土。

口径 8.1、圈足径 4.9、通高 15.9 厘米。重 375 克。容积 175 毫升。

喇叭口，尖唇，深腹略垂鼓，平底，圈足外撇下折成阶。腹中部饰两周凸弦纹。双合范铸造。

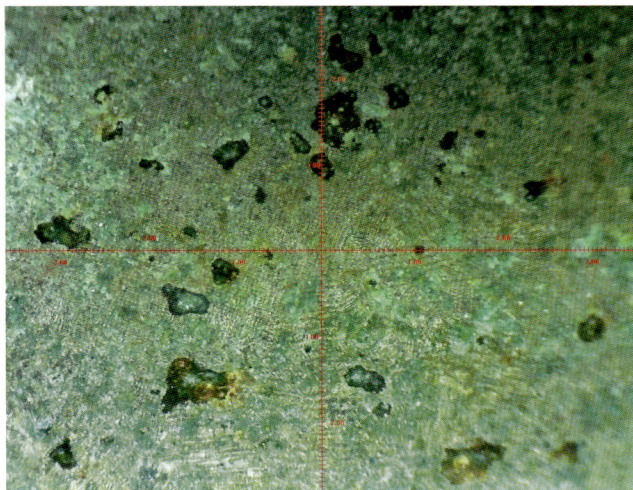

腹上部丝织品痕迹

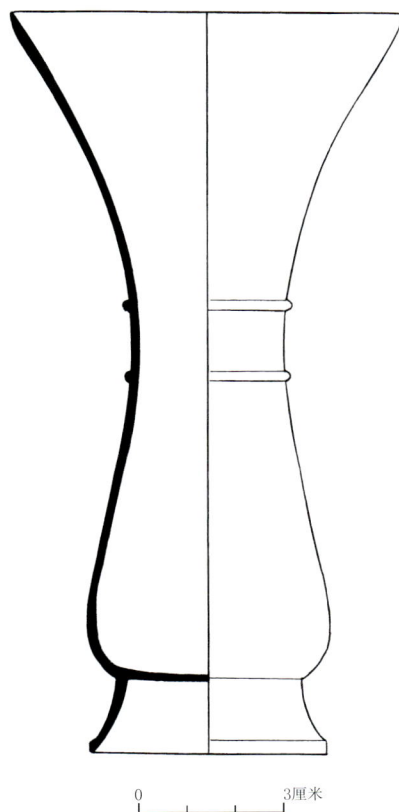

0   3厘米

口外侧凹坑

046

麦伯盘

M2022：194。2006 年出土 。

耳间距 42.9、口径 38.1、通高 12.8 厘米。重 3640 克。容积 6190 毫升。

直口微敞，折沿，方唇，弧腹斜收，上腹两侧附桥形耳，圈底近平，三圆柱足。素面。

内底铸铭文："麦伯蔑休于王，赐戊市□鼬鷭旟或，蔑休于王，赐赤市、凸、金车、旂，肇作盘。厥𤕟大吏𦵏邦君用嘽，朕对扬麦伯受休于王，其永宝用厥，唯曰我厩王休姑不于宗彝大鼎，敆厥名咠于盘，我宓无金卑出，万年襄我逪其于宗彝大宝，𨝵厥名。"

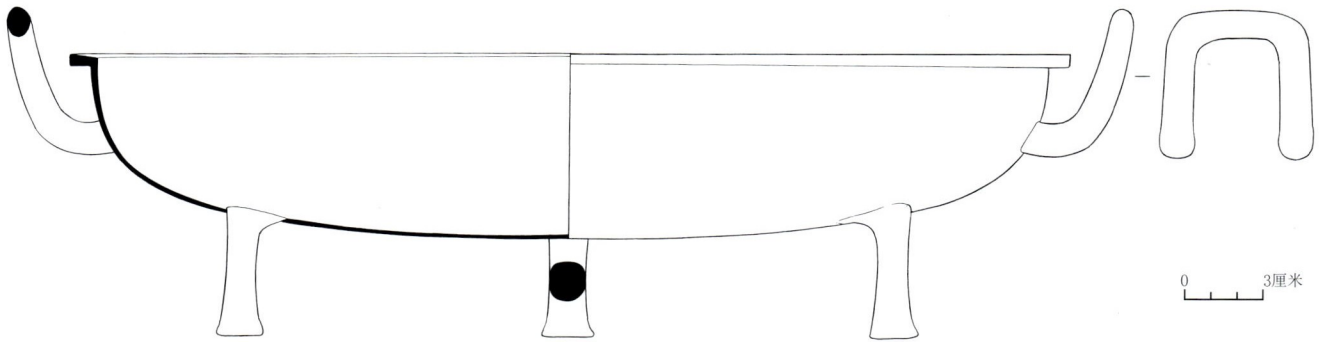

0 ├─┼─┼─┤ 3厘米

内底

外底

右耳 / 后足

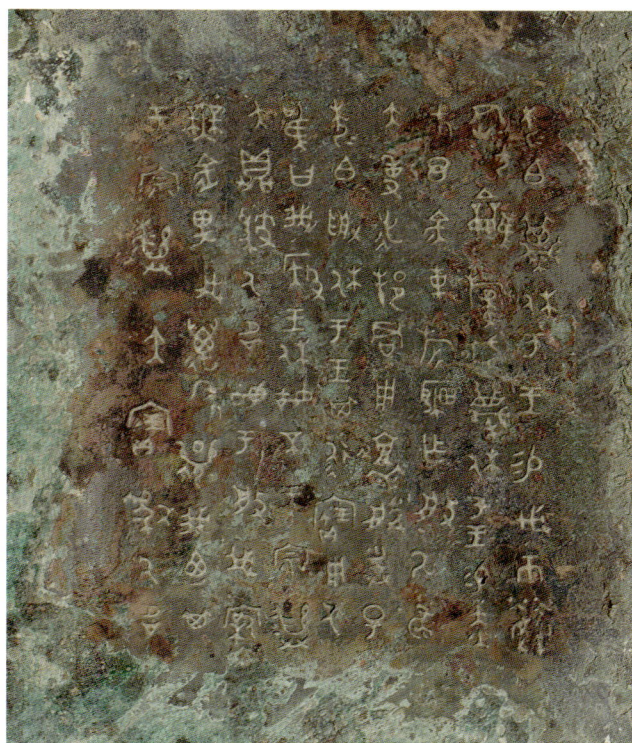

内底铭文

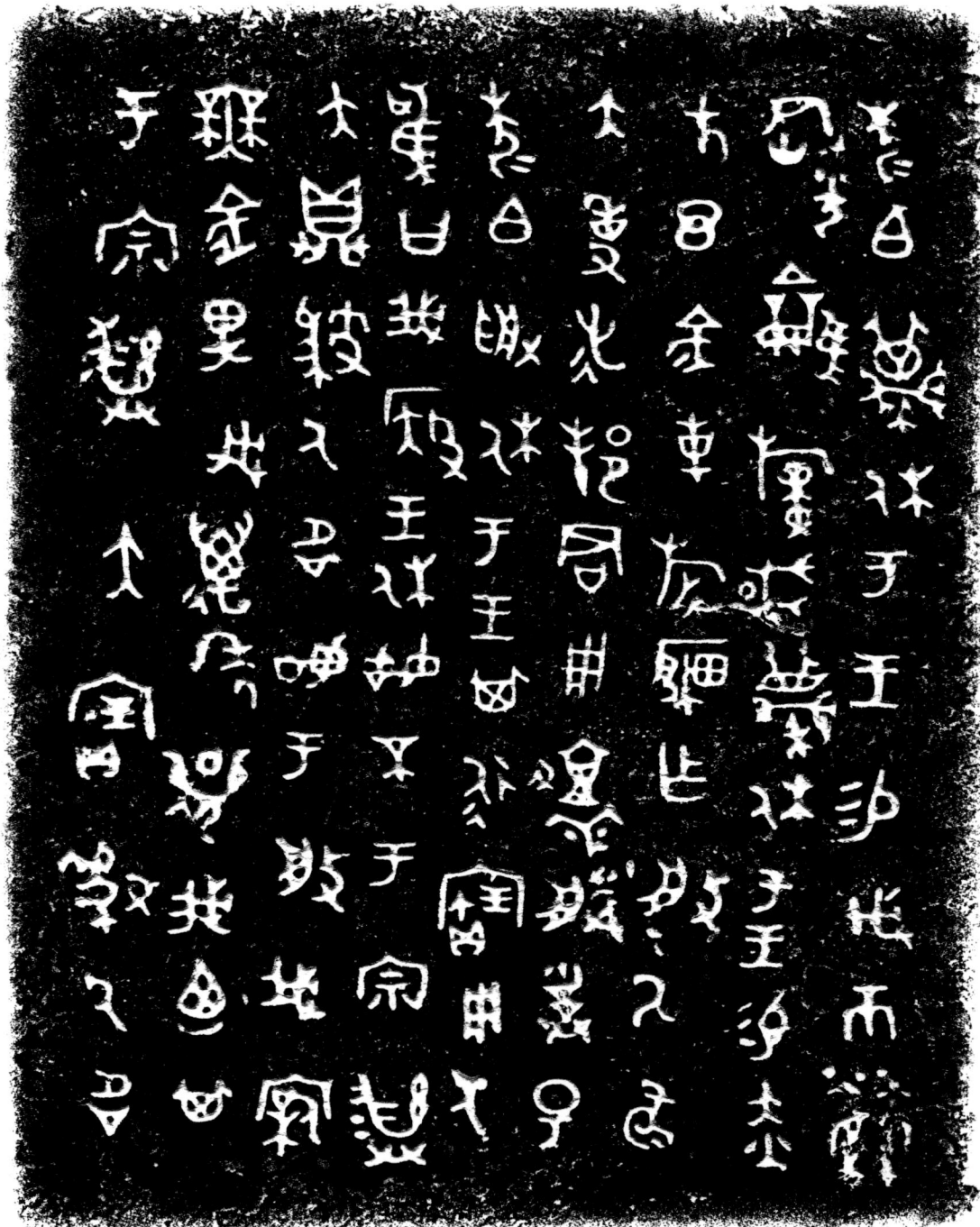

内底铭文拓片

047

夌伯盉

M2022：197。2006 年出土。

流耳间距 25 厘米，盖径 14.2 ～ 14.8、高 5.2 厘米，器口径 14.1、高 18.5 厘米，通高 22.2 厘米。重 2490 克。容积 1810 毫升。

桃形盖，子口内敛，顶面隆起，中部置一桥形钮，盖和器身由蛙形链连接。器身为桃形侈口，方唇，高领，窄肩，扁鼓腹，圜底，三半圆形柱足。上腹一侧斜出扁圆长流，与流相对一侧设龙首桥形竖耳。颈部饰一周凸弦纹。盖为双合范，器为四合范铸造。

盖内铸铭文："夌伯作鋆。"耳内腹壁铸铭文："伯作鋆。"

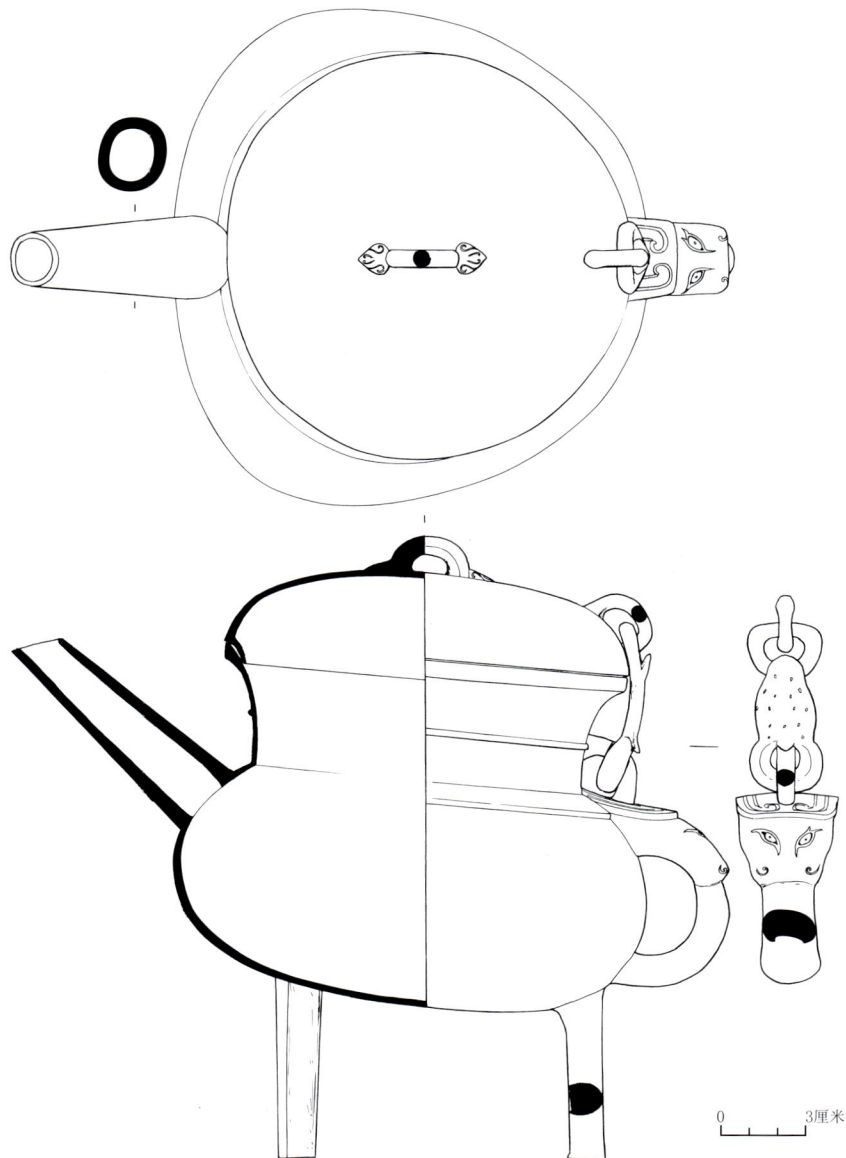

0   3厘米

盖钮 / 耳及链环

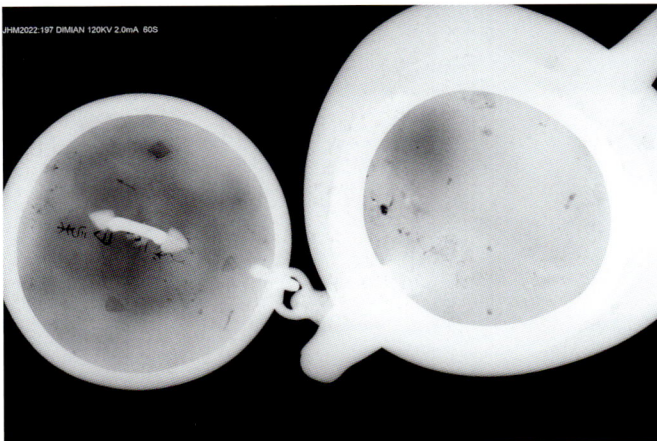

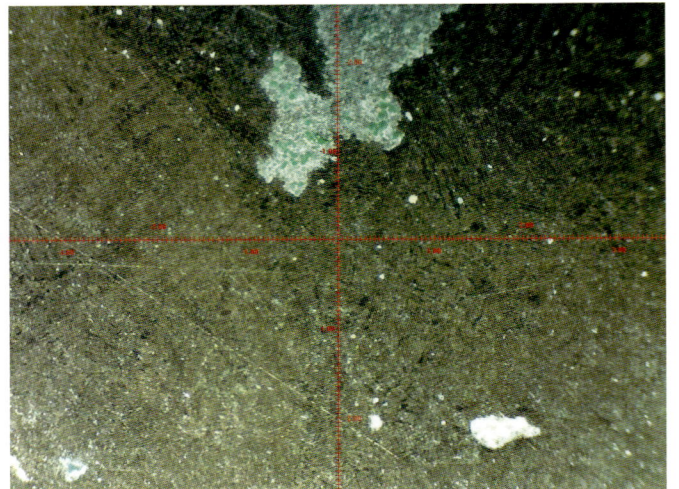

盖面和外底 X 光片 / 内底丝织品痕迹

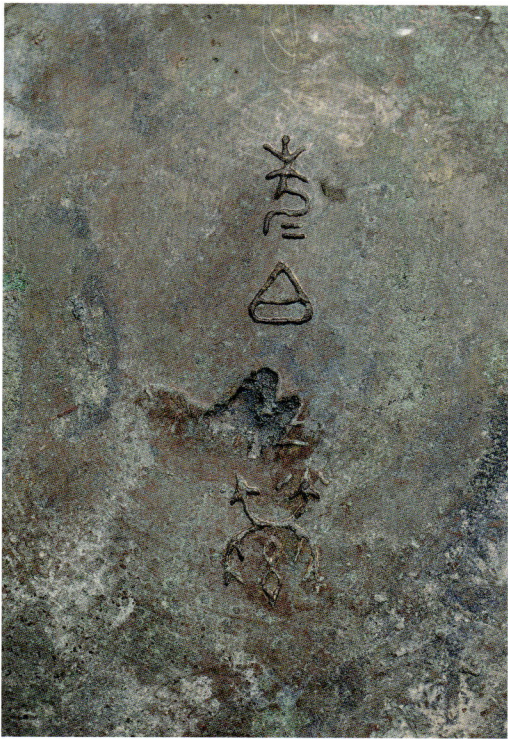

盖内铭文 / 盖内铭文拓片

耳内腹壁铭文 / 耳内腹壁铭文拓片

墓口长 310、宽 155 厘米，墓底长 410、宽 280 厘米，深 1120 厘米。
方向 298°。一椁二棺。墓主仰身直肢，性别、年龄不详。殉 3 人。腰坑内殉 1 狗。
随葬铜礼器 6 件：鼎 3、簋 2、甗 1。

048

卲父鼎

M2047：5。2006 年出土。
耳间距 17.8、口径 16.9、通高 17.5 厘米。重 1210 克。容积 1690 毫升。

敛口，折沿，方唇，双立耳，斜垂腹，圜底近平，三半圆形凹足。上腹饰一周横 "S" 形回首卷尾龙纹。三合范铸造。
后腹内壁铸铭文："卲父肇作卲母旅鼎。"

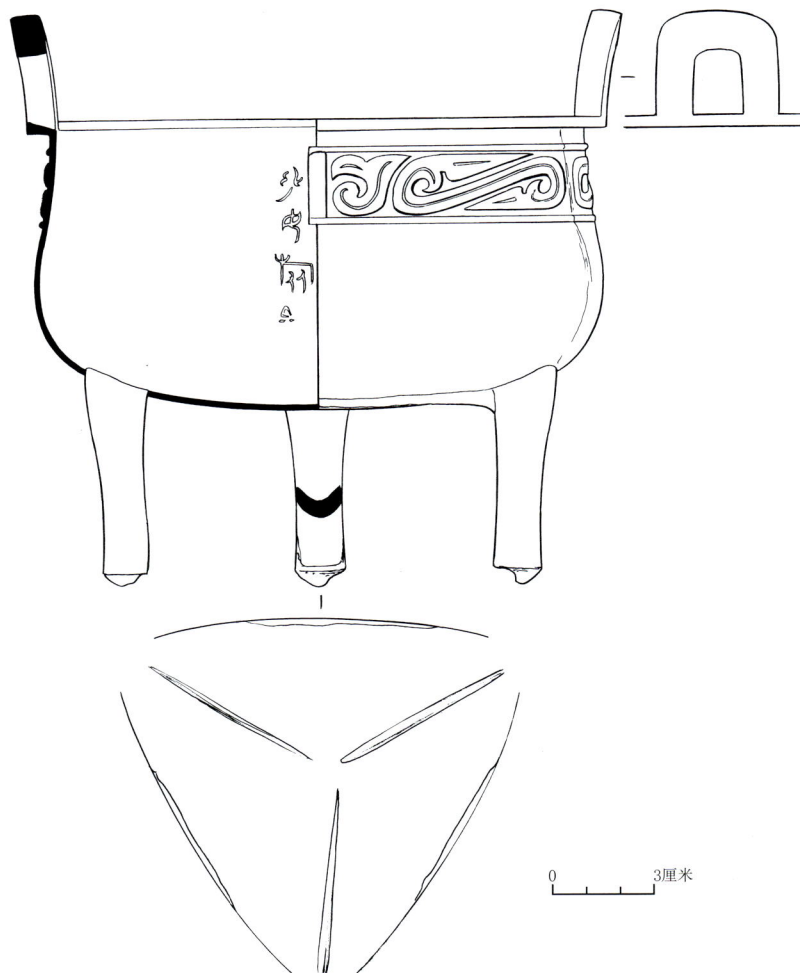

0   3厘米

右耳外侧

外底

后腹内壁铭文 / 后腹内壁铭文拓片

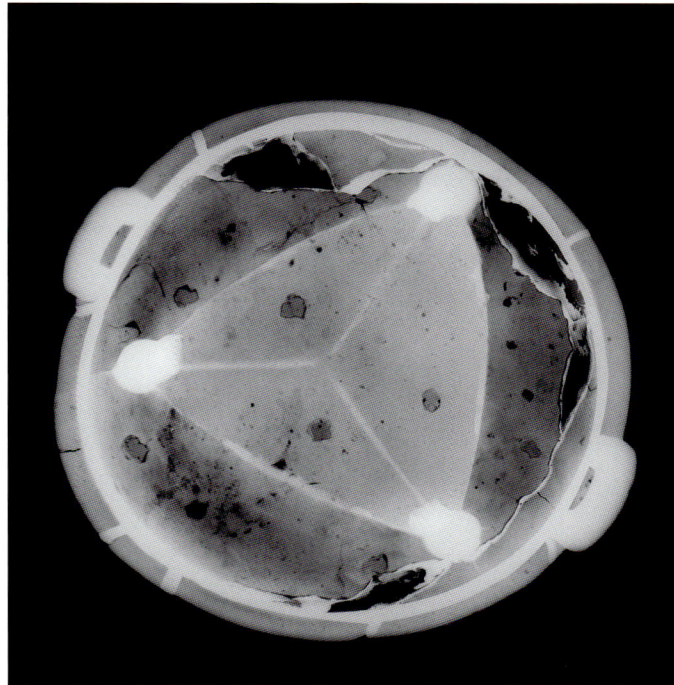

内底 X 光片

049

通方座簋

M2047：15。2006 年出土。

耳间距 25.4、口径 18.6 ~ 19、底座长 17、底座宽 15.8、通高 21.8 厘米。重 3750 克。容积 2600 毫升。

圆形侈口，方唇，垂鼓腹，腹两侧置兽首桥形竖耳，耳下垂象鼻状勾珥，圜底，矮圈足，圈足下接壸门形方座。腹部饰兽面纹，以云雷纹衬地，双耳内侧腹壁各饰一蝉纹，底座四面中部各饰一兽首，四角两侧各饰两目纹。四合范铸造。

内底铸铭文："通肇作厥圣考伯宝尊彝，唯用永念厥考襦子子孙宝。"

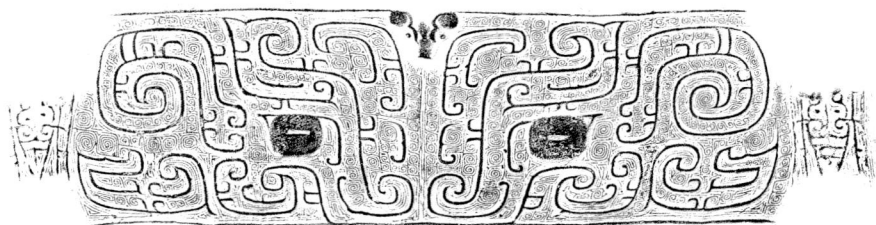

正面腹部纹饰拓片

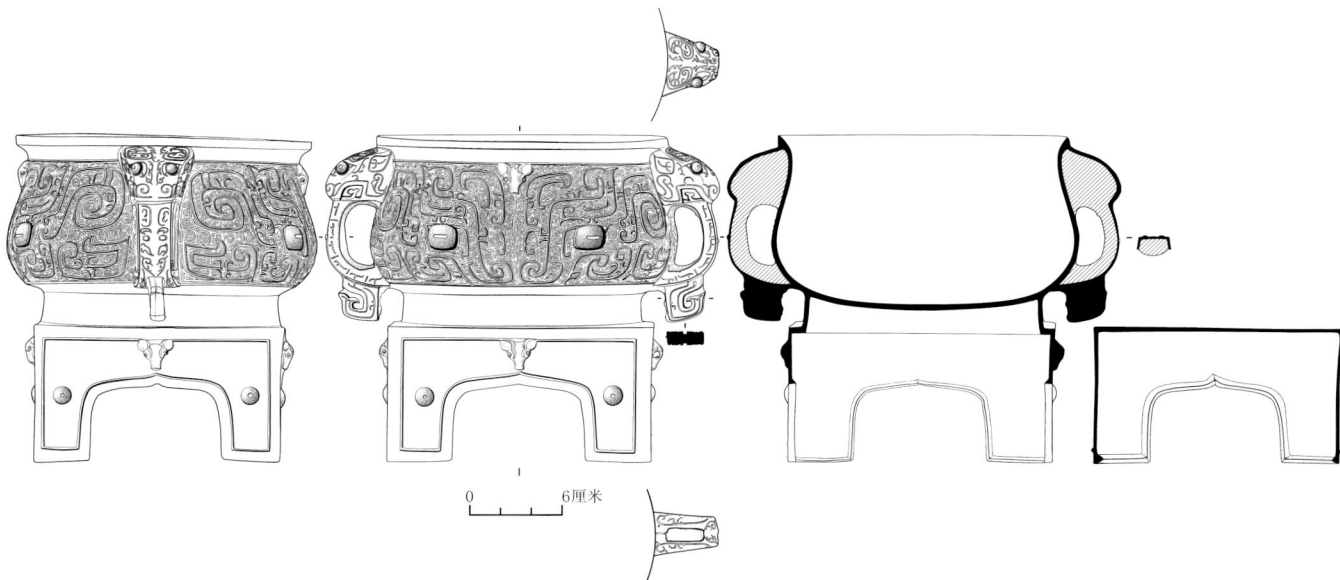

右侧

外底

内底铭文　　/　　内底铭文拓片

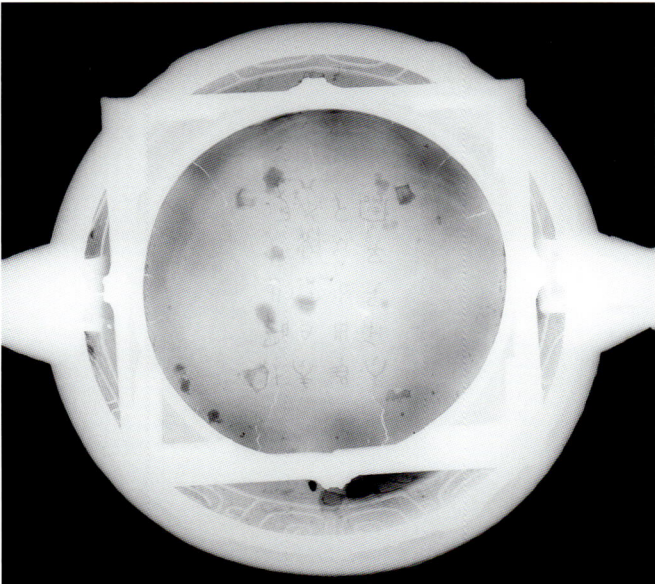

外底 X 光片　　/　　内底丝织品痕迹

050

刣父甗

M2047：20。2006 年出土。

耳间距 24.2、口径 24.2、通高 31 厘米。重 3410 克。甑部容积 3500、鬲部容积 2000 毫升。

上甑下鬲联体。甑敞口，方唇，双立耳，浅斜腹。束腰内壁有三个三角形箅齿，无箅，腰部横截面呈桃形。鬲腹圆鼓，分档，圆实足根。上腹饰两周凸弦纹。三合范铸造。

甑后腹内壁铸铭文："刣父肇作刣母旅甗。"

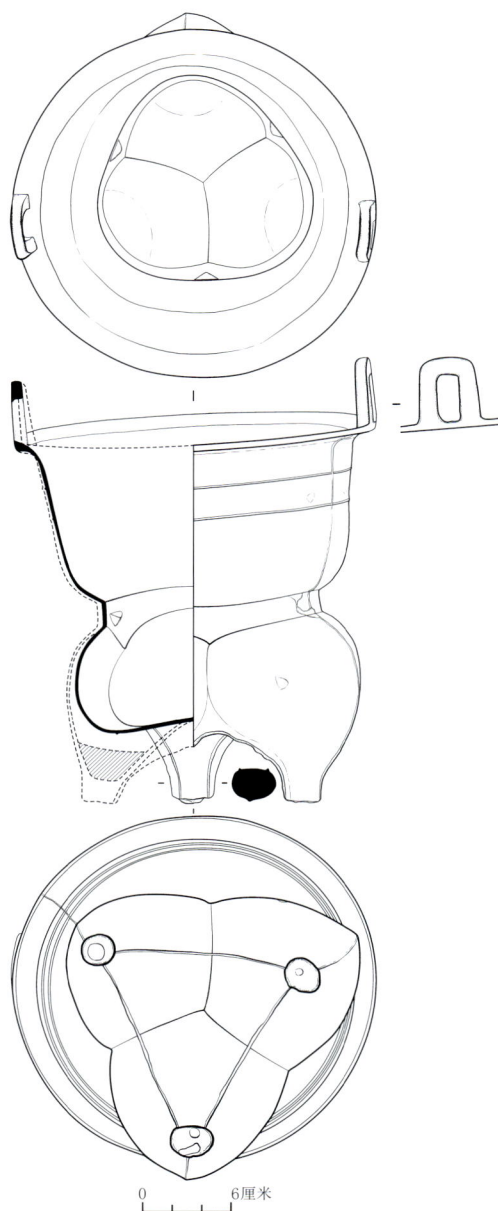

0　　　　　6厘米

口内

外底

甗后腹内壁铭文　　/　　甗后腹内壁铭文拓片

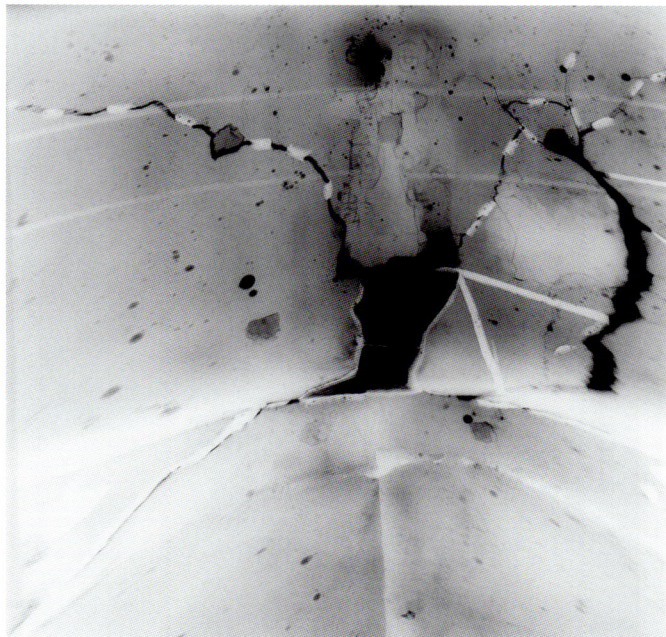

甗后腹内壁铭文 X 光片

墓口长 320、宽 140 厘米，墓底长 350、宽 180 厘米，深 500 厘米。

方向 265°，一椁一棺。墓主俯身直肢，男性，30 ~ 35 岁。殉 1 人。腰坑内殉 1 狗。

随葬铜礼器 2 件：鼎 1、簋 1。

051

朕鼎

M2049：2。2006 年出土。

耳间距 17.2、口径 17 ~ 17.2、通高 18.7 厘米。重 1515 克。容积 2020 毫升。

桃形敛口，窄折沿，方唇，双立耳，斜垂腹，圜底，三不规整圆形柱足。上腹饰两周凸弦纹。三合范铸造。

后腹内壁铸铭文："朕作宝鼎。"

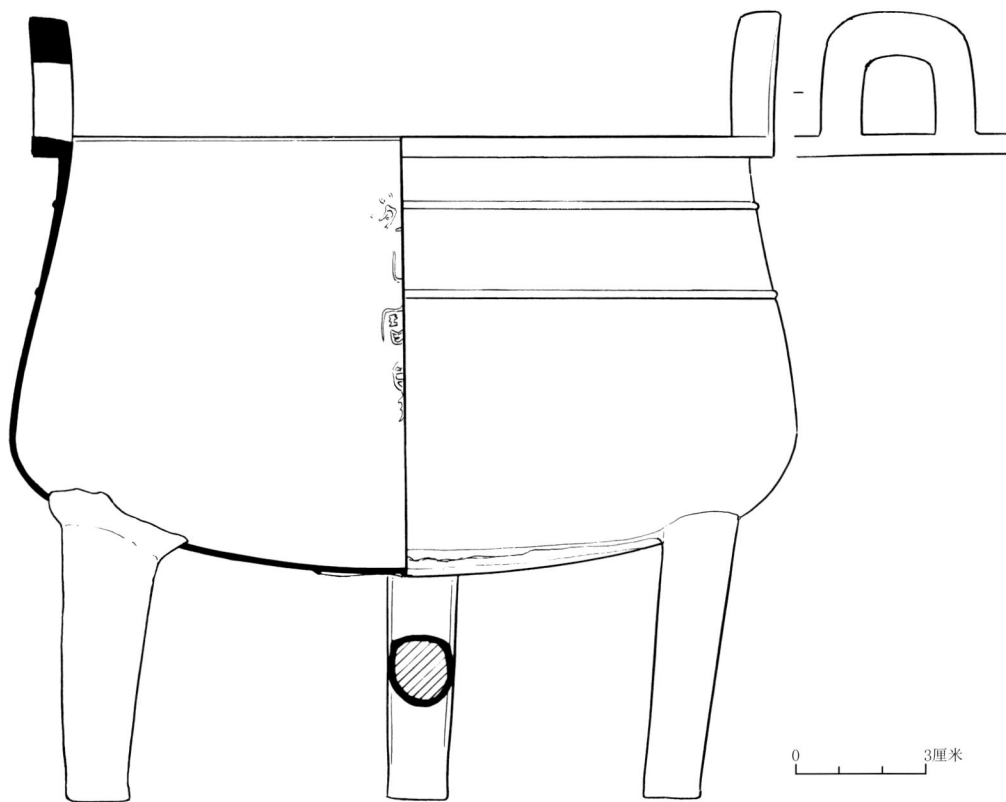

内底

外底

右耳内侧

后腹内壁铭文　/　后腹内壁铭文拓片

213

052

乳钉纹簋

M2049：1。2006 年出土。

耳间距 28、口径 21.6 ～ 22.3、圈足底径 14、通高 15.1 厘米。重 1985 克。容积 3050 毫升。

敞口，方唇，斜腹内收，腹两侧置龙首桥形竖耳，耳下垂勾云形珥，圜底，高圈足外撇下折成阶。上腹饰一周折身龙纹间涡纹，间二兽首，下腹饰一周菱格乳钉纹，圈足饰一周蛇纹。四合范铸造。

0 　　　　　 3厘米

内底

外底

背面腹部

背面圈足

左耳

M2055　墓口长 425、宽 300 厘米，墓底长 485、宽 360 厘米，深 1347 厘米。
方向 280°。一椁二棺。墓主仰身直肢，男性，35～40 岁。殉 2 人。腰坑内殉 1 狗。
随葬铜礼器 5 件：鼎 1、方座簋 1、鬲 1、盘 1、盉 1。

053

通方座簋

M2055：54。2006 年出土。

耳间距 25.6、口径 19、底座长 16.8、底座宽 16、通高 21.8 厘米。重 3480 克。容积 2600 毫升。

圆形侈口，方唇，垂鼓腹，腹两侧置兽首桥形竖耳，耳下垂象鼻状勾珥，圜底，矮圈足，圈足下接壶门形方座。腹饰兽面纹，以云雷纹衬地，双耳内侧腹壁各饰一蝉纹，底座四面中部各饰一兽首，四角两侧各饰两目纹。四合范铸造。

内底铸铭文："通肇作厥圣考伯宝尊彝，唯用永念厥考襡子子孙宝。"

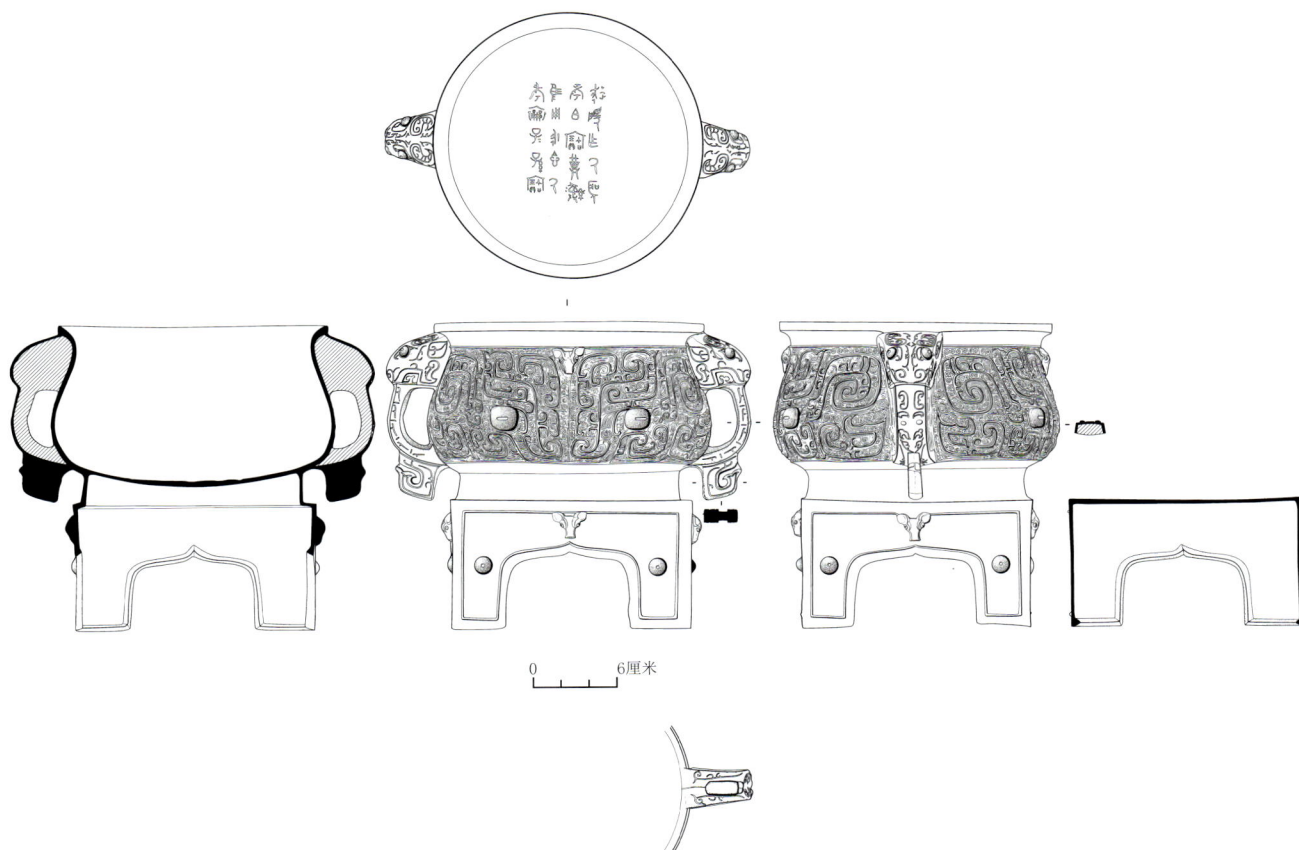

0 ____ 6厘米

外底

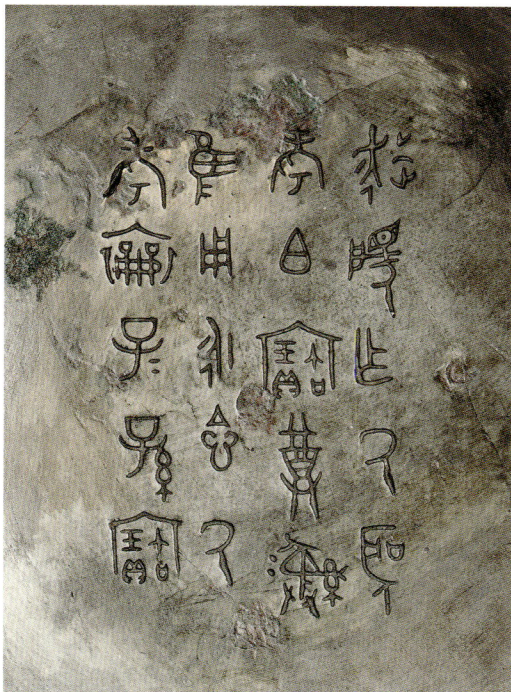

内底铭文 / 内底铭文拓片

0   6厘米

背面腹部纹饰拓片

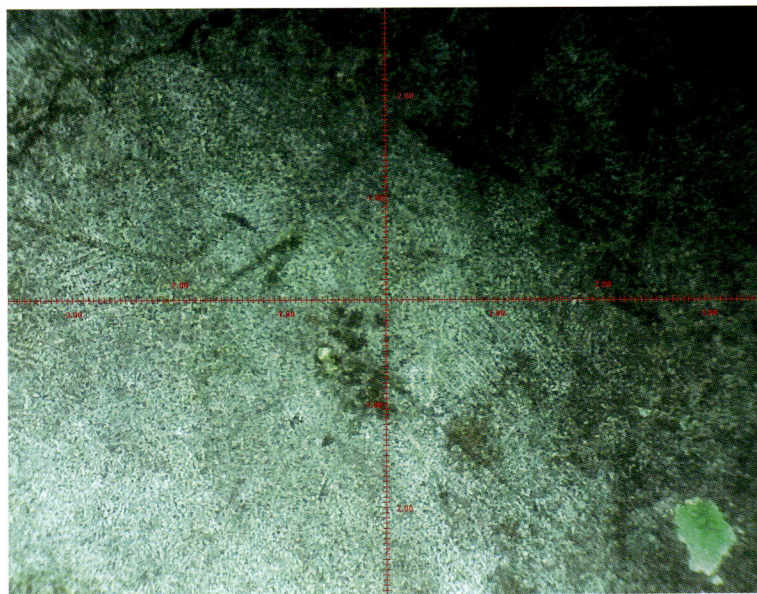

方座面丝织品痕迹

054

旂姬鬲

M2055：4。2006 年出土 。

耳间距 21.6、口径 19、通高 18 厘米。重 2590 克。容积 2060 毫升。

直口微敞，宽折沿，矮直颈，鼓腹，腹上部有附耳，联裆，实足根。腹部有三条竖扉棱，腹饰竖条棱纹，中部有一周凹弦纹割断条棱纹。三合范铸造。

沿面铸铭文："旂姬作宝尊鬲。"

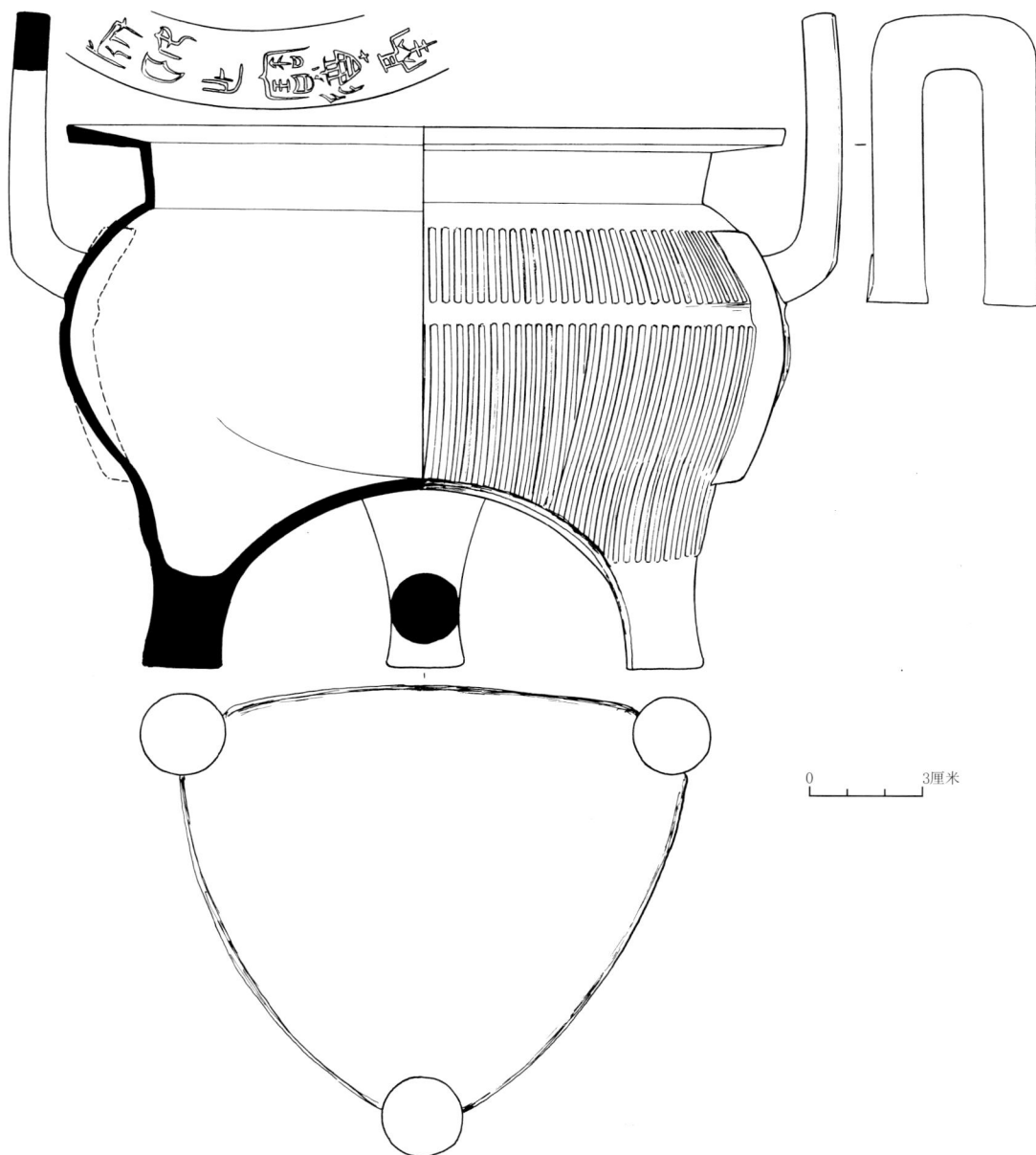

0   3厘米

外底

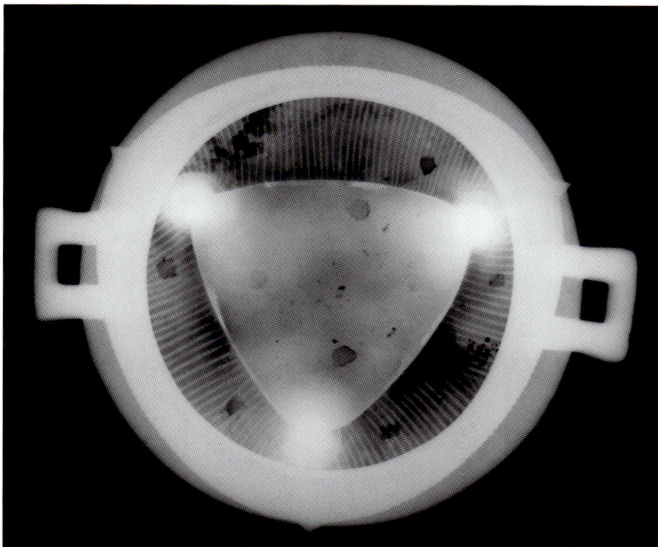 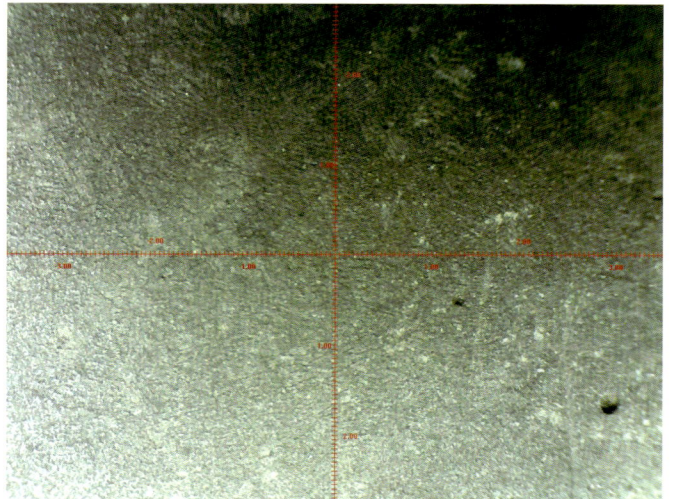

外底 X 光片 / 内底丝织品痕迹

沿面铭文

沿面铭文拓片

055

嗌友盘

M2055：20。2006 年出土。

耳间距 27.3、口径 24.8、圈足底径 19.6、通高 7.7 厘米。重 2375 克。容积 1000 毫升。

微敞口，折沿上翘，方唇，弧腹内收，腹两侧有附耳，耳体高出口沿，圜底近平，高圈足外撇下折成阶。素面。四合范铸造。

内底铸铭文："嗌友作宝盘。"

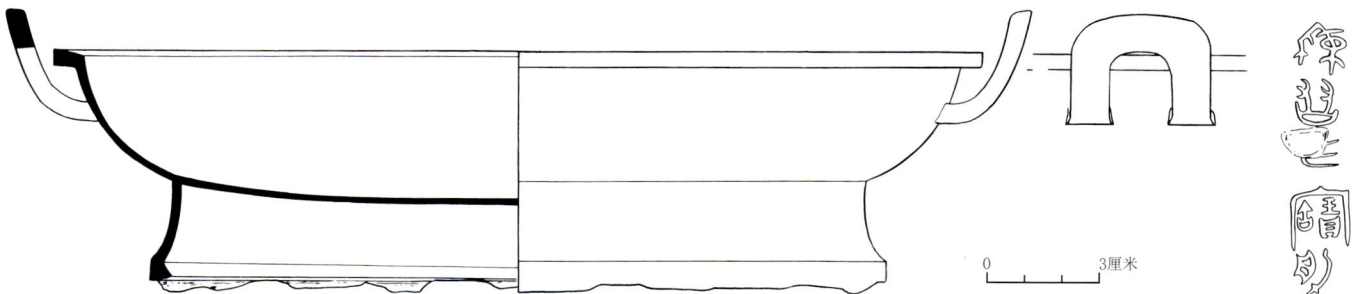

0   3厘米

内底

外底

左耳

内底铭文 / 内底铭文拓片

230

楚公逆短剑

M2055：37。2006 年出土。

通长 22.8、剑身长 18.8、最宽 3.6 厘米。重 150 克。

剑身呈长条形，中部起脊，两刃斜直，刃缘锋利，剑身横截面呈菱形，茎格部平面呈"凸"字形，有阑，侧阑凸起，横截面呈"工"字形，后端较窄，有两个圆穿。剑身近茎格处两面饰人面纹。双合范铸造。

两面人面纹头顶上方铸铭文："楚公逆□□中戈。"

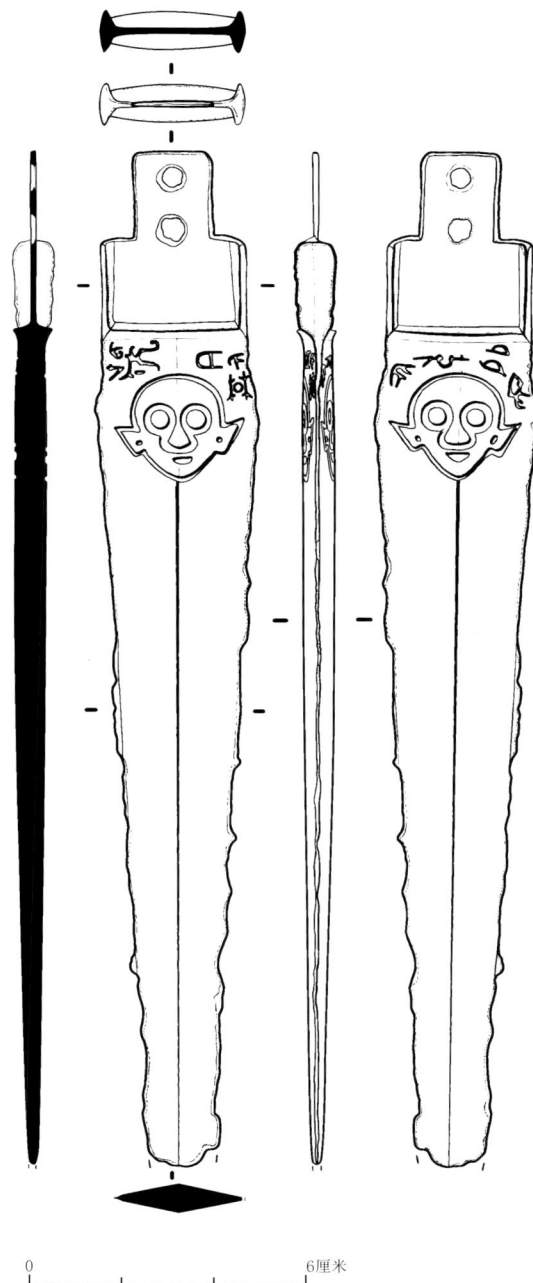

0   6厘米

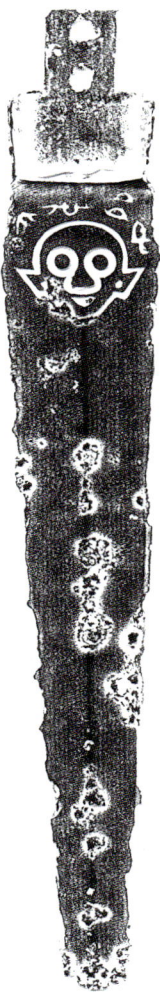

0   3厘米

墓口长 362、宽 210 厘米，墓底长 415、宽 270 厘米，深 1000 厘米。

方向 279°。一椁二棺。墓主仰身直肢，女性，45～50 岁。殉 3 人。腰坑内殉 1 狗。随葬 1 车。

随葬铜礼器 8 件：鼎 2、簋 1、甗 1、壶 2、盘 1、盉 1。

057

易友鼎

M2056：32。2006 年出土。

耳间距 17.6、口径 16.8、通高 19.4 厘米。重 1595 克。容积 1850 毫升。

桃形敛口，折沿，方唇，双立耳，垂鼓腹，圜底近平，三半圆柱足。上腹部饰一周凸弦纹。三合范铸造。

后腹内壁铸铭文："易友作丰姬宝旅鼎。"

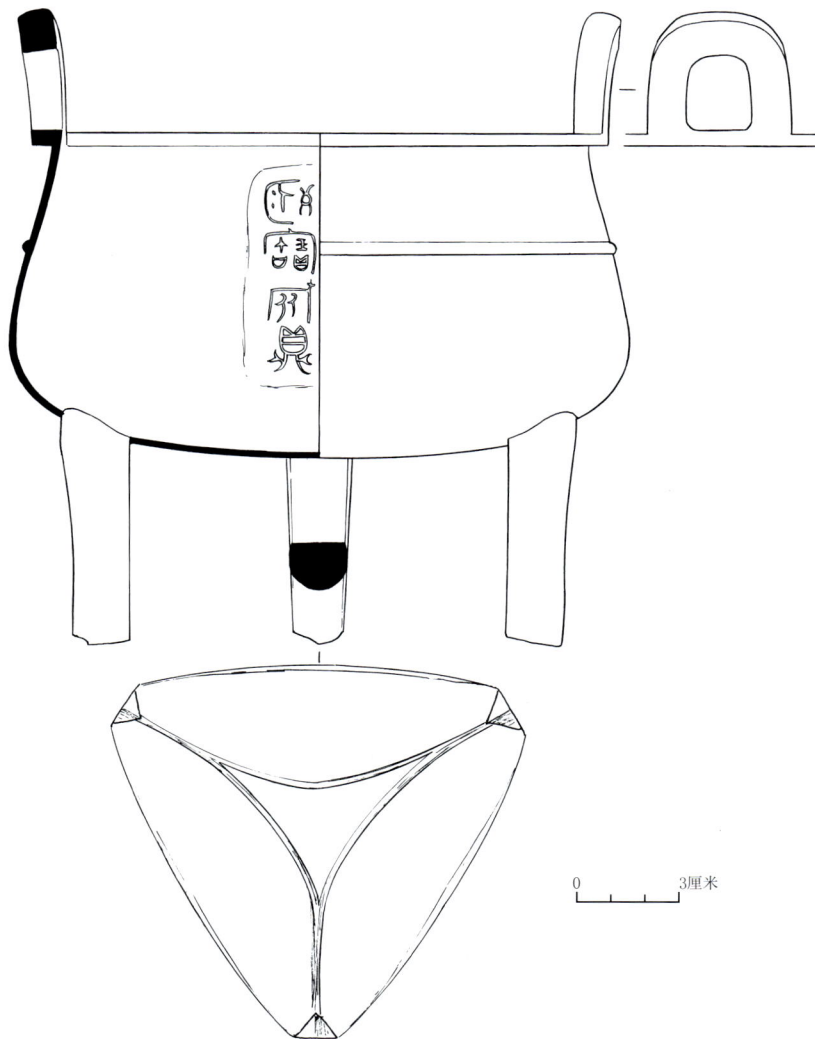

0   3厘米

内底

外底

后腹内壁铭文　　/　　后腹内壁铭文拓片

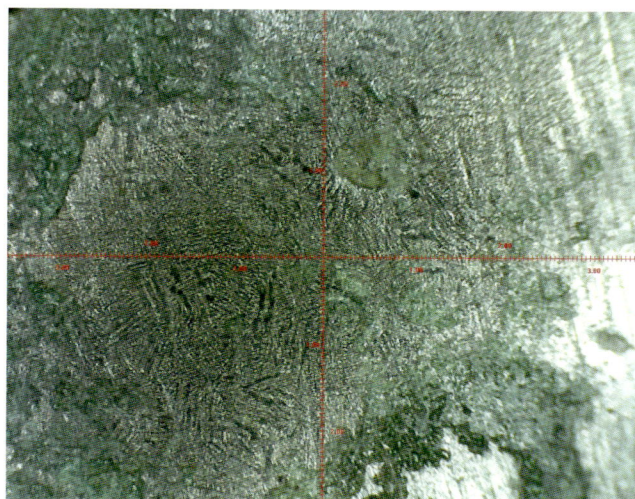

口沿丝织品痕迹

058

易友鼎

M2056：35。2006 年出土。

耳间距 15.9、口径 15.8、通高 16.3 厘米。重 1365 克。容积 1480 毫升。

桃形敛口，折沿，方唇，双立耳，斜垂腹，圜底近平，三半圆凹足。上腹部饰一周凸弦纹。三合范铸造。

后腹内壁铸铭文："易友作丰姬宝旅鼎。"

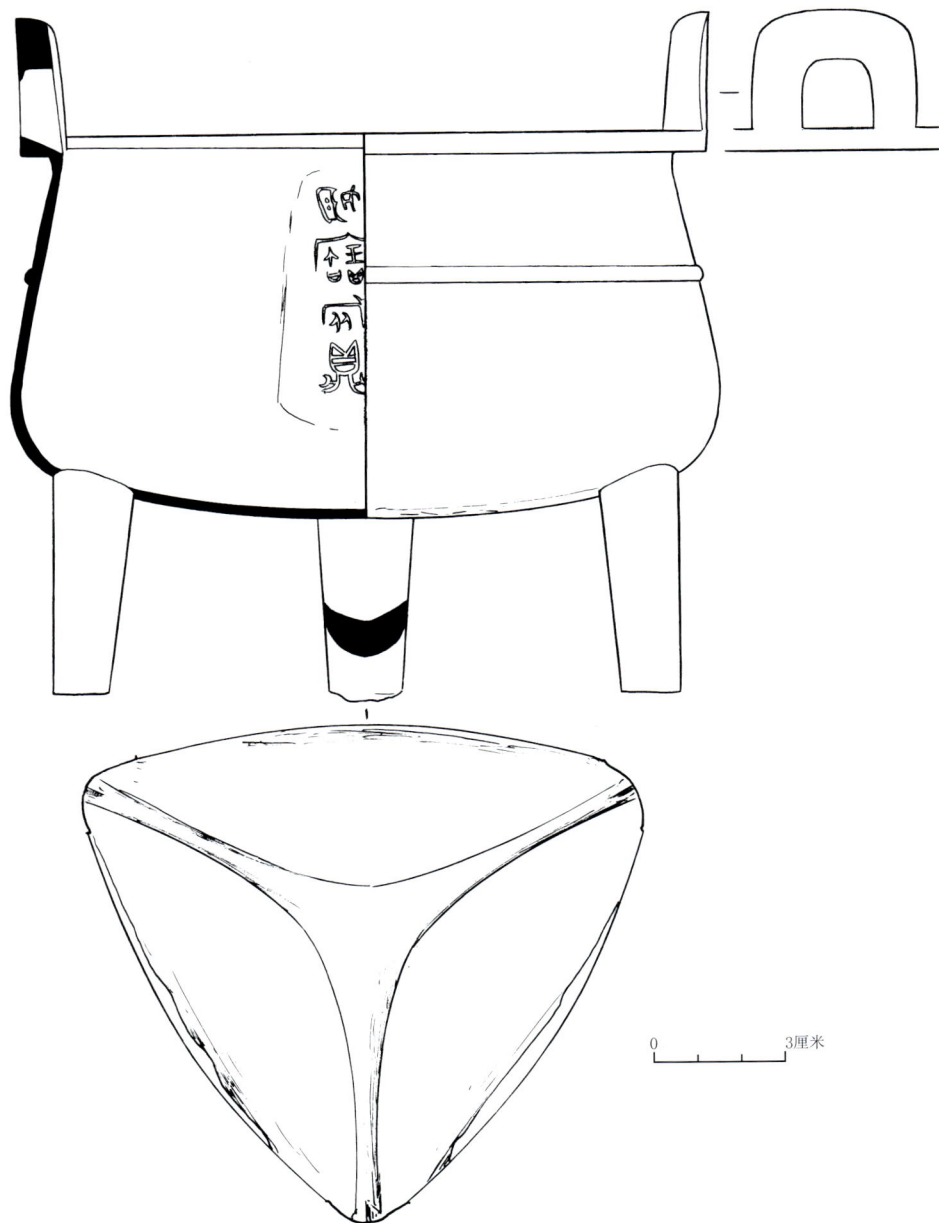

0   3厘米

内底

外底

后腹内壁铭文 / 后腹内壁铭文拓片

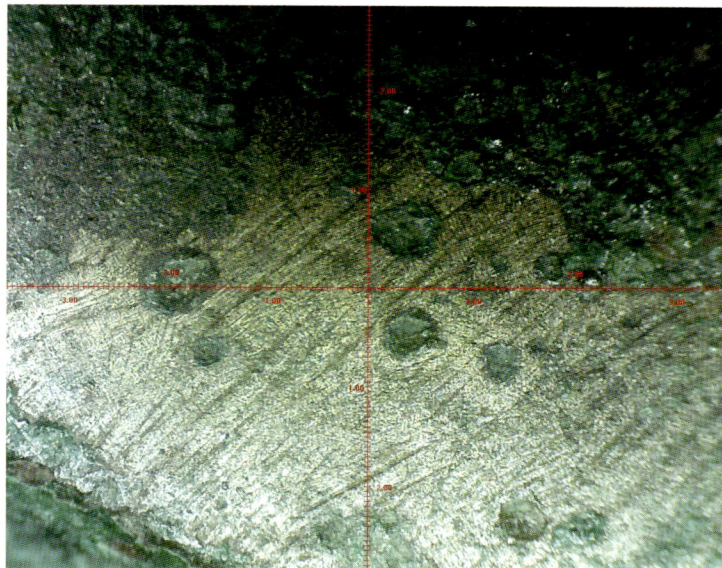

口沿丝织品痕迹

059

易友甗

M2056：39。2006 年出土。

耳间距 24.6、口径 23.5、通高 35.1 厘米。重 3635 克。甑部容积 2930、鬲部容积 1580 毫升。

上甑下鬲联体。甑桃形敞口，方唇，双立耳，浅腹斜收。束腰，腰内有三个三角形箅齿，无箅。鬲腹圆鼓，分裆，圆形高实足根。素面。三合范铸造。

甑后腹内壁铸铭文："易友作丰姬宝旅甗。"

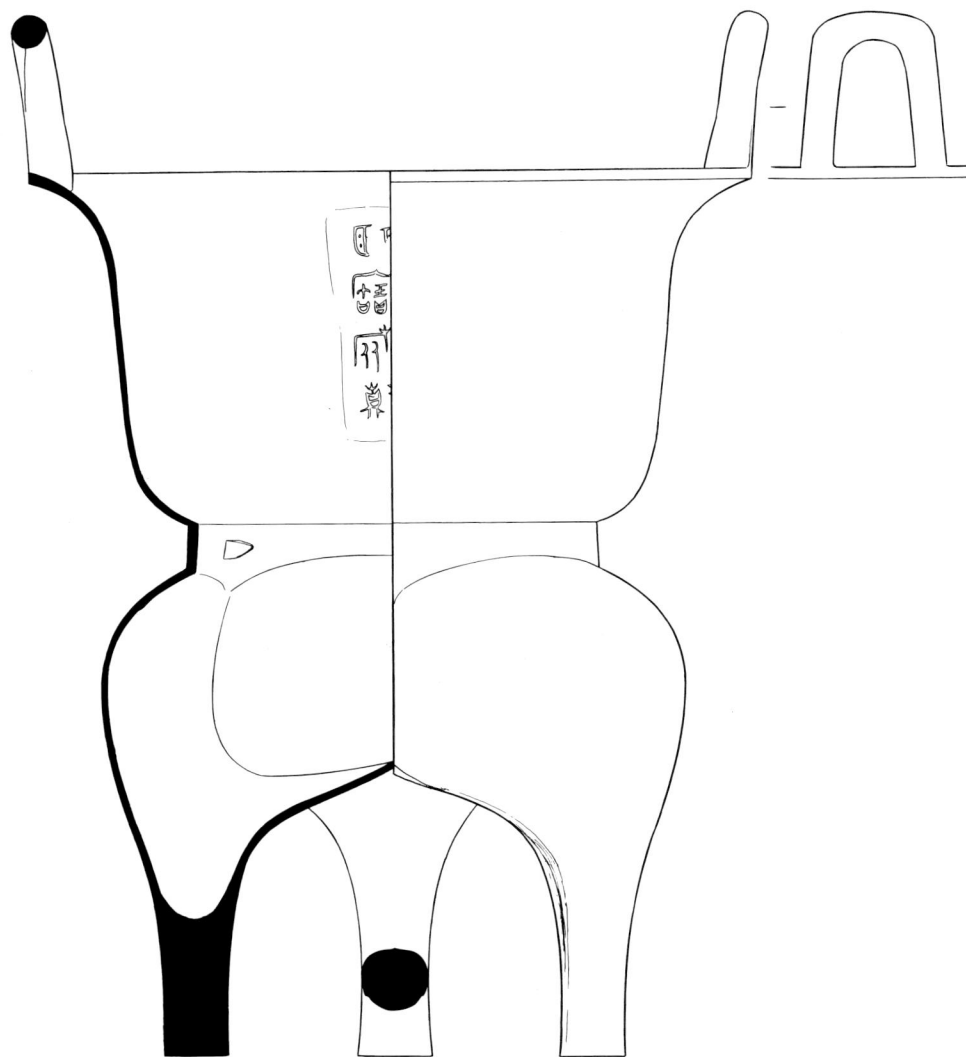

0   3厘米

口内

左足后面

甗后腹内壁铭文　/　甗后腹内壁铭文拓片

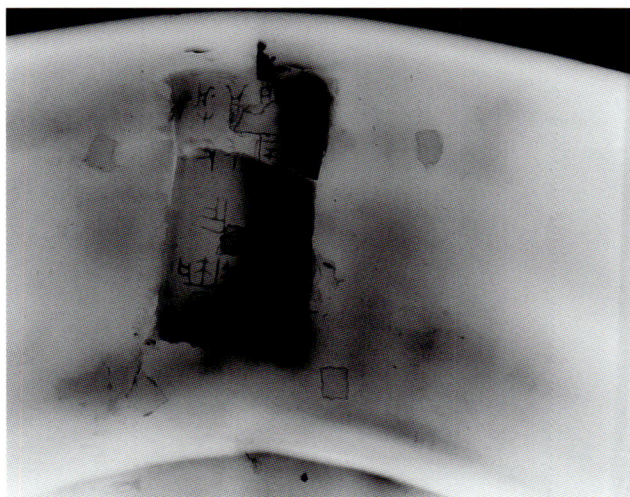

甗后腹内壁铭文 X 光片　/　鬲腹丝织品痕迹

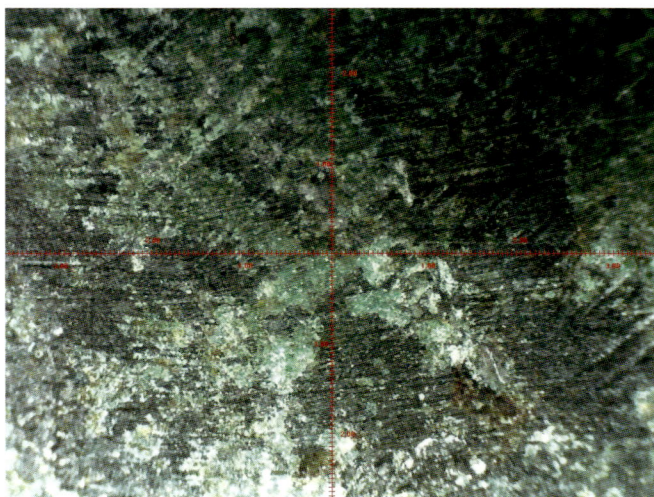

060

□□盉

M2056：37。2006 年出土。

流耳间距 21.7 厘米，盖口径 9.8、高 5.6 厘米，器口径 11.6、高 15.7 厘米，通高 21 厘米。重 2465 克。容积 1000 毫升。

盖为圆形，子口内敛，顶面隆起，中部竖立一扁圆环钮，盖和器身由"8"字形链环连接。器身敞口，方唇，高直领，四分圆鼓腹，四圆柱足，上腹一侧斜出长流，与龙首桥形竖耳相对，耳下垂方珥。盖缘和器颈均饰一周鸟纹，以云雷纹衬地。四合范铸造。

盖内铸铭文："□□作宝盘盉，其万年。晋。"

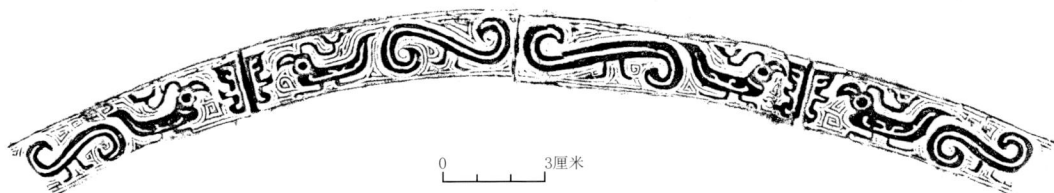

0   3厘米

颈部纹饰拓片

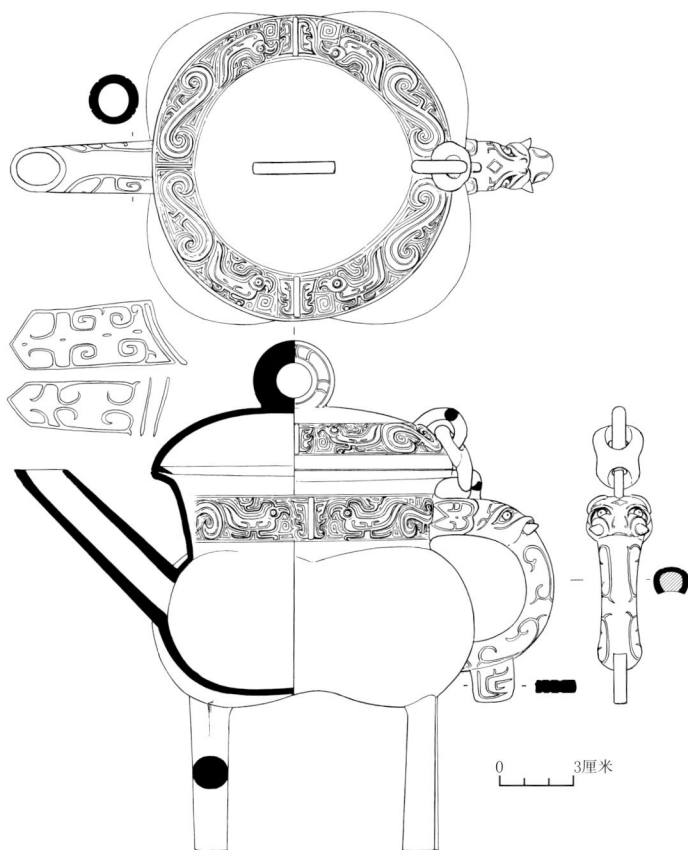

0   3厘米

耳及链环

盖内铭文拓片

0　　　3厘米　　　　　　　　　　　　　0　　　3厘米

盖面纹饰拓片　　　/　　　耳部纹饰拓片

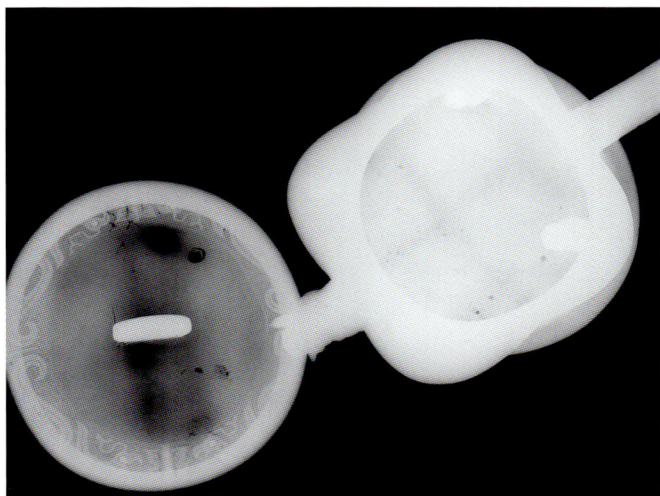

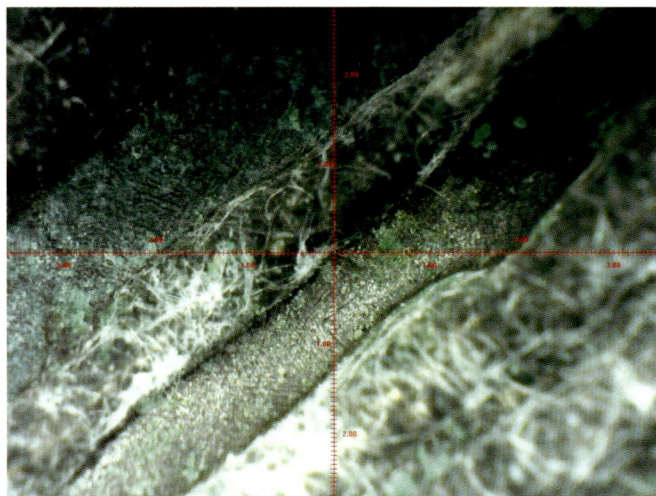

盖内和内底 X 光片　　　/　　　颈部丝织品痕迹

墓口长 282、宽 145 厘米，墓底长 330、宽 190 厘米，深 499 厘米。
方向 276°。一椁一棺。墓主俯身直肢，性别、年龄不详。殉 1 人。
随葬铜礼器 2 件：鼎 1、簋 1。

061

叔朏鼎

M2058：11。2006 年出土。

耳间距 20.3、口径 19.2、通高 21 厘米。重 2360 克。容积 2500 毫升。

桃形敛口，折沿，方唇，双立耳，斜垂鼓腹，圜底近平，三圆柱足。腹中部饰一周凸弦纹。三合范铸造。

后腹内壁铸铭文："叔朏作鼎。"

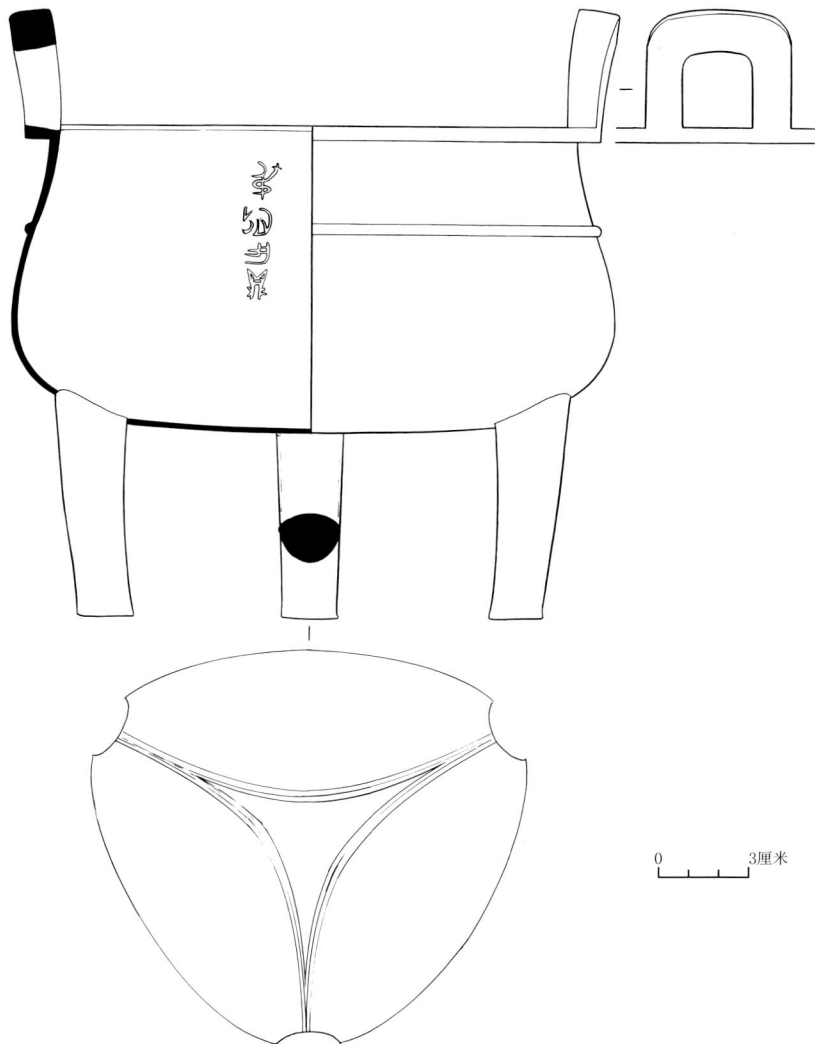

0 ⊢⊢⊢⊢⊢ 3厘米

内底

外底

右耳内侧

后腹内壁铭文　／　后腹内壁铭文拓片

062

倗伯簋

M2058：9。2006 年出土 。

耳间距 31.1、口径 22.9、圈足底径 21.9、通高 13.5 厘米。重 3095 克。容积 3950 毫升。

圆形直口，内斜沿，尖唇，斜直筒形腹，腹两侧置龙首桥形竖耳，耳下垂勾云形珥，圜底，圈足下部外撇下折成阶。腹饰平行宽斜线纹。双合范铸造。

内底铸铭文："倗伯肇作宝簋，其用夙夜享于厥宗，用享孝于厥文祖孝（考），用勾百福，零朕郳（兄）弟宗小子兴享于厥宗，朕文祖孝（考）石其则□用百福，子子孙其万年永宝用，夙夜于厥宗用。"

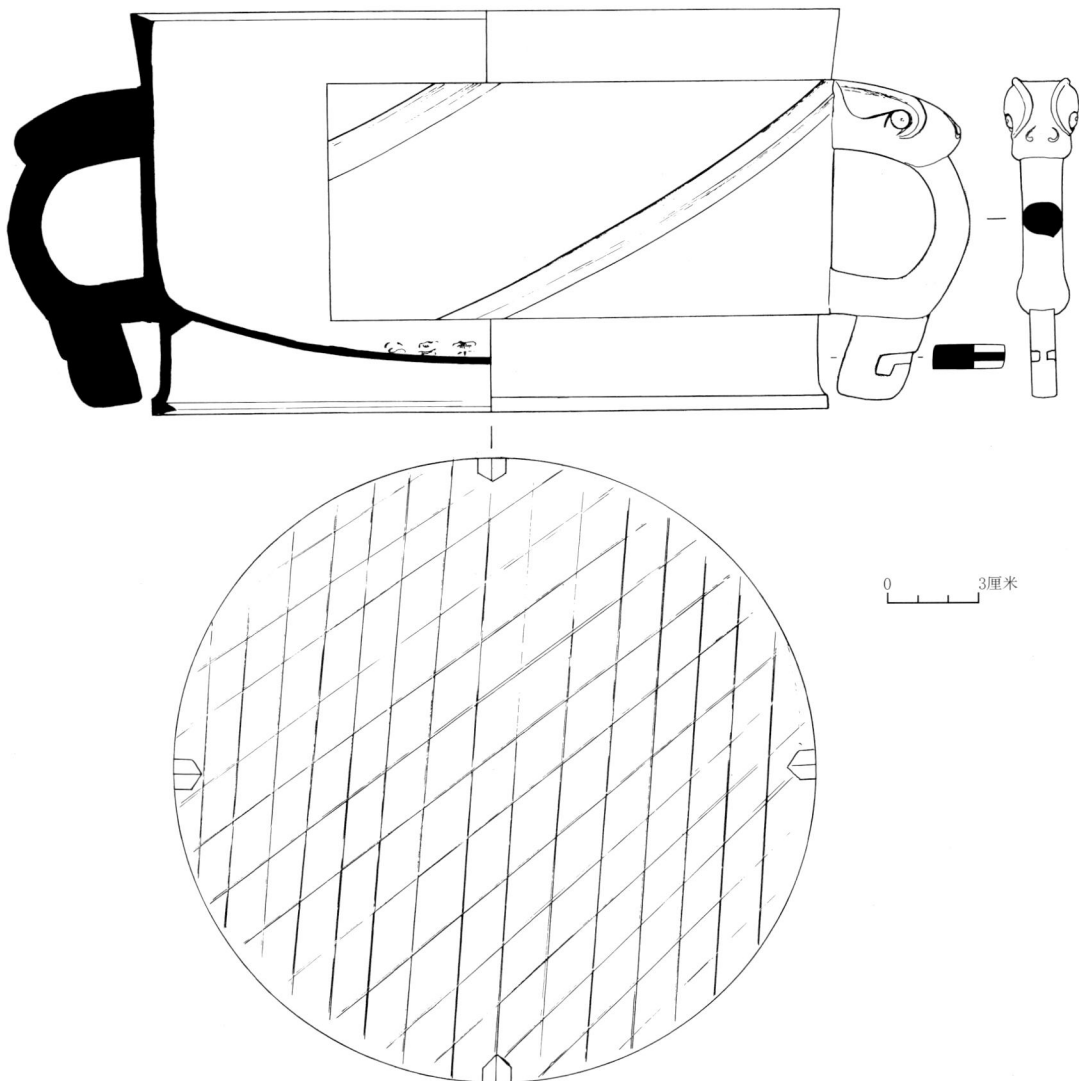

0   3厘米

外底

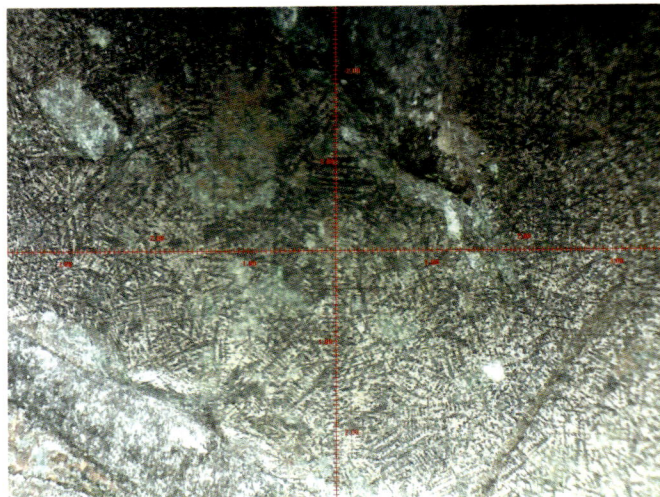

内底 X 光片　　/　　腹部丝织品痕迹

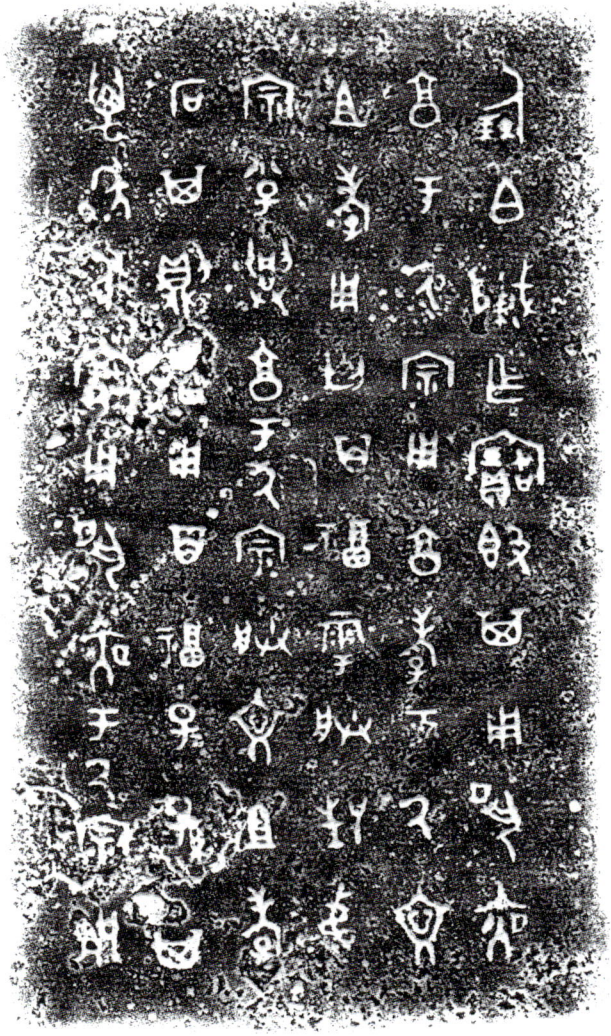

内底铭文   /   内底铭文拓片

墓口长 264、宽 99 厘米，墓底长 307、宽 140 厘米，深 490 厘米。
方向 280°。一椁一棺。墓主仰身直肢，女性，24～25 岁。
随葬铜礼器 2 件：簋 1、鬲 1。

063

丰井簋

M2082：8。2006 年出土。

耳间距 26.9、口径 19.8、圈足底径 17、通高 13.6 厘米。重 2335 克。容积 2600 毫升。

侈口，卷沿，方唇，垂鼓腹，腹两侧置龙首桥形竖耳，耳下垂勾云形珥，圜底，圈足外撇下折成阶。上腹凸弦纹上下各饰斜角目云纹和菱格纹一周，上腹部和圈足均饰凸弦纹。四合范铸造。

内底铸铭文："𨟠（丰）井作𡱩姬宝尊簋。"

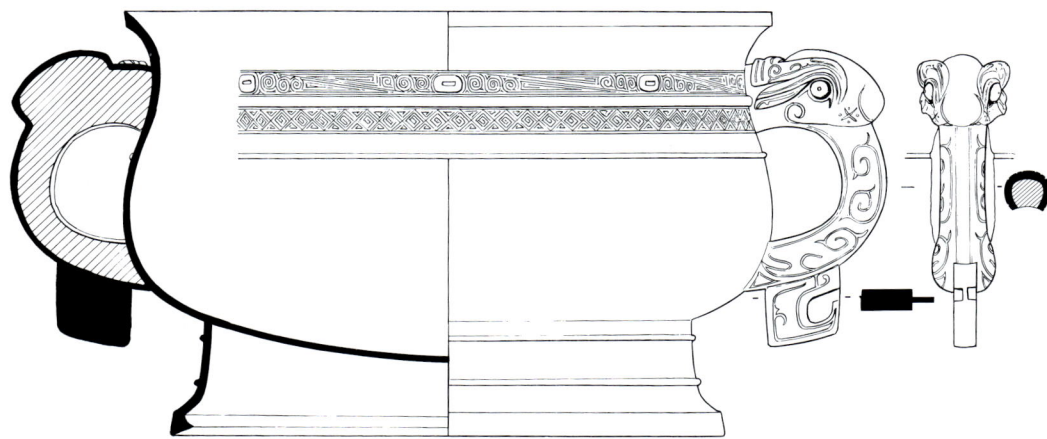

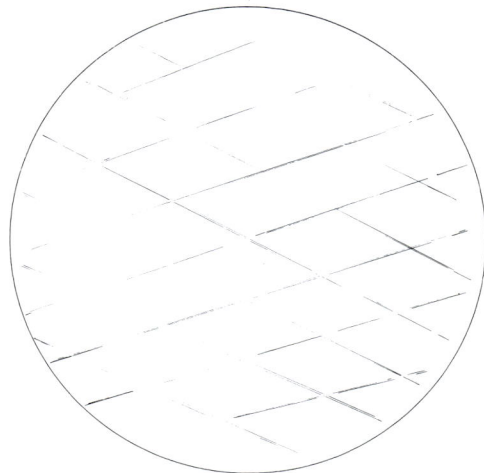

0   3厘米

内底

外底

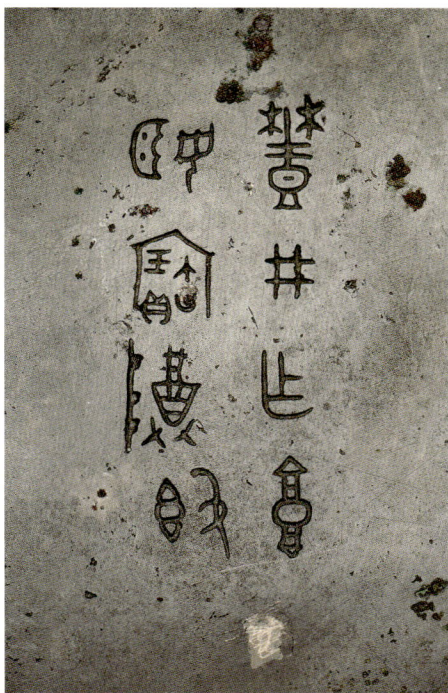

内底铭文　　／　　内底铭文拓片

内底 X 光片　　／　　唇部丝织品痕迹

064

斜线纹鬲

M2082：9。2006 年出土。

口径 13.7、通高 10.8 厘米。重 700 克。容积 595 毫升。

桃形侈口，宽折沿，小方唇，鼓腹，分裆，圆实足根。腹饰三条竖扉棱及一周波带纹割断斜线纹。三合范铸造。

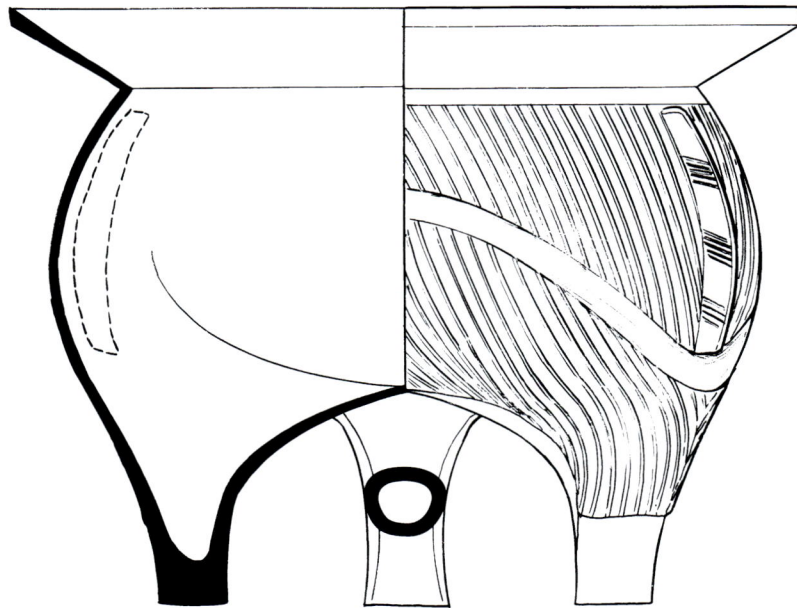

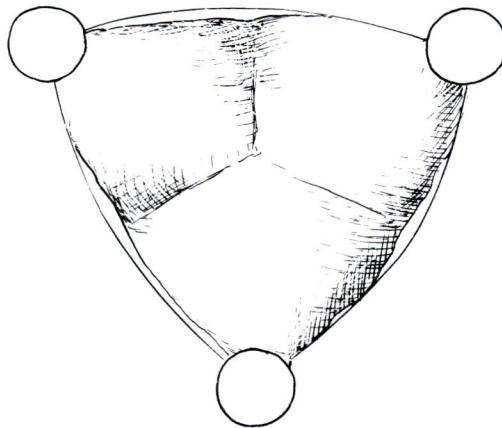

0   3厘米

内底

外底

正面左侧

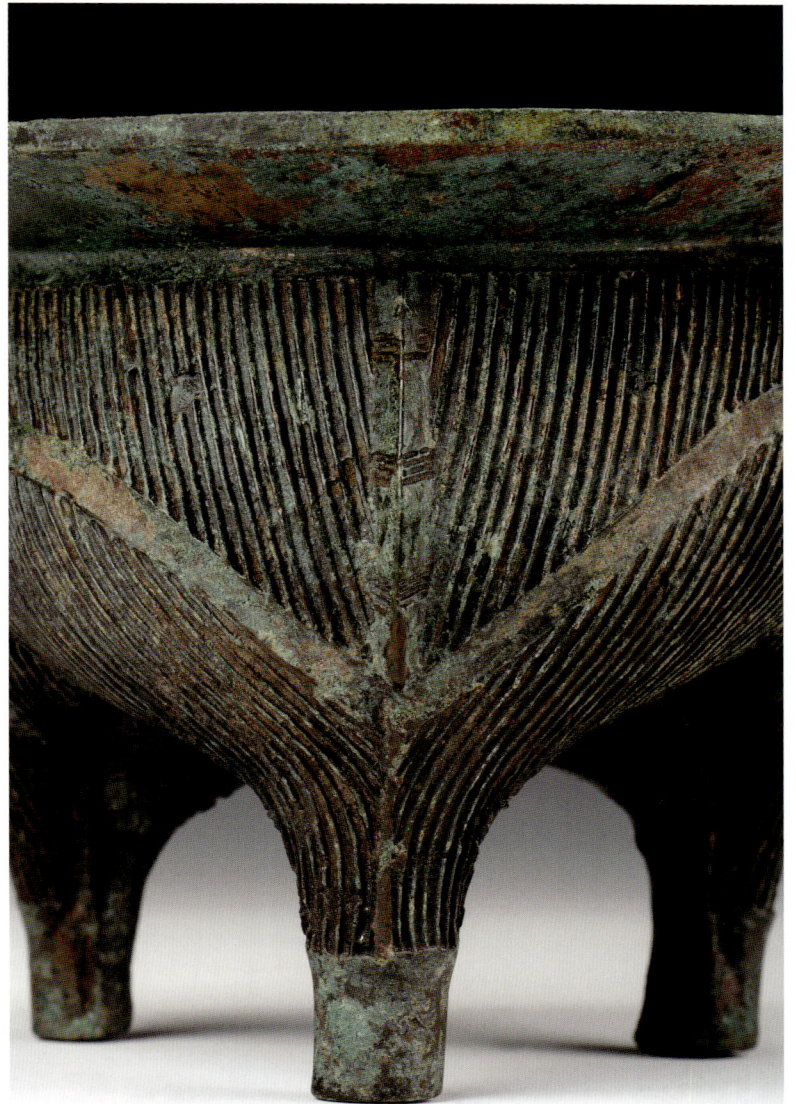

左足侧

墓口长 300、宽 180 厘米，墓底长 310、西宽 180、东宽 200 厘米，深 632 厘米。方向 275°。一椁一棺。墓主直肢，性别、年龄不详。殉 1 人。腰坑内殉 1 狗。随葬铜礼器 3 件：鼎 1、簋 1、鬲 1。

065

弦纹鼎

M2102：6。2006 年出土。

耳间距 21.4、口径 20.8、通高 22.5 厘米。重 1985 克。容积 3030 毫升。

桃形敛口，折沿，方唇，双立耳，垂鼓腹，圜底近平，三圆柱足。上腹饰两周凸弦纹。三合范铸造。

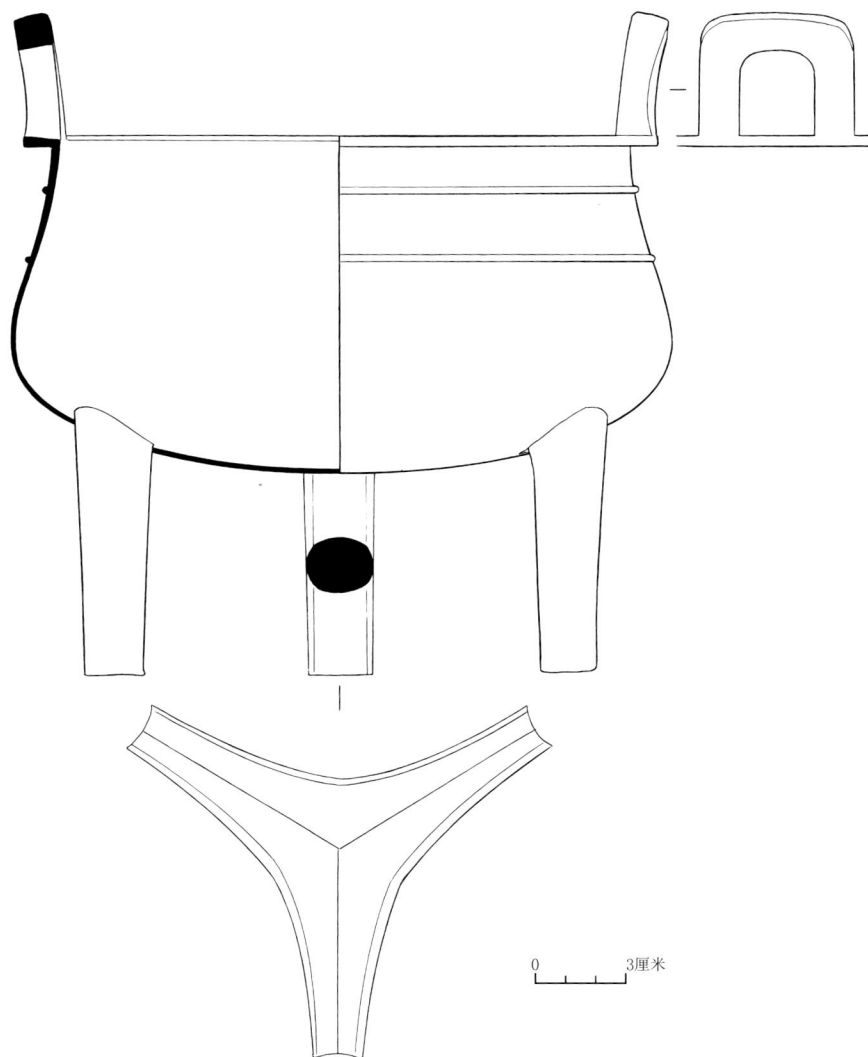

0   3厘米

内底

外底

左足侧腹部范线　　/　　右耳内侧

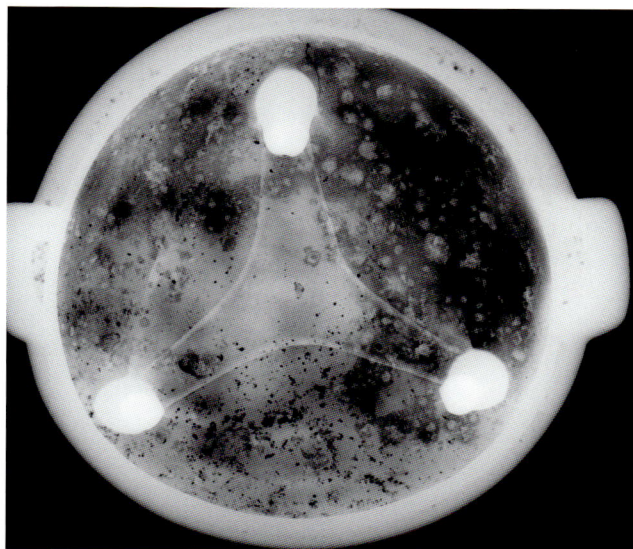

内底 X 光片

066

丰井簋

M2102：5。2006 年出土。

耳间距 26.9、口径 19.6、圈足底径 17、通高 13.4 厘米。重 2635 克。容积 2550 毫升。

侈口，卷沿，方唇，垂鼓腹，腹两侧置龙首桥形竖耳，耳下垂勾云形珥，圜底，圈足外撇下折成阶。上腹凸弦纹上下各饰斜角目云纹和菱格纹一周，上腹部和圈足均饰凸弦纹。四合范铸造。

内底铸铭文："𰙌（丰）井作蒮姬宝尊簋。"

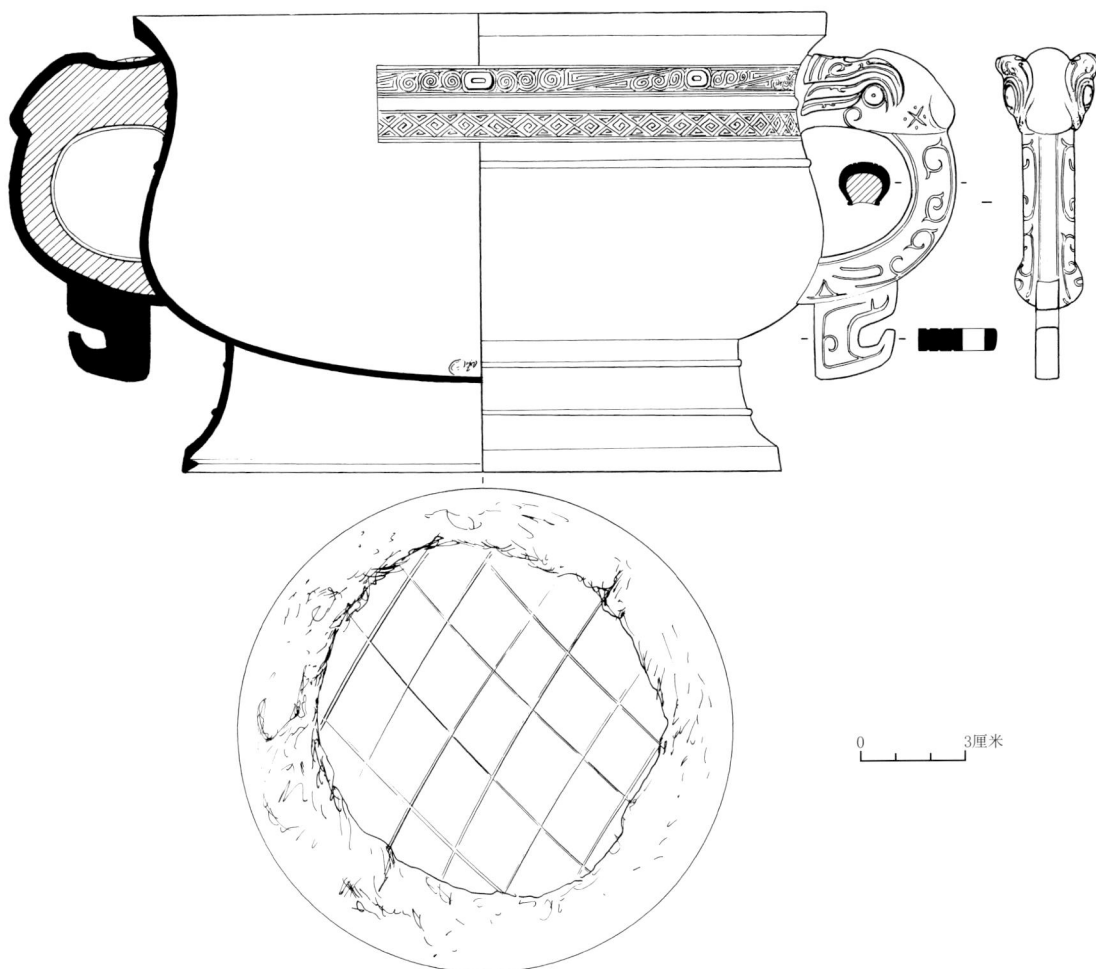

0   3厘米

内底

外底

内底铭文　　/　　内底铭文拓片

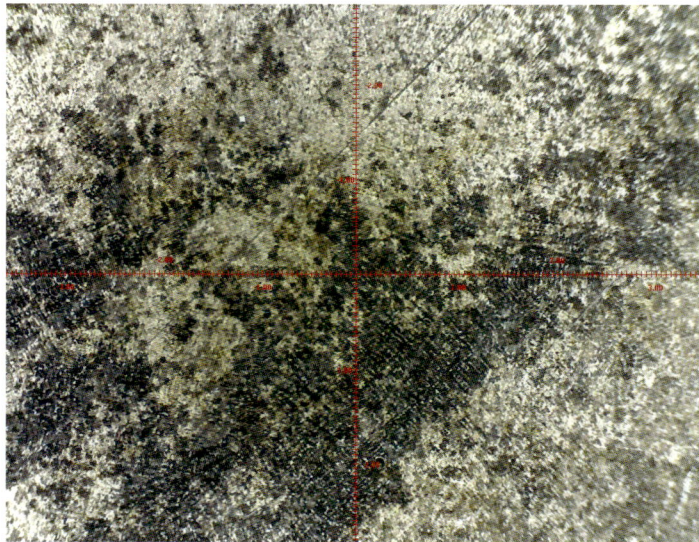

内底丝织品痕迹

墓口长 193、宽 74 厘米，墓底长 229、宽 133 厘米，深 350 厘米。
方向 283°。一棺。墓主俯身直肢，男性，35 ~ 40 岁。
随葬铜礼器鼎 1 件。

067

兽面纹鼎

M2105：2。2006 年出土。

耳间距 20、口径 19.7、通高 24 厘米。重 1950 克。容积 2530 毫升。

桃形敛口，折沿，薄方唇，双立耳，垂圆鼓腹，圜底，三圆柱足。上腹饰一周
兽面纹，以云雷纹衬地。三合范铸造。

0   3厘米

腹上部纹饰拓片

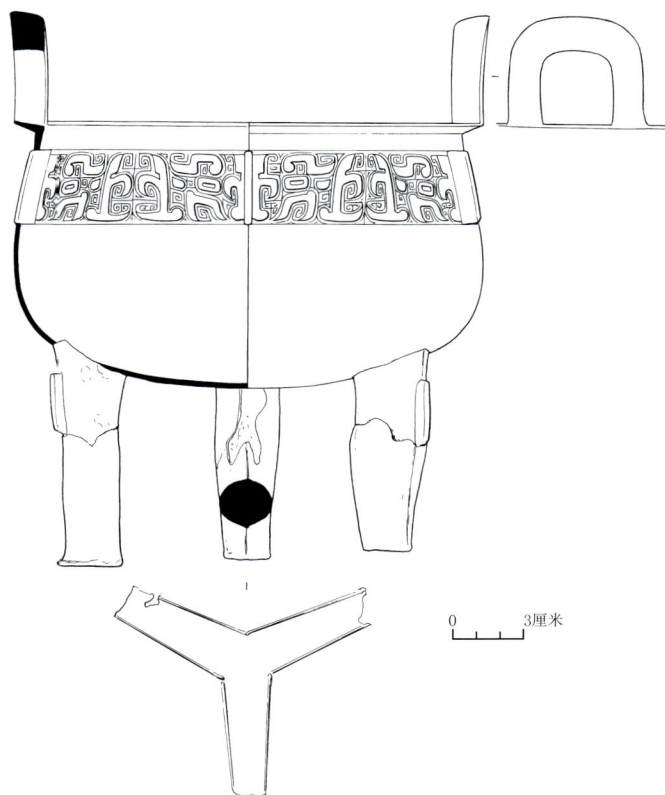

0   3厘米

内底

外底

左足 / 右足

068

作旅鼎

M2113∶5。2006 年出土。

耳闾距 18.2、口径 17.7、通高 20.3 厘米。重 1860 克。容积 2240 毫升。

桃形口微敛，折沿，方唇，双立耳，直领，窄折肩，圆鼓腹略垂，圜底近平，
三圆柱状蹄足。颈部饰一周中目窃曲纹，以云雷纹衬地，腹上部饰一周凸弦纹，
三足面上部各饰一兽首。三合范铸造。
后颈腹内壁铸铭文："作旅鼎。"

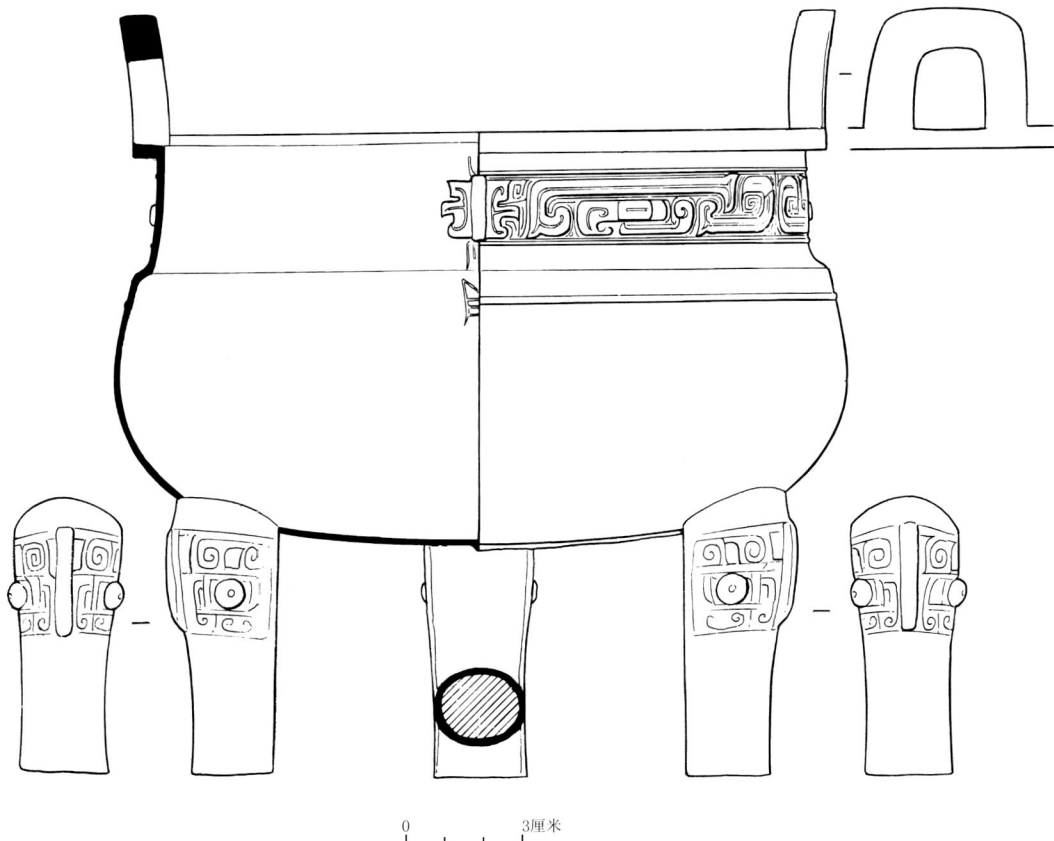

0　　　3厘米

外底

正面颈及腹上部

左足

后颈腹内壁铭文　　　/　　　后颈腹内壁铭文拓片

069

□作旅鼎

M2113：15。2006 年出土 。

耳间距 17.6、口径 17.3、通高 19.1 厘米。重 1805 克。容积 2300 毫升。

桃形敛口，折沿，方唇，双立耳，垂鼓腹，圜底，三圆柱足。上腹饰两周凸弦纹。
三合范铸造。

后腹内壁铸铭文："□作旅鼎。"

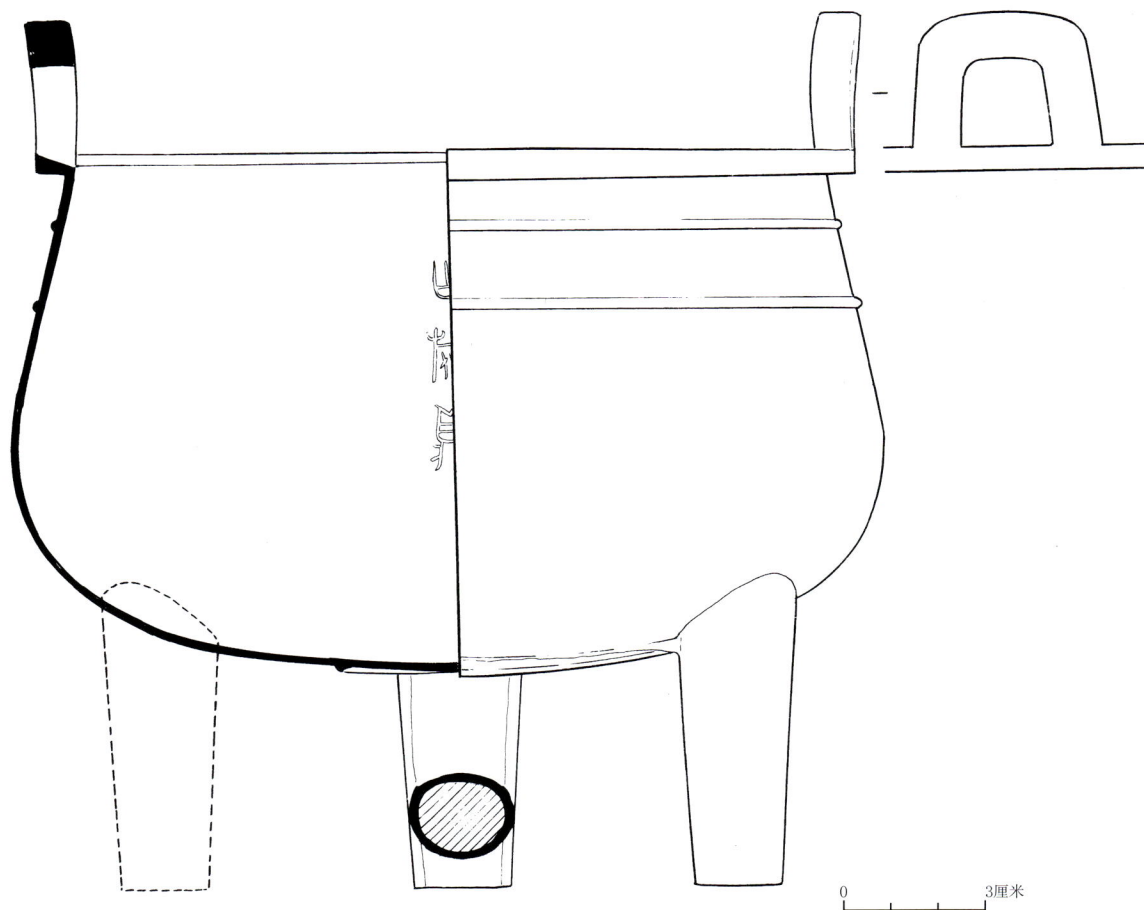

0   3厘米

内底

外底

右耳内侧

后腹内壁铭文　　/　　后腹内壁铭文拓片

倗孟达簋

M2113：11。2006 年出土。

耳间距 27.4、口径 21.5、圈足底径 18.1、通高 14.7 厘米。重 2640 克。容积 2775 毫升。

侈口，卷沿，方唇，垂鼓腹，腹两侧置龙首桥形竖耳，耳下垂勾云形珥，圜底，圈足外撇下折成阶。上腹饰一周长尾鸟纹，以云雷纹衬地，圈足饰两周凸弦纹。四合范铸造。

内底铸铭文："倗孟达作宝簋。"

0   3厘米

腹上部纹饰拓片

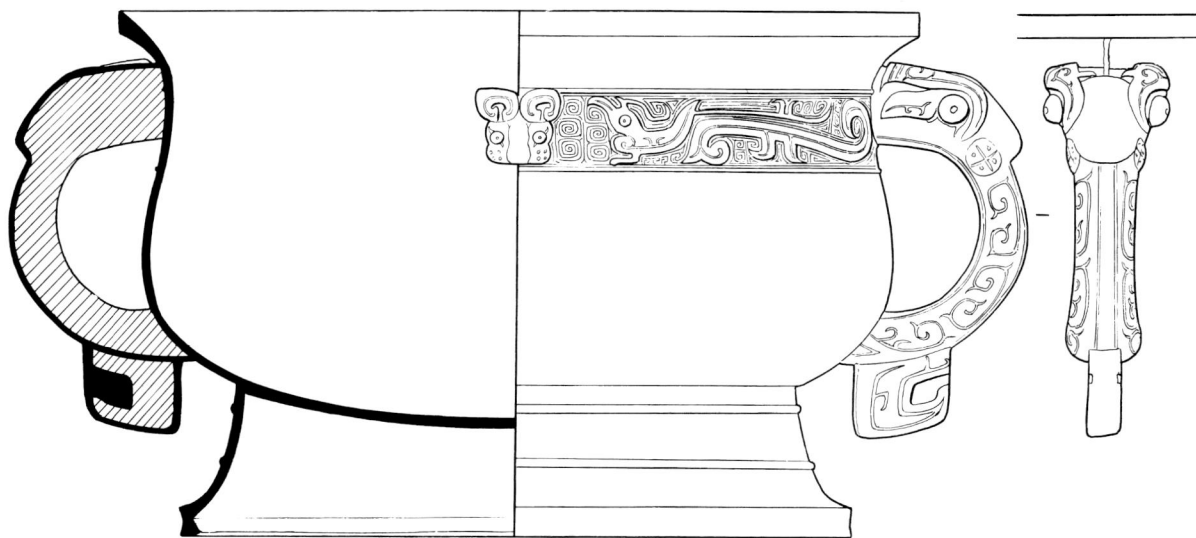

0   3厘米

内底

外底

左耳

内底铭文 / 内底铭文拓片

墓口长 261、宽 122 厘米，墓底长 310、东宽 160、西宽 164 厘米，深 396 厘米。
方向 283°。一椁一棺。墓主仰身直肢，女性，40 岁左右。
随葬铜礼器鬲 1 件。

071

覭鬲

M2123：3。2006 年出土。

耳间距 13.9、口径 13.6、通高 18 厘米。重 1135 克。容积 1065 毫升。

桃形侈口，卷沿，方唇，双立耳，高直颈，圆鼓腹，分裆，柱状实足根。颈部
饰一周斜角目云纹。三合范铸造。

后颈内壁铸铭文："覭作齍。"

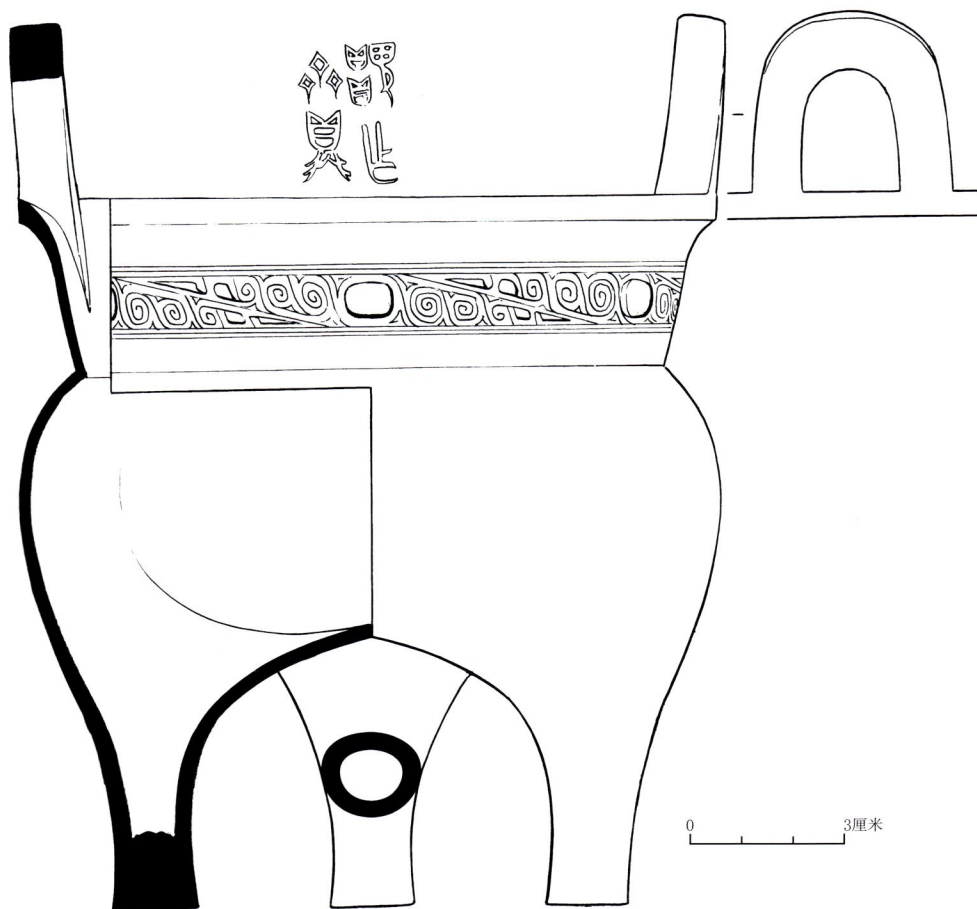

内底

外底

右耳内侧

后颈内壁铭文 　/　 后颈内壁铭文拓片

墓口长 350、宽 230 厘米，墓底长 350、宽 230 厘米，深 750 厘米。

方向 275°。一椁一棺。墓主仰身直肢，女性（？），30 岁左右。殉 3 人。腰坑外殉 1 狗。

随葬铜礼器 4 件：鼎 1、簋 3。

072

史涉鼎

M2129：18。2006 年出土。

耳间距 20.5、口径 20.2、通高 24.2 厘米。重 2130 克。容积 2750 毫升。

桃形直口，折沿，方唇，直立耳，腹壁较直，圜底，三圆柱足。上腹饰一周兽面纹。

三合范铸造。

后腹内壁铸铭文："史涉作宝尊彝。"

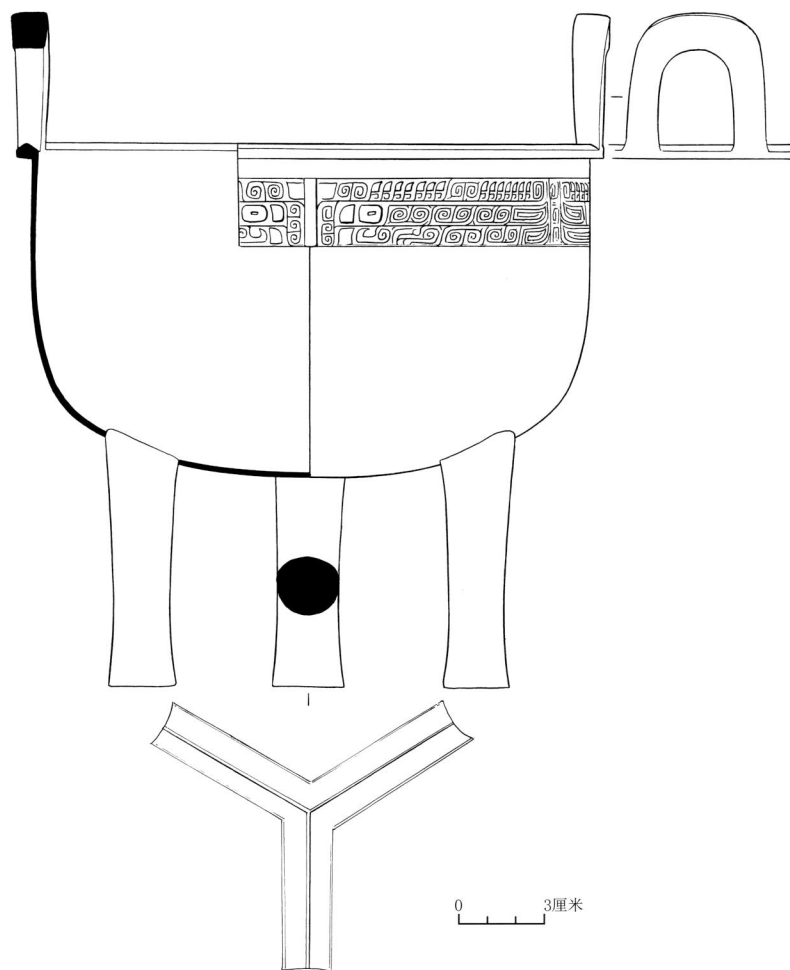

0　　　3厘米

外底

左足底

右耳下部

后腹内壁铭文　　/　　后腹内壁铭文拓片

073

目纹间涡纹簋

M2129：16。2006年出土。

耳间距30.3、口径21.9、圈足底径17.4、通高15.3厘米。重3020克。容积3300毫升。

侈口，卷沿，方唇，垂鼓腹，圜底，圈足下部外撇下折成阶。腹两侧置龙首桥形竖耳，耳下垂勾云形珥。上腹和圈足均饰一周四瓣目纹间涡纹，间二兽首，以云雷纹衬地。四合范铸造。

0 ⊢⊣⊣⊣ 3厘米

圈足纹饰拓片

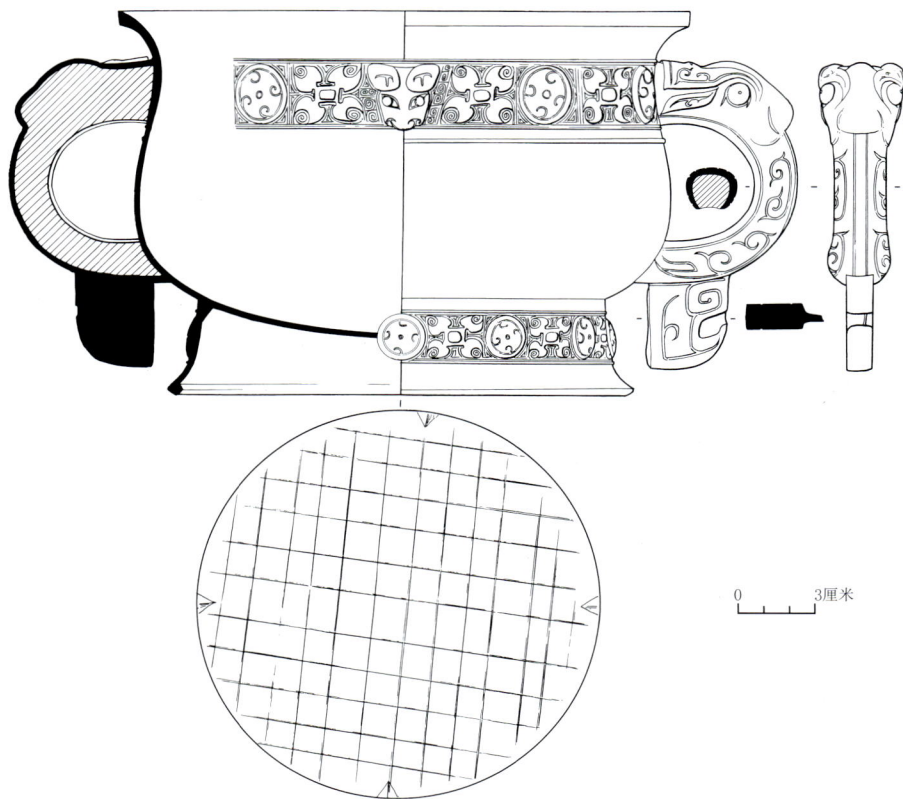

0 ⊢⊣⊣⊣ 3厘米

内底

外底

右耳

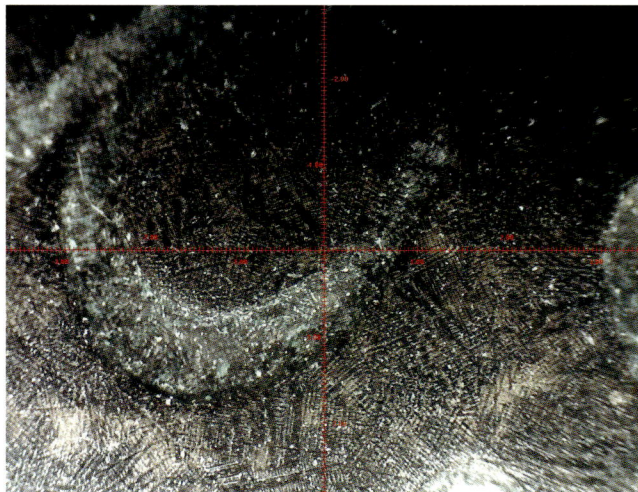

圈足丝织品痕迹

墓口长 548、宽 350 厘米，墓底长 558、宽 370 厘米，深 1370 厘米。

方向 280°。一椁二棺。墓主俯身直肢，男性，35～40 岁。殉 6 人、2 狗，其中腰坑内殉 1 人、1 狗。

随葬礼器 27 件：鼎 7、簋 2、鬲 2、甗 1、瓿 1、觯 2、尊 1、貘尊 2、卣 2、壶 1、斗 2、爵形盉 1、盘 1、盉 1、扣器 1。

074

鲁侯鼎

M2158：138。2006 年出土。

盖长径 18、短径 17.2、高 5.4 厘米，耳间距 18.6、器口长径 17.8、口短径 17.6、高 21～21.6 厘米，通高 22.4 厘米。重 2430（盖 420、器 2010）克。容积 1400 毫升。

桃形盖，顶面微隆，中部有桥形方钮，盖两边有长方形缺口以纳鼎耳。器身为桃形敛口，折沿，方唇，双立耳，腹略圆鼓，分裆，三高圆柱足。盖面饰两周凸弦纹，器身上腹饰一周浮雕式横向蝉纹。盖、器分铸，器为三合范铸造。

盖内和器后腹内壁铸相同的铭文："鲁侯作宝尊彝。"

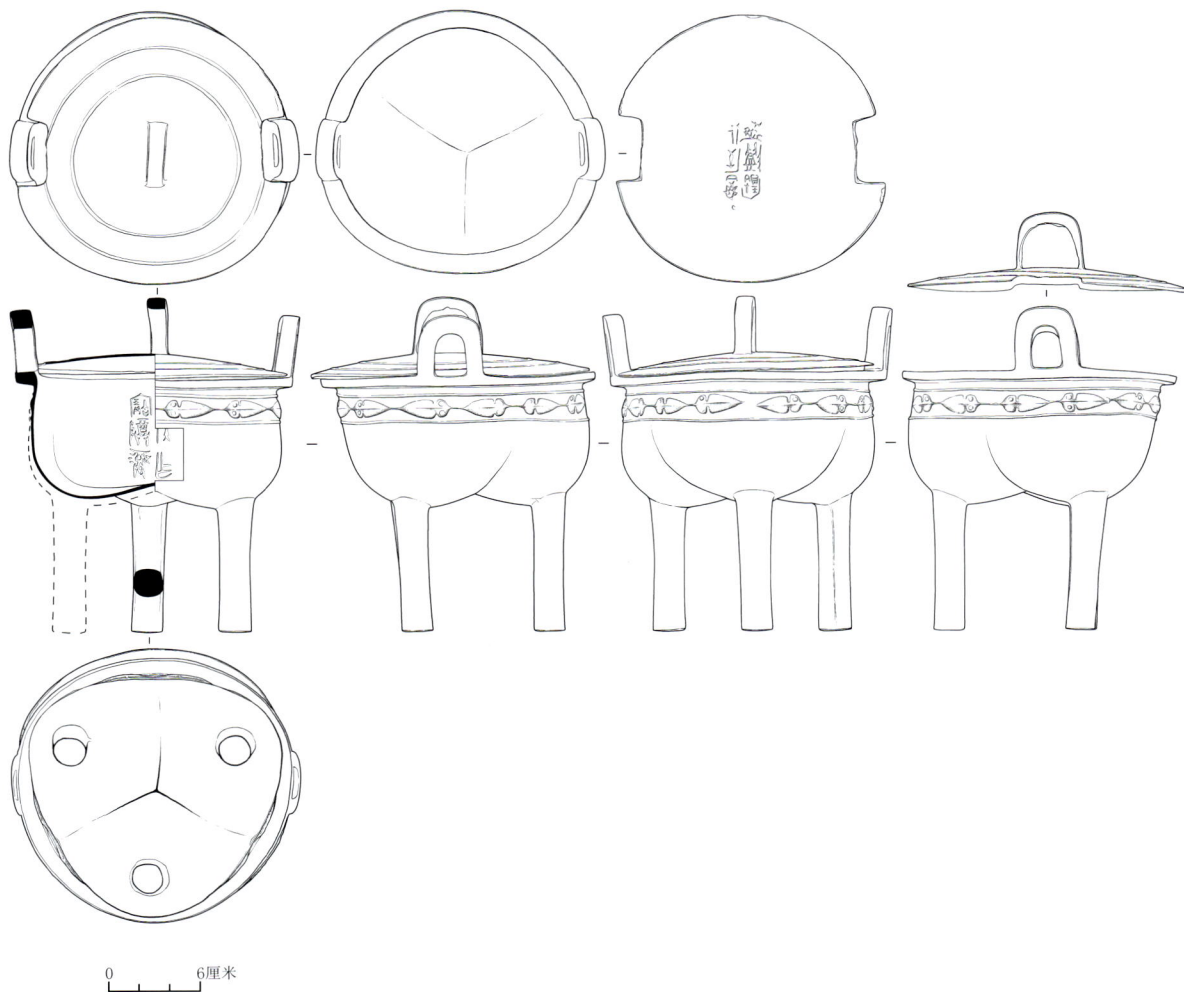

0   6厘米

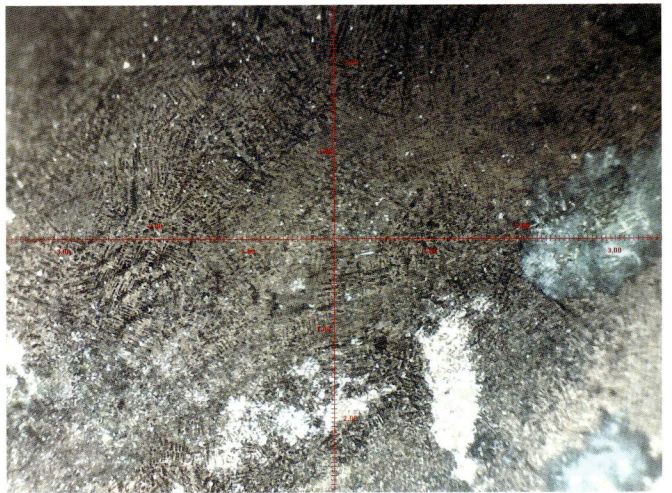

左耳处沿面纺织物痕迹　　/　　足部丝织品痕迹

盖内铭文　　　/　　　盖内铭文拓片

后腹内壁铭文　　　/　　　后腹内壁铭文拓片

内底

外底

倗金集萃

山西绛县横水西周墓地出土青铜器 下

山西省考古研究院　山西大学北方考古研究中心

运城市文物工作站　绛县文物局　编著

上海古籍出版社

075

伯鼎

M2158：150。2006 年出土。

耳间距 17.8、口径 17.3、通高 21.4 厘米。重 1695 克。容积 2295 毫升。

桃形敛口，折沿，方唇，双立耳，斜垂腹微鼓，圜底，三圆柱足。上腹饰一周鸟纹，以云雷纹衬地。三合范铸造。

后腹内壁铸铭文："伯作鼎。"

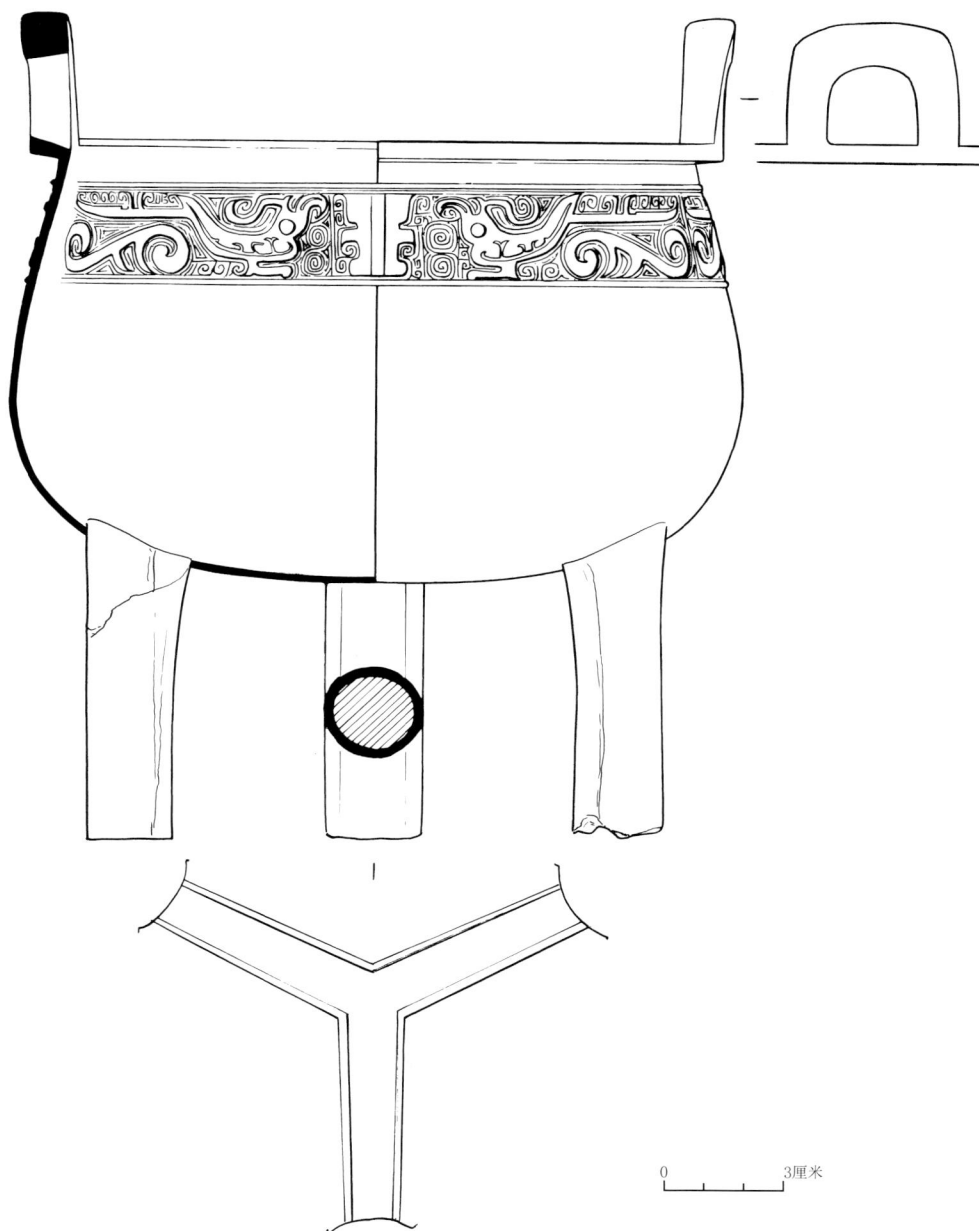

0   3厘米

外底

左耳内侧

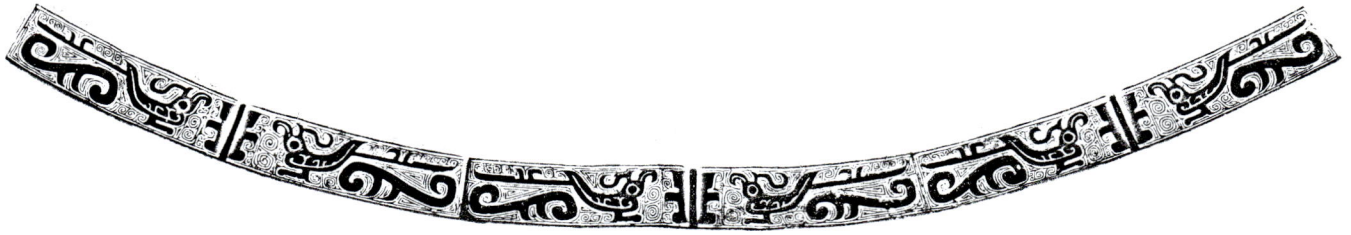

腹上部纹饰拓片

0   3厘米

后腹内壁铭文   /   后腹内壁铭文拓片

076

倗伯鼎

M2158：171。2006 年出土。

耳间距 23.6、口径 22.8、通高 26.4 厘米。重 5010 克。容积 5630 毫升。

桃形敛口，折沿，方唇，双立耳，斜直腹圆垂，圜底近平，三扁圆柱足。上腹饰一周凸弦纹。三合范铸造。

后腹内壁铸铭文："倗伯作旅鼎。"

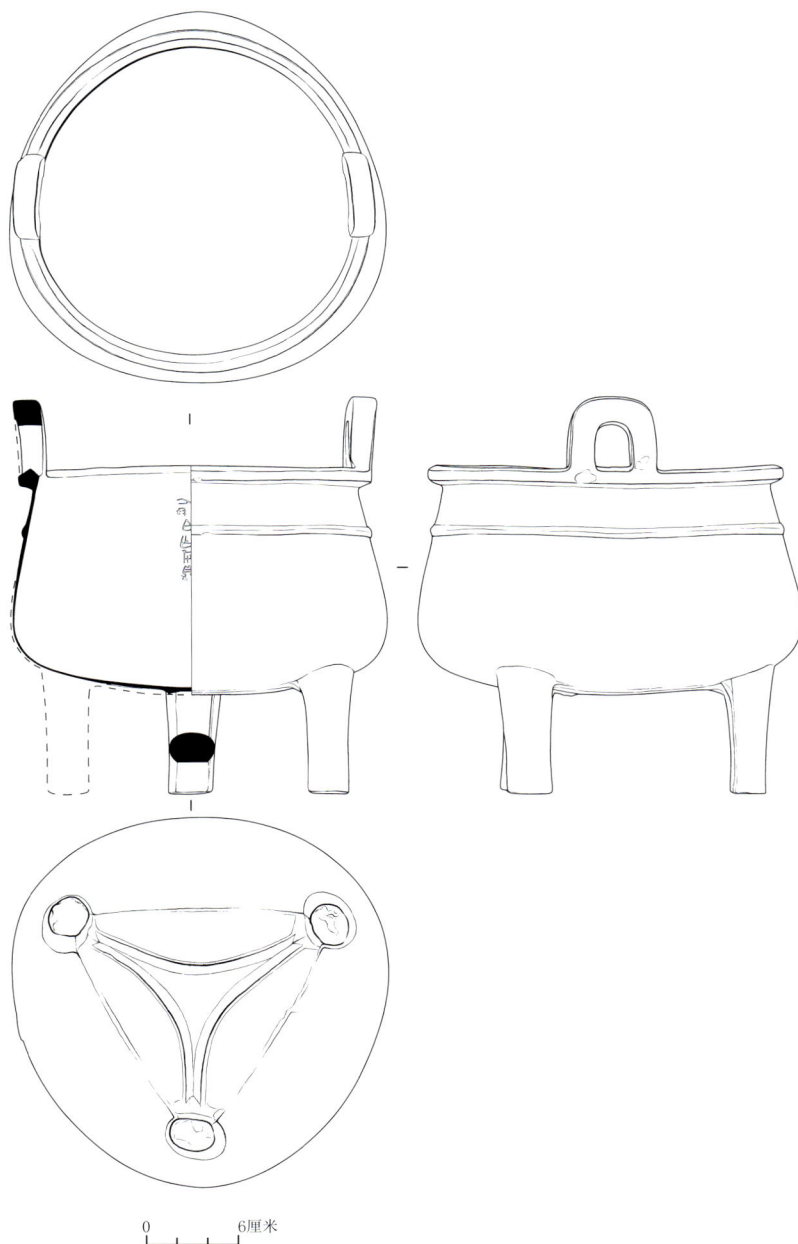

0 6厘米

外底

左足底

正面右腹部黏附席纹痕迹

后腹内壁铭文　/　后腹内壁铭文拓片

炭盘外底

内底铭文　/　内底铭文拓片

左耳侧范线

右足侧　/　左足

078

芮伯簋

M2158：148。2006 年出土。

耳间距 29 厘米，口长径 20.6、短径 20.2 厘米，圈足长径 18、短径 17.2 厘米，通高 14.2 厘米。重 2575 克。容积 3050 毫升。

侈口，卷沿，方唇，垂腹圆鼓，腹两侧置龙首桥形竖耳，耳下垂勾云形珥，圈底近平，圈足微外撇下折成阶。上腹饰一周鸟纹，以云纹、云雷纹衬地。四合范铸造。

内底铸铭文："芮伯作倗姬宝賸簋四。"

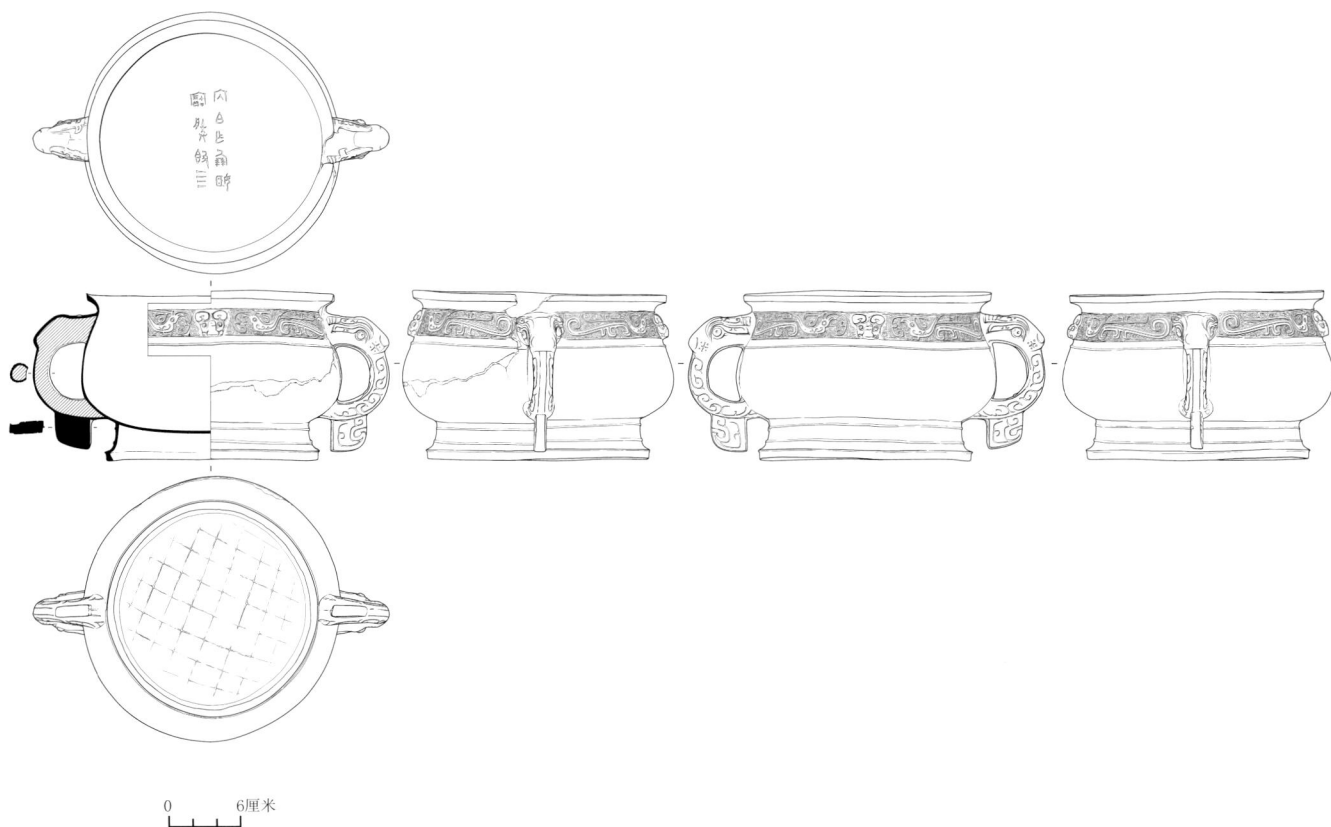

0   6厘米

右耳底部

右耳

外底

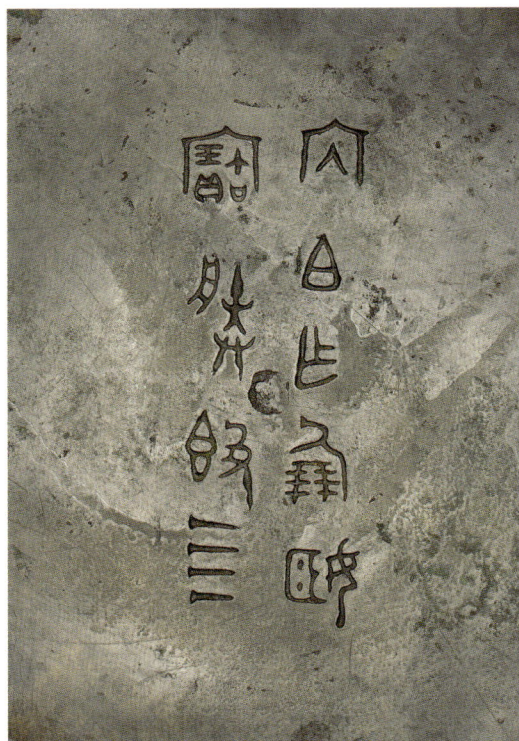

内底铭文　/　内底铭文拓片

正面腹上部纹饰拓片

左耳纹饰拓片

圈足丝织品痕迹

079

芮伯簋

M2158：149。2006 年出土。

耳间距 29.1、口径 20.5、圈足径 17.9、通高 13.8 厘米。重 2500 克。容积 3110 毫升。

侈口，卷沿，方唇，垂腹圆鼓，腹两侧置龙首桥形竖耳，耳下垂勾云形珥，圈底近平，圈足微外撇下折成阶。上腹饰一周鸟纹，以云纹、云雷纹衬地。四合范铸造。

内底铸铭文："芮伯作倗姬宝塍簋四。"

0   3厘米

正面腹上部纹饰拓片

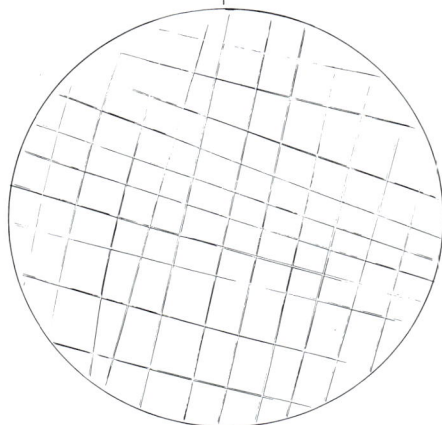

0   3厘米

324

内底

外底

内底铭文 / 内底铭文拓片

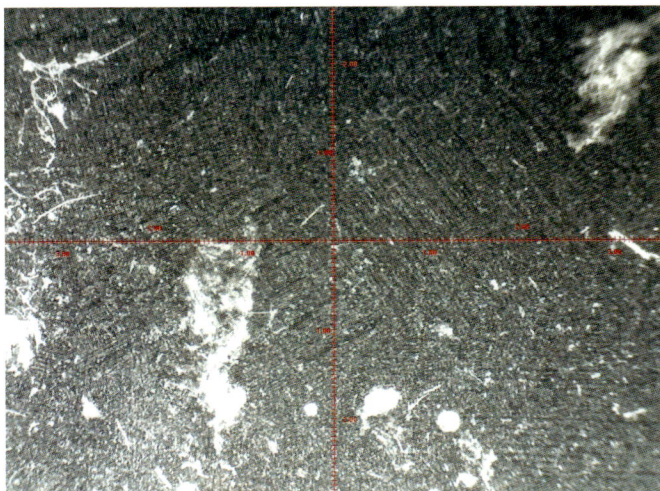

内底丝织品痕迹 / 右耳纹饰拓片

0 3厘米

080

芮伯甗

M2158：173。2006 年出土。

耳间距 32、口径 27.8、通高 36.8 厘米。重 6490 克。甑部容积 5620、鬲部容积 1600 毫升。

上甑下鬲联体。盆形甑圆形敞口，窄折沿，方唇，深腹斜直内收，上腹近口沿处附双耳。束腰，腰内附三个箅齿以承凹面箅，钩环衔桃形箅上圆孔，箅上有"十"字形镂孔和一半圆环。鬲鼓腹，分裆，三实心柱足。甑上腹饰一周变形兽面纹，鬲腹饰半浮雕状兽面纹。三合范铸造。

甑后腹内壁铸铭文："芮伯拜稽首，敢作王妌甗，其罙俪伯万年用享王逆舟（复）。"

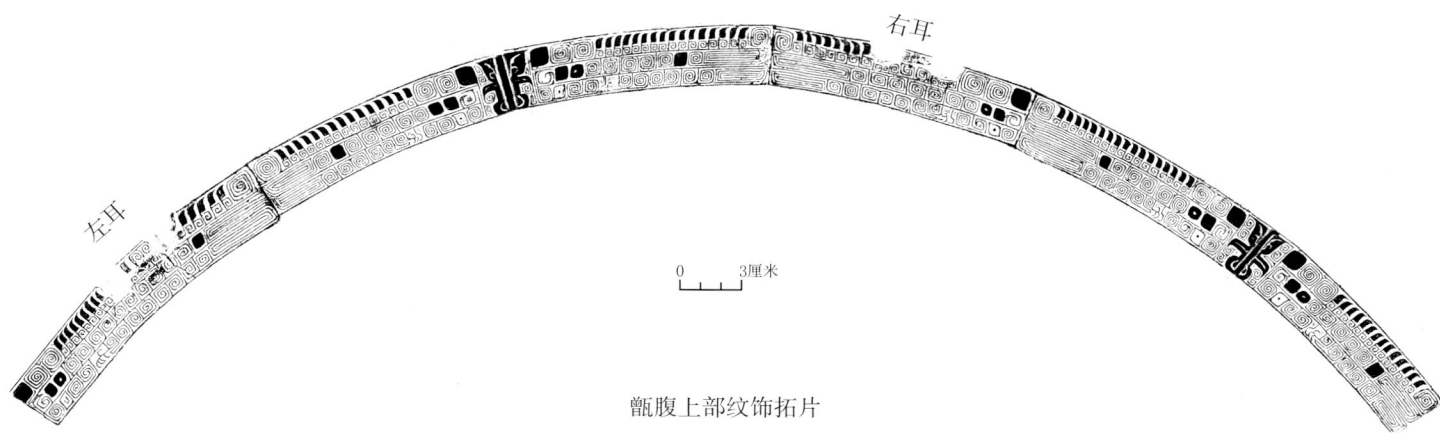

甑腹上部纹饰拓片

0　　3厘米

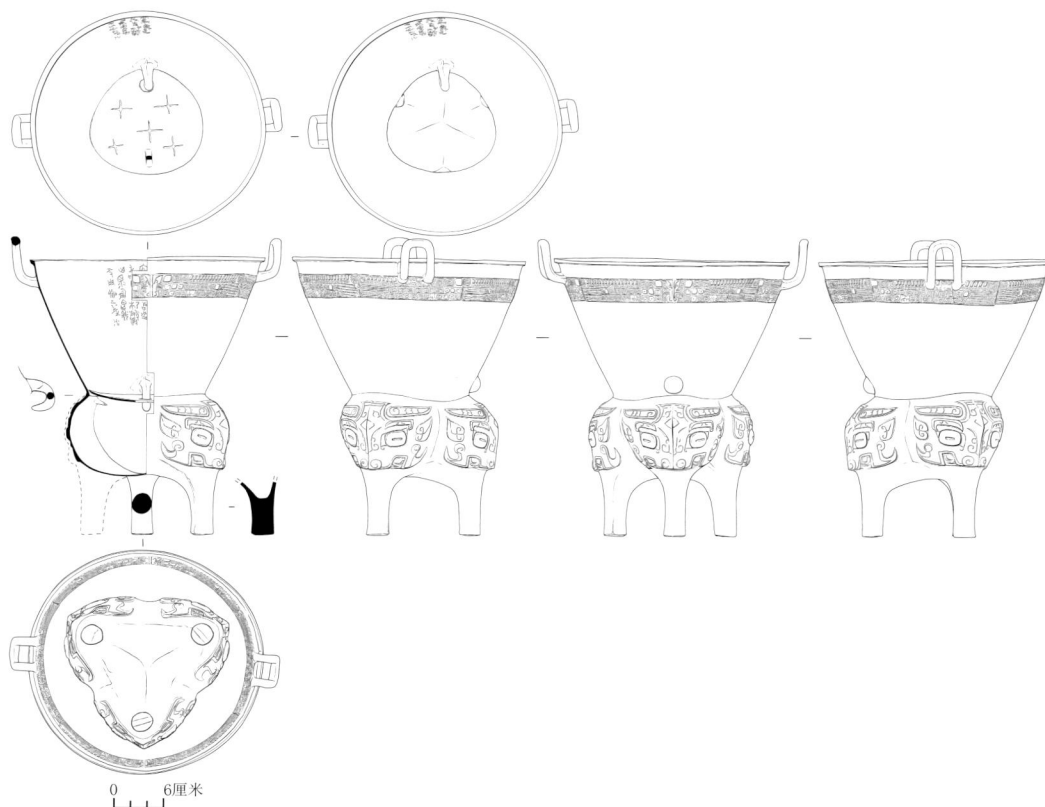

0　　6厘米

口内

0 ____ 3厘米

右足纹饰拓片

甗后腹内壁铭文　　/　　甗后腹内壁铭文拓片

081

太保鬲

M2158：139。2006 年出土。

耳间距 14、口径 13.4、通高 16.4 厘米。重 1345 克。容积 810 毫升。

侈口，折沿，方唇，索状立耳，上腹微束，下腹略鼓，分裆，三圆柱足。上腹饰两周凸弦纹。三合范铸造。

后腹内壁铸铭文："太保铸。"

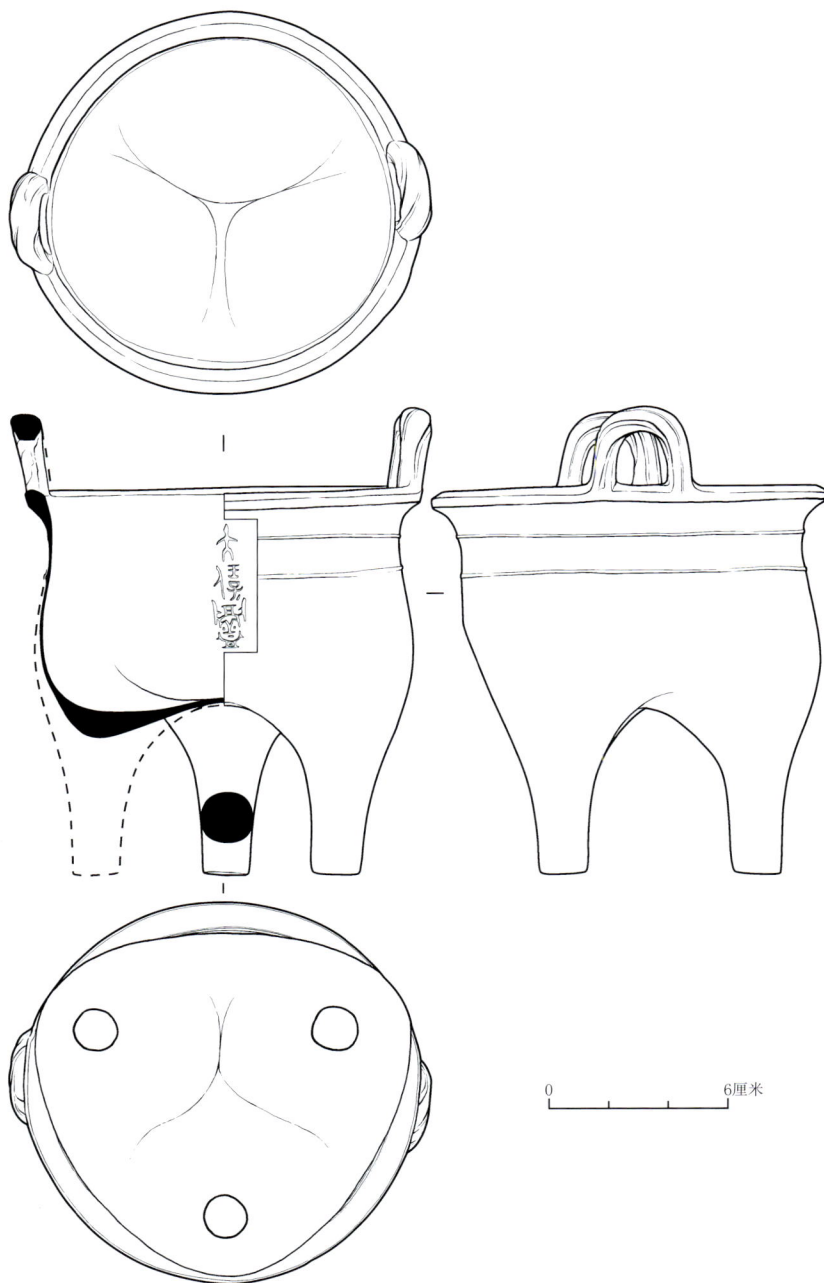

0　　　　　　6厘米

外底

右耳内侧

后腹内壁铭文 / 后腹内壁铭文拓片

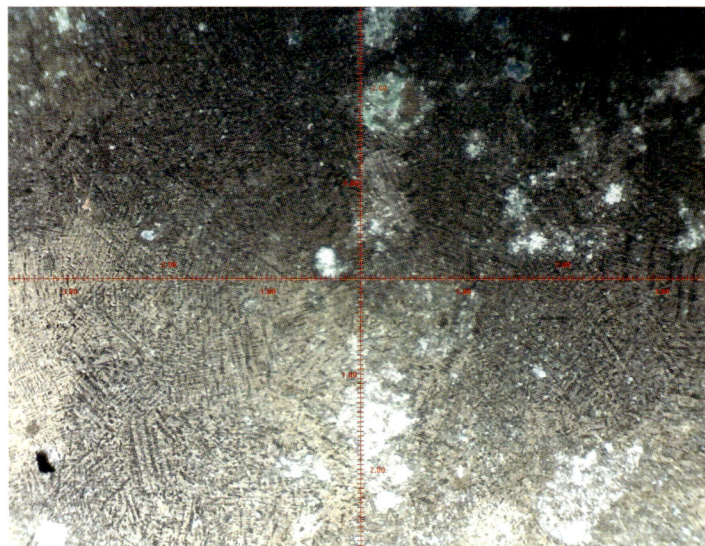

颈部丝织品痕迹

082

伯尊

M2158：115。2006 年出土。

口径 17、圈足径 11.8、通高 16.8 厘米。重 1555 克。容积 1600 毫升。

敞口，方唇，束颈，垂腹圆鼓，圜底，圈足外撇下折成阶。颈部饰一周花瓣纹，花瓣纹内饰两只简化鸟纹，腹部上下均饰一周鸟纹，均以云雷纹衬地，中部饰一周竖条棱纹。双合范铸造。

内底铸铭文："伯作宝彝。"

颈部纹饰拓片

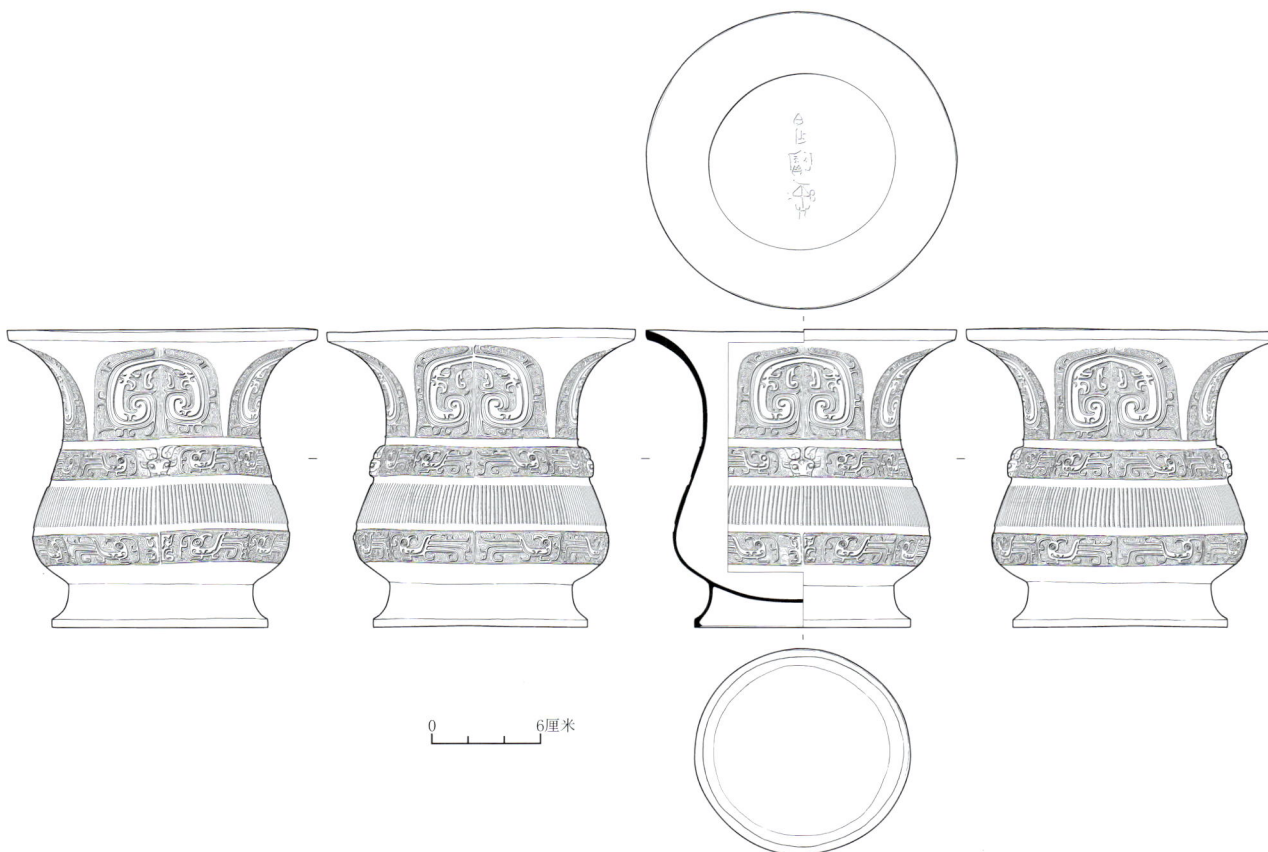

外底

正面腹上部

内底铭文　　/　　内底铭文拓片

0 ___ 3厘米

腹中上部纹饰拓片

0 ___ 3厘米

腹下部纹饰拓片

083

貘尊

M2158：122。2006 年出土。

长 18.3、宽 8、通高 12.2 厘米。重 1275（盖 65、器 1210）克。容积 365 毫升。

站立状貘形，昂首前视，圆眼凸出，大圆耳，平吻。腹圆鼓，空腔，弧背开一圆角方形口，三角形短尾。背部有子口盖，顶部铸一鸟形钮。貘身饰横鳞纹，臀尾部饰目云纹和云纹，前后肢外侧各饰一夔龙纹。三合范铸造。

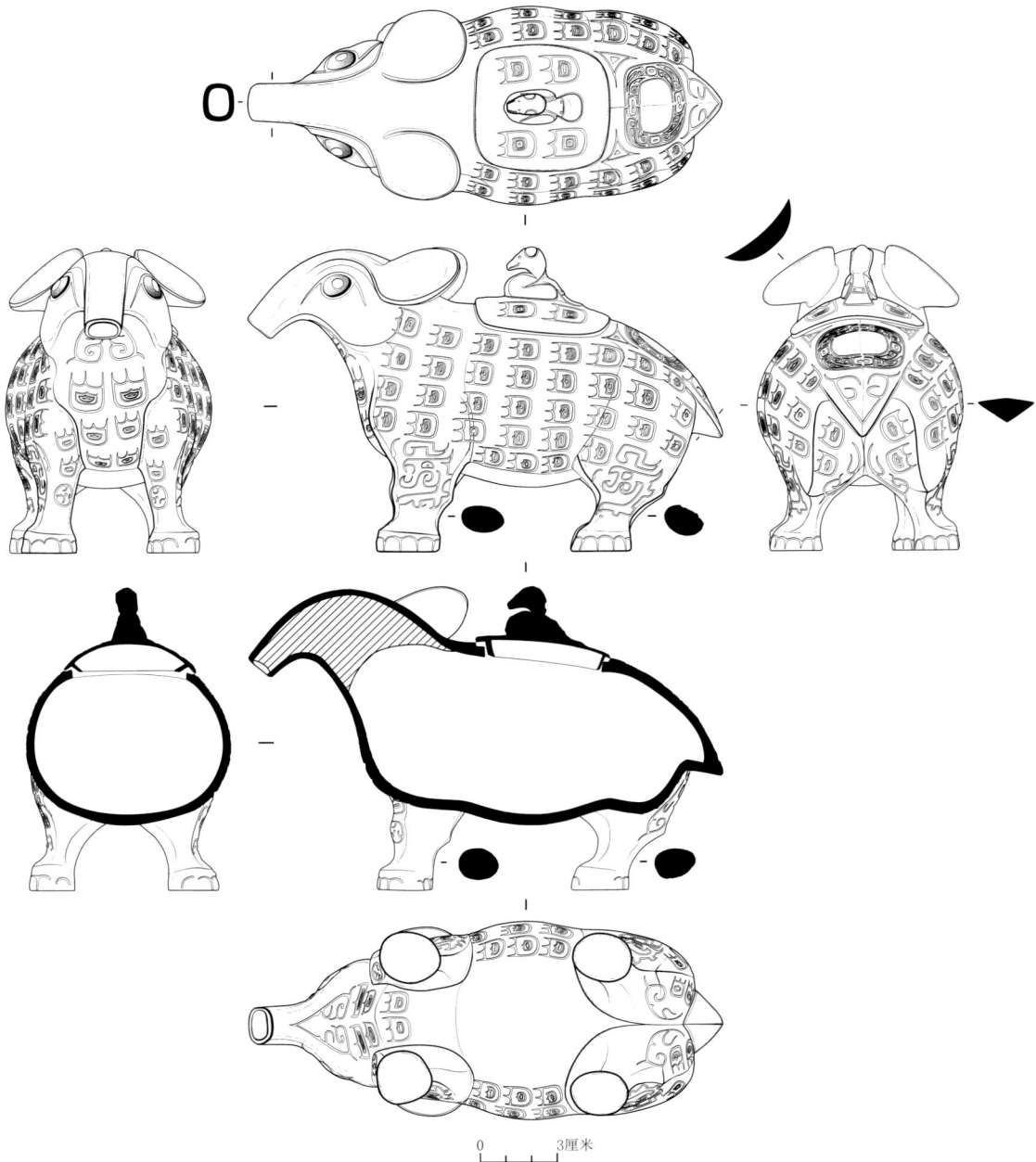

0   3厘米

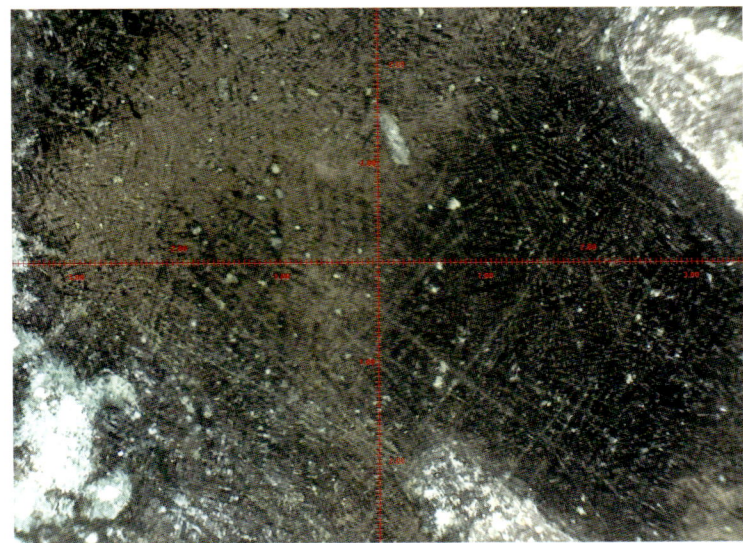

左腹部丝织品痕迹

0　　　　3厘米

084

貘尊

M2158：123。2006 年出土 。

长 18.2、宽 7.9、通高 12.2 厘米。重 1015（盖 70、器 945）克。容积 365 毫升。

器形、纹饰、制法与 M2158 ： 122 貘尊近同。

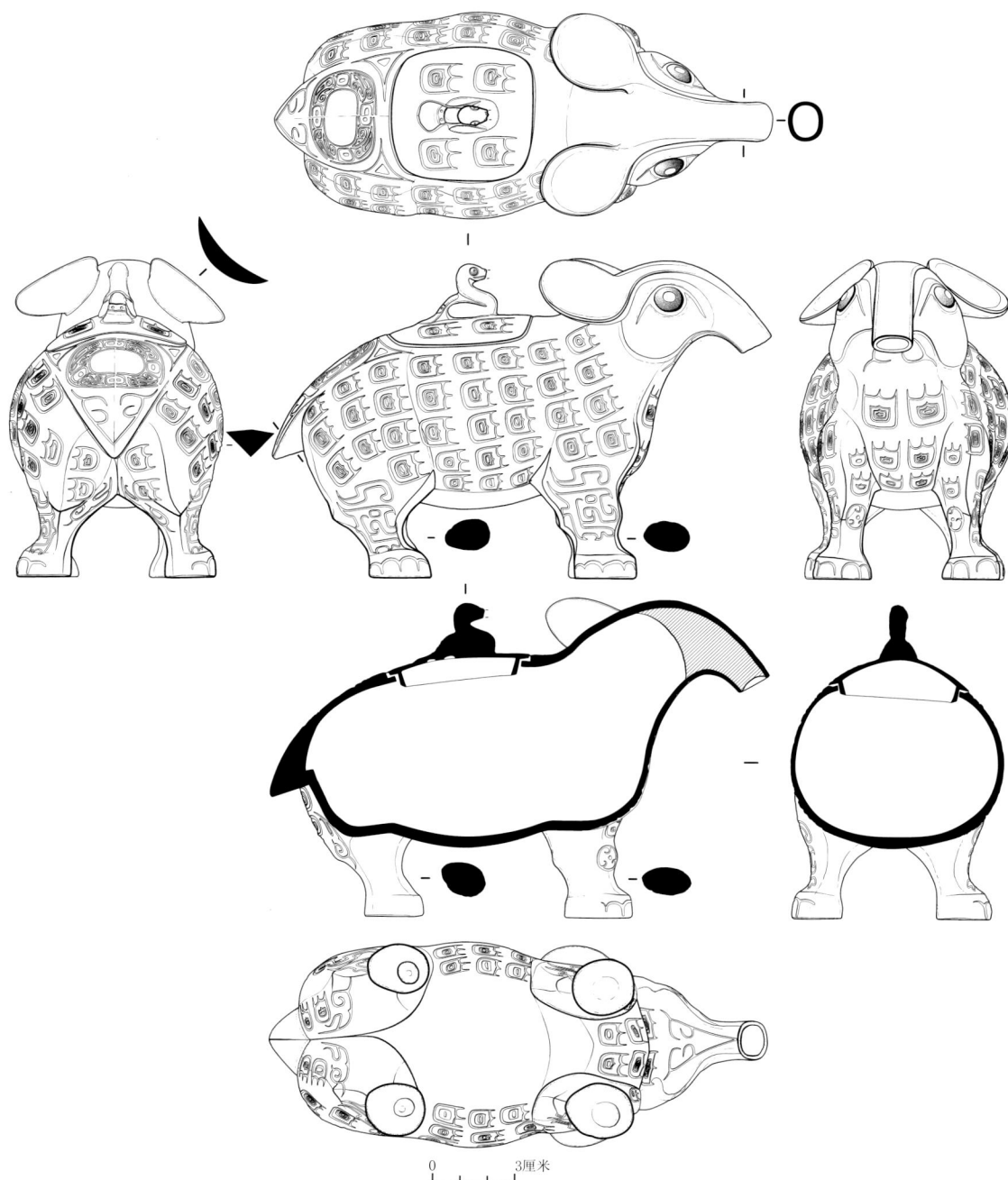

0   3厘米

0 　　　　　　3厘米

盖后侧 / 盖内

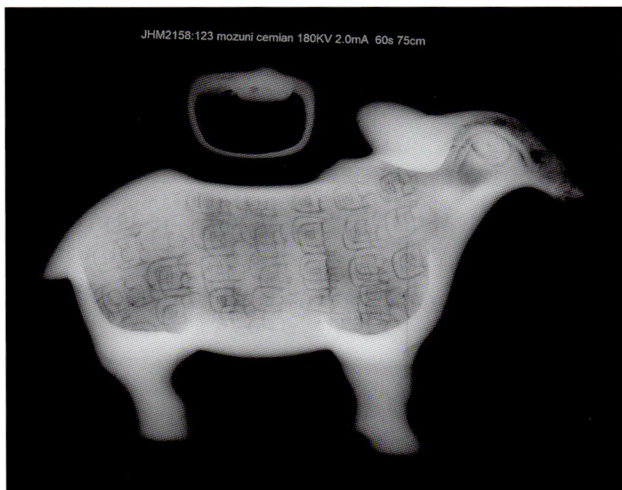

侧面 X 光片 / 腹下部丝织品痕迹

作宝彝卣

M2158：117。2006 年出土 。

盖口径 12.4 ~ 12.6、高 6 厘米，器口径 10、圈足底径 14.2、高 12.6 厘米，通高 20 厘米。重 2165（盖 540、器 1625）克。容积 1450 毫升。

盖为母口，顶面微隆，中部置一圈形捉手，两侧有犄角状扁凸，母口壁内凹。器身为子口，长舌内敛，敛口，腹斜垂圆鼓，圜底近平，圈足外撇下折成阶。上腹两侧环耳内衔提梁环钮，提梁呈弓形，两环钮上饰兽首。盖面内圈饰直条棱纹，外圈饰回首鸟纹；器身腹部上下均饰一周回首鸟纹，中部饰竖条棱纹；提梁面饰蝉纹，盖、器鸟纹和蝉纹均以云雷纹衬地。盖、提梁、器身分铸，盖、器均双合范铸造。

盖内和器内底铸相同的铭文："作宝彝。"

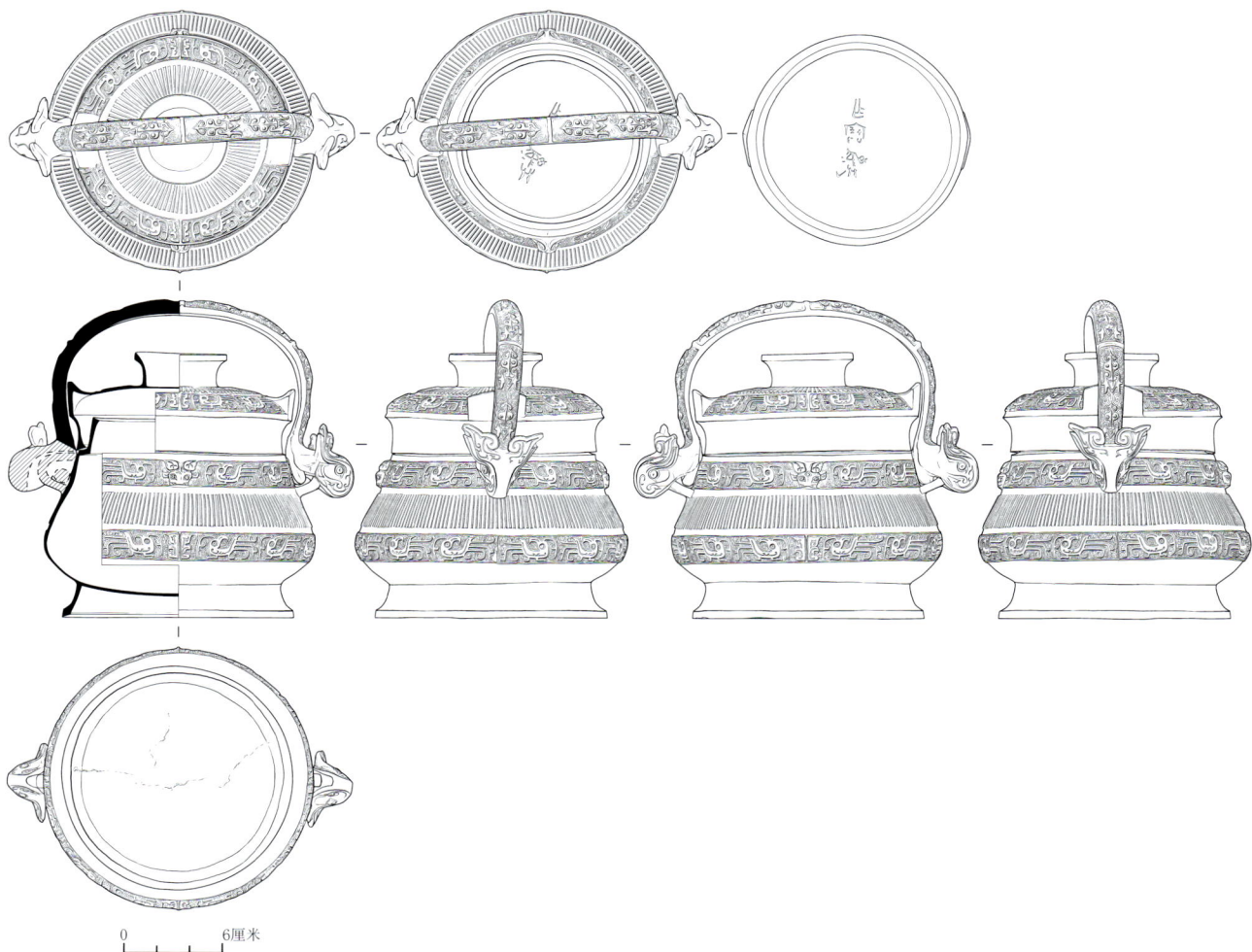

0 ⊢――――⊣ 6厘米

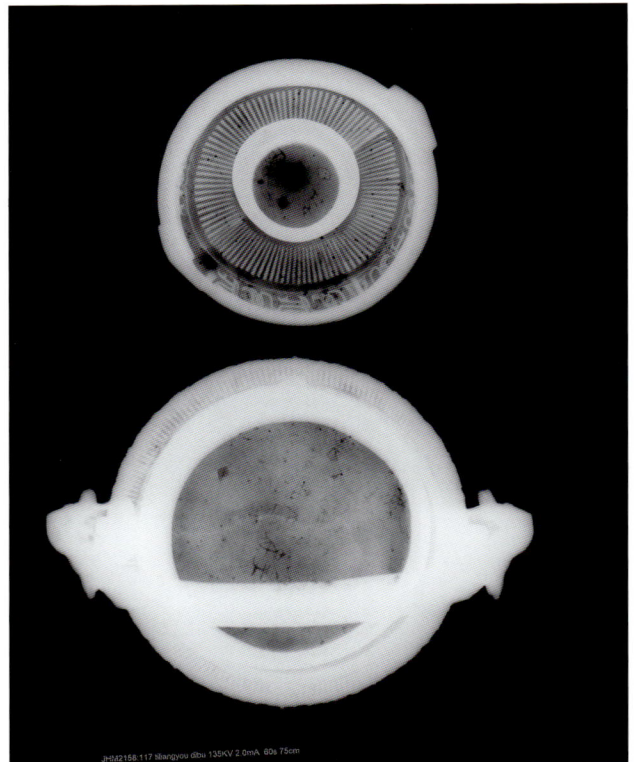

提梁兽首 / 盖面和内底 X 光片

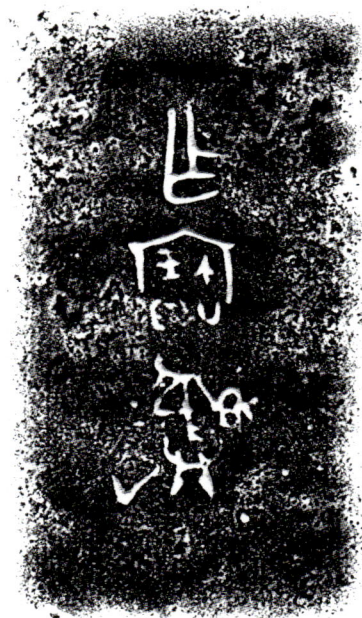

盖内铭文　　/　　盖内铭文拓片

内底铭文　　/　　内底铭文拓片

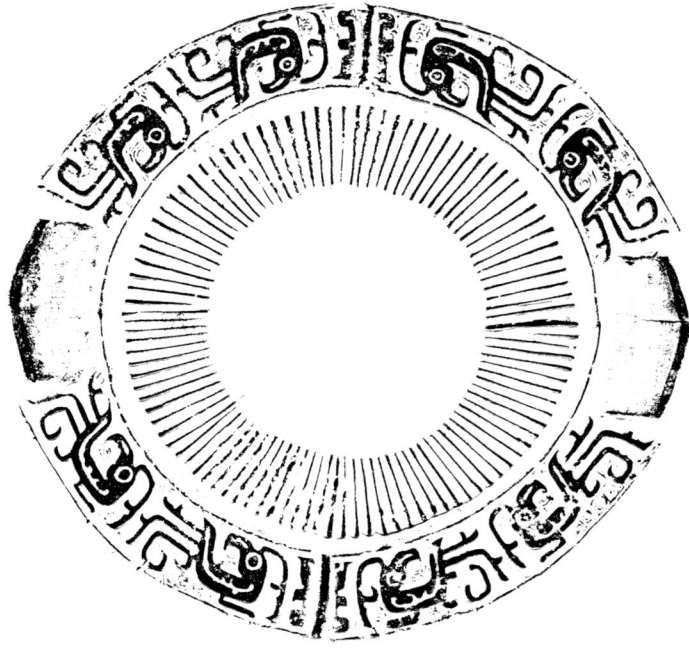

盖面纹饰拓片

腹部纹饰拓片

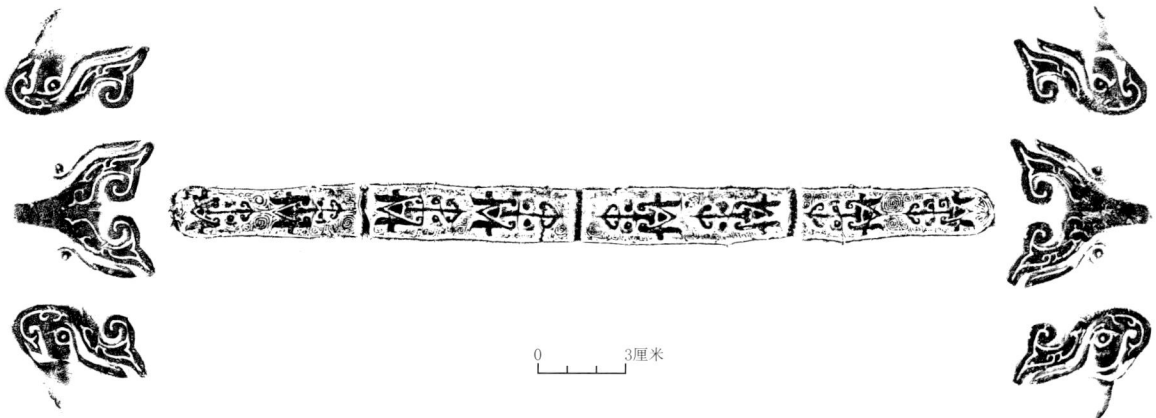

提梁纹饰拓片

亞高父甲壶

M2158：90。2006 年出土 。

盖口径 6.6、高 6.8 厘米，提梁两端兽首间距 15 厘米，器口径 7.2 ～ 7.4、圈足长径
10.8、圈足短径 10.2 厘米，通高 25.6 厘米。重 1470（盖 240、器 1230）克。容积
1030 毫升。

扁圆形口。盖为子口，舌内敛较长，顶面圆隆，中部置一圈形捉手。器身直口、
直领，垂鼓腹，圜底，圈足外撇。颈部两侧附半环形耳，耳内衔提梁环，绚索
状提梁两端铸兽首。盖面边缘和器颈部均饰一周兽面纹，圈足饰两周凸弦纹。盖、
器、提梁均为双合范铸造。

盖内和器内底铸相同的铭文："亞高父甲。"

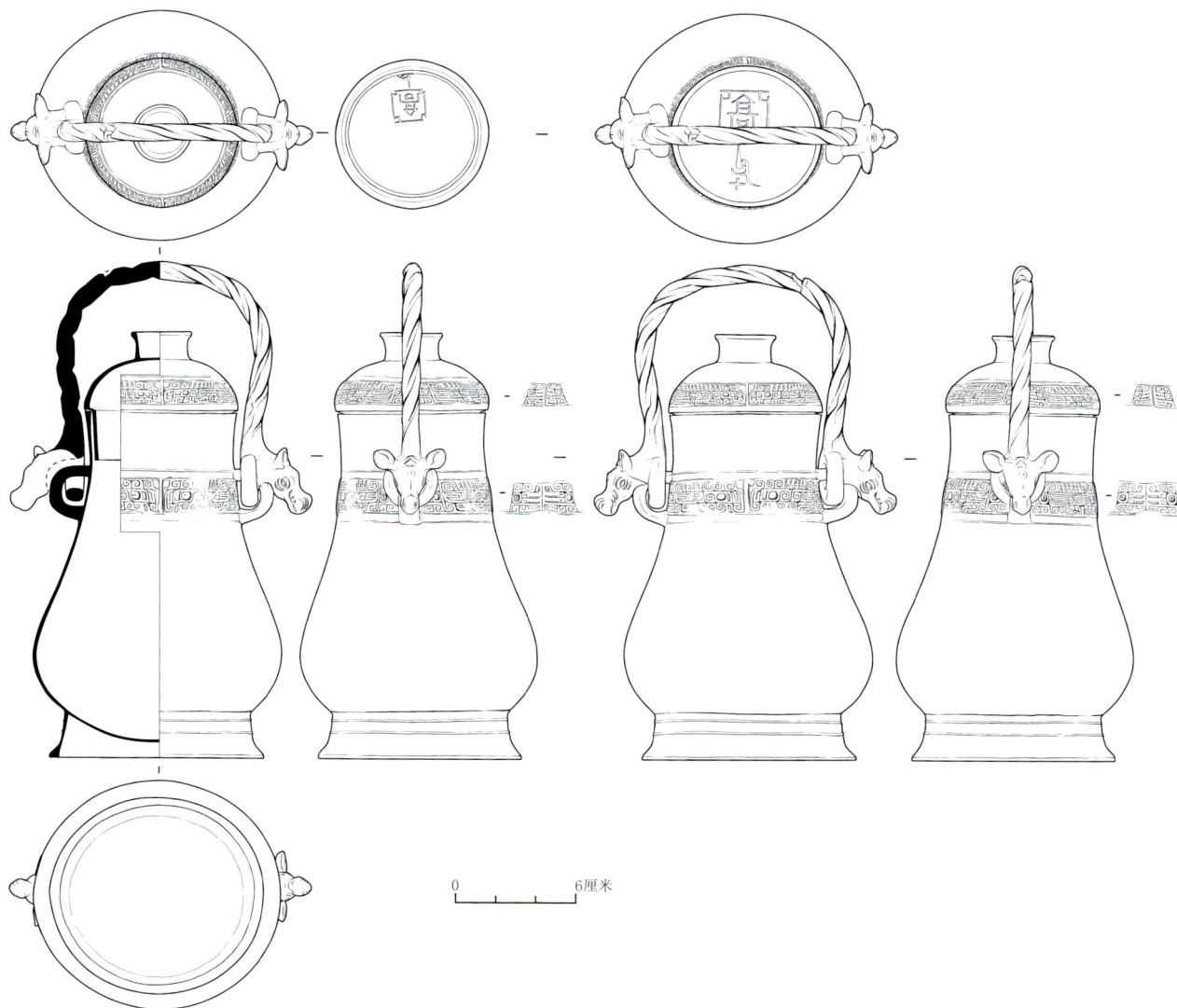

0   6厘米

右侧提梁兽首

右侧提梁兽首

盖内铭文　　　／　　　盖内铭文拓片

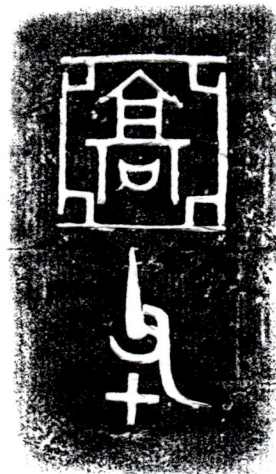

内底铭文　　　／　　　内底铭文拓片

盖面纹饰拓片

颈部纹饰拓片

捉手内顶面丝织品痕迹

087

伯觯

M2158：83。2006 年出土。

盖口径 6.6、高 5 厘米，器口径 9.2 ～ 9.3、圈足径 7、高 10.6 厘米，通高 14.9 厘米。

重 770（盖 245、器 525）克。容积 320 毫升。

圆形口。盖为覆钵形，子口内敛，顶面中部有圈形捉手。器身敞口，方唇，束颈，垂腹圆鼓，圜底近平，圈足外撇下折成矮阶。盖面内外圈分别为顾首长尾鸟纹，中间为一周竖条棱纹；器颈部饰花瓣纹，每瓣中线两侧饰一变形鸟纹，腹部上下饰一周顾首短尾鸟纹，中部饰一周竖条棱纹。盖、器分铸，均为双合范铸造。盖内和器内底铸相同的铭文："伯作宝彝。"

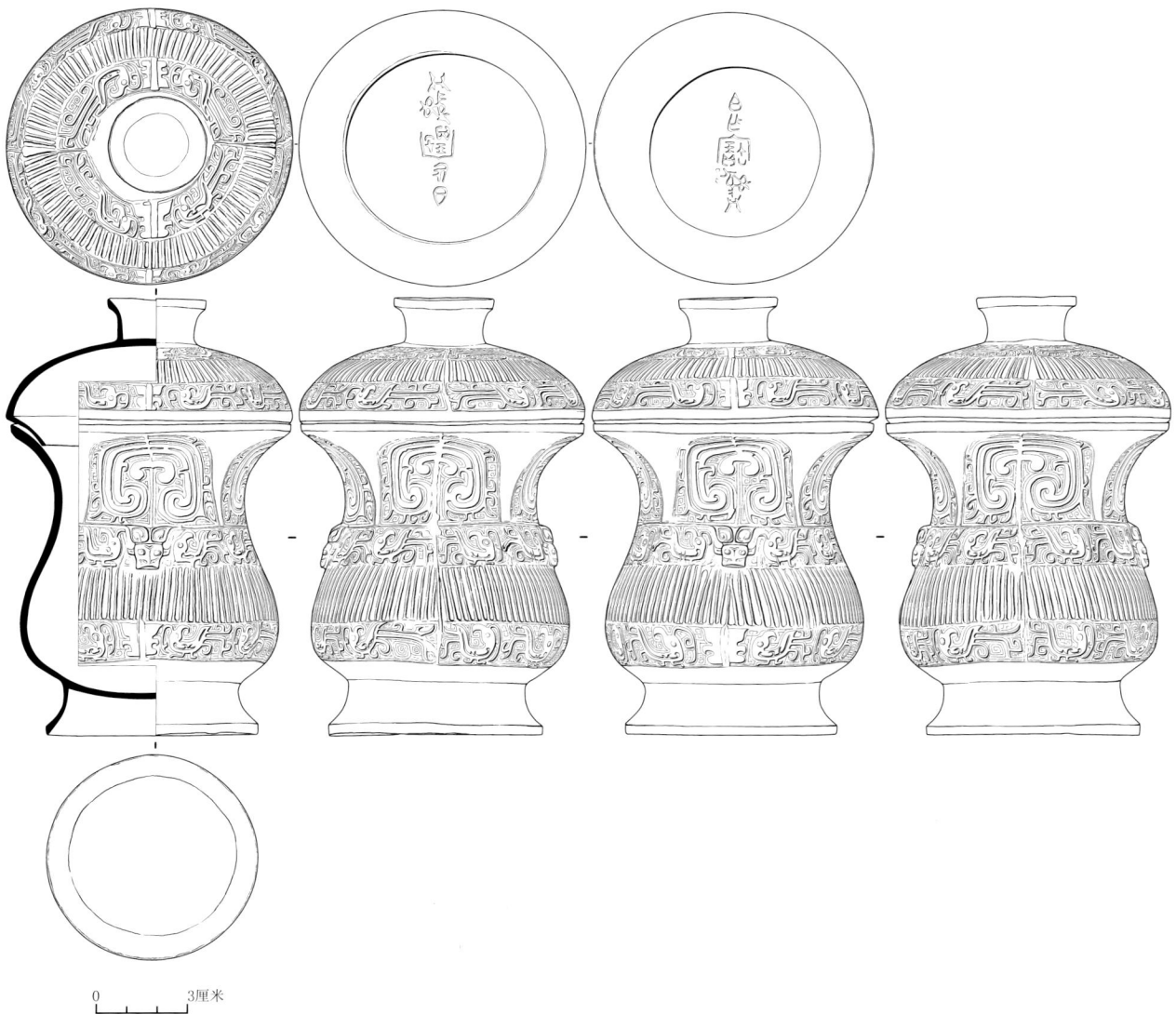

0   3厘米

盖内铭文　　/　　盖内铭文拓片

内底铭文　　/　　内底铭文拓片

盖面纹饰拓片

颈腹部纹饰拓片

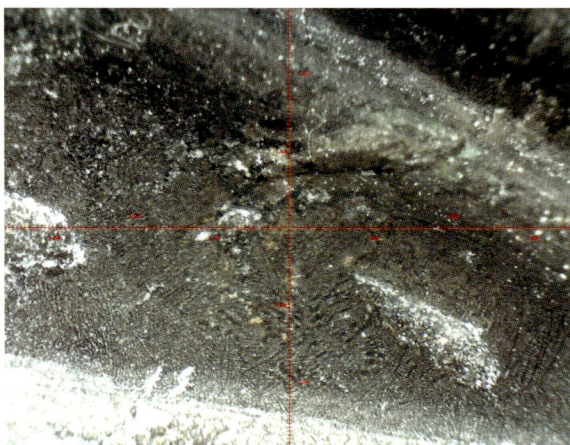

盖面丝织品痕迹

088

芮伯盘

M2158：84。2006 年出土。

耳间距 33、口长径 30.2、口短径 29.8、圈足径 18.8、通高 9.6 厘米。重 2570 克。容积 2520 毫升。

圆形口微敞，卷折沿，方唇，浅腹，上腹微鼓，附双耳，下腹斜内收，平底，大圈足微外撇下折成阶。上腹饰一周变形兽面纹，圈足饰一周目云纹。四合范铸造。

内底铸铭文："芮伯拜稽首，敢作王姊盘，其罘倗伯万年用享王逆舟（复）。"

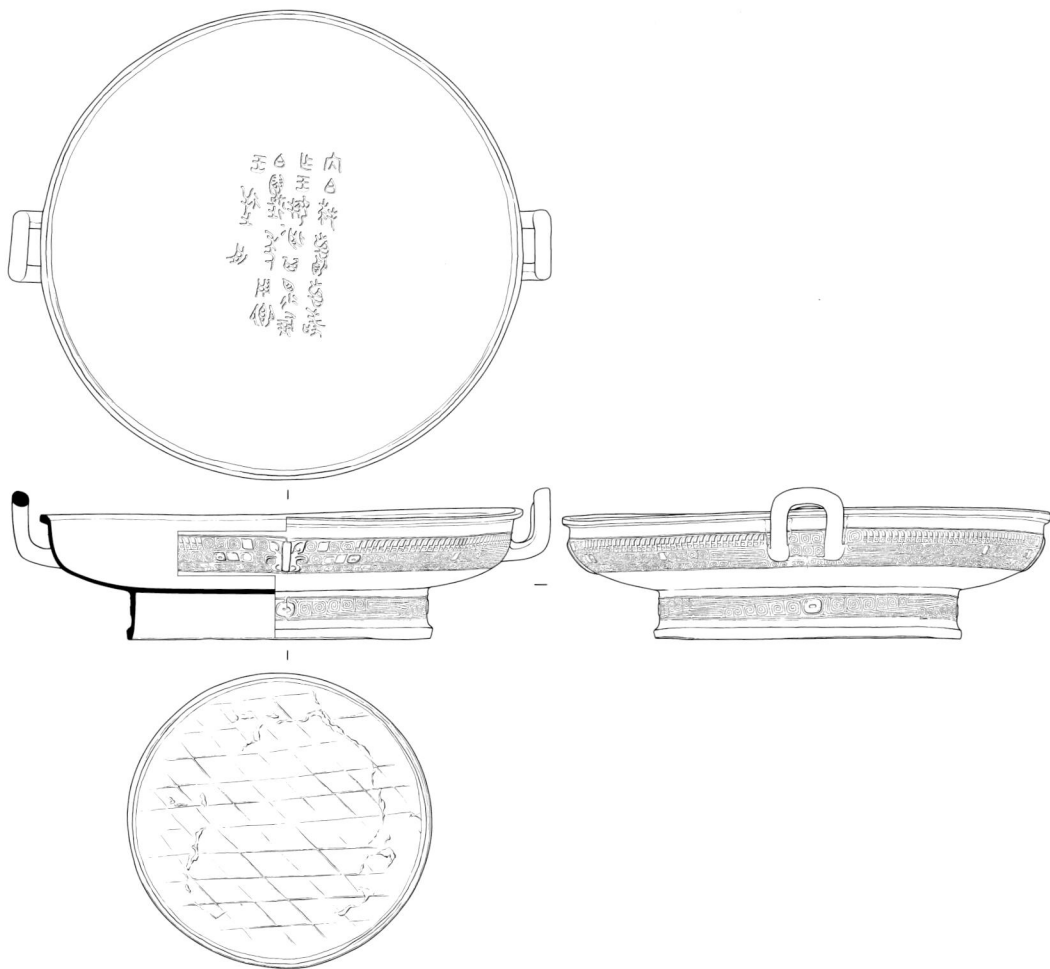

0   6厘米

外底

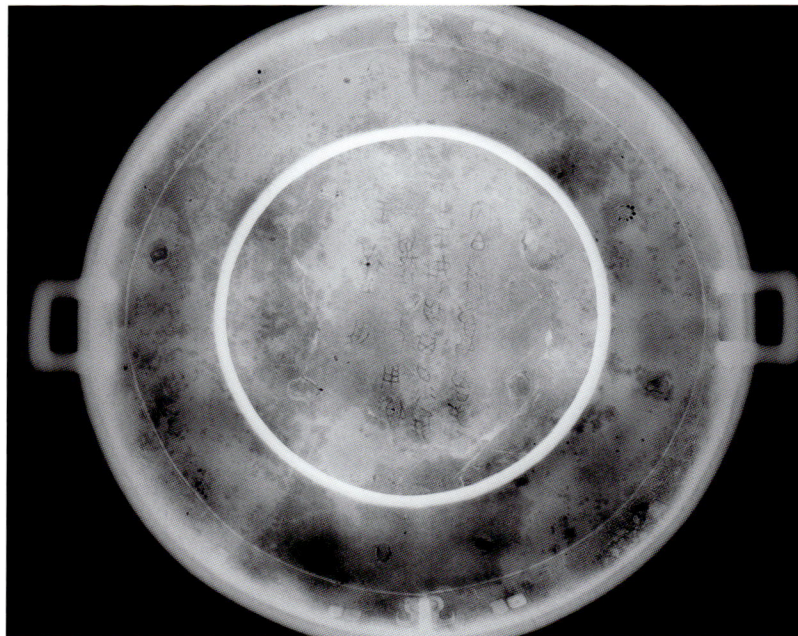

内底 X 光片

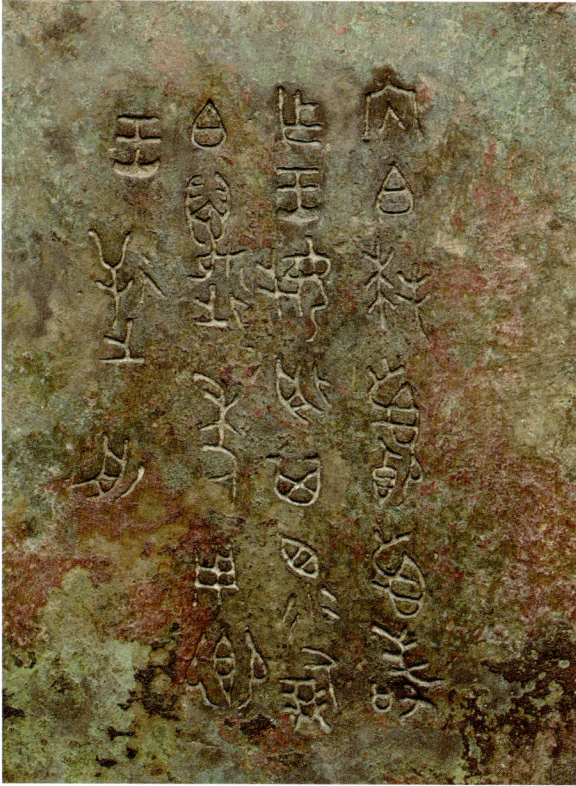

内底铭文　/　内底铭文拓片

0　　3厘米

腹上部纹饰拓片

089

芮伯盉

M2158：81。2006 年出土。

流耳间距 24.4 厘米，盖口长径 12、口短径 11.6、高 6.6 厘米，器口径 11.8、高 21.2 厘米，通高 27 厘米。重 4095 克。容积 2095 毫升。

椭方覆钵形盖，子口，小方唇，顶面置双兽首桥形钮，盖和器身以"8"字形链环连接。器身敞口，方唇，高领，圆鼓腹，四分档，四圆柱足。器身上腹部斜出一管状流，龙首桥形竖耳与流相对。盖缘和器身颈部均饰一周鸟纹，以云雷纹衬地，流饰简化蝉纹。盖、链、器分铸，盖为双合范，器为四合范铸造。

盖内铸铭文："芮伯稽首，敢作王姊盉，其罪佣伯万年用享王逆舟（复）。"

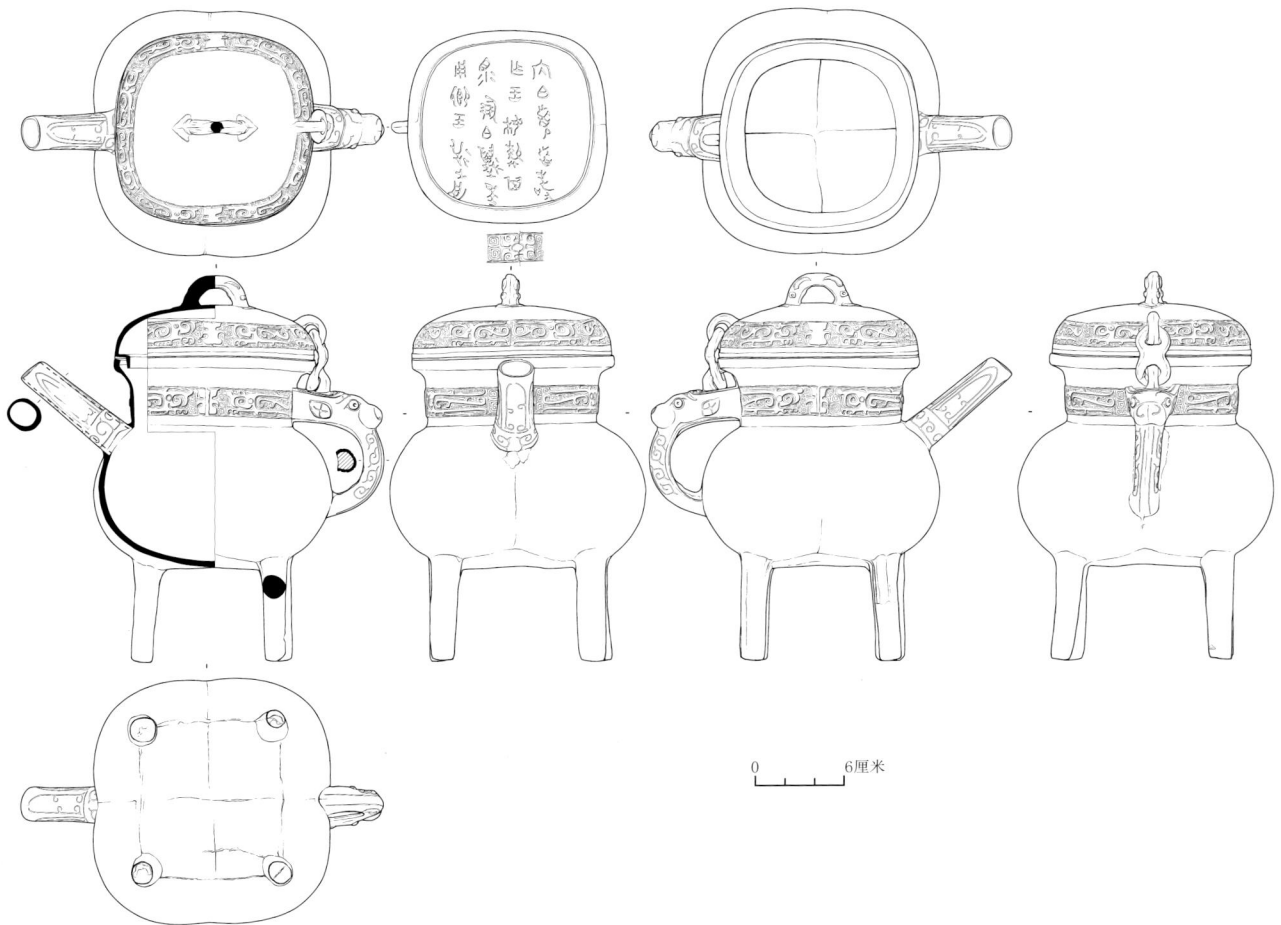

0   6厘米

耳及链环

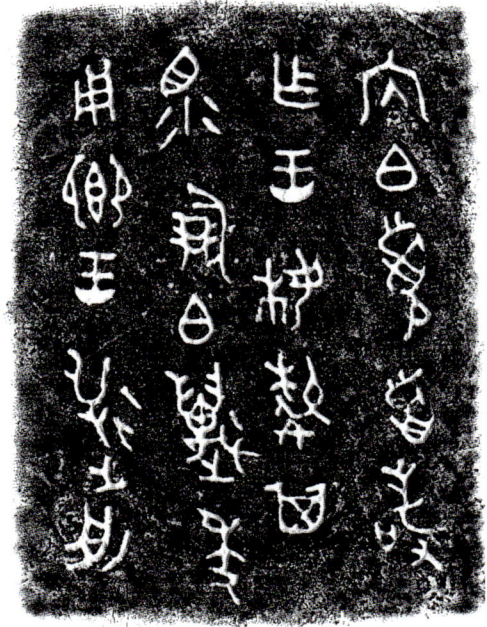

盖内铭文　　/　　盖内铭文拓片

0 ┣━━━━┫ 3厘米

盖面纹饰拓片

0 ┣━━━━┫ 3厘米

颈部纹饰拓片

090

爵形盉

M2158：88。2006 年出土。

盖口径 4.2、高 4 厘米，器口径 5.5、高 17.3 厘米，通高 20.7 厘米。重 890 克。容积 285 毫升。

覆钵形盖，中部铸一桥形扁钮，子口，舌内敛。器身口微侈，平沿，上腹微束，下腹圆垂，卵圆形圜底，三刀状足外撇。上腹近口处与盖侧各铸一桥形扁钮，以"8"字形链环连接，其下方腹部铸兽首桥形鋬，鋬左侧腹部有一斜上翘圆形管状流。素面。盖、链、器分铸，盖为双合范，器为四合范铸造。

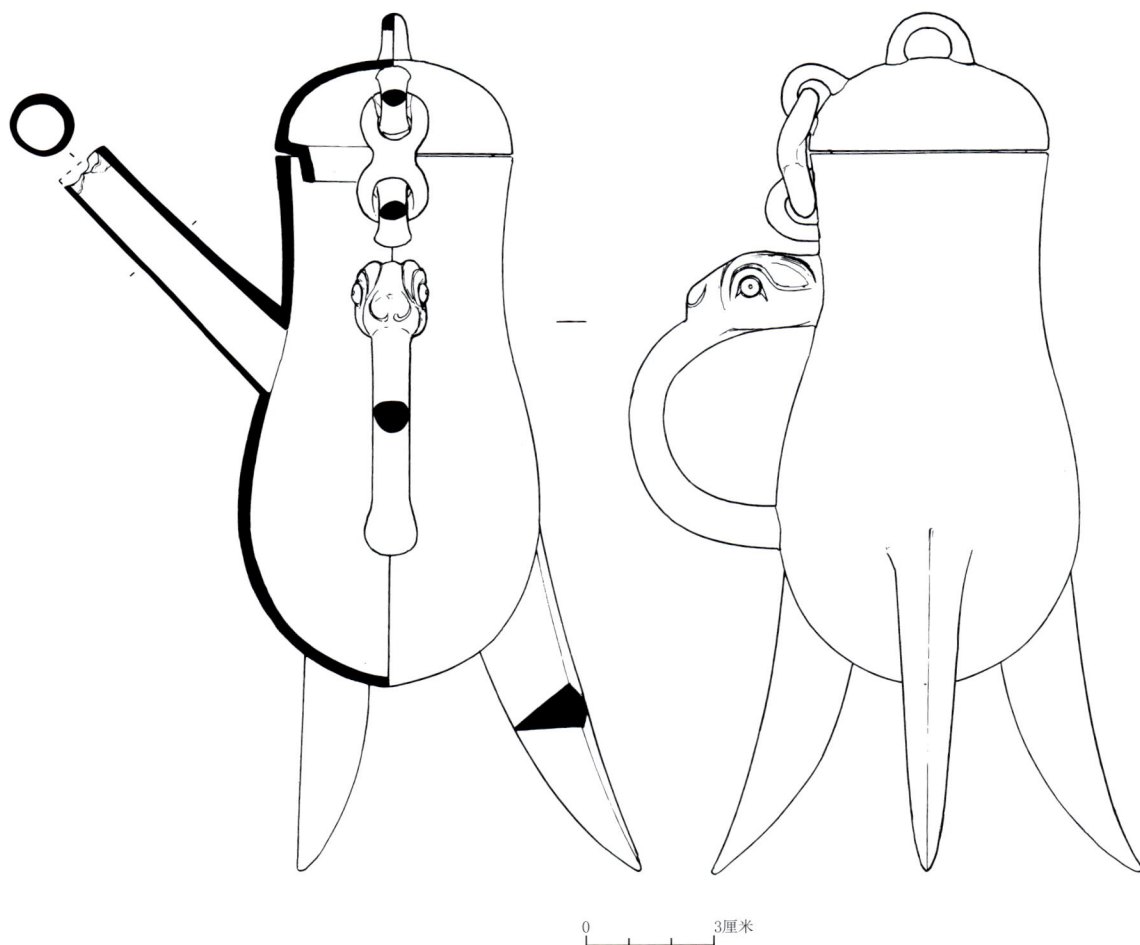

0   3厘米

流口

M2165　墓口长 398、宽 260 厘米，墓底长 461 ～ 471、宽 386 ～ 392 厘米，深 1170 厘米。

方向 265°。一椁二棺。墓主仰身直肢，性别、年龄不详。殉 7 人，其中腰坑内殉 1 人。随葬 1 车。

随葬铜礼器 18 件：鼎 3、鬲 4、簋 8、盘 1、盉 1、豆形器 1。

091

目纹间涡纹鼎

M2165：52。2006 年出土。

耳间距 22.6、口径 21.8、通高 25.9 厘米。重 3955 克。容积 4050 毫升。

桃形敛口，折沿，小方唇，双立耳，垂腹微鼓，圜底近平，三半圆柱足。上腹
饰一周四瓣目纹间涡纹，以云纹衬地。三合范铸造。

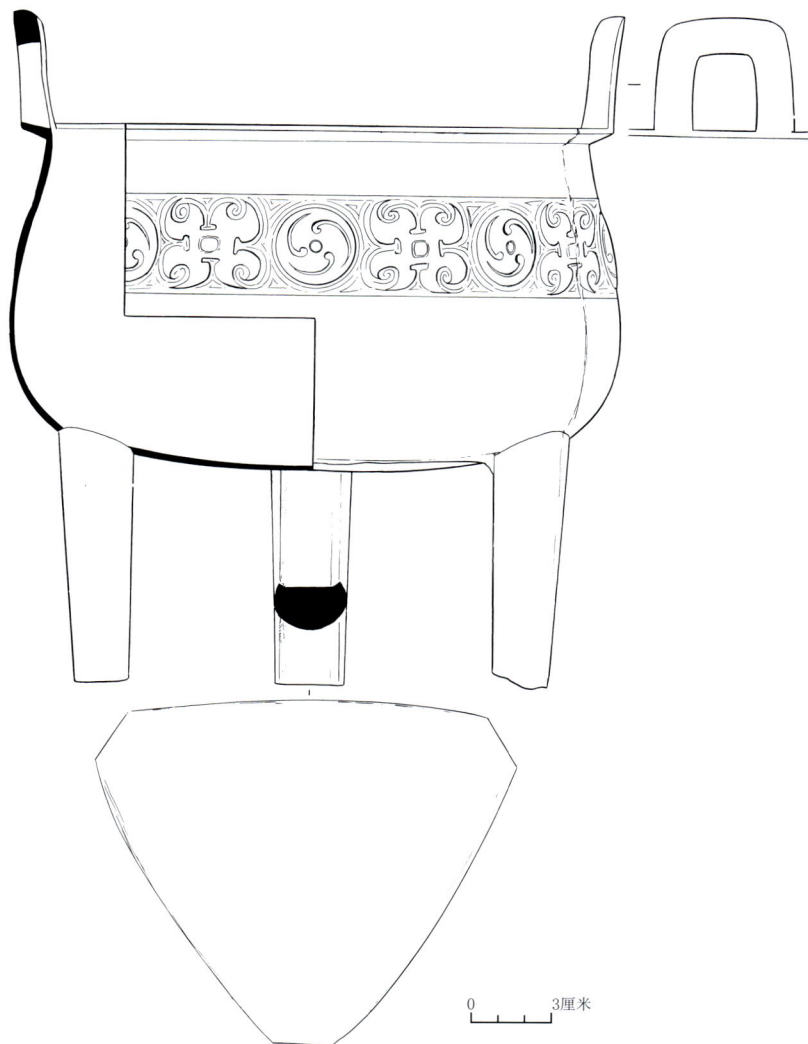

0　　　3厘米

墓口长 398、宽 260 厘米，墓底长 461～471、宽 386～392 厘米，深 1170 厘米。
方向 265°。一椁二棺。墓主仰身直肢，性别、年龄不详。殉 7 人，其中腰坑内殉 1 人。随葬 1 车。
随葬铜礼器 18 件：鼎 3、鬲 4、簋 8、盘 1、盉 1、豆形器 1。

091

目纹间涡纹鼎

M2165：52。2006 年出土。

耳间距 22.6、口径 21.8、通高 25.9 厘米。重 3955 克。容积 4050 毫升。

桃形敛口，折沿，小方唇，双立耳，垂腹微鼓，圜底近平，三半圆柱足。上腹
饰一周四瓣目纹间涡纹，以云纹衬地。三合范铸造。

0   3厘米

外底

右耳内侧

左耳处范线

后足处腹底　　/　　后足内侧

092

中犧父方座簋

M2165：49。2006 年出土。

盖口径 19、高 9.2 厘米，器口径 22.4、耳间距 33.6、底座长 21.6、底座宽 20.4、高 28.2 厘米，通高 35.2 厘米。重 7925（盖 1875、器 5935、铃铛 115）克。容积 3750 毫升。

圆形口。盖子口内敛，舌较短，顶面圆隆，对称附四条长扉棱，中部置一圆形平顶捉手。器身侈口，卷沿，厚方唇，圆垂腹，腹两侧置兽首半环形竖耳，耳下垂长方形珥，腹正背面中部置竖长扉棱，圜底近平，圈足外撇下折成阶，置四条短扉棱，下接方座。外底中部垂一弯钩，悬挂一合瓦形铃铛，腔内顶部一半环形钮套连铃舌。盖捉手顶面、腹部、底座四面均饰回首大鸟纹，腹上部饰一周长卷尾鸟纹，圈足饰斜角云纹，底座顶面四角各饰一兽面纹，均以云雷纹衬地。盖、器分铸，均为四合范铸造。

盖内和器内底铸相同的铭文："中犧父作宝铃簋四。"

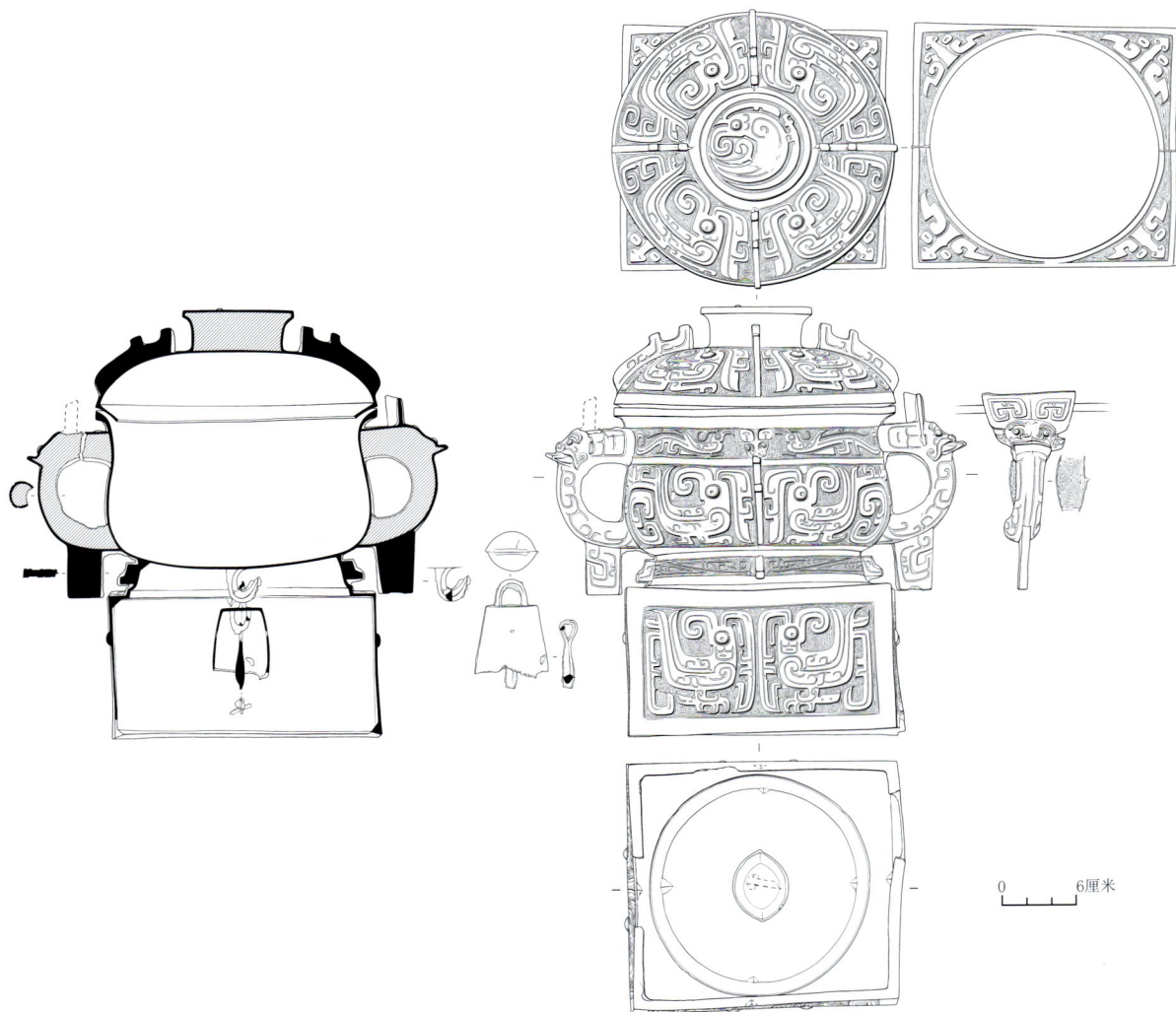

0   6厘米

外底

右耳

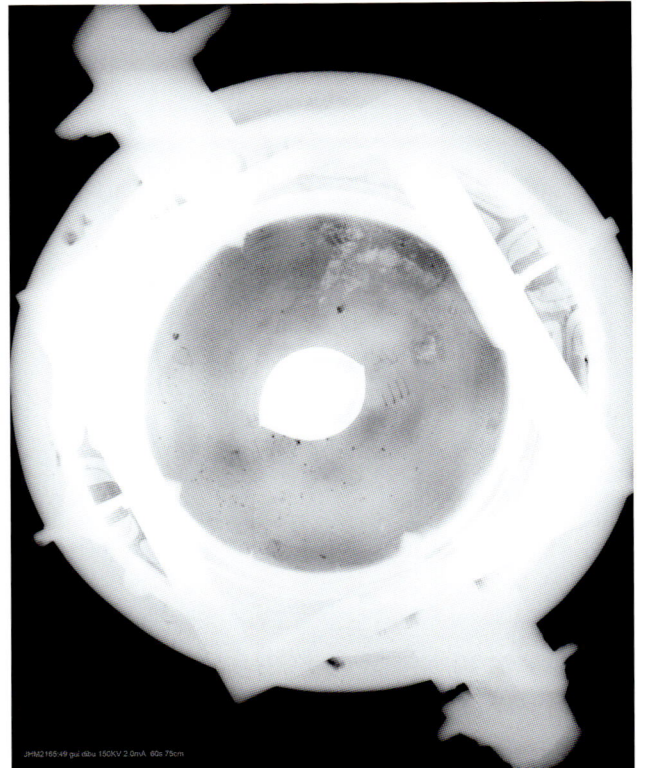

外底 X 光片

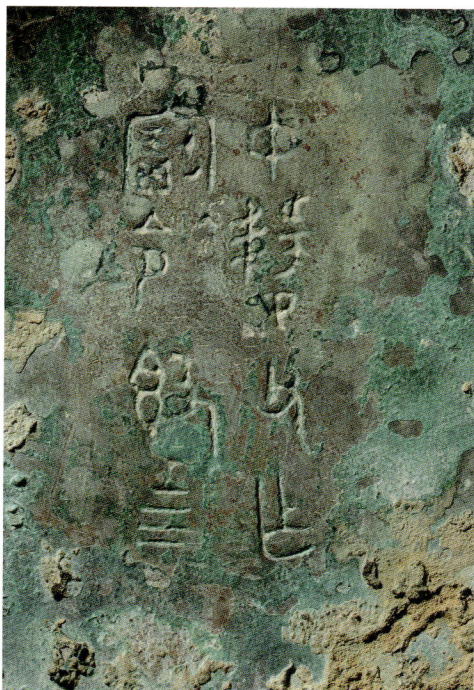

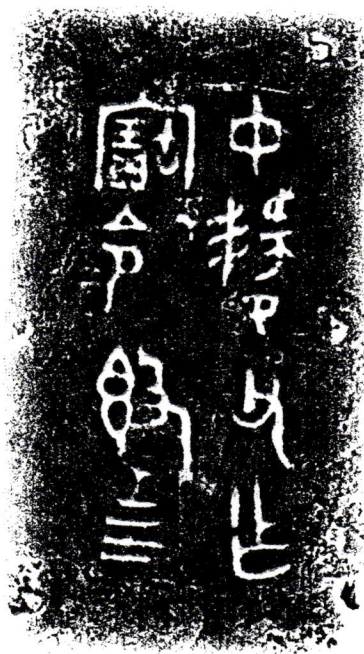

盖内铭文　　/　　盖内铭文拓片

内底铭文　　/　　内底铭文拓片

0　　3厘米

背面腹上部纹饰拓片

盖面纹饰拓片

背面腹部纹饰拓片

背面方座纹饰拓片

093

中韒父方座簋

M2165：55。2006 年出土。

盖口径 19.2、高 9.4 厘米，器口径 22.6、耳间距 33.2、底座长 21.4、底座宽 20、高 28 厘米，通高 35.4 厘米。重 7855（盖 1750、器 5975、铃铛 130）克。容积 3700 毫升。

器形、纹饰、铭文和制法与 M2165 ： 49 簋近同。

盖内和器内底铸相同的铭文："中韒父作宝铃簋四。"

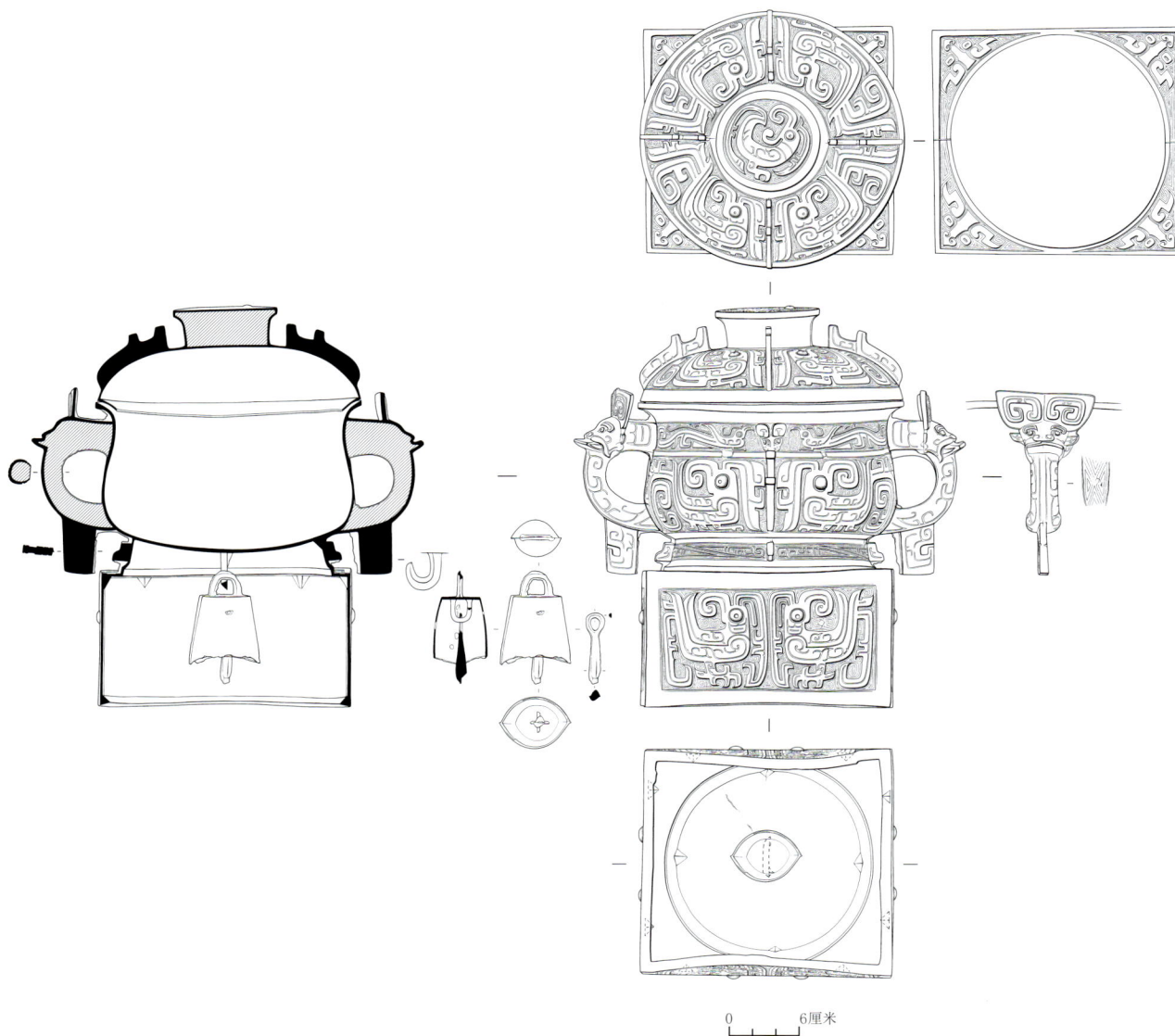

0   6厘米

外底

右耳

铃内侧

盖内铭文　　/　　盖内铭文拓片

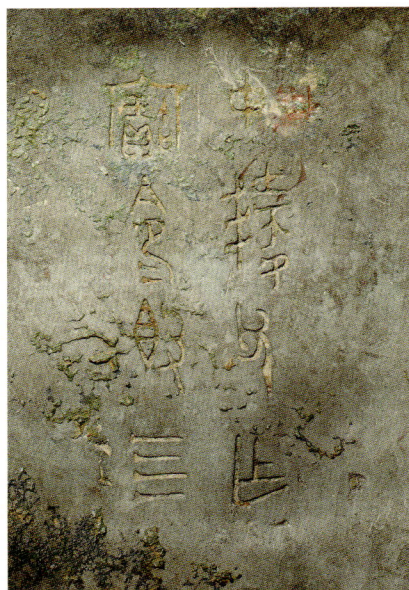

内底铭文　　/　　内底铭文拓片

0　　　　3厘米

正面腹上部纹饰拓片

0 ————— 3厘米

盖面纹饰拓片

0 ————— 3厘米

正面腹部纹饰拓片

0 ————— 3厘米

左侧方座纹饰拓片

094

倗姬簋

M2165：63。2006 年出土。

耳间距 27.3、口径 20、圈足径 17.4、通高 13.8 厘米。重 2105 克。容积 2500 毫升。

侈口，卷沿，方唇，垂鼓腹，腹两侧置龙首桥形竖耳，耳下垂勾云形方珥，圜底近平，圈足外撇下折成阶。上腹饰一周鸟纹，以云纹、云雷纹衬地。四合范铸造。

内底铸铭文："倗姬作宝簋。"

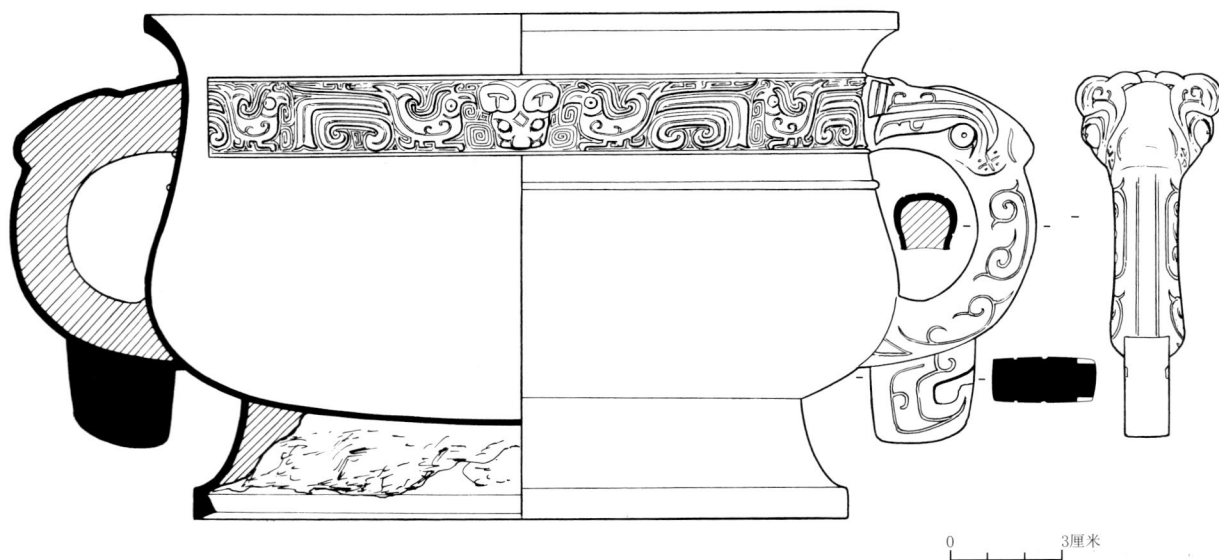

0 　　　　 3厘米

外底

左耳

内底铭文　　/　　内底铭文拓片

0   3厘米

背面腹上部纹饰拓片

095

佣姬簋

M2165：68。2006 年出土。

耳间距 27.1、口径 20、圈足径 17.4、通高 13.7 厘米。重 2105 克。容积 2485 毫升。

器形、纹饰、制法和铭文均与 M2165 ： 63 簋近同。

内底铸铭文："佣姬作宝簋。"

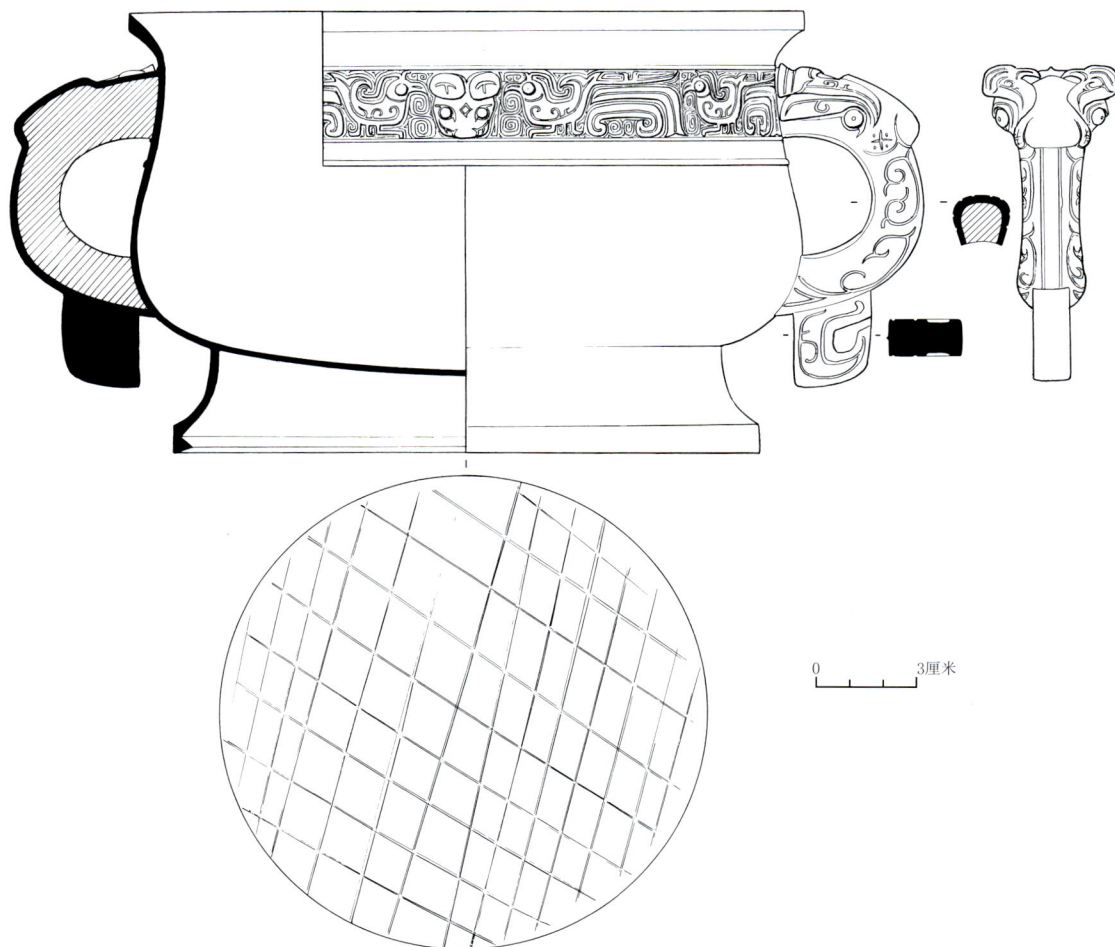

0   3厘米

外底

右耳

内底铭文 / 内底铭文拓片

0   3厘米

正面腹上部纹饰拓片

遹簋

M2165：70、73。2006 年出土。

盖口径 15.2、高 5.5 厘米，器口径 16.8、耳间距 30.5、圈足径 19.8、高 13.7 厘米，通高 18.8 厘米。重 3505（盖 645、器 2860）克。容积 3425 毫升。

覆盘圆形盖，子口内敛，短舌，顶中部置一矮圈形捏手。器身敛口，圆鼓腹，腹两侧置龙首桥形竖耳，耳下垂勾云形方珥，圈足外撇下折成阶。盖、器均饰瓦棱纹。盖、器分铸，均为双合范铸造。

盖内和器内底铸相同的铭文："唯六月既生霸辰在戊申，遹见于尹氏在赏，尹赐璋，用作父癸宝簋，子子孙扬尹氏休。"

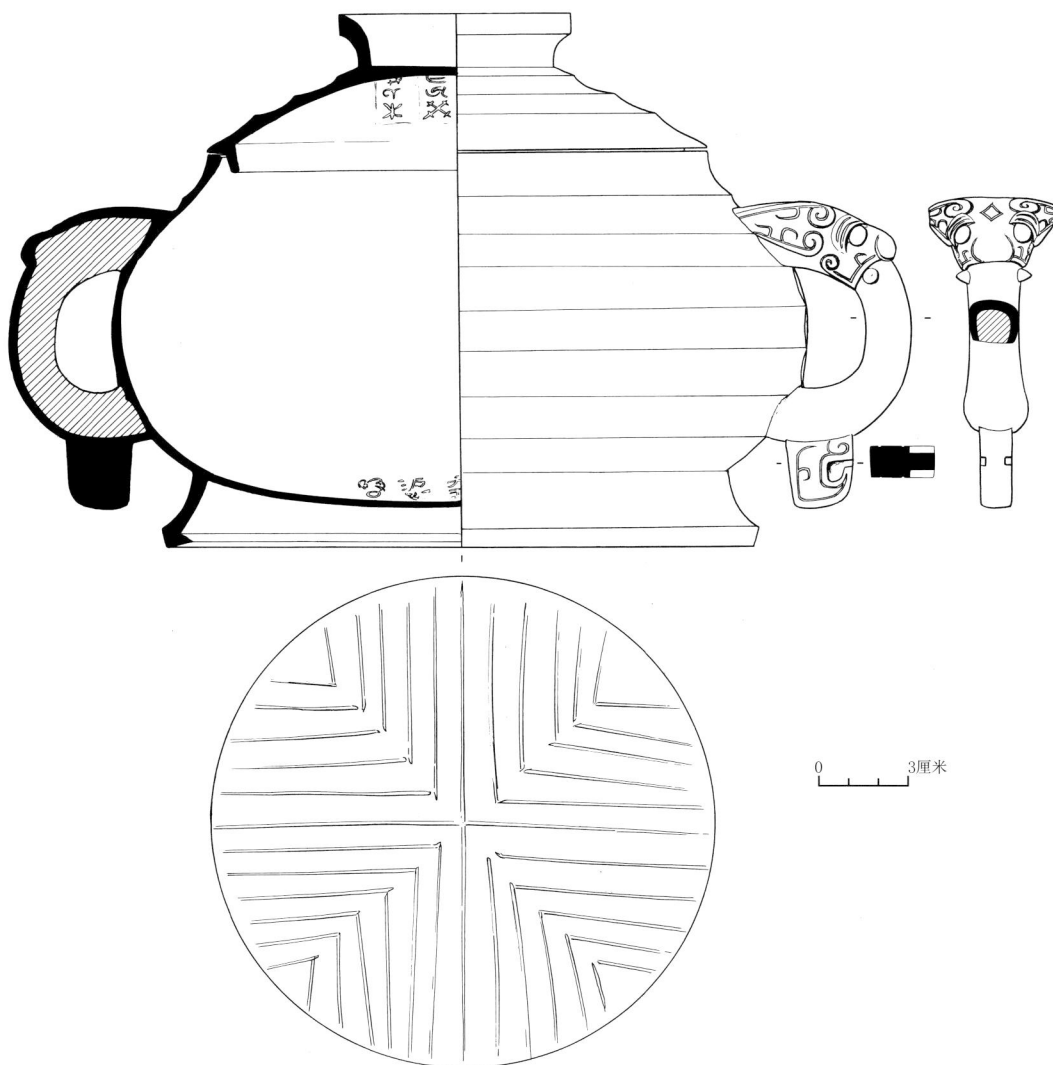

内底

外底

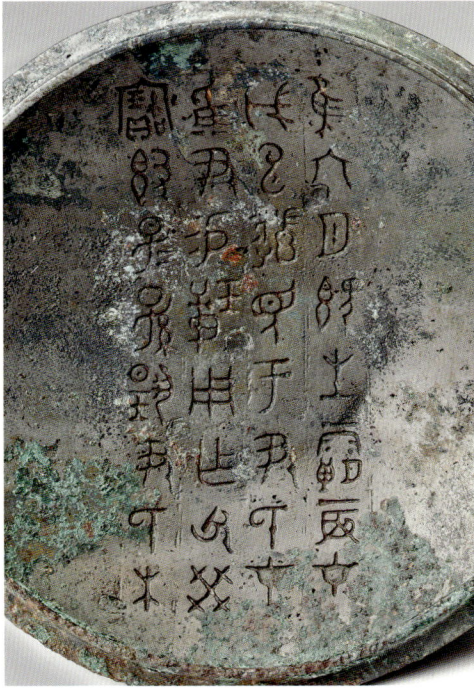

盖内铭文 / 盖内铭文拓片

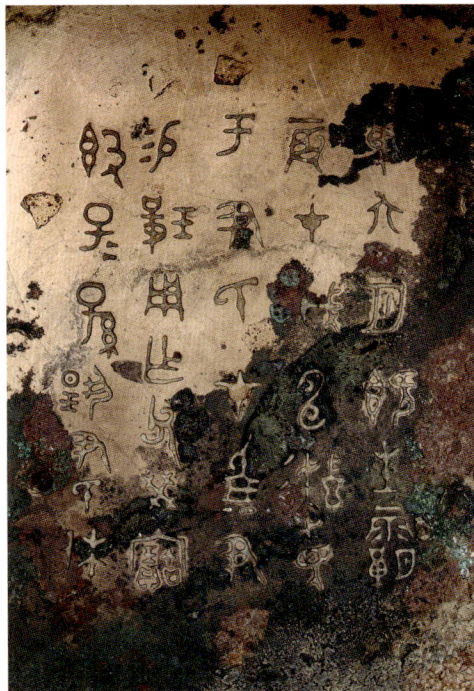

内底铭文 / 内底铭文拓片

簋盖

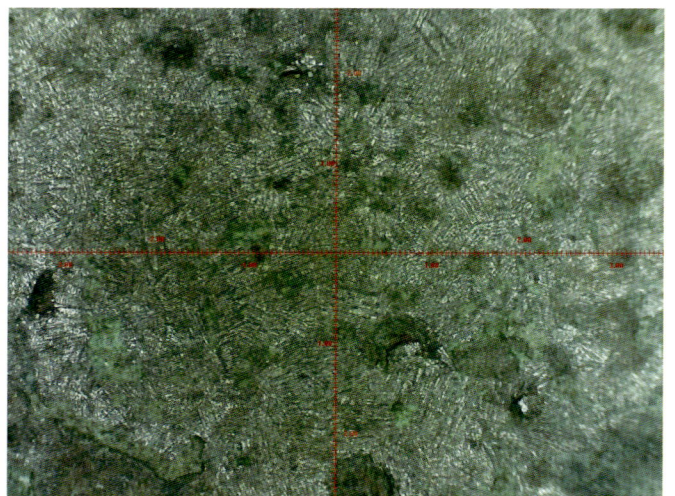

盖面和外底 X 光片　　/　　捉手内顶面丝织品痕迹

097

趩簋

M2165：122。2006 年出土。

盖口径 15.4、高 4.9 厘米，器口径 17、耳间距 30.1、圈足径 18、高 13.8 厘米，通高 18 厘米。重 3065（盖 430、器 2635）克。容积 3500 毫升。

器形、纹饰、制法和铭文均与 M2165 ： 70、73 簋近同。

盖内和器内底铸相同的铭文："唯六月既生霸辰在戊申，趩见于尹氏在賞，尹赐璋，用作父癸宝簋，子子孙扬尹氏休。"

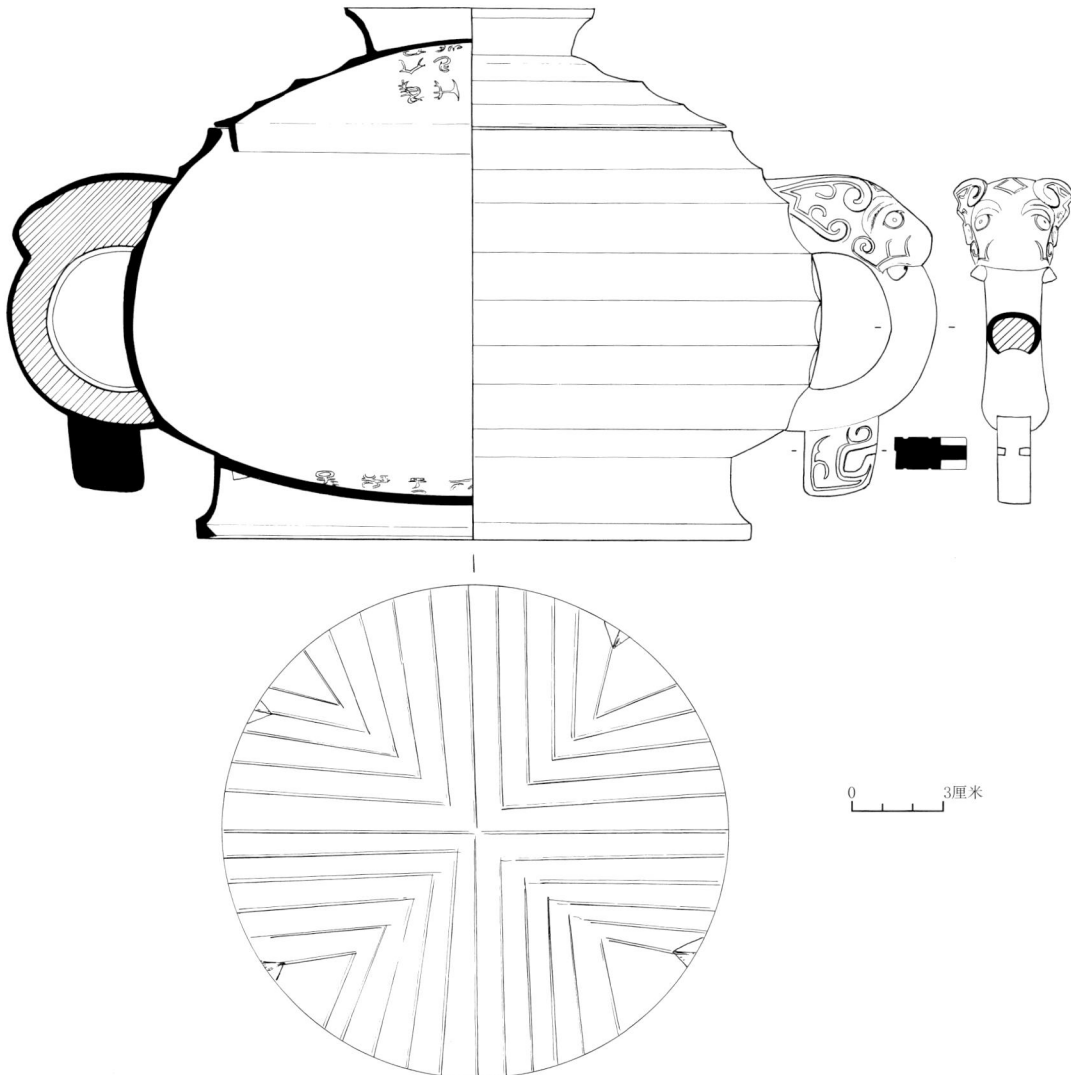

右耳

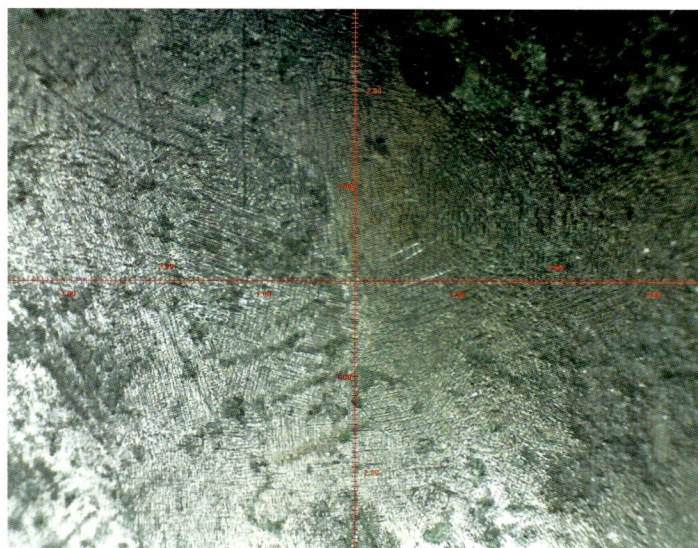

盖面丝织品痕迹

盖内铭文　　/　　盖内铭文拓片

内底铭文　　/　　内底铭文拓片

098

太保鬲

M2165：117。2006 年出土。

耳间距 13.5、口径 12.7、通高 16.1 厘米。重 1365 克。容积 800 毫升。

桃形侈口，折沿，方唇，索状双立耳，上腹近直，下腹微鼓，分裆，长实足根。
上腹饰两周凸弦纹。三合范铸造。
后腹内壁铸铭文："太保铸。"

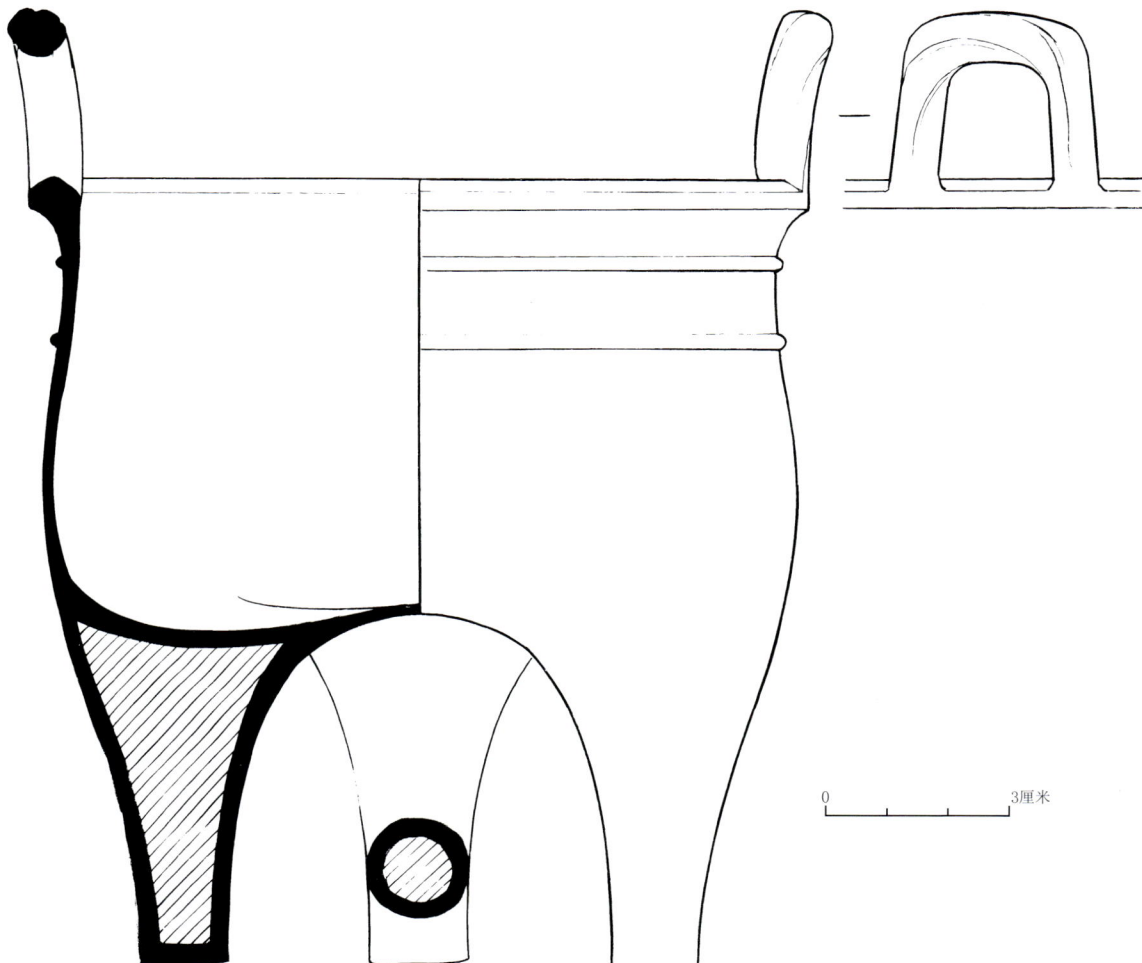

0   3厘米

后腹内壁铭文　　/　　后腹内壁铭文拓片

右耳内侧

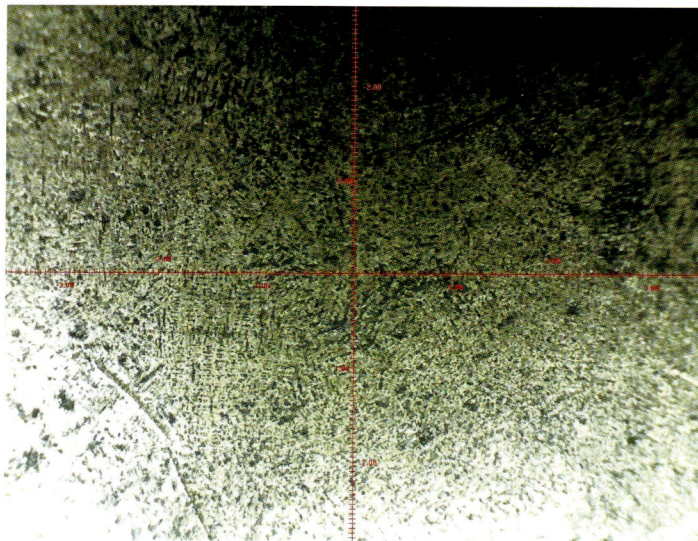

腹部丝织品痕迹

099

太保鬲

M2165：125。2006 年出土。

耳间距 13.9、口径 13、通高 16.1 厘米。重 1180 克。容积 740 毫升。

器形、纹饰、制法和铭文均与 M2165 ： 117 鬲近同。

后腹内壁铸铭文："太保铸。"

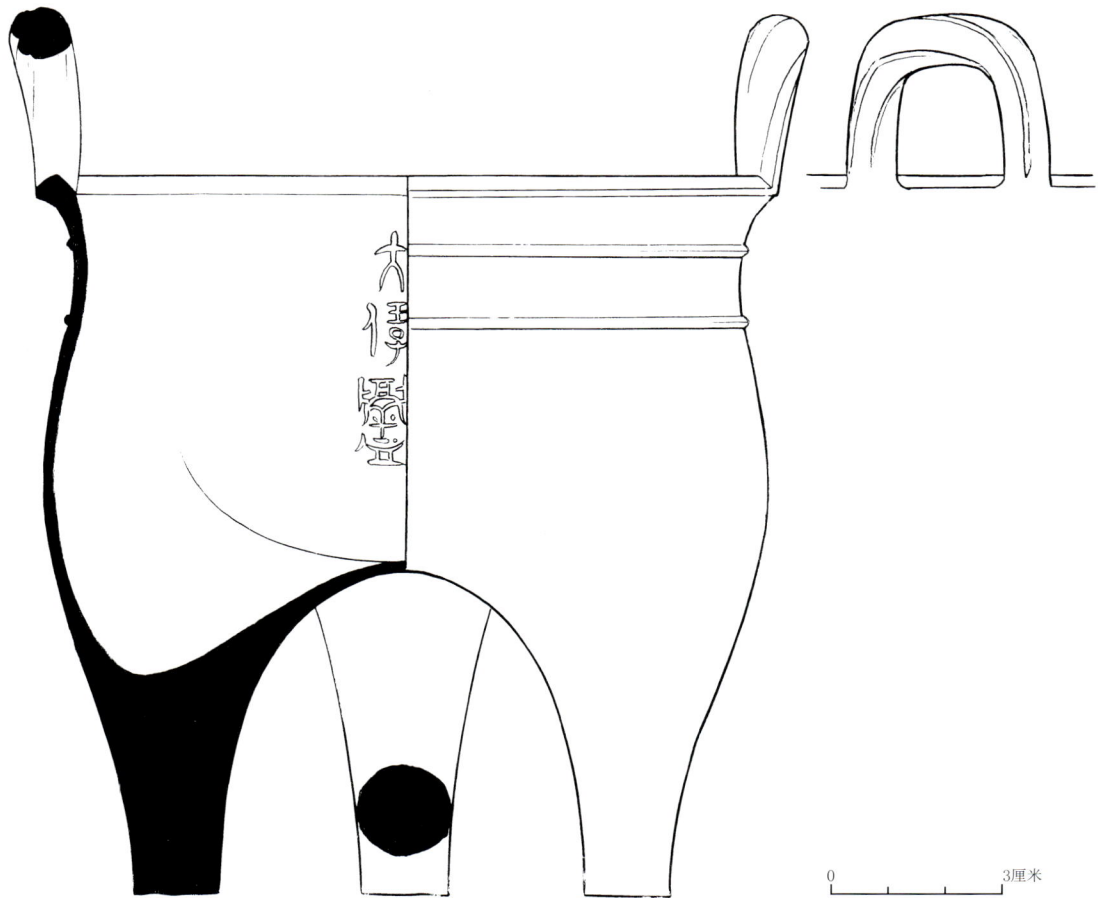

0   3厘米

外底

右耳内侧

后腹内壁铭文 / 后腹内壁铭文拓片

颈部丝织品痕迹

100

佣姬盘

M2165∶58。2006 年出土。

耳间距 35.9、口径 32.6、圈足径 21.6、通高 13.2 厘米。重 3985 克。容积 5300 毫升。

敛口，折沿，弧腹内收，腹两侧附索状耳，圜底，高圈足外撇。上腹和圈足均饰一周横向蝉纹，以云雷纹衬地。六合范铸造。

内底铸铭文："佣姬作宝盘。"

0   3厘米

圈足纹饰拓片

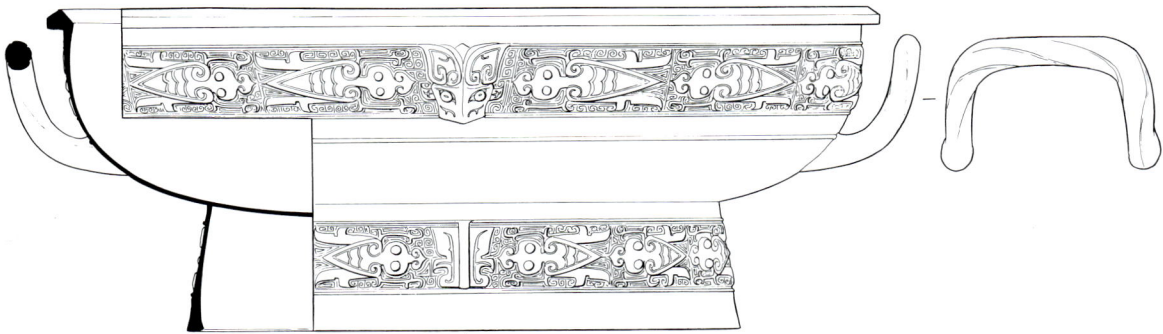

0   3厘米

外底

左耳

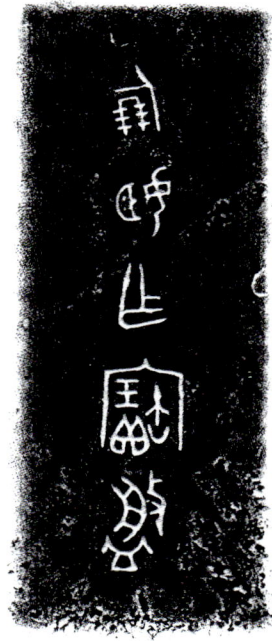

内底铭文　　/　　内底铭文拓片

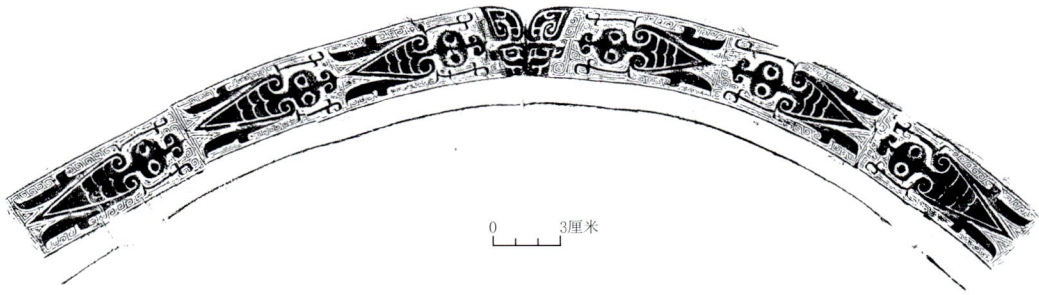

背面腹部纹饰拓片

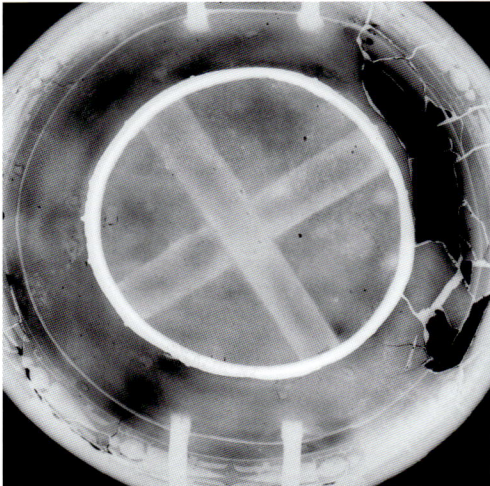

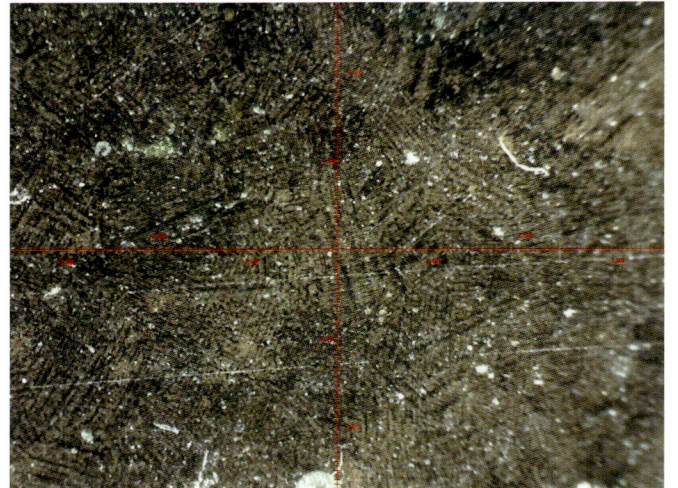

外底 X 光片　　/　　内底丝织品痕迹

101

倗姬盉

M2165：119。2006 年出土。

流耳间距 23.2 厘米，盖口长径 13.1、口短径 11.4、高 5.7 厘米，器口长径 14.8、口短径 13.1、高 20.8 厘米，通高 25.9 厘米。重 3040 克。容积 1945 毫升。

盖近椭圆形，子口内敛，顶面圆隆，中部置一双兽首桥形钮，盖和器身以蛙形链环连接。器身敞口，方唇，高颈，圆鼓腹，四分裆，四圆柱足。上腹部伸出一扁圆管状流，与龙首桥形竖耳相对。盖面内圈饰一周凸弦纹，外缘和器颈部均饰一周长卷尾鸟纹，以云雷纹衬地；流和四足均饰简化蝉纹、云纹。盖、链、器分铸，盖为双合范，器为四合范铸造。

盖内铸铭文："倗姬作宝盉。"耳内腹壁铸铭文："倗姬作。"

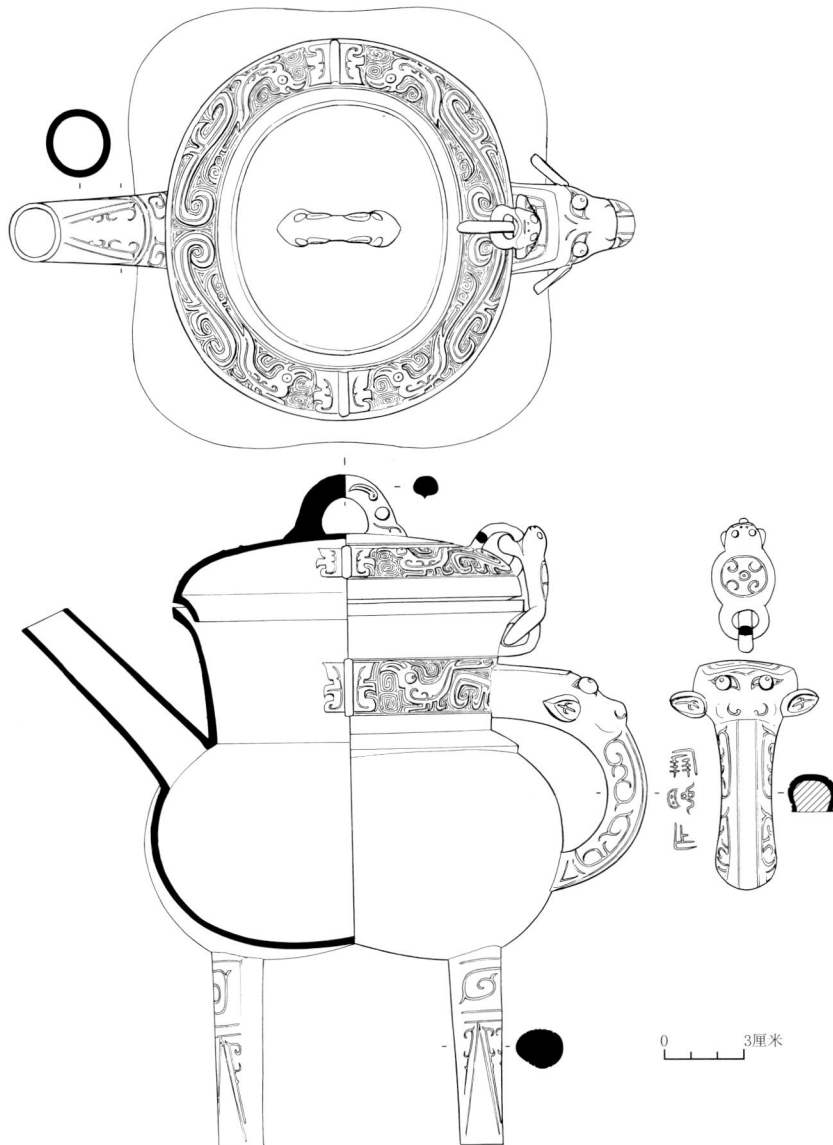

0   3厘米

耳及链环

耳内腹壁铭文 / 耳内腹壁铭文拓片

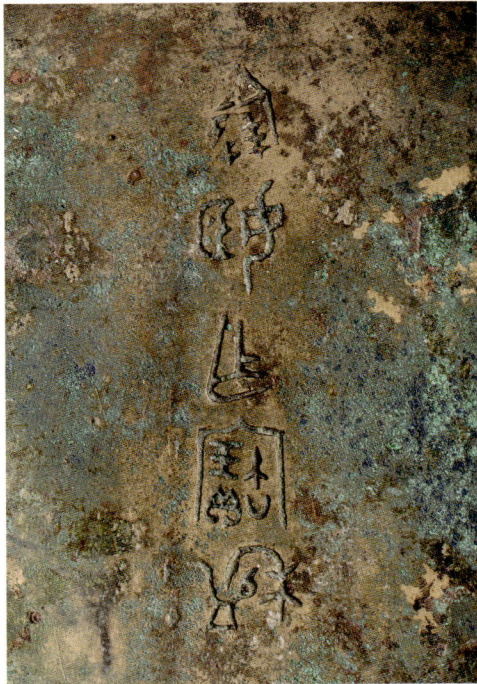

盖内铭文 / 盖内铭文拓片

颈部纹饰拓片

盖面纹饰拓片

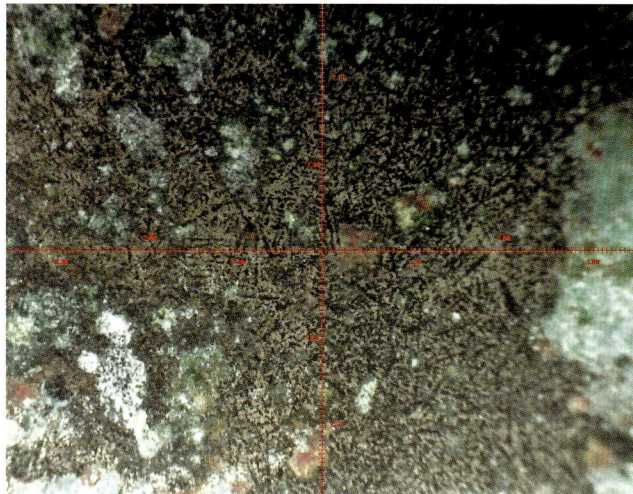

腹部丝织品痕迹

墓口长 297、宽 140 厘米，墓底长 339、西宽 176、东宽 184 厘米，深 487 厘米。
方向 263°。一椁一棺。墓主俯身直肢，男性，35～40 岁。
随葬铜礼器 2 件：鼎 1、簋 1。

102

子父癸鼎

M2320：8。2006 年出土。

耳间距 15.9、口径 16.2、通高 21.9 厘米。重 2070 克。容积 1810 毫升。

桃形敛口，折沿，方唇，双立耳，腹略圆垂，圜底，三圆柱足。上腹饰一周变
形兽面纹。三合范铸造。

后腹内壁铸铭文："子父癸。"

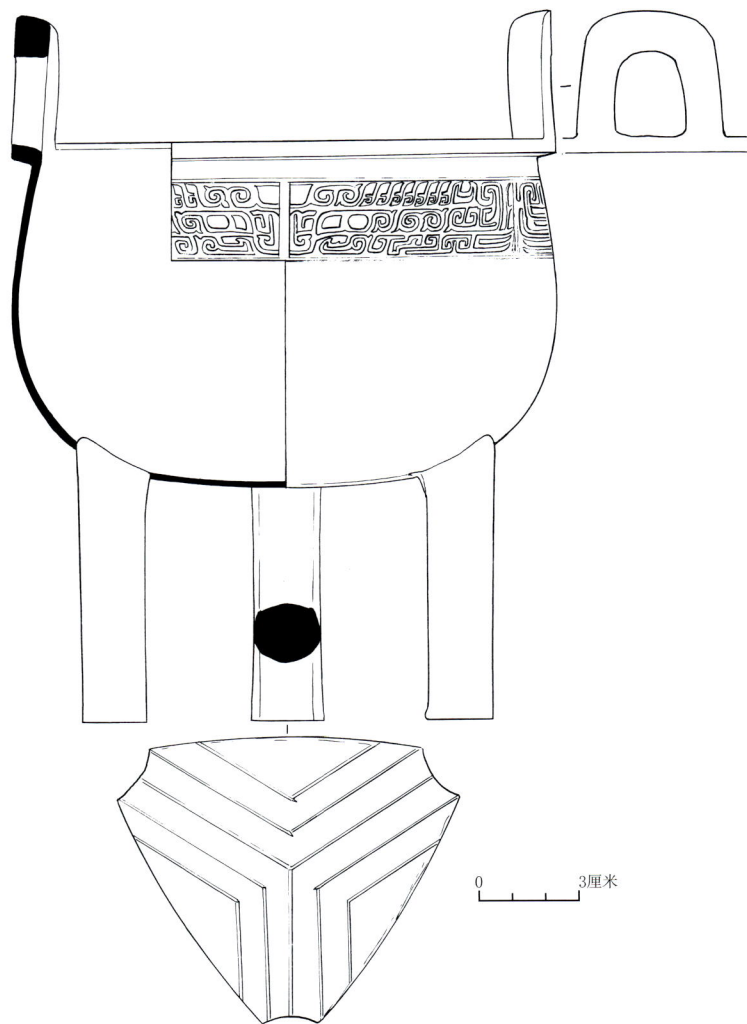

外底

右耳内侧

后足

 /

后腹内壁铭文 / 后腹内壁铭文拓片

103

作宝彝簋

M2320 : 7。2006 年出土。

耳间距 30.1、口径 22.4、圈足径 17.6、通高 16 厘米。重 2750 克。容积 3630 毫升。

侈口，折沿，方唇，腹略圆垂，两侧置龙首桥形竖耳，耳下垂勾云形珥，圜底，高圈足外撇下折成阶。上腹和圈足均饰一周变形兽面纹。四合范铸造。

内底铸铭文："作宝彝。"

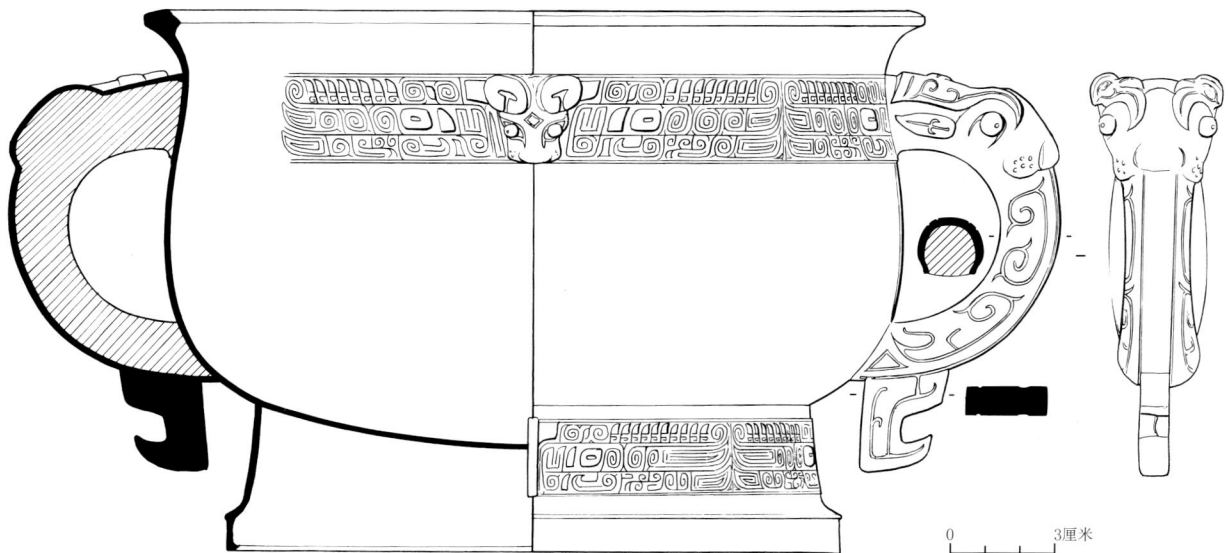

外底

正面腹主部

左耳

内底铭文   /   内底铭文拓片

104

弦纹鬲

M2340：1。2007 年出土。
耳间距 14.9、口径 14.7、通高 17 厘米。重 1170 克。容积 1300 毫升。

桃形侈口，卷沿，方唇，双立耳，束颈，圆鼓腹，分裆，圆形长实足根。颈部
饰两周凸弦纹。三合范铸造。

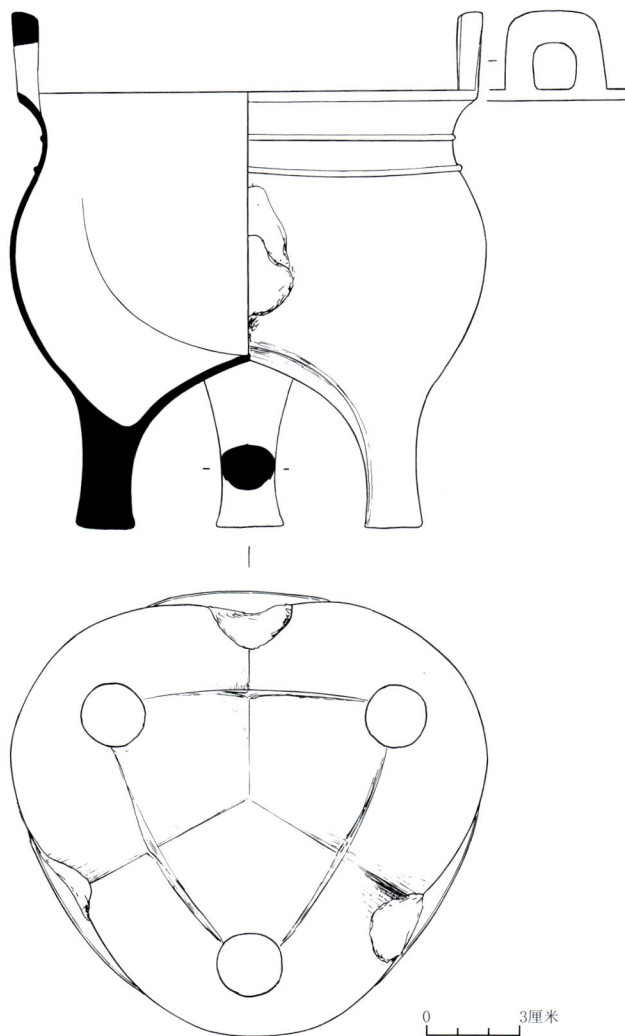

0　　3厘米

内底

外底

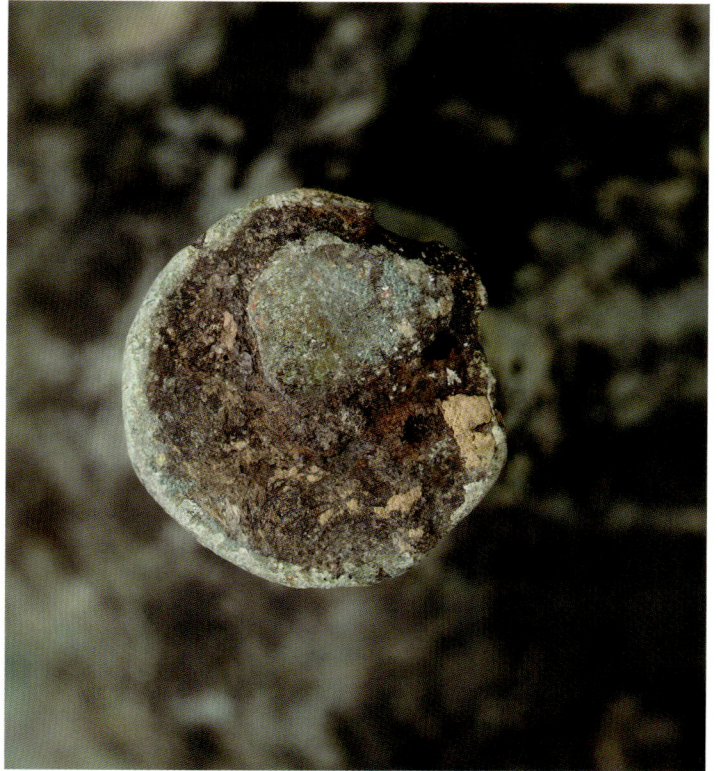

右耳内侧　／　右足底

墓口长 234、宽 111 厘米，墓底长 284、西宽 147、东宽 149 厘米，深 460 厘米。

方向 280°。一棺。墓主俯身直肢，男性，45 岁以上。

随葬铜礼器 2 件：鼎 1、簋 1。

105

弦纹鼎

M2363：1。2007 年出土。

耳间距 20、口径 19.7、通高 23 厘米。重 3255 克。容积 3150 毫升。

桃形侈口，卷沿，圆唇，索状双立耳，亚腰形垂腹较深，圜底近平，三圆矮柱足。

上腹饰两周凸弦纹。三合范铸造。

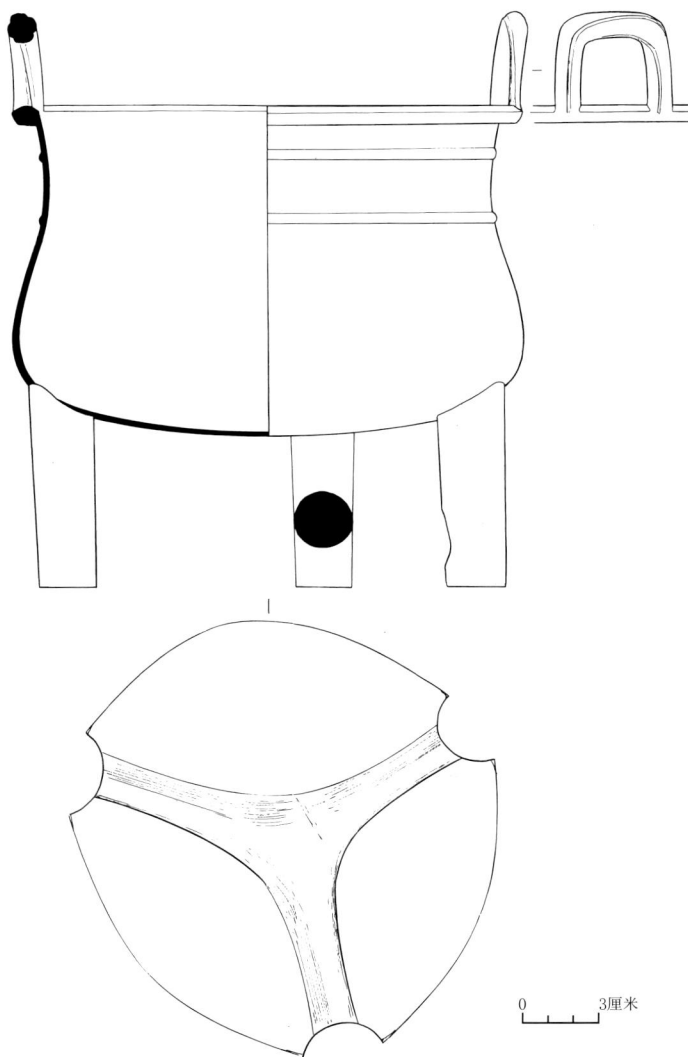

0   3厘米

内底

外底

左耳内侧 / 后足

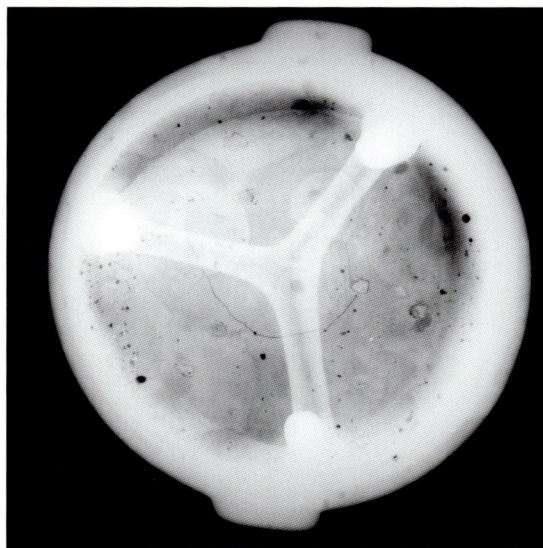

外底 X 光片

兽面纹簋

106

M2363：2。2007 年出土。

耳间距 29.5、口径 21、圈足径 17.1、通高 16.6 厘米。重 2230 克。容积 2600 毫升。

侈口，卷沿，方唇，垂腹略鼓，腹两侧置兽首桥形竖耳，耳下垂长方形珥，圜底，高圈足外撇下折成阶。腹正背面各饰一半浮雕兽面纹，圈足饰一周夔龙纹。四合范铸造。

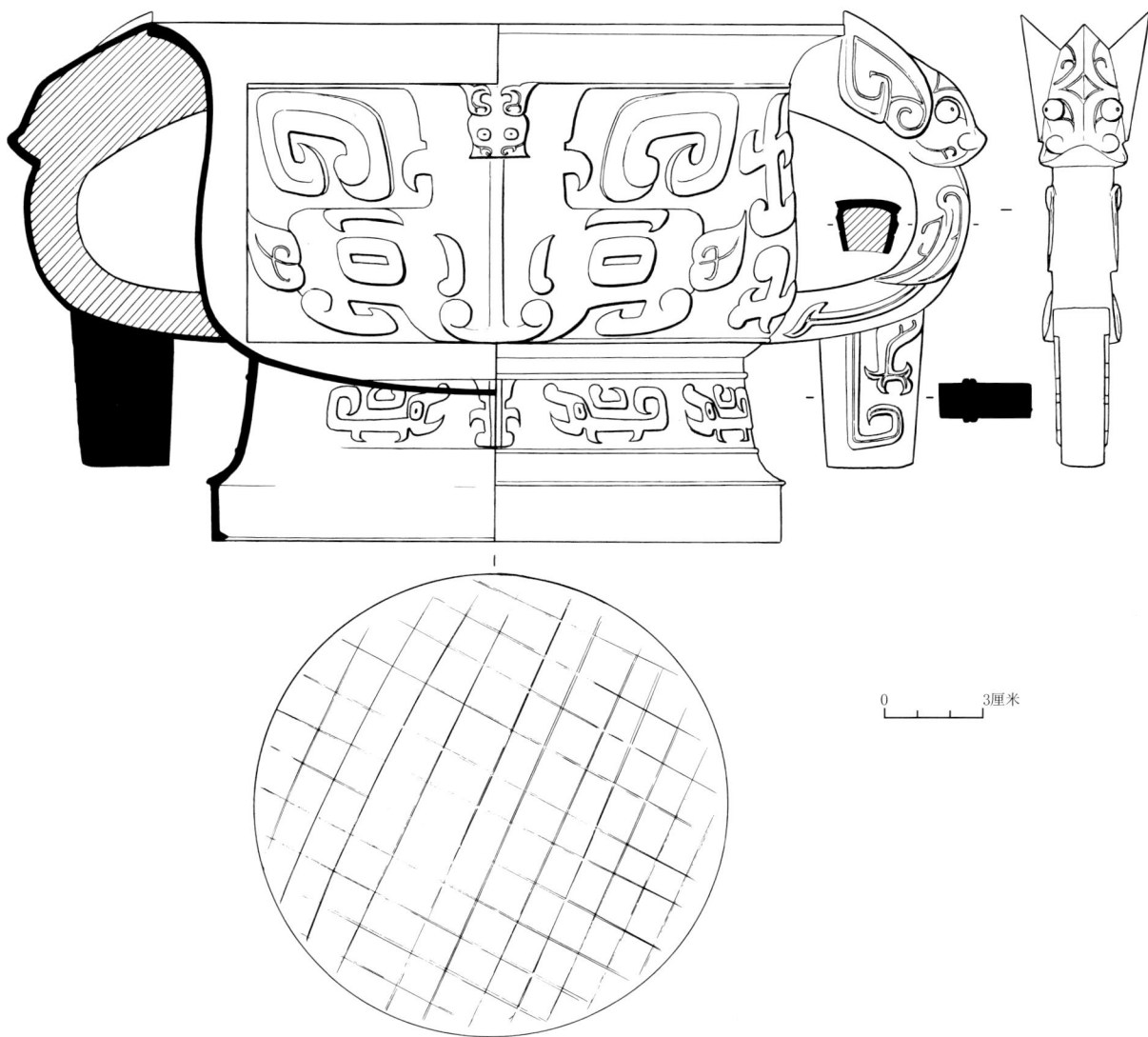

0   3厘米

内底

外底

左耳　/　左耳

0　　　3厘米

正面腹部纹饰拓片

墓口长 315、宽 160 厘米，墓底长 360、宽 210 厘米，深 450 厘米。
方向 293°。一椁一棺。墓主俯身直肢，男性，40～44 岁。
随葬铜礼器 2 件：鼎 1、簋 1。

107

戈鼎

M2508：5。2007 年出土。

耳间距 20.7、口径 20.4、通高 22.1 厘米。重 2515 克。容积 3050 毫升。

敛口，折沿，方唇，索状双立耳，深圆腹微鼓，圜底，三半圆蹄状足。上腹饰扉棱间中目横 "S" 形窃曲纹，腹中部饰一周凸弦纹，三足面上部各饰一扉棱兽面纹。三合范铸造。

后腹内壁铸铭文："戈。"

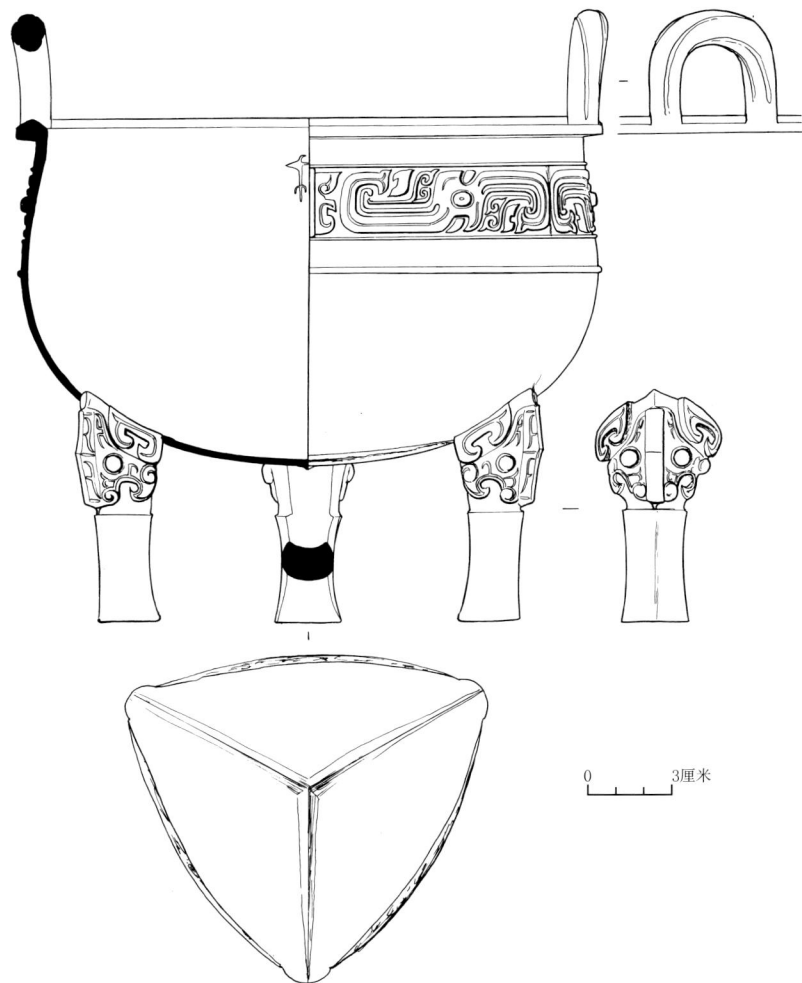

0   3厘米

外底

右耳内侧

444

后腹内壁铭文拓片

0   3厘米

腹上部纹饰拓片

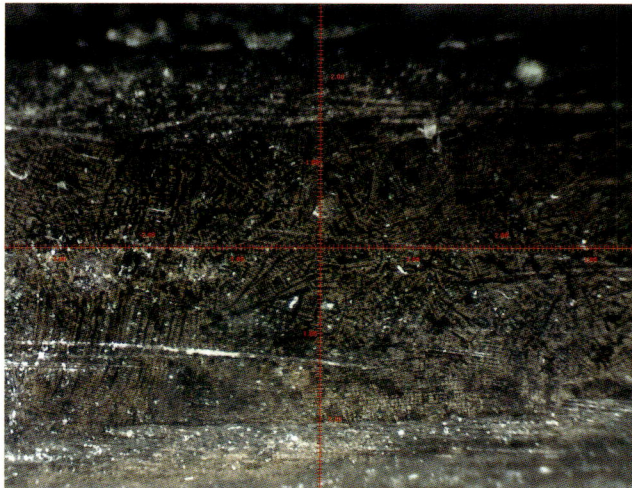

唇部丝织品痕迹

108

倗番生簠

M2508：2。2007 年出土。

盖口径 16.8、高 5.8 厘米，器口径 18、耳间距 29.4、圈足径 18.8、高 15.3 厘米，通高 20.8 厘米。重 3375（盖 695、器 2680）克。容积 2950 毫升。

覆钵形盖，子口内敛，短舌，顶面弧隆，中部置一圈形捉手，捉手下部有一对方穿。器身敛口，圆鼓腹，腹两侧置兽首桥形竖耳，耳下垂象鼻状勾珥，圜底，圈足外撇下折成阶，下接三兽蹄扁足。盖面内圈饰一周瓦棱纹，盖缘、器身上腹均饰一周有目窃曲纹，以云雷纹衬地，下腹饰数周瓦棱纹，圈足饰一周斜角云纹。盖、器分铸，均为四合范铸造。

盖内铸铭文："倗番生作寽媿媵簠。"

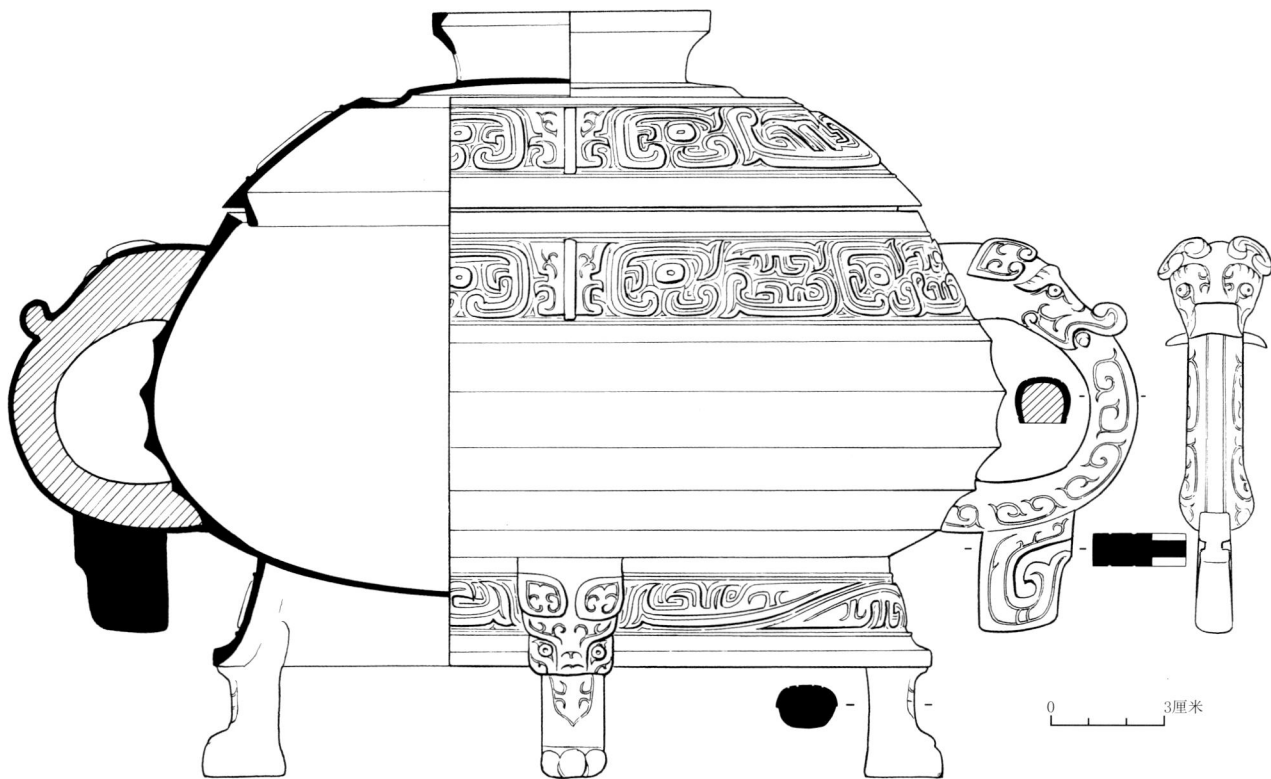

左后侧

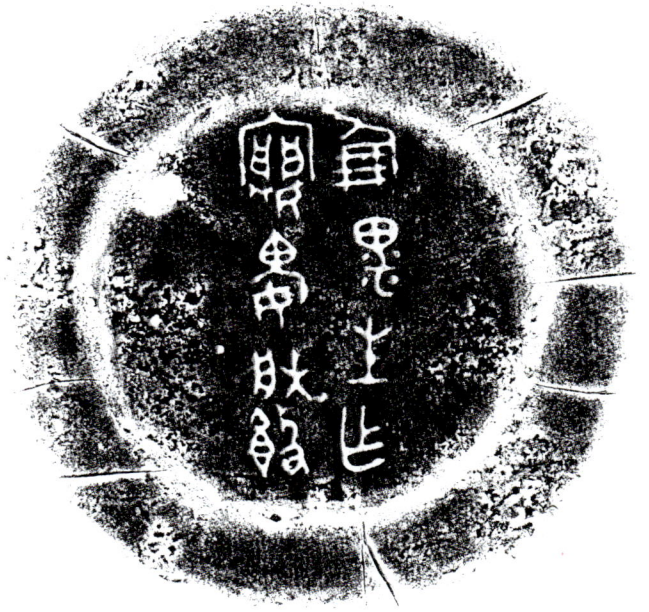

盖内铭文 / 盖内铭文拓片

盖面纹饰拓片

正面腹上部纹饰拓片

墓口长 325、宽 210 厘米，墓底长 332、东宽 236、西宽 248 厘米，深 664 ~ 722 厘米。
方向 270°。一椁一棺。墓主俯身直肢，男性，25 岁左右。殉 1 人。
随葬铜礼器 10 件：鼎 1、铃簋 2、鬲 2、匕 2、爵 1、尊 1、卣 1。

109

倗伯鼎

M2531：26。2007 年出土。
耳间距 23.7、口径 22.8、通高 26.5 厘米。重 4705 克。容积 5500 毫升。

桃形敛口，折沿，方唇，双立耳，斜垂鼓腹，圜底近平，三圆柱足。上腹饰一
周凸弦纹。三合范铸造。

后腹内壁铸铭文："倗伯作旅鼎。"

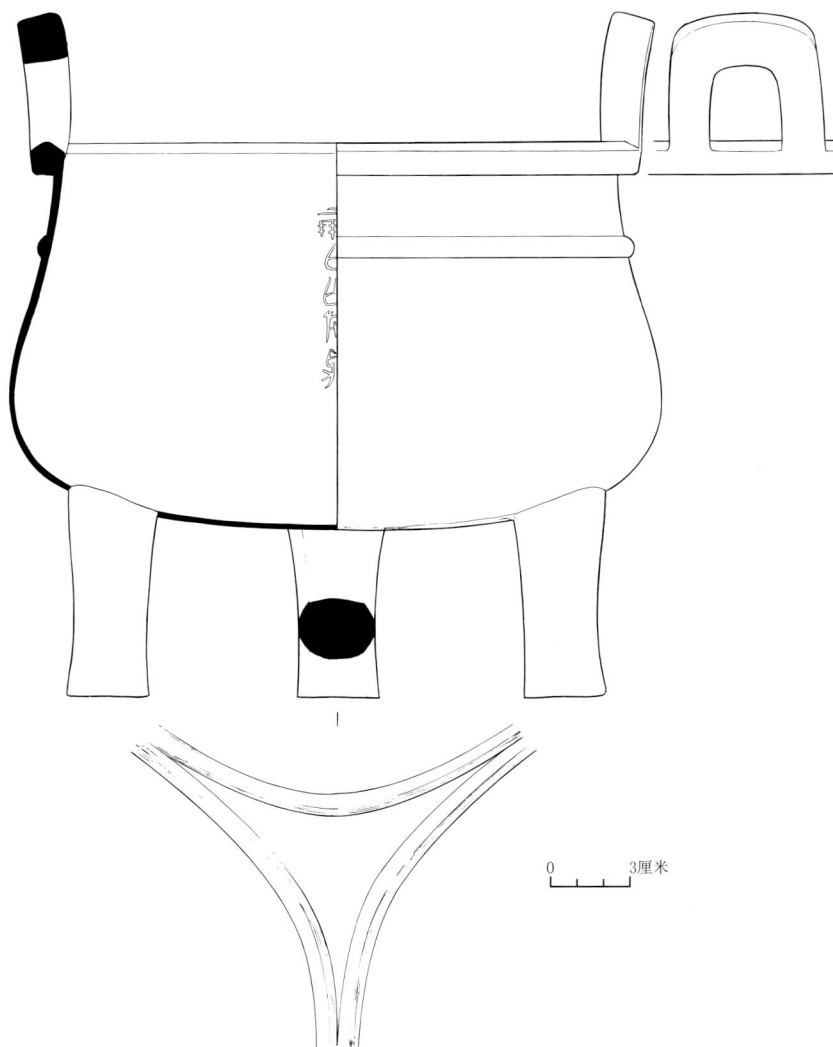

内底

外底

右耳外侧

后腹内壁铭文　　/　　后腹内壁铭文拓片

110

伯旅父方座簋

M2531：16。2007年出土。

盖口径20.1、高8.6厘米，器口径22.1、耳间距32.8、底座长21、底座宽20.8、高28厘米，通高35.2厘米。重7120（盖1555、器5565）克。容积3900毫升。

圆形口。盖子口内敛，舌较短，顶面圆隆，附四条长扉棱，中部置一圆形平顶捉手。器身侈口，卷沿，厚方唇，垂腹略鼓，腹两侧置兽首半环形竖耳，耳下垂长方形珥，腹正背面中部置竖长扉棱，圜底，圈足外撇下折成阶，置四条短扉棱，下接方座，外底中部垂一弯钩。盖捉手顶面、腹部、底座四面均饰回首大鸟纹，腹上部饰一周长卷尾鸟纹，圈足饰斜角云纹，底座顶面四角各饰一兽面纹，均以云雷纹衬地。盖、器分铸，均为四合范铸造。

盖内和器内底铸相同的铭文："伯旅父作宝铃簋四。"

0　　3厘米

外底

0 ____ 3厘米

方座顶面纹饰拓片

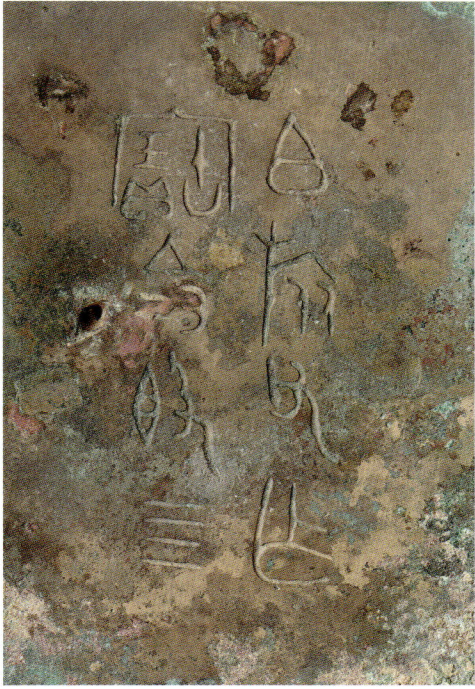

盖内铭文　/　盖内铭文拓片

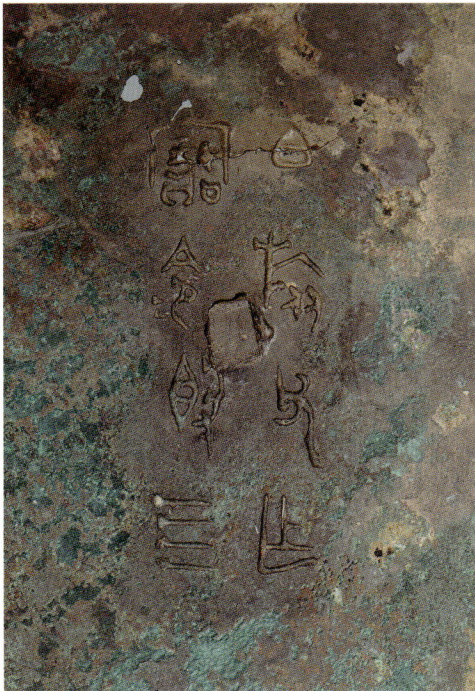

内底铭文　/　内底铭文拓片

盖面纹饰拓片

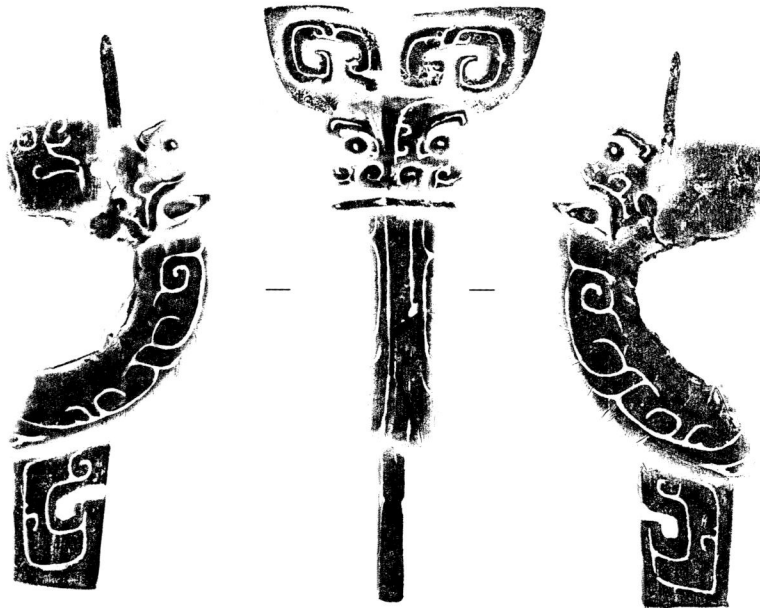

左耳纹饰拓片

正面腹上部纹饰拓片

正面腹部纹饰拓片

方座正面纹饰拓片

圈足纹饰拓片

伯旅父方座簋

M2531：17。2007 年出土。

盖口径 19.7、高 9.7 厘米，器口径 22.4、耳间距 33、底座长 21、底座宽 20、高 28.1 厘米，通高 35. 厘米。重 7270（盖 1765、器 5505）克。容积 3600 毫升。

器形、纹饰、制法和铭文与 M2531 ： 16 簋近同。

盖内和器内底铸相同的铭文："伯旅父作宝铃簋四。"

盖内铭文　　/　　盖内铭文拓片

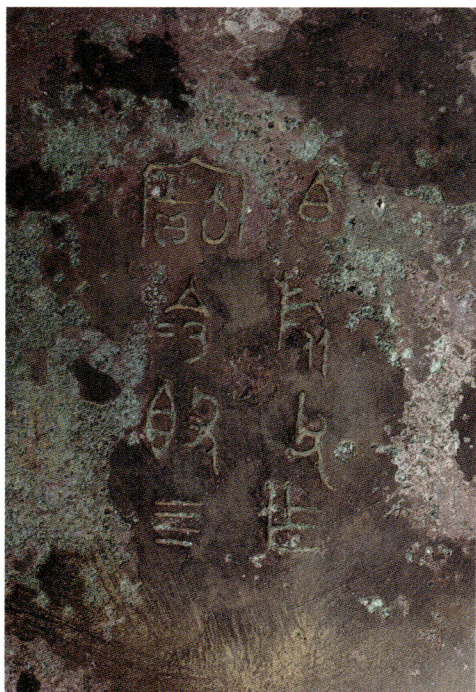

内底铭文　　/　　内底铭文拓片

方座

0   3厘米

方座正面纹饰拓片

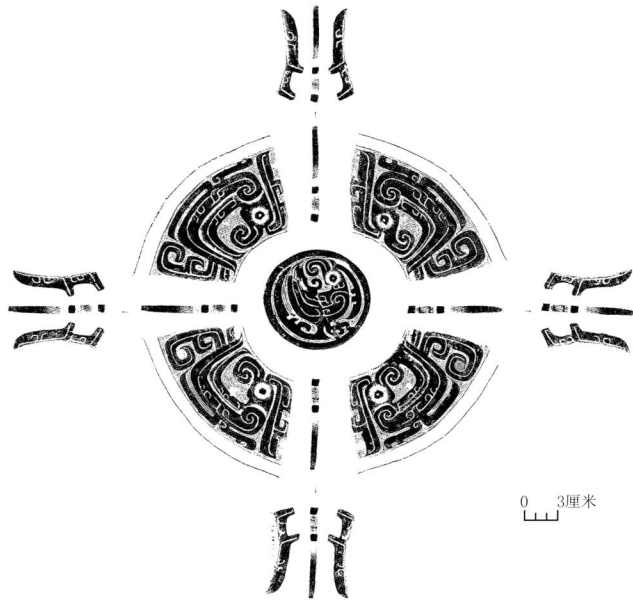

盖面纹饰拓片

0 3厘米

左耳纹饰拓片

0 3厘米

圈足纹饰拓片

0 3厘米

方座顶面纹饰拓片

正面腹部纹饰拓片

正面腹上部纹饰拓片

112

倗姬鬲

M2531：24。2007 年出土。

耳间距 27.4、口径 23.3、通高 20.6 厘米。重 4240 克。容积 3670 毫升。

桃形直口，宽折沿，方唇，矮直颈，斜肩，圆鼓腹，腹上部附双耳，联裆近平，三实心圆柱足。腹部饰三条竖向扁扉棱，颈肩部各饰一周凸弦纹。三合范铸造。后腹内壁铸铭文："唯正月初吉，倗姬作宝彝，其万年保，子子孙其永宝用。"

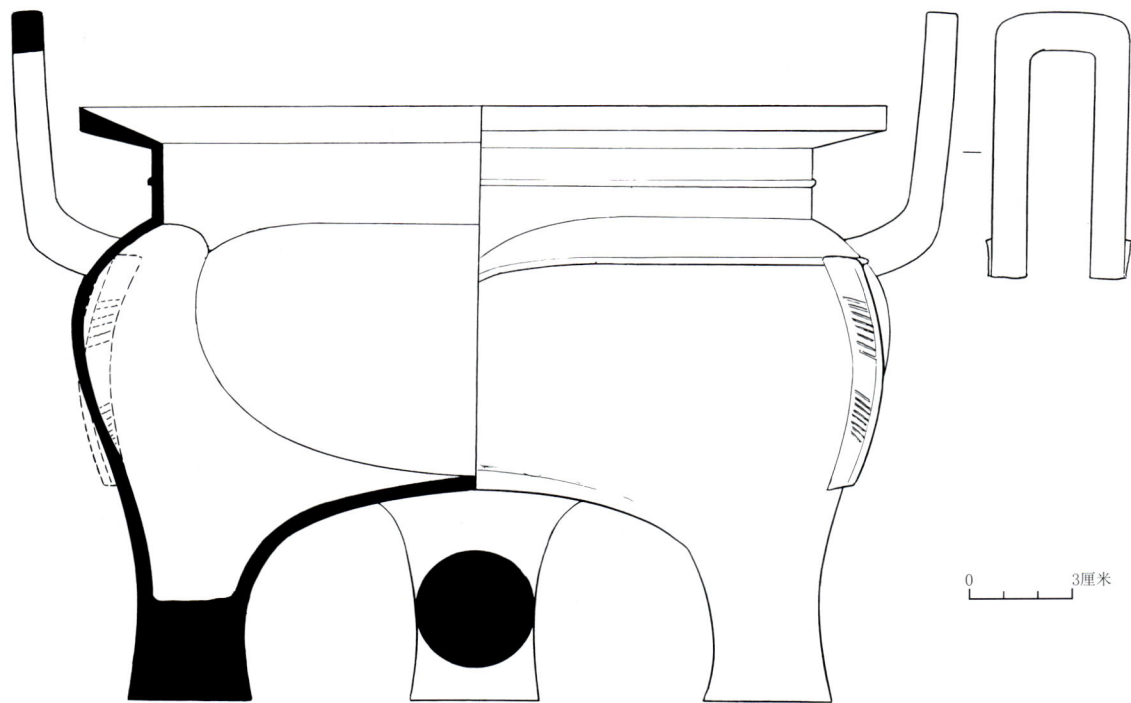

0   3厘米

左后腹席纹痕迹

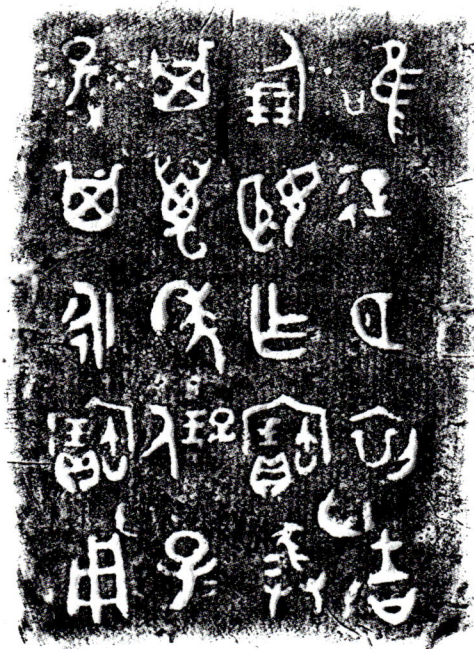

后腹内壁铭文 / 后腹内壁铭文拓片

后足底

113

御正射尊

M2531：14。2007 年出土 。

口径 20、圈足底径 13.5、通高 19.7 厘米。重 2525 克。容积 2180 毫升。

圆形敞口，卷沿，方唇，粗颈略束，垂鼓腹，圜底，圈足外撇下折成阶，腹部和圈足横截面均为椭方形。口沿下饰一周蕉叶纹，内饰兽面纹，颈饰一周夔龙纹，腹饰兽面纹，身后各饰一条夔龙，均以云雷纹衬地，圈足饰一周凸弦纹。四合范铸造。

内底铸铭文："唯九月，伯宜父赏御正射丝、马匹，用作父乙宝尊彝。"

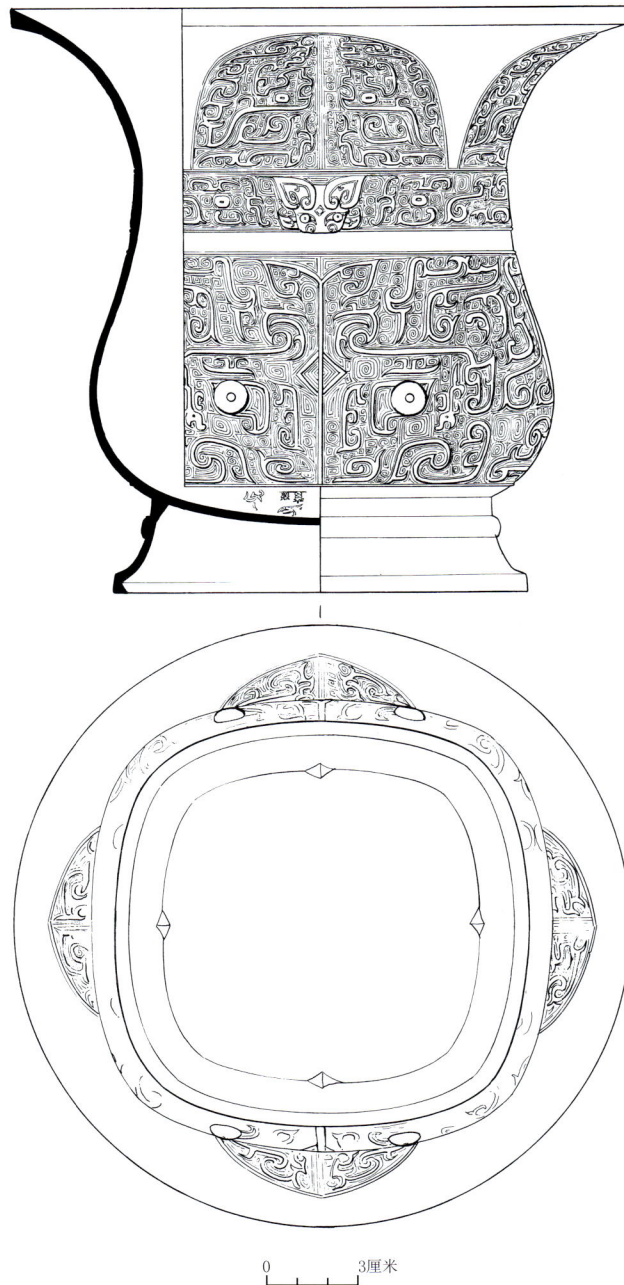

0   3厘米

内底铭文　　/　　内底铭文拓片

正面腹部纹饰拓片

颈部纹饰拓片

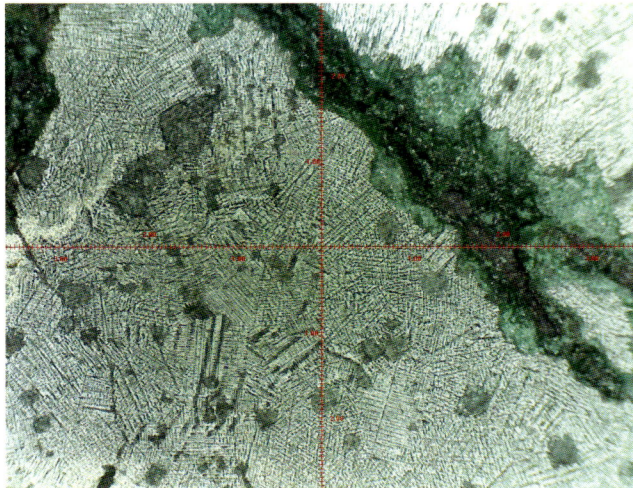

口部丝织品痕迹

114

御正射卣

M2531：13。2007 年出土。

盖口长径 15.3、口短径 12.3、高 8.2 厘米；提梁两端兽首间距 25.3 厘米；器口长径 14.2、短径 10.8 厘米，圈足底长径 16.6、短径 12.8 厘米，高 15.3 厘米；通高 24.5 厘米。重 4435（盖 750、器 3685）克。容积 2150 毫升。

椭方形口。盖母口微侈，顶面圆隆，中部置一椭方圈形捉手，两侧边缘各有一犄角形凸饰。器身子口，舌较长，垂圆鼓腹，圜底近平，圈足外撇下折成阶。上腹部两侧置竖向半环形耳，衔弓形提梁两端兽首后圆环。盖面饰一周椭方形双阳线圈纹，盖缘和腹部均饰兽面纹，身后各饰一条夔龙，上腹饰一周夔龙纹，提梁面饰夔龙纹，均以云雷纹衬地，圈足饰一周凸弦纹。盖、提梁、器身分铸，盖、器均为四合范铸造。

盖内和器内底铸相同的铭文："唯九月，伯宜父赏御正射丝、马匹，用作父乙宝尊彝。"

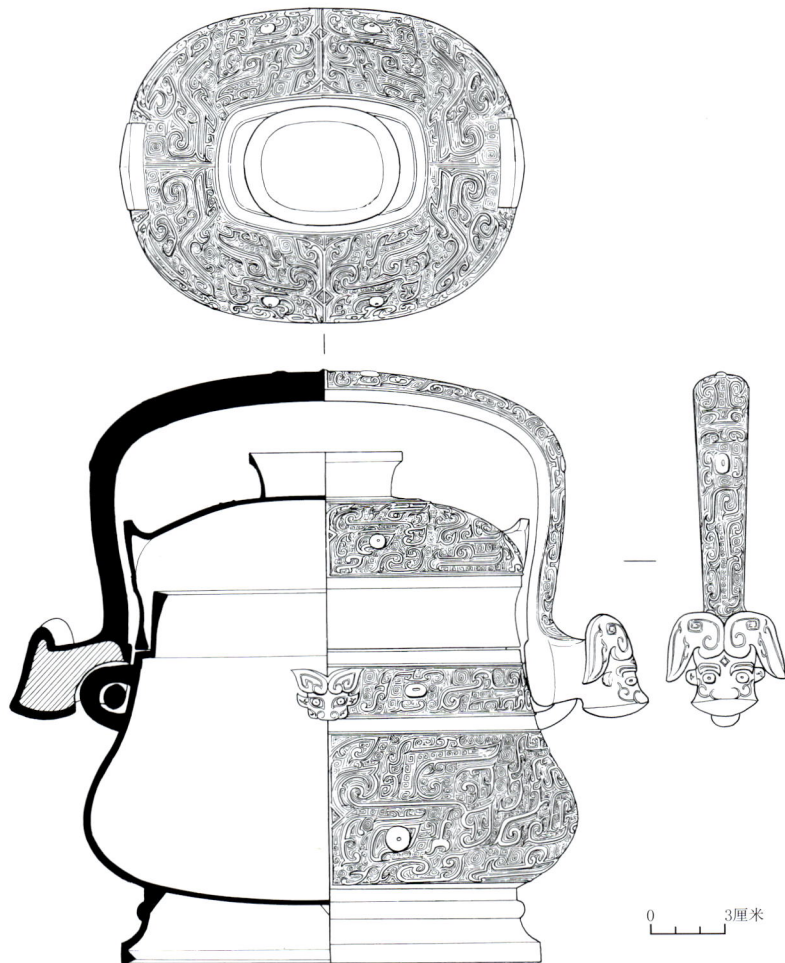

卣盖

提梁及器上部

右耳

盖内铭文拓片　　/　　内底铭文拓片

0   6厘米

盖面纹饰拓片

0   3厘米

正面腹上部纹饰拓片

0   3厘米

提梁纹饰拓片

背面腹部纹饰拓片

0   6厘米

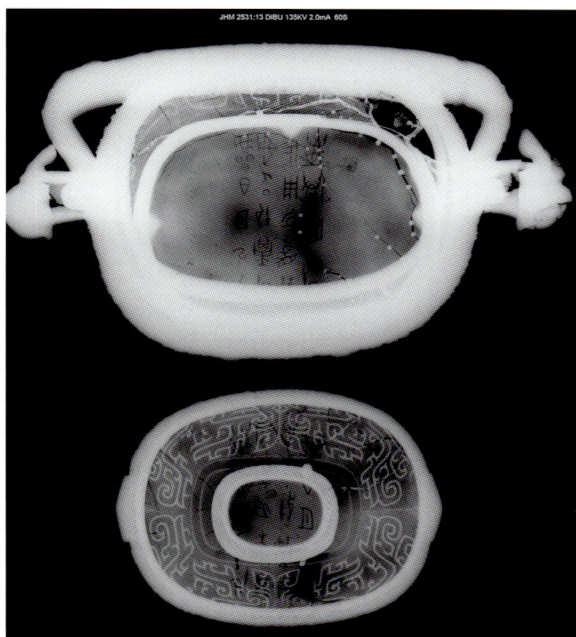

盖面和内底 X 光片   /   圈足丝织品痕迹

115

伯爵

M2531∶22。2007 年出土。

流尾间距 17.8、口宽 7.8、通高 22.3 厘米。重 1035 克。容积 200 毫升。

侈口，"U"形流上扬，尖尾上翘，方唇，近流折处立伞状双柱，筒状扁圆形腹，略垂鼓，腹一侧置龙首半环形竖鋬，圜底，三棱刀状足外撇。伞帽中部饰一周三角纹，其下饰一周云雷纹，尾下、器身上部正背面各饰一蕉叶纹，内填两只简化鸟纹，流下和腹部饰回首大鸟纹。三合范铸造。

鋬内腹壁铸铭文："伯作宝彝。"

腹部纹饰及铭文拓片

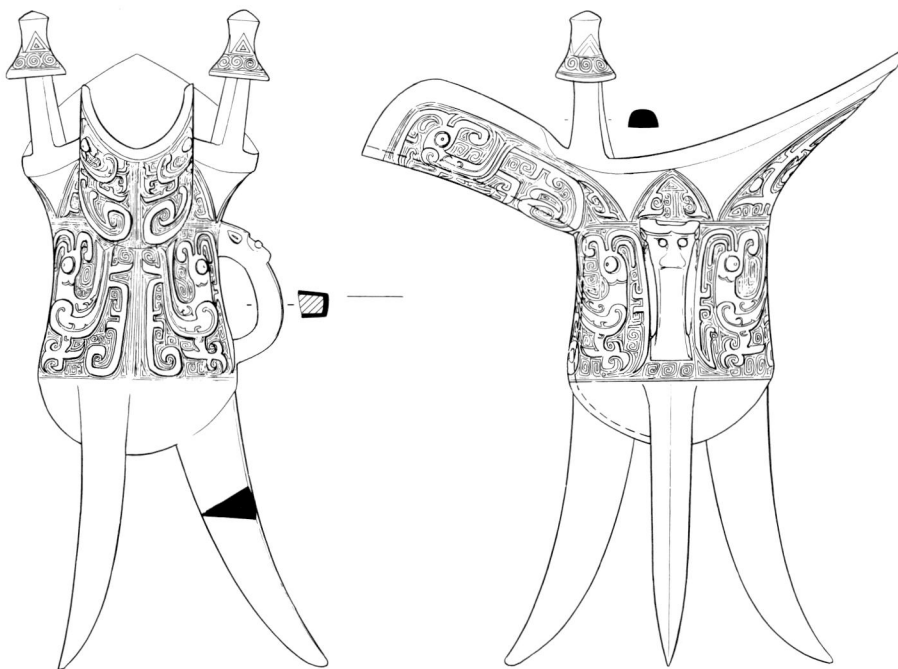

鋬内腹壁铭文

流下部纹饰拓片　　/　　尾下部纹饰拓片

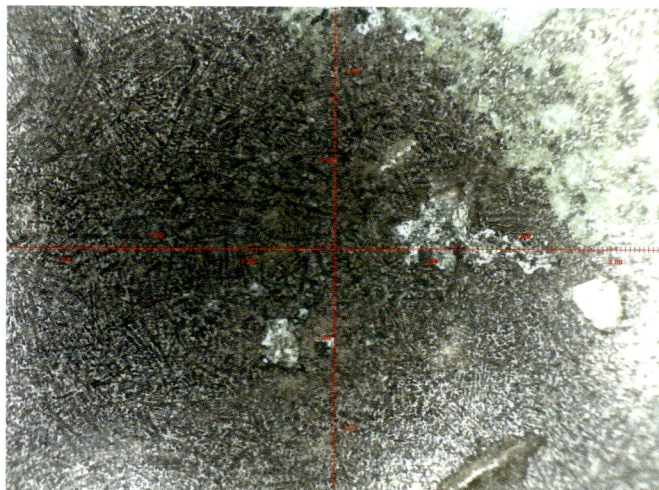

双柱 / 内底丝织品痕迹

116

中罙父鼎

M2606：2。2007 年出土。

耳间距 18.7、口径 18.9、通高 19.5 厘米。重 2205 克。容积 2350 毫升。

桃形敛口，折沿，方唇，双立耳，斜直垂腹，圜底近平，三半圆柱足。上腹饰一周顾首龙纹，以云雷纹衬地。三合范铸造。

后腹内壁铸铭文："中罙父肇作旅鼎，子子孙孙其永宝用享。"

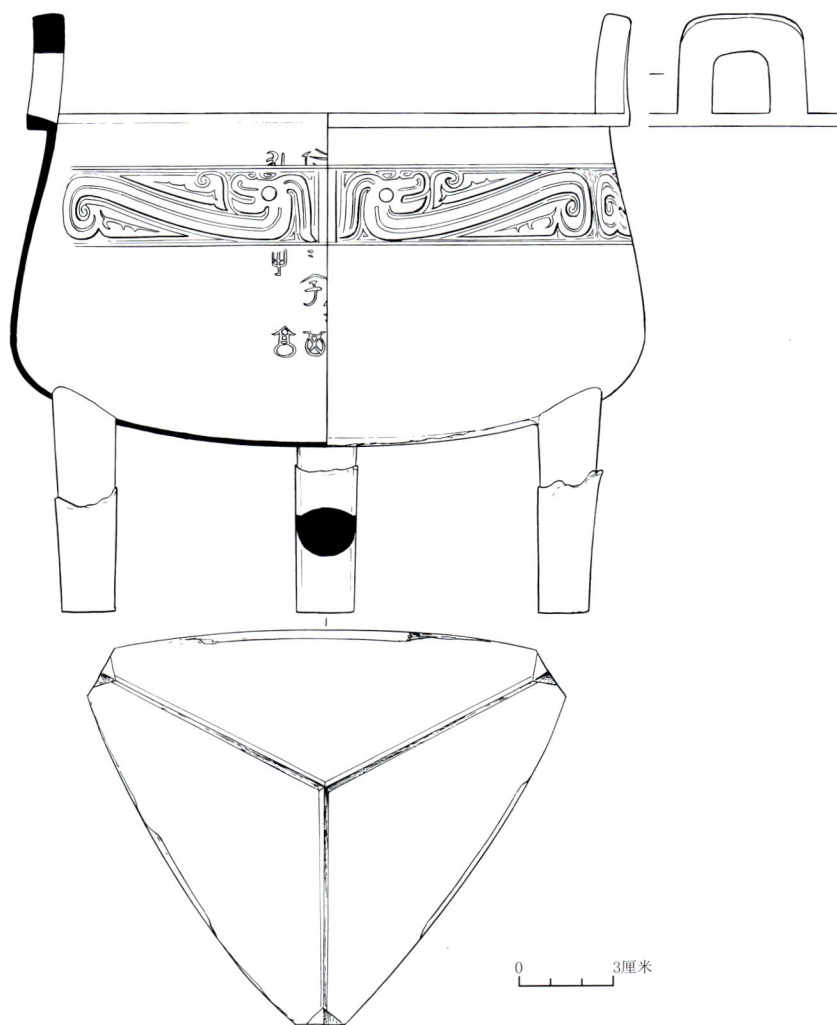

0   3厘米

外底

后足内侧

486

后腹内壁铭文　／　后腹内壁铭文拓片

0　　3厘米

腹上部纹饰拓片

□盆

M2606：1。2007年出土。

耳间距23.4、口径22.7、底径12.1、通高14.3厘米。重2145克。容积3450毫升。

敛口，折沿，方唇，折腹，上腹两侧置竖桥形宽钮衔圆环，下腹斜内收，平底。上腹饰一周顾首龙纹，以云雷纹衬地。四合范铸造。

后腹内壁铸铭文："□肇作䢅文考宝盆，其用夙夜用享于䢅宗室，其万年子子孙孙其永宝用享。"

0　　　　3厘米

左耳

0   3厘米

正面腹上部纹饰拓片

后腹内壁铭文 / 后腹内壁铭文拓片

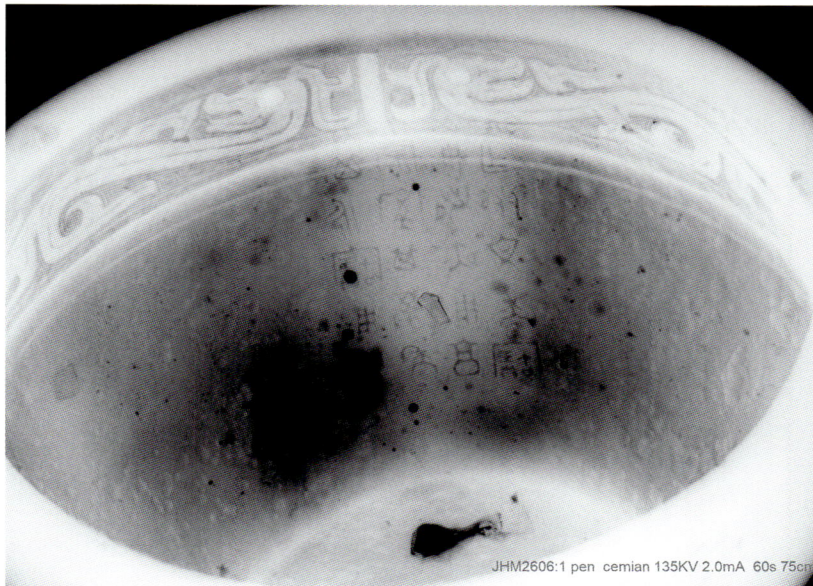

后腹 X 光片

墓口长 266、宽 138 厘米，墓底长 295、西宽 150、东宽 162 厘米，深 403 厘米。
方向 95°。一椁一棺。墓主俯身直肢，男性，40～45 岁。
随葬铜礼器鼎 1 件。

118

從鼎

M3011：2。2006 年出土。
耳间距 15.4、口径 14.8、通高 17.2 厘米。重 1260 克。容积 1265 毫升。

敛口，折沿，圆唇，索状双立耳，斜垂鼓腹，圜底，三柱足。上腹饰两周凸弦纹。
三合范铸造。
后腹内壁铸铭文："從作旅鼎。"

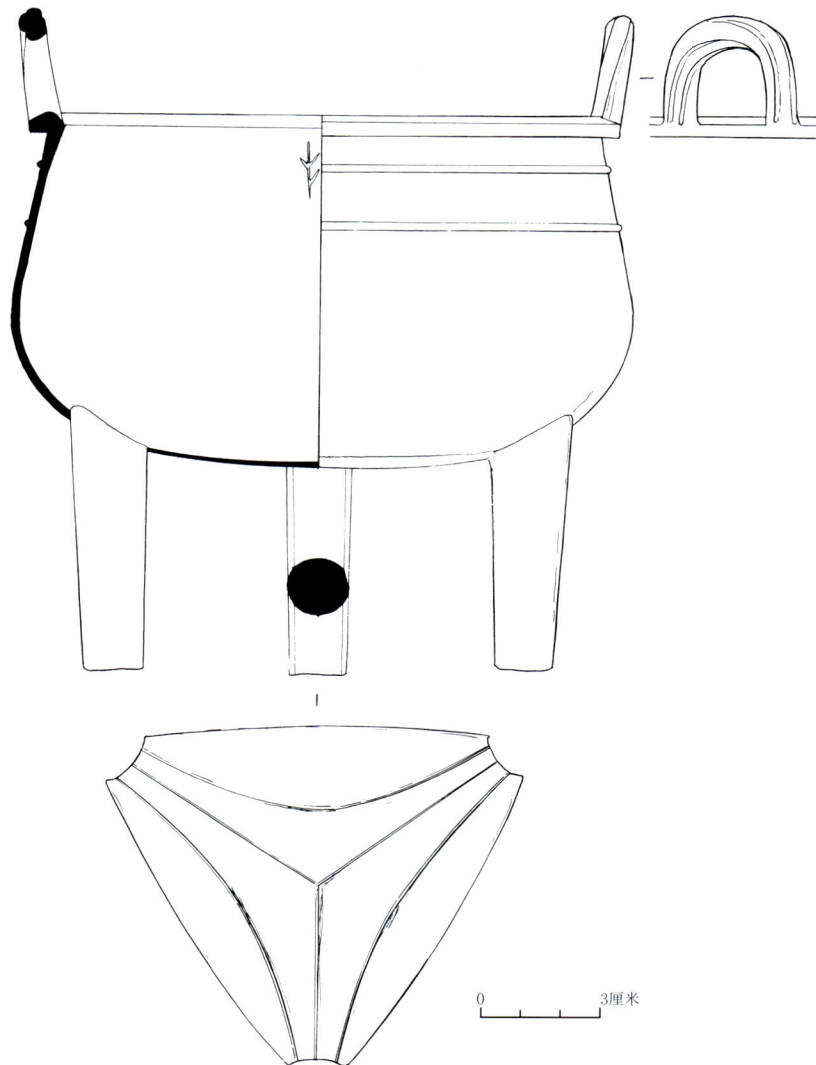

0   3厘米

外底

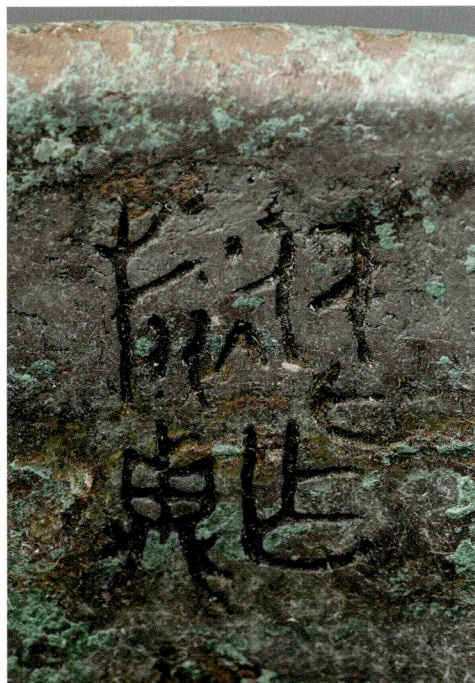

后腹内壁铭文 / 后腹内壁铭文拓片

右耳内侧

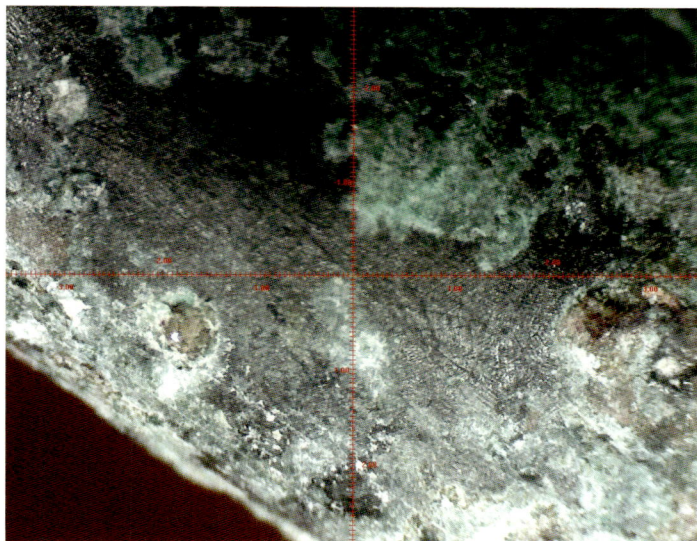

口沿丝织品痕迹

M3098　墓口长 240、宽 140 厘米，墓底长 292 ~ 300、宽 200 厘米，深 487 厘米。方向 268°。一椁一棺。墓主仰身直肢，女性，40 岁以上。殉 1 人。随葬铜礼器 2 件：簋 1、鬲 1。

119

弦纹簋

M3098：5。2007 年出土。

耳间距 27.4、口径 19.6、圈足径 15.4、通高 15.2 厘米。重 2845 克。容积 2450 毫升。

侈口，卷沿，方唇，斜垂鼓腹，腹两侧置龙首半环形竖耳，耳下垂长方珥，圜底，高圈足外撇下折成阶。腹上部和圈足各饰一周凸弦纹，外底面饰一只阳线鸟纹。四合范铸造。

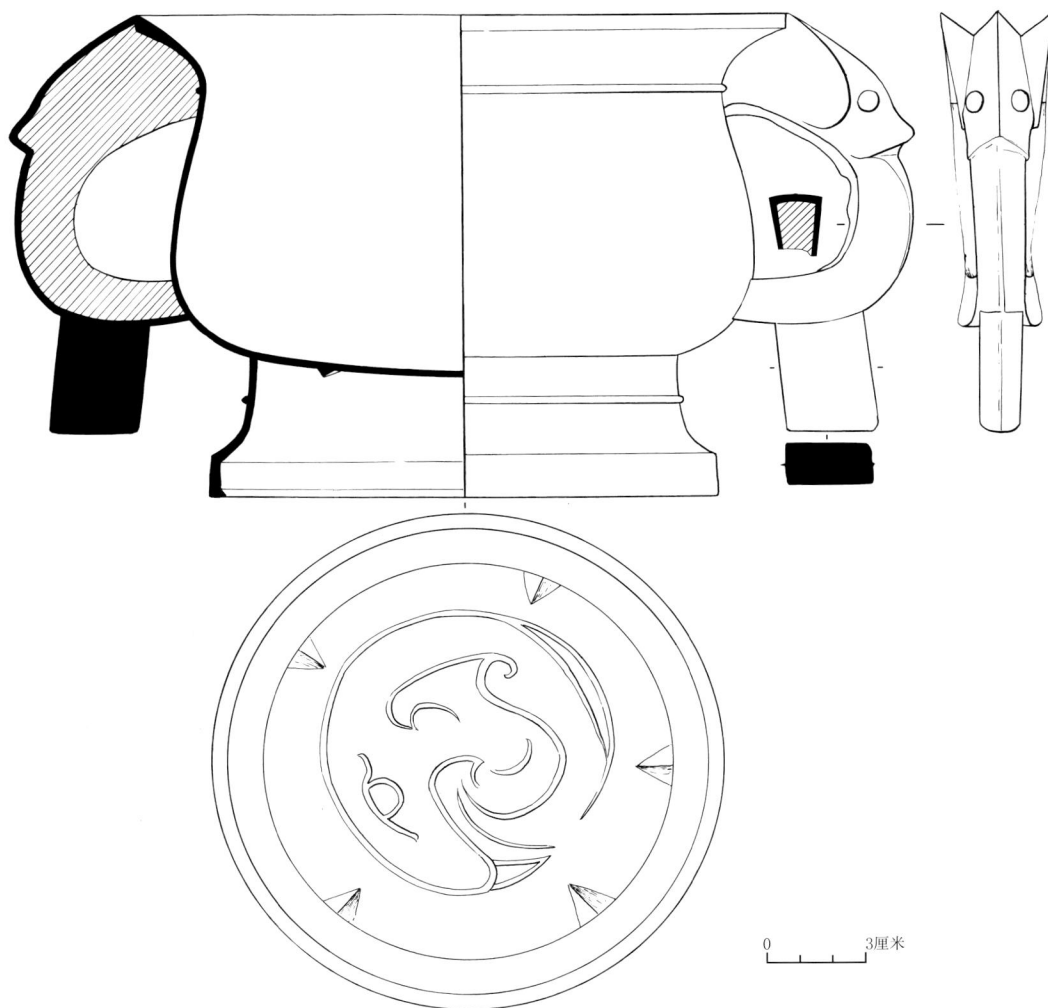

0　　　3厘米

外底

右耳

左耳范线 / 右耳下腹壁范线

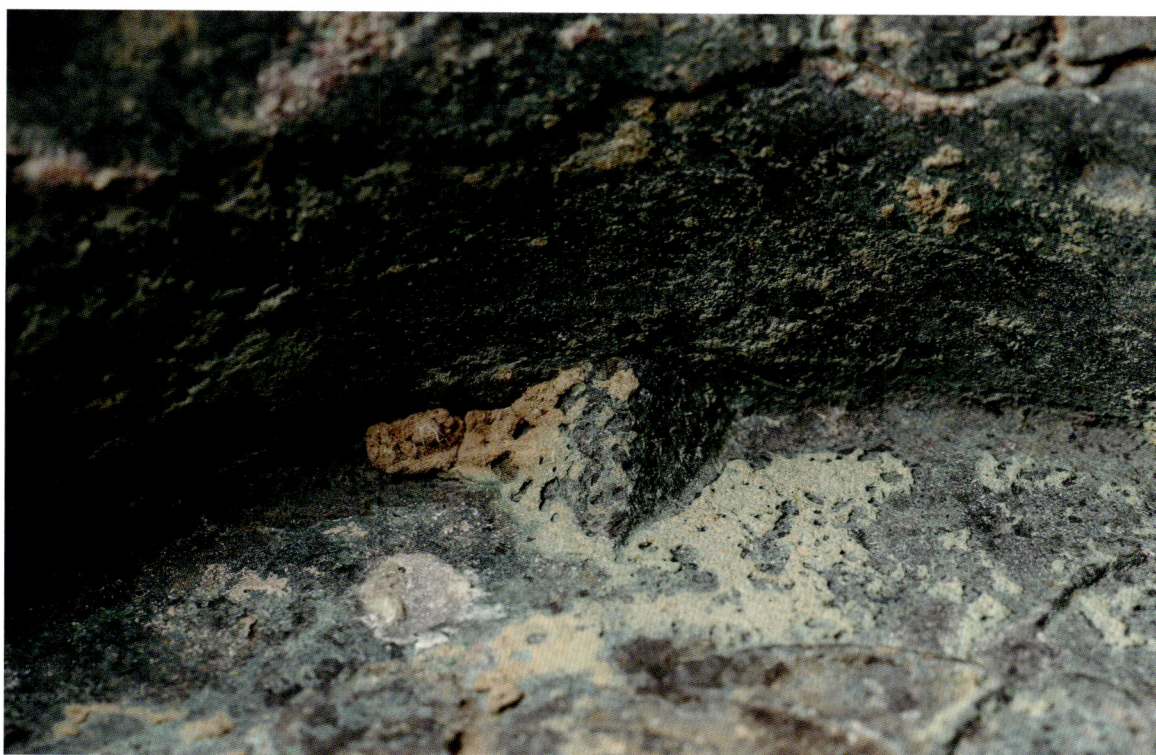

圈足内三角形支撑

120

素面鬲

M3098：4。2007 年出土。

耳间距 14.1、口径 13.8、通高 18.4 厘米。重 1930 克。容积 1000 毫升。

桃形侈口，卷沿，方唇，双立耳，鼓腹，分档，实足根较长。素面。三合范铸造。

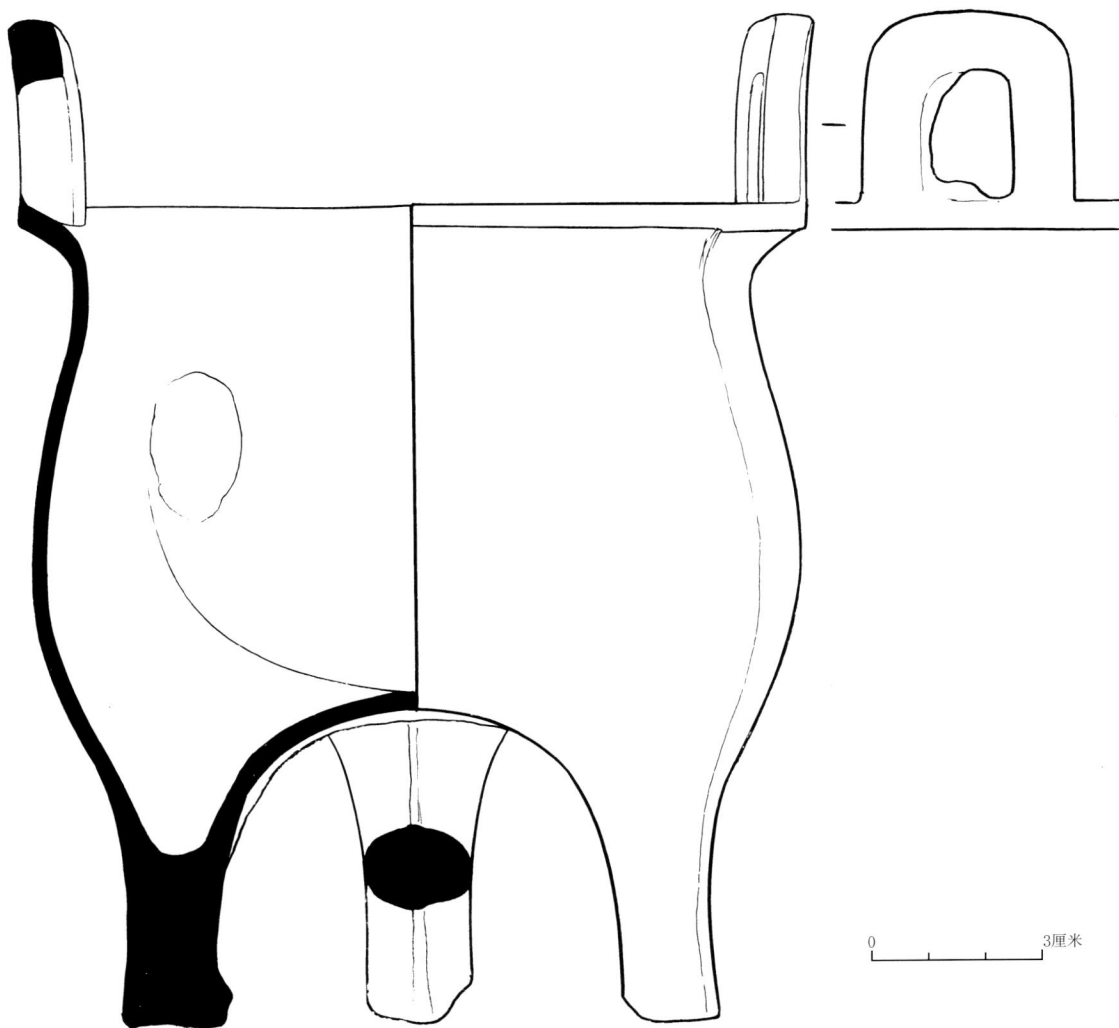

0   3厘米

内底

外底

M3183　墓口长 340、宽 190 厘米，墓底长 370 ~ 375、宽 220 ~ 250 厘米，深 530 厘米。
方向 285°。一椁一棺。墓主俯身直肢，男性，45 岁以上。殉 1 人、1 狗。
随葬铜礼器 2 件：鼎 1、簋 1。

121
兽面纹鼎

M3183 : 2。2007 年出土。
耳间距 16.3、口径 15.7 ~ 15.9、通高 18.9 厘米。重 1380 克。容积 1200 毫升。

直口，折沿，方唇，双立耳，腹近直，分裆，三高圆柱足。腹饰兽面纹，以云雷纹衬地。三合范铸造。

0　　3厘米

腹部纹饰拓片

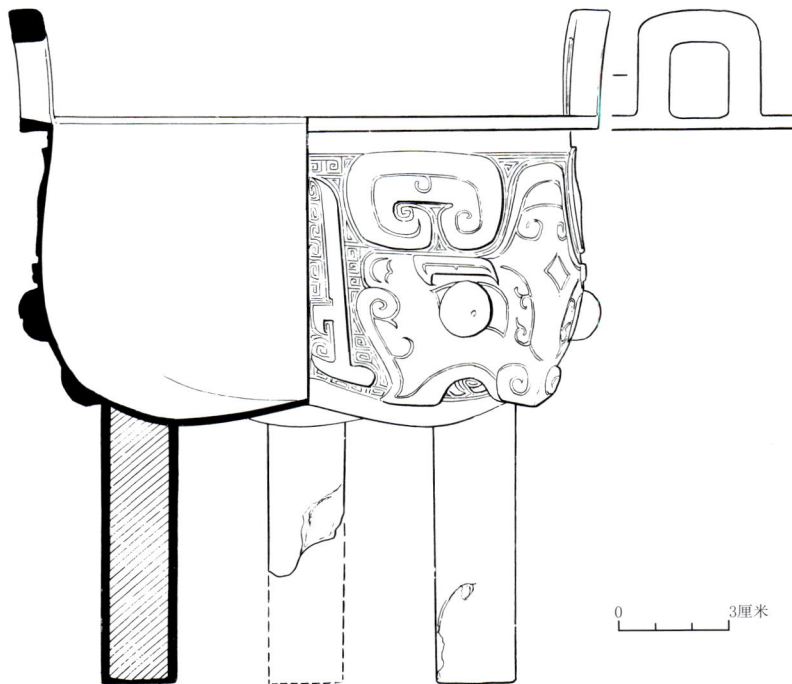

0　　3厘米

内底

外底

122

兽面纹簋

M3183：1。2007 年出土。

耳间距 26.9、口径 20.4、圈足径 16.2、通高 14.9 厘米。重 2275 克。容积 2400 毫升。

侈口，折沿，方唇，直腹微鼓，腹两侧置龙首桥形竖耳，圜底，高圈足外撇下折成阶。腹饰兽面纹，兽面两侧各饰一立鸟纹，圈足饰一周夔龙纹。四合范铸造。

0   3厘米

正面腹部纹饰拓片

0   3厘米

内底

外底

圈足

右耳

123

作父己鼎

M3184：2。2006 年出土 。

耳间距 19.3、口径 18.8～19.2、通高 22 厘米。重 2450 克。容积 2900 毫升。

敛口，折沿，方唇，索状双立耳，斜垂鼓腹，圜底，三圆柱足。上腹饰两周凸弦纹。
三合范铸造。
后腹内壁铸铭文："作父己鼎。"

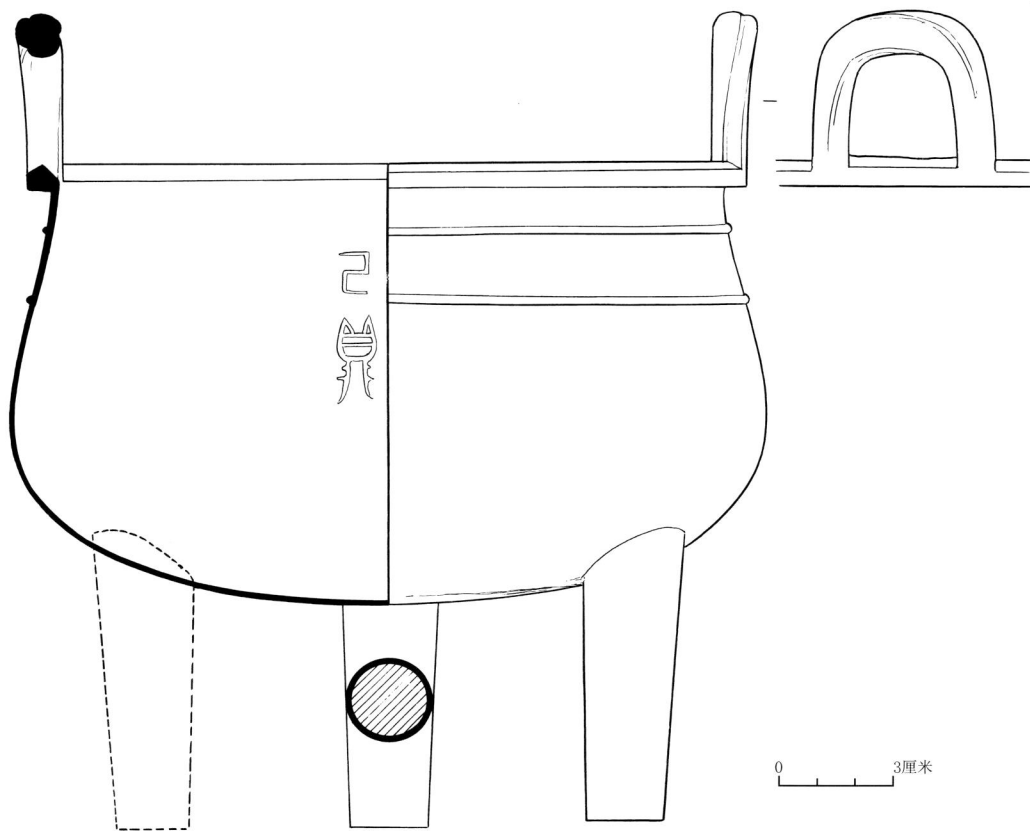

0　　　　　3厘米

内底

外底

左耳

后腹内壁铭文　　/　　后腹内壁铭文拓片

墓口长 246、宽 115～120 厘米，墓底长 295、宽 140～175 厘米，深 387 厘米。
方向 279°。一椁一棺。墓主俯身直肢，男性，30～35 岁。殉 1 人。
随葬铜礼器鼎 1 件。

124
子父丁鼎

M3195：1。2007 年出土。
耳间距 19.2、口径 19、通高 24.3 厘米。重 2490 克。容积 2500 毫升。

敛口，折沿，方唇，双立耳，垂腹微鼓，圜底近平，三圆柱足。上腹饰一周兽面纹。
三合范铸造。
后腹内壁铸铭文："子父丁。"

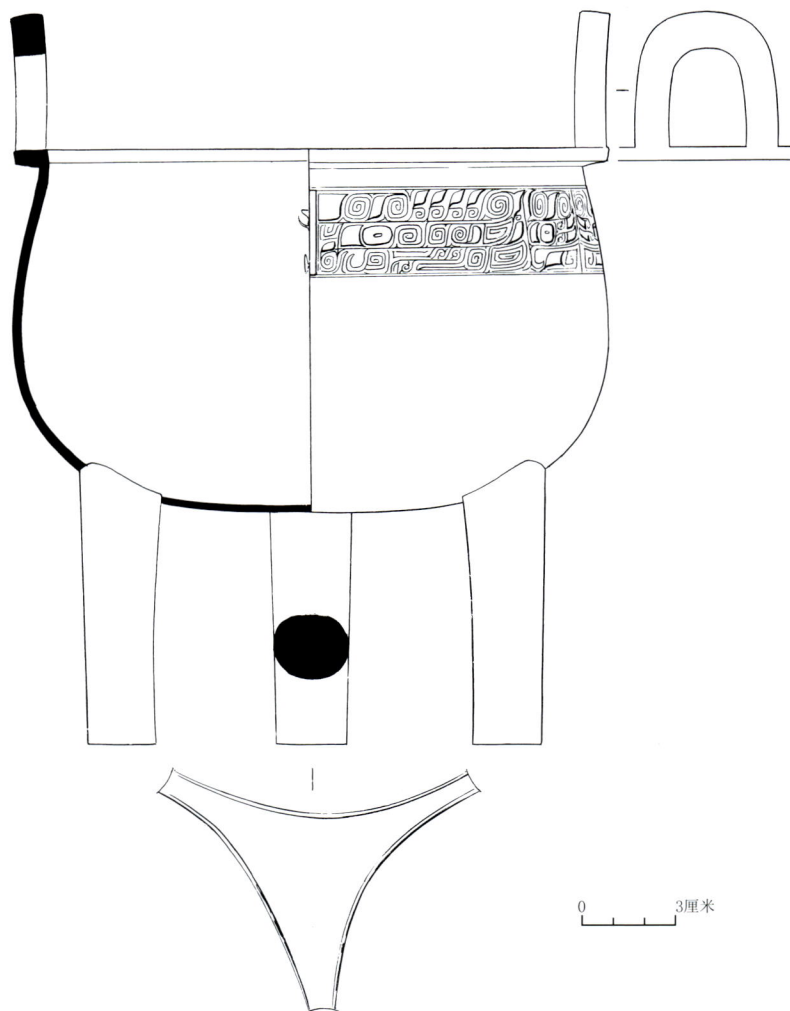

0 ⊢⊢⊢⊢ 3厘米

内底

外底

后腹内壁铭文　　／　　后腹内壁铭文拓片

0 ⊢⊢⊢⊣ 3厘米

腹上部纹饰拓片

125

糒方鼎

M3250：18。2007 年出土。
口长 18.8、口宽 14.9、通高 26.4 厘米。重 4620 克。容积 2100 毫升。

长方形口微敞，折沿，方唇，双立耳，直腹斜收，圜底近平，四圆柱足。腹壁
四角各饰一长扉棱，四面腹壁中部为素面方框，周边均饰鸟纹，以云雷纹衬地，
四足面上部饰扉棱兽面纹，下部均饰三道凸弦纹。四合范铸造。
后腹内壁铸铭文："太保。"内底铸铭文："糒作宗室宝尊彝。"

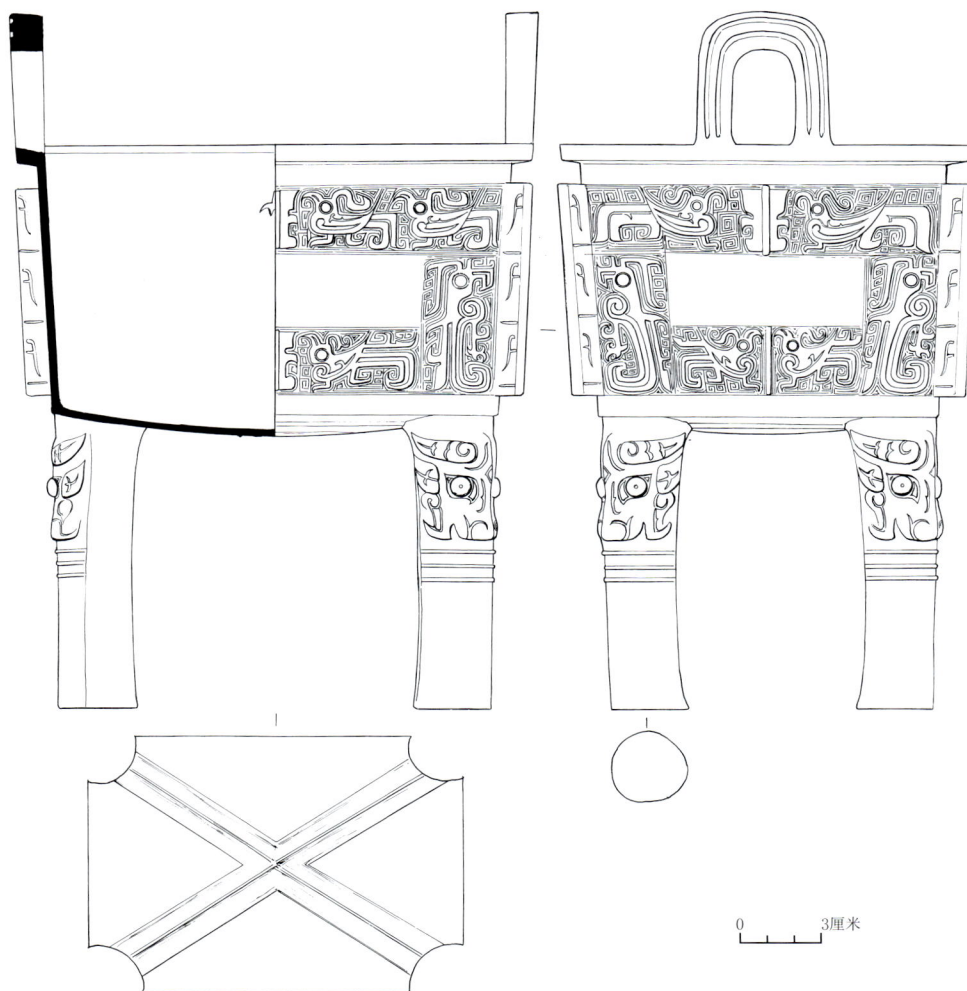

0   3厘米

外底

后腹内壁铭文　　/　　后腹内壁铭文拓片

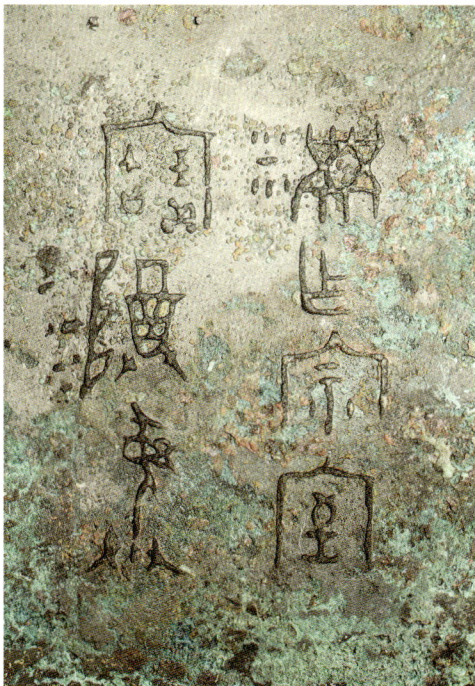

内底铭文　　/　　内底铭文拓片

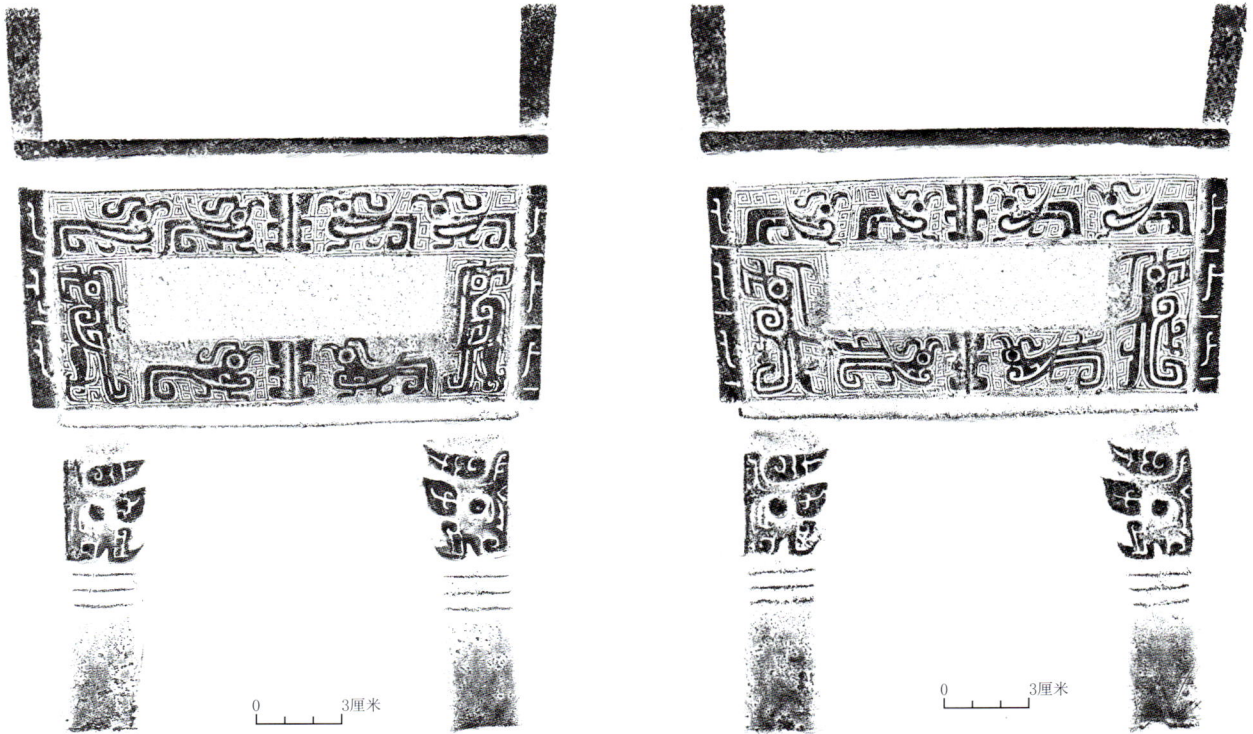

正面纹饰拓片　　/　　背面纹饰拓片

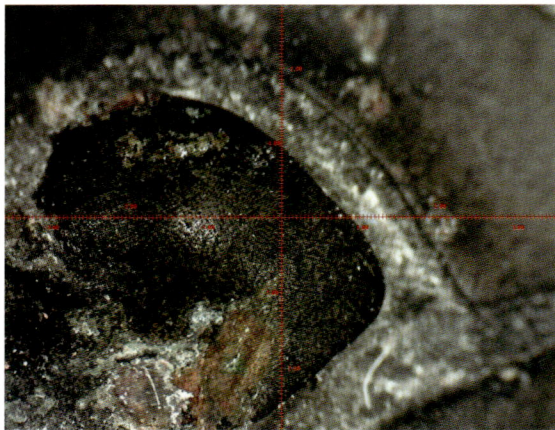

右前足丝织品痕迹　　/　　左侧、右侧面纹饰拓片

126 素面鼎

M3250：19。2007 年出土 。

耳间距 19.2、口径 18.3、通高 17.6 厘米。重 1830 克。容积 1680 毫升。

侈口，折沿，尖唇，口内侧有一周勾槽，索状双立耳，束颈，浅垂圆鼓腹，圜底近平，三圆柱足。素面。三合范铸造。

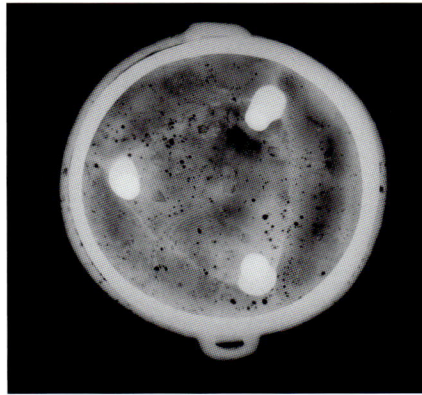

内底 X 光片

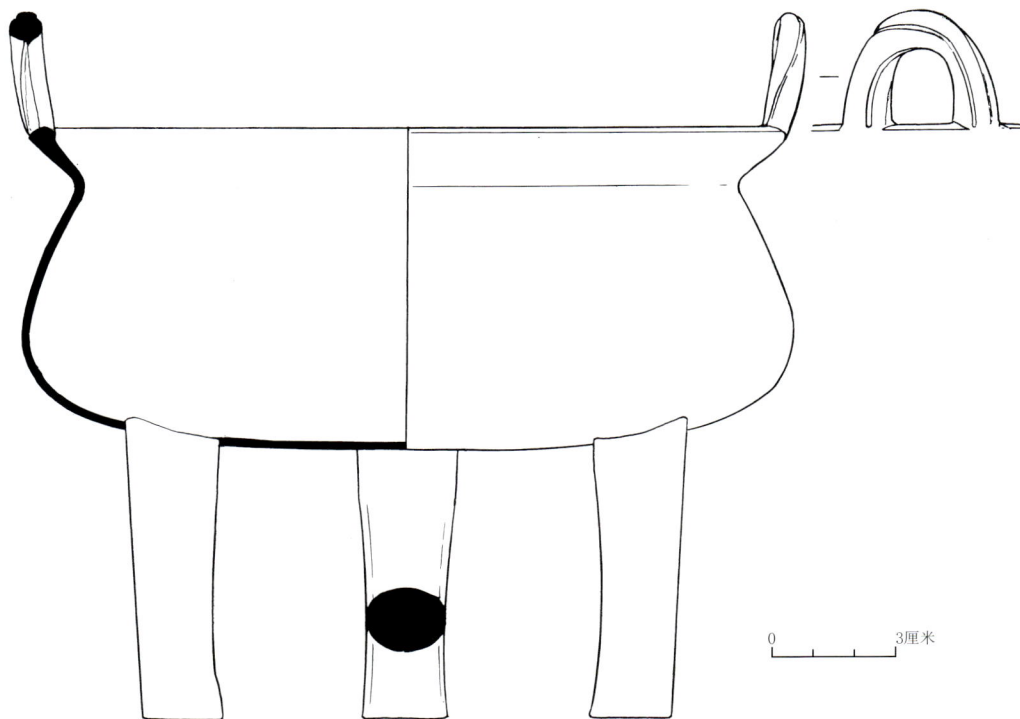

0   3厘米

外底

左耳外侧　　/　　鼎内兽骨

素面鼎

127

M3250：23。2007 年出土。

耳间距 14.9、口径 13.9、通高 14.3 厘米。重 1055 克。容积 610 毫升。

侈口，折沿，尖圆唇，口内侧有一周勾槽，索状双立耳，束颈，浅扁圆鼓腹，圜底，三高圆柱足。素面。三合范铸造。

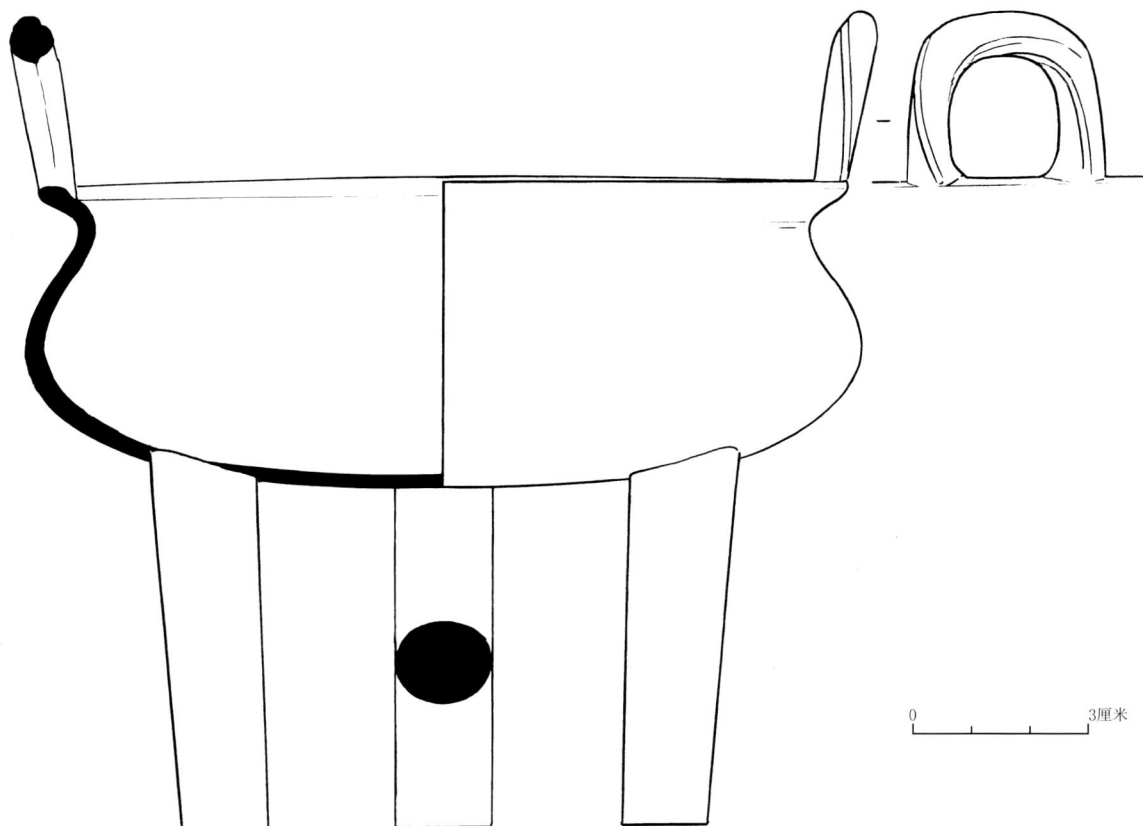

0   3厘米

外底

左耳外侧

外底补铸疤

左足底

128 太保鼎

M3250：58。2007 年出土 。

耳间距 14.8、口径 14.1、通高 16.4 厘米。重 1220 克。容积 715 毫升。

侈口，折沿，扁圆唇，口内侧有一周勾槽，索状双立耳，束颈，浅扁圆鼓腹，圜底，三高圆柱足。素面。三合范铸造。

内底铸铭文："太保铸。"

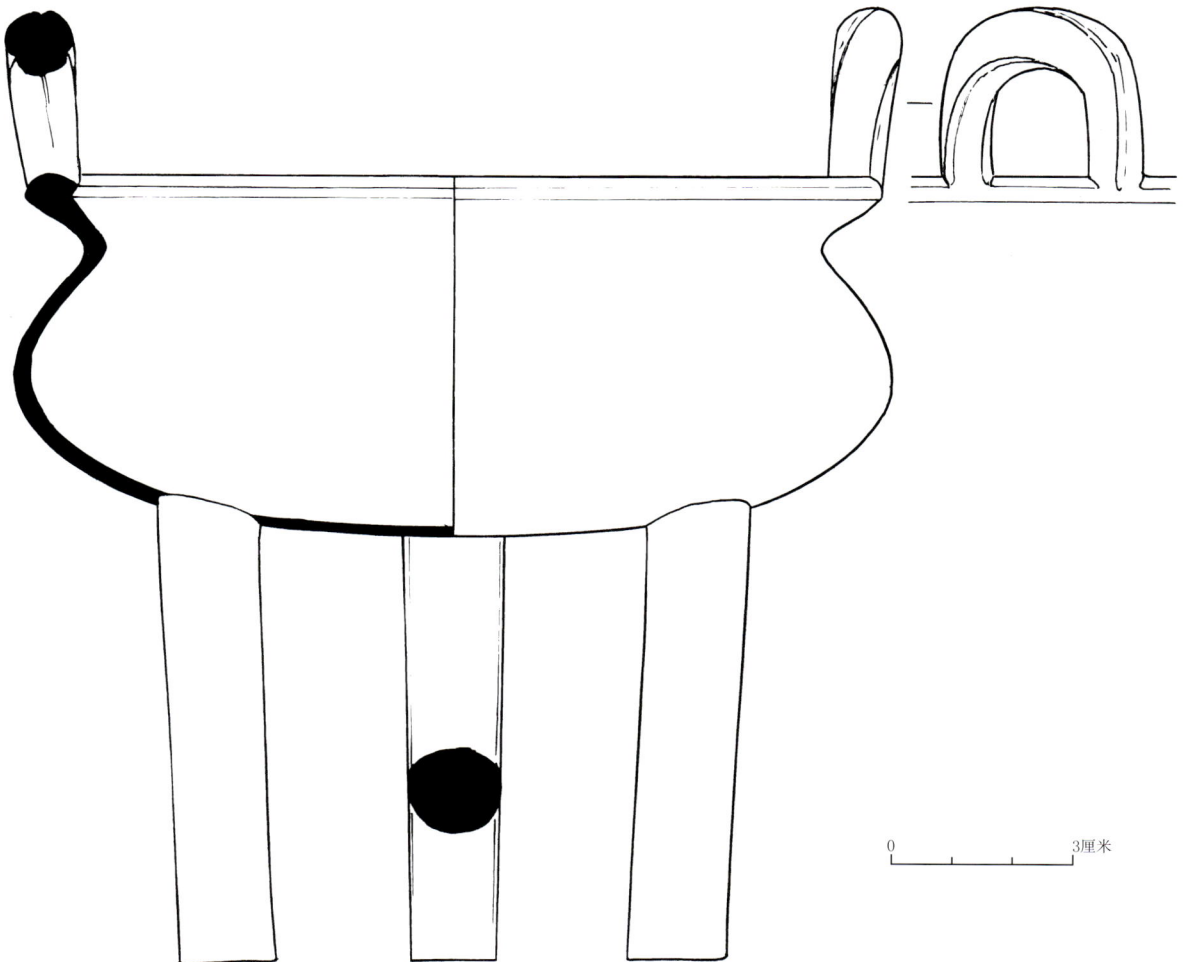

0　　　　　　3厘米

右耳内侧

鼎内兽骨

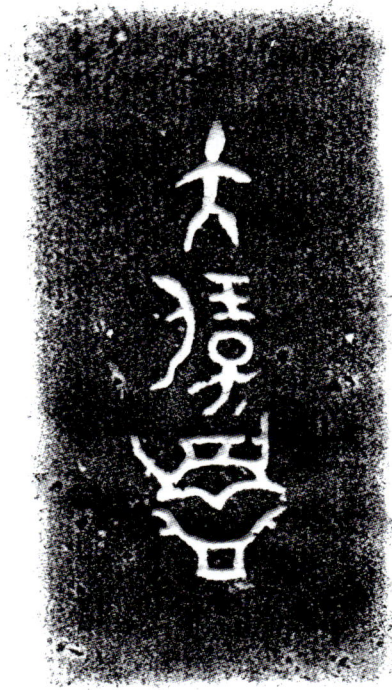

内底铭文　　　/　　　内底铭文拓片

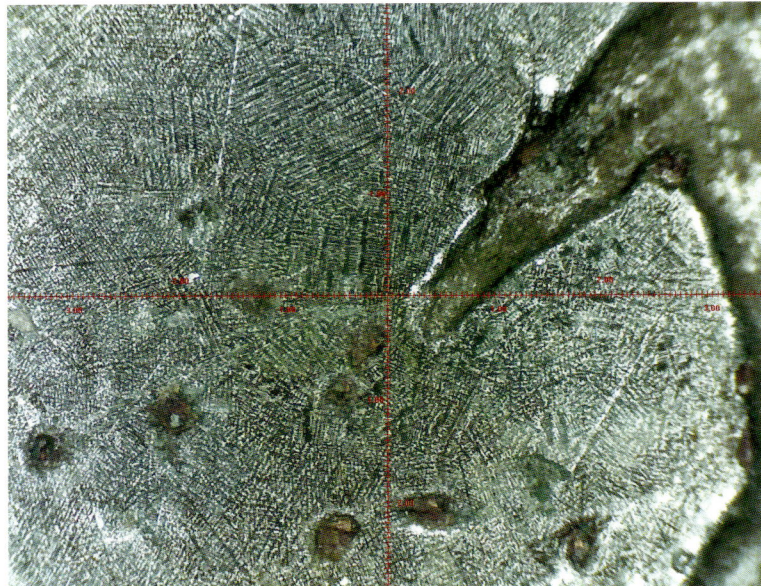

内底丝织品痕迹

129

册鼎

M3250：22。2007 年出土。

耳间距 20.3、口径 19.9、通高 23 厘米。重 2480 克。容积 2950 毫升。

桃形敛口，折沿，方唇，双立耳，圆腹略垂鼓，圜底，三圆柱足。上腹饰一周兽面纹。三合范铸造。

后腹内壁铸铭文："册。"

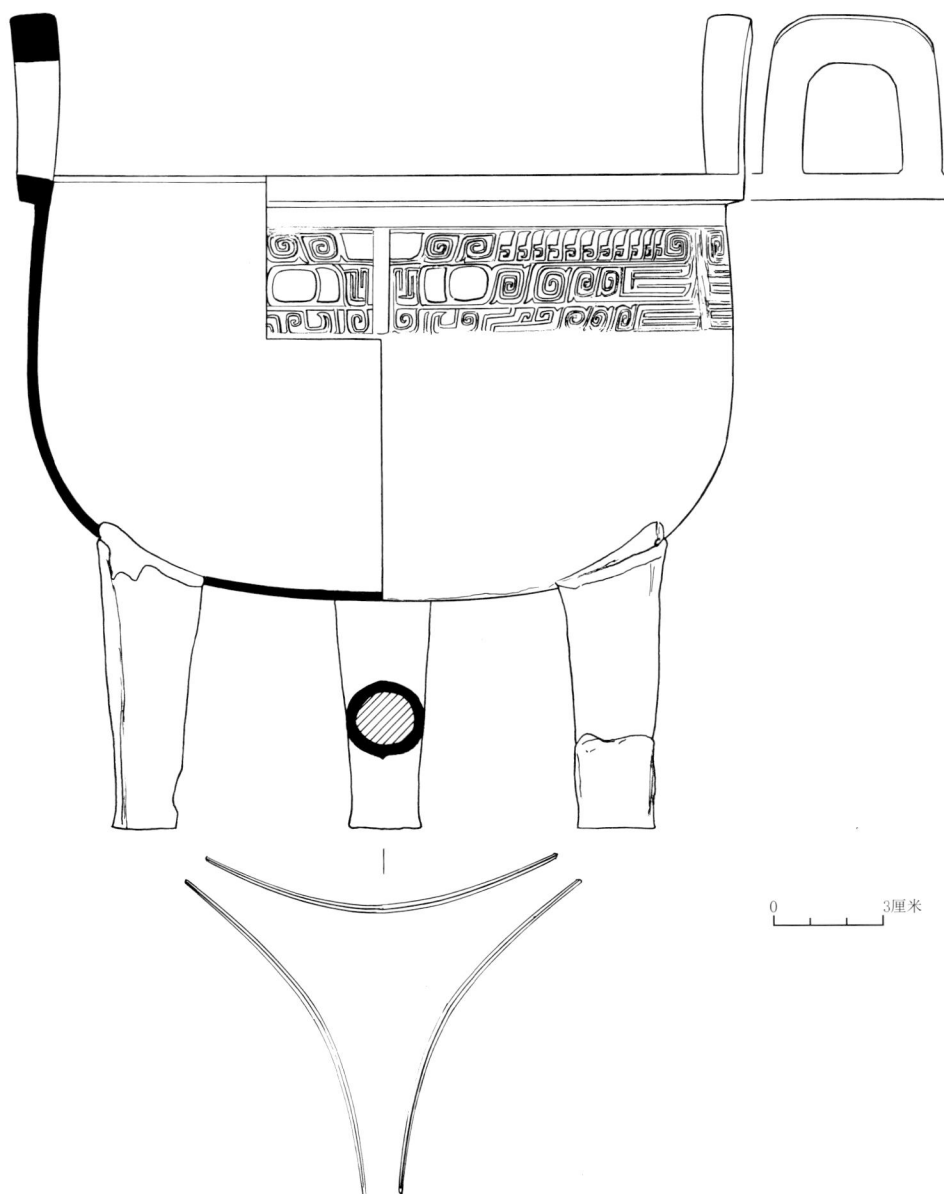

外底

鼎内兽骨

后腹内壁铭文 / 后腹内壁铭文拓片

0   3厘米

腹上部纹饰拓片

130 兽面纹鼎

M3250：42。2007 年出土。

耳间距 20.2、口径 19、通高 24.2 厘米。重 2045 克。容积 2180 毫升。

桃形敛口，折沿，方唇，双立耳，垂鼓腹，圜底近平，三圆柱状蹄足。上腹饰一周六组扉棱兽面纹，以云雷纹衬地，三足面上部各饰一扉棱兽面纹。三合范铸造。

腹上部纹饰拓片

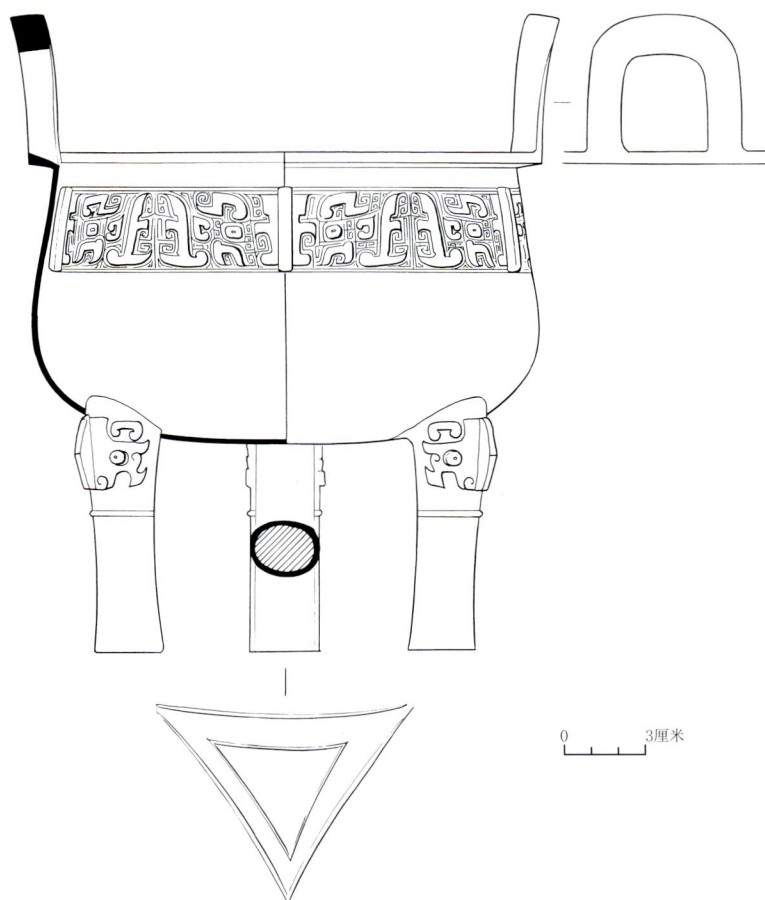

外底

右后腹

右耳内侧

后足

131

兽面纹鼎

M3250：43。2007 年出土。

耳间距 31.8、口径 30.7、通高 36.2 厘米。重 7755 克。容积 9950 毫升。

敛口，折沿，方唇，双立耳，圆垂腹，圜底，三圆柱状蹄足。上腹饰一周扉棱兽面纹，下腹饰一周垂叶形简化龙纹，均以云雷纹衬地，三足面上部各饰一扉棱兽面纹。三合范铸造。

0　3厘米

腹部纹饰拓片

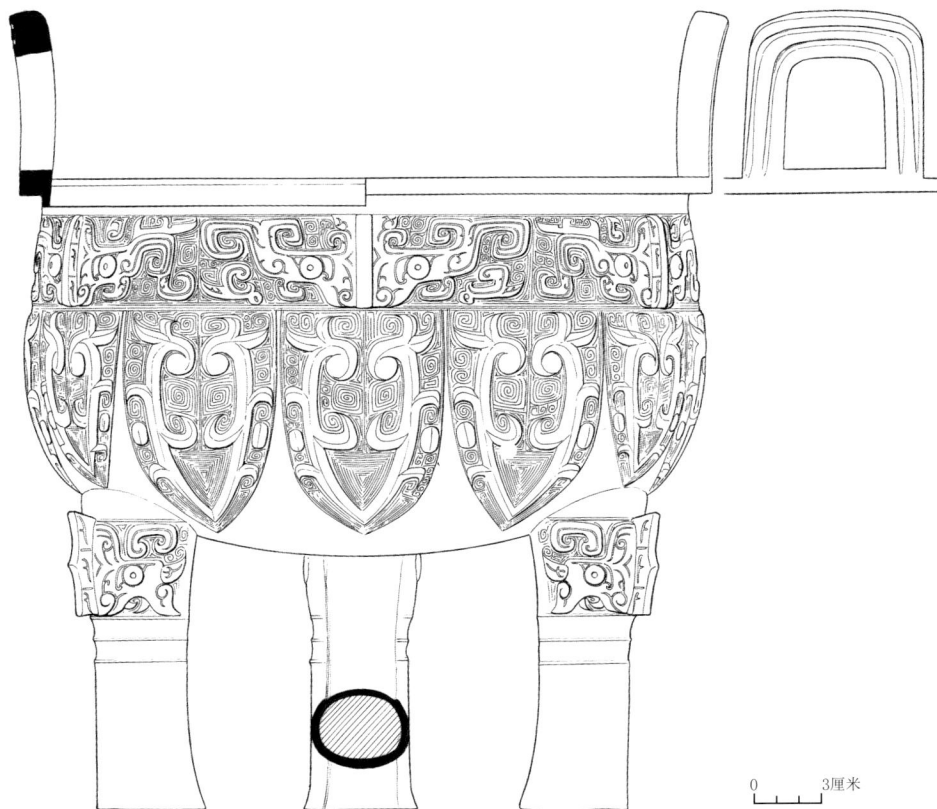

0　3厘米

外底

石耳外侧

左足

佣姬簋

M3250：20。2007 年出土。

盖口径 15.8、高 5.9 厘米，器口径 18、耳间距 23.4、高 16 厘米，通高 21.4 厘米。重 1920（盖 420、器 1500）克。容积 1580 毫升。

圆形口。盖子口内敛，舌较短，顶面圆隆，中部置一圈形捉手。器身侈口，卷沿，方唇，腹略垂鼓，腹两侧置龙首桥形竖耳，耳下垂勾云形珥，圜底近平，圈足外撇下折成阶，下接三圆柱足。盖面和器身上腹部各饰两周凸弦纹，上腹间二兽首。盖、器分铸，器为双合范铸造。

内底铸铭文："佣姬作保宝尊簋。"

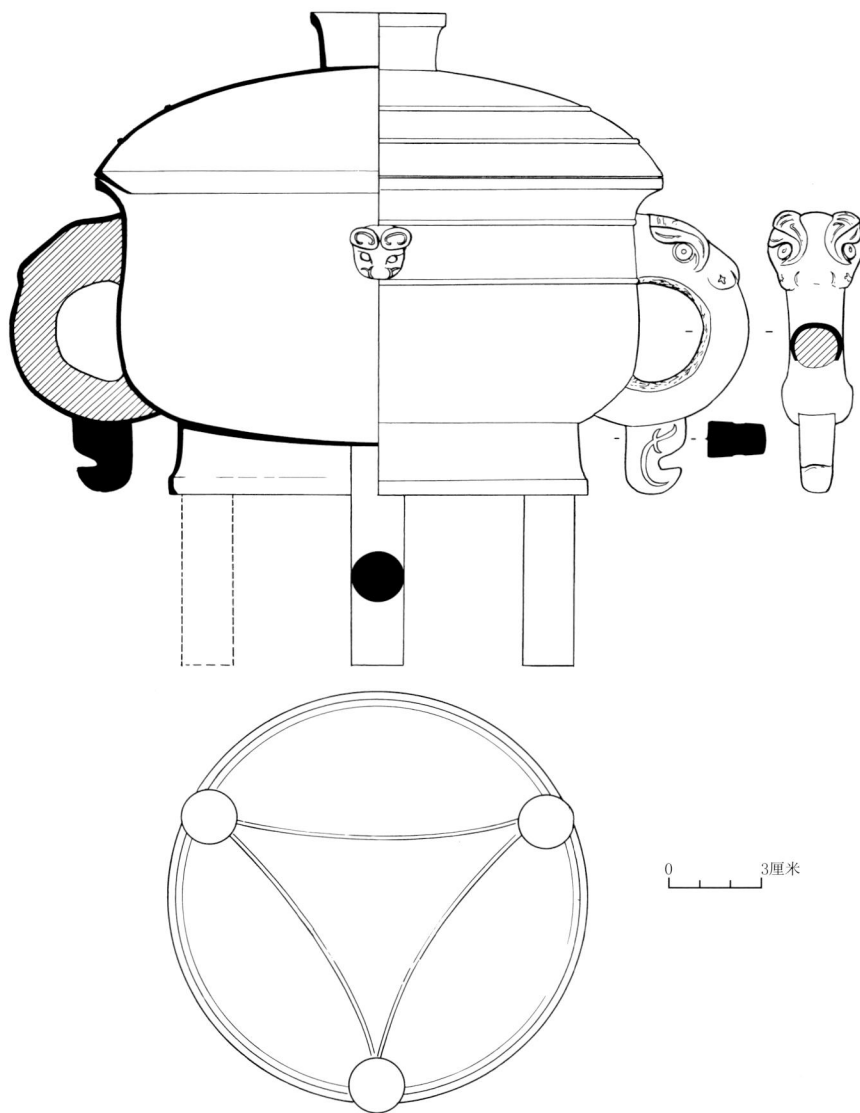

0   3厘米

右耳

外底

盖面黏附编织物痕迹

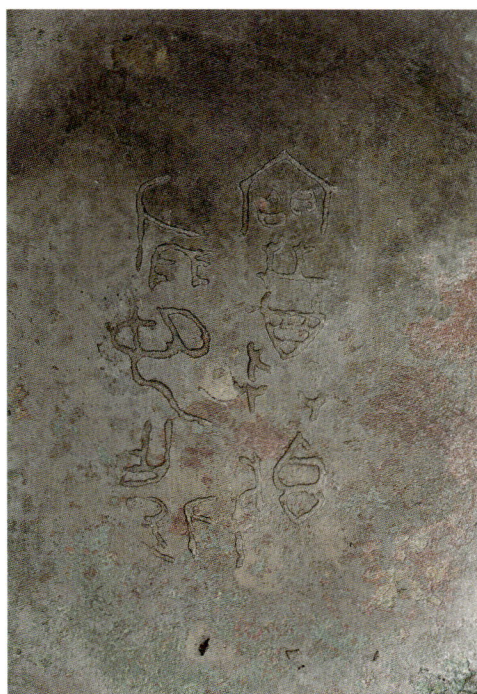

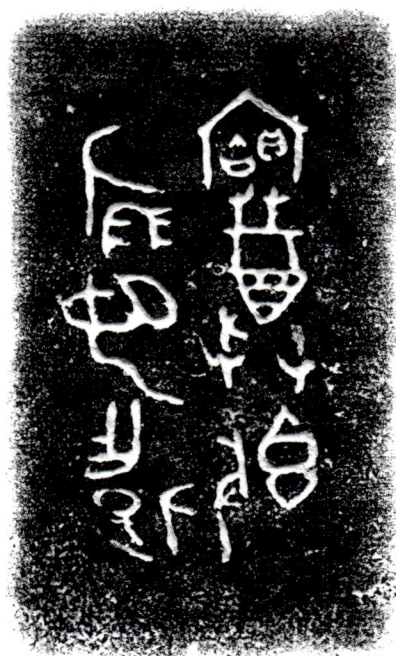

内底铭文 / 内底铭文拓片

南宫姒簋

133

M3250：35。2007 年出土 。

耳间距 31.1、口径 22.2、圈足径 16.9、通高 17.1 厘米。重 2580 克。容积 3500 毫升。

敞口，折沿，方唇，弧腹内收，腹两侧置兽首半环形竖耳，耳下垂勾云形珥，圜底，高圈足外撇。腹上部饰一周涡纹间四瓣目纹，间二兽首，以云纹、云雷纹衬地，其上下界一周圆圈纹，圈足饰一周兽面纹。四合范铸造。

内底铸铭文："南宫姒作宝尊彝。"

正面腹上部纹饰拓片

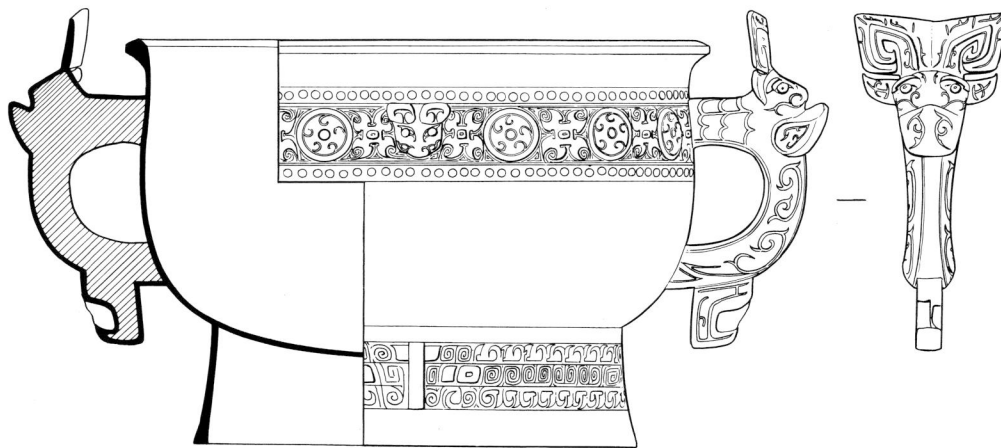

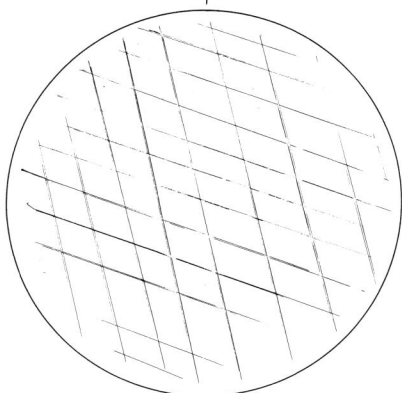

548

内底

外底

内底铭文　　/　　内底铭文拓片

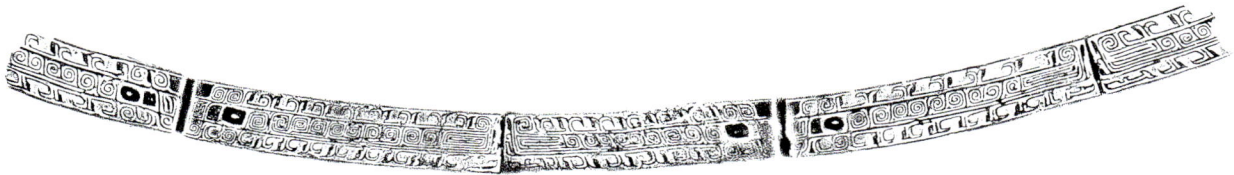

0　　　3厘米

圈足纹饰拓片

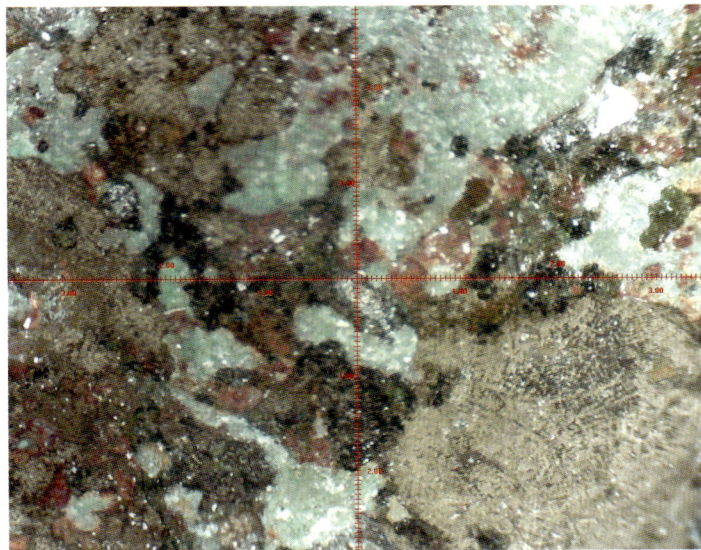

腹上部丝织品痕迹

134
太保都簋

M3250：39。2007 年出土。

耳间距 29.9、口径 19.7、圈足径 16.8、通高 15 厘米。重 2935 克。容积 2830 毫升。

近圆形侈口，卷沿，方唇，垂鼓腹，腹两侧置龙首半环形竖耳，耳下垂勾云形珥，圜底近平，圈足外撇。腹上部饰一周鸟首龙身纹，圈足饰一周龙纹。四合范铸造。内底铸铭文："太保都作専姬宝尊彝。"

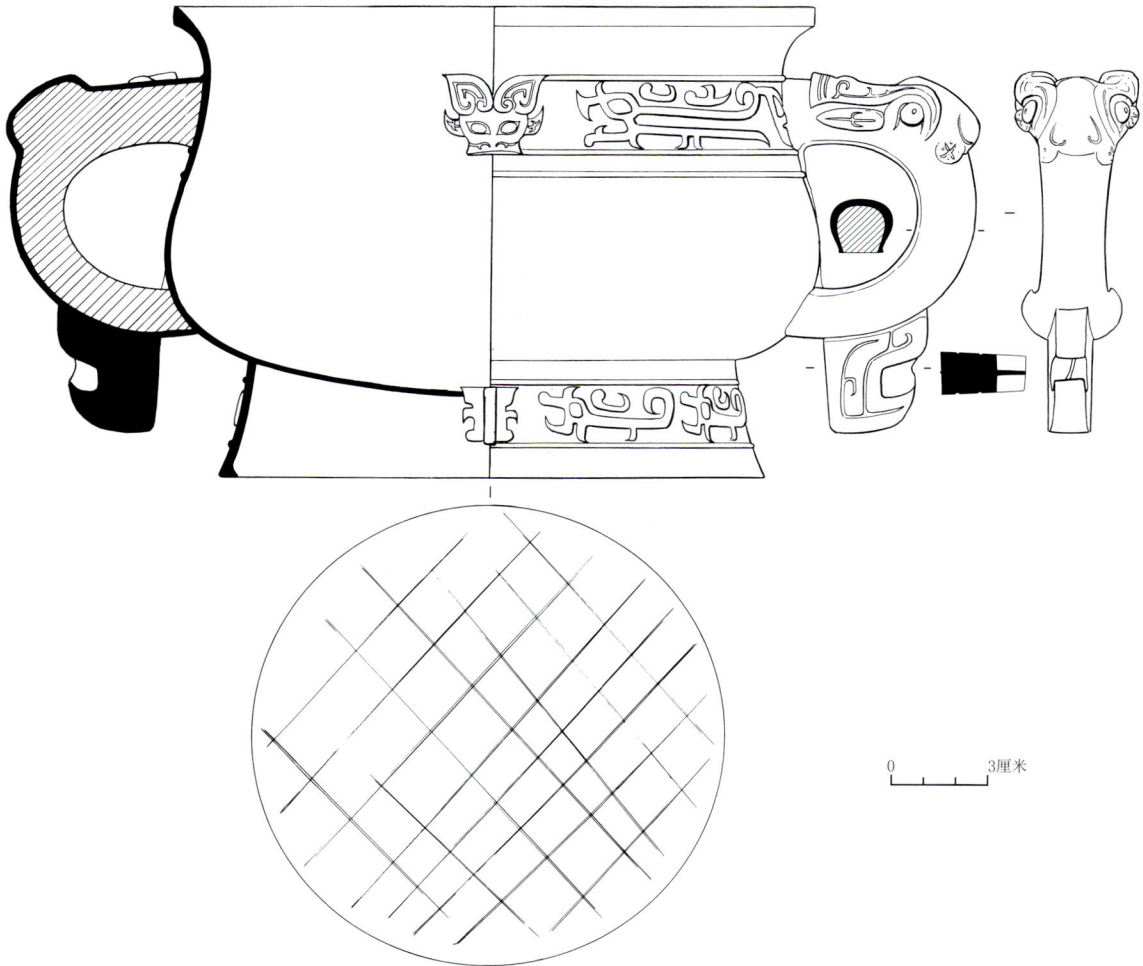

0　　　　　3厘米

内底

外底

左耳

 /

内底铭文 / 内底铭文拓片

135

戈徝甗

M3250：48。2007 年出土 。

耳间距 31.8、口长径 26.6、口短径 24.6、通高 40 厘米。重 4900 克。甑部容积
4650、鬲部容积 1700 毫升。

上甑下鬲联体。盆形甑，桃形敞口，卷沿，索状双立耳外撇，方唇，直腹斜收。
束腰内壁设三个三角形箅齿，桃形箅为凹面，上有五个"十"字形镂孔和一半
圆环。鬲腹圆鼓，分裆，长柱状实足根。甑上腹部饰一周兽面纹，鬲腹饰浮雕
兽面纹。三合范铸造。

甑后腹内壁铸铭文："戈徝作父乙宝尊彝。"

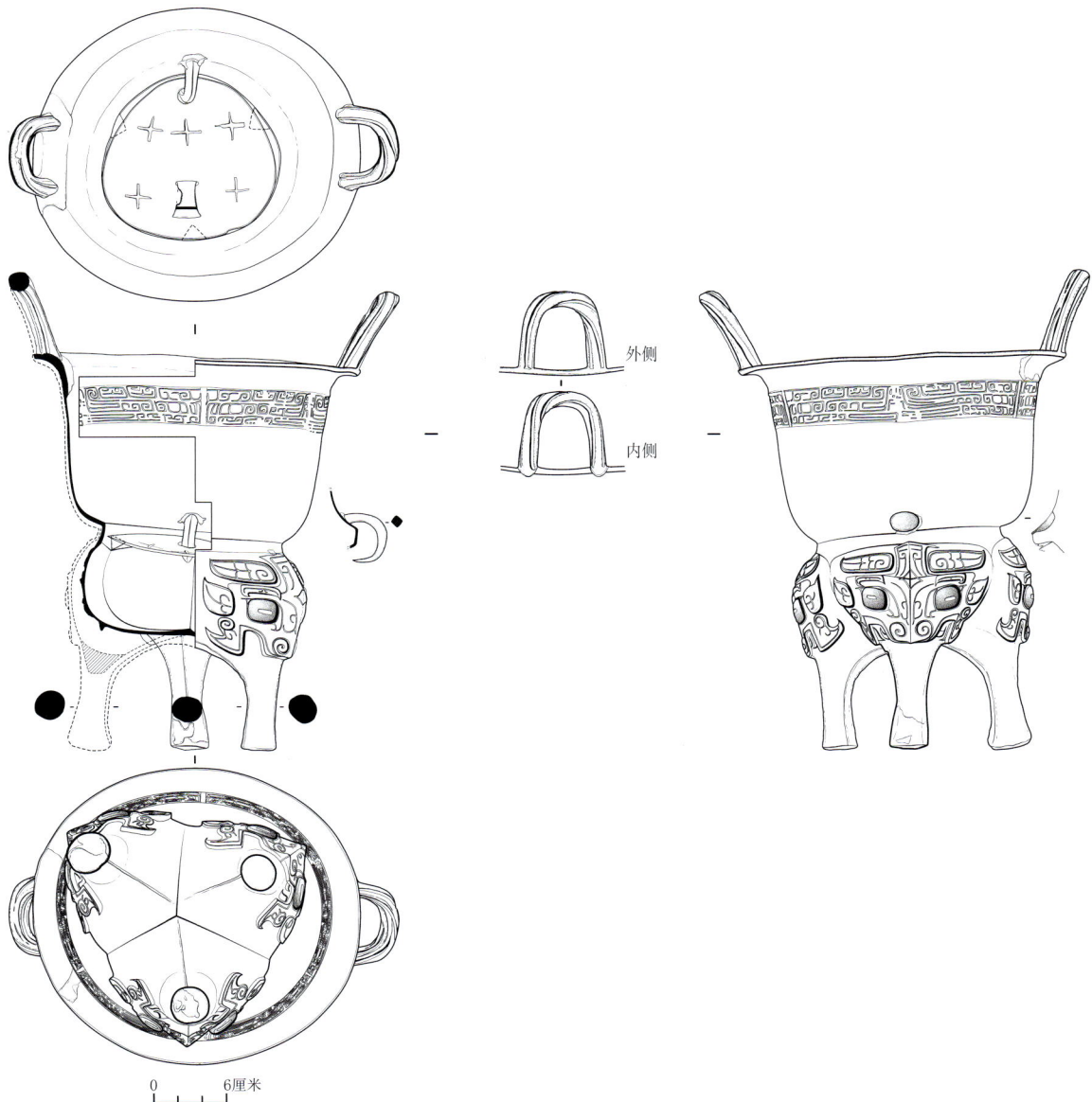

外底

甗后腹内壁铭文　　／　　甗后腹内壁铭文拓片

558

算

口内

盟狈尊

136

M3250：47。2007 年出土。

口径 19.4、圈足径 13.9、通高 24.7 厘米。重 1980 克。容积 2200 毫升。

敞口，卷沿，方唇，粗长颈，圆腹微鼓，圜底，高圈足外撇下折成阶。颈下部和圈足上部均饰两周凸弦纹，腹部上下均饰一周长卷尾鸟纹，中部饰竖条棱纹。双合范铸造。

内底铸铭文："盟狈作厥宝尊彝。"

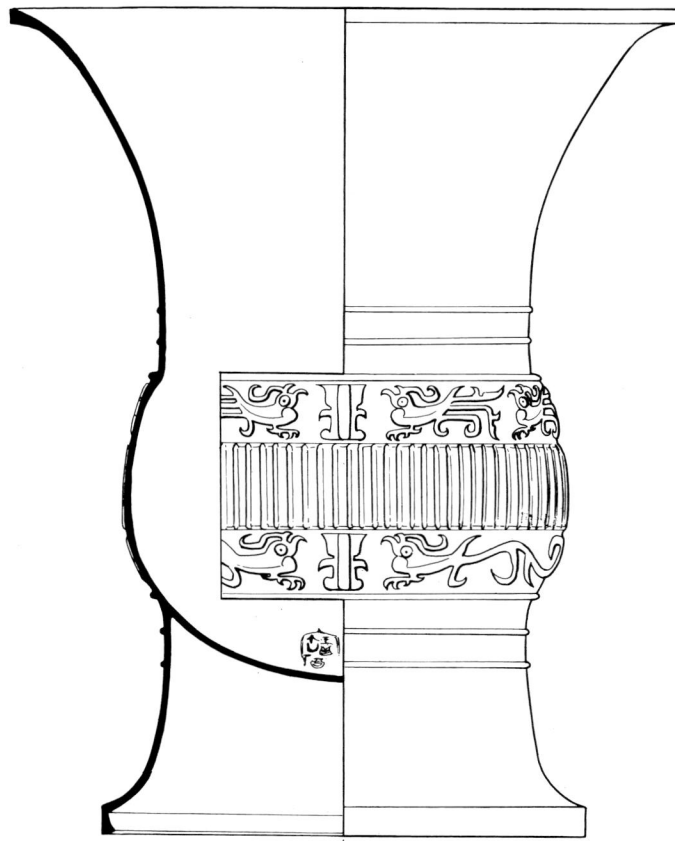

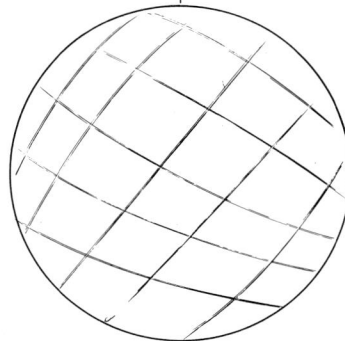

0   3厘米

外底

腹部

右后侧口沿纺织物痕迹

内底铭文　/　内底铭文拓片

137

盟狈卣

M3250：17。2007 年出土。

盖口径 10.4、高 6.1 厘米，提梁两端兽首间距 19.4 厘米，器口径 12.9、圈足径 13 厘米，通高约 31.5 厘米。重 1340（盖 545、提梁和口 470、圈足 325）克。

圆形口。盖子口，顶面圆隆，中部置一圈形捉手，捉手下部有一对方穿。器身铜箍木胎，木胎腐朽。器口沿内折，尖唇，直领，高圈足上下各有一周宽凹槽，下折成阶。颈两侧置半环耳，衔弓形提梁两端圆环，圆环外各铸一兽首。盖面内外圈各饰一周鸟纹，中部饰竖条棱纹。盖为四合范铸造。

盖内铸铭文："盟狈作厥宝尊彝。"

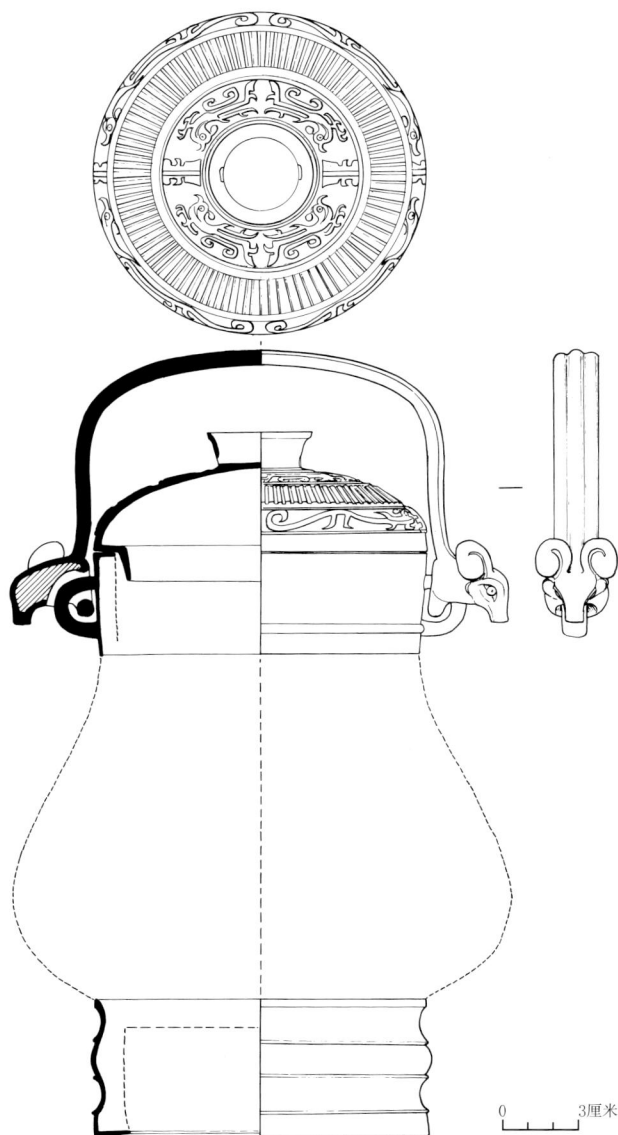

盖

盖内铭文 / 盖内铭文拓片

提梁和颈部

圈足

圈足底面

口沿丝织品痕迹

138

盟狈卣

M3250：54。2007 年出土。

盖口径 10.4、高 6 厘米，器口径 12.9、圈足径 13 厘米，通高约 31.5 厘米。重 1100
（盖 460、提梁和口 420、圈足 220）克。

器形、纹饰、制法和铭文与 M3250 ： 17 卣近同。

盖内铸铭文："盟狈作厥宝尊彝。"

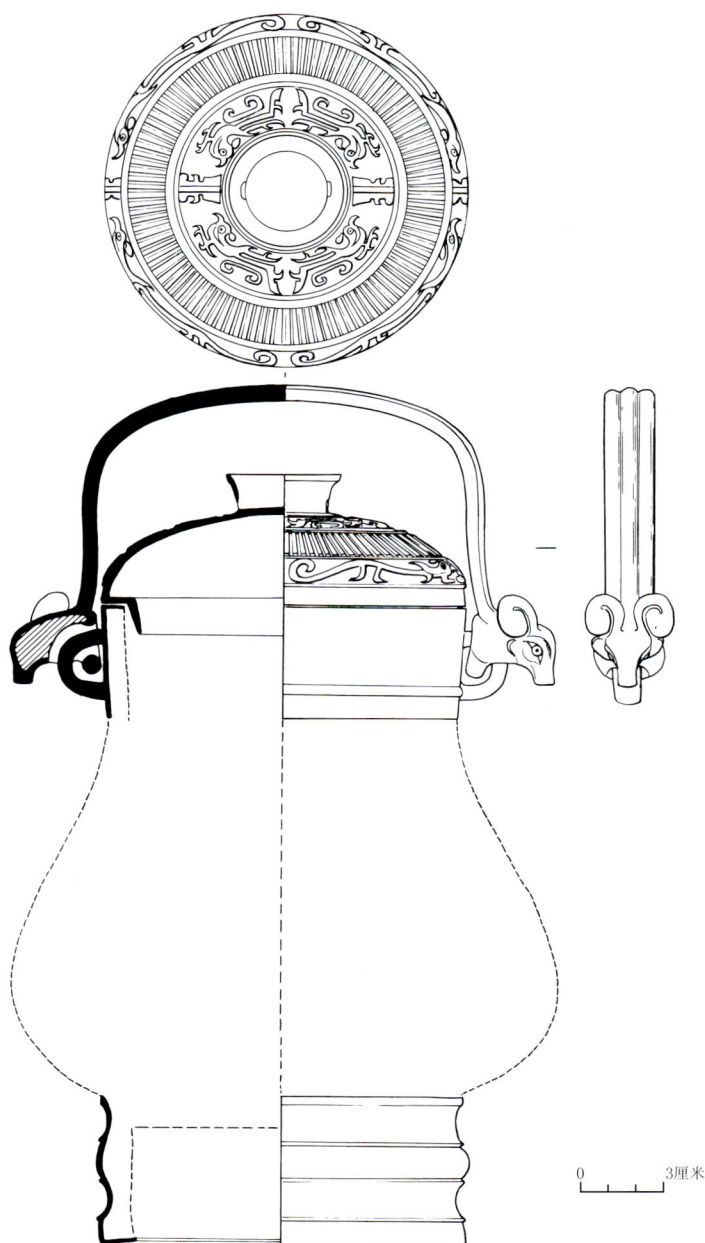

盖

盖内铭文　　/　　盖内铭文拓片

提梁和颈部

提梁和颈部

圈足

圈足底面

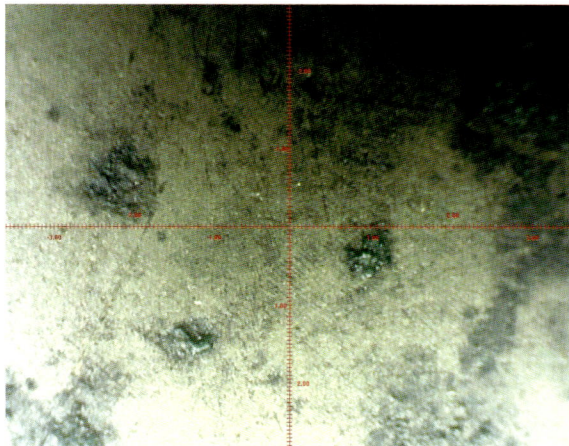

盖内丝织品痕迹

139

麃害父戊壶

M3250：34。2007 年出土 。

盖口长径 11.6、口短径 8.3、高 8.5 厘米；提梁两端兽首间距 21.8 厘米；器口长径 12.8、短径 10 厘米，圈足长径 15.6、短径 12.2 厘米，高 26.7 厘米；通高 37.9 厘米。重 3990（盖 355、器 3635）克。容积 2710 毫升。

椭圆形口。盖子口，舌较长，顶面圆隆，中部置一椭方圈形捉手，捉手中部有一对方穿。器身口微敞，高领，垂鼓腹，圜底，高圈足外撇下折成阶。颈两侧附半环形竖耳，衔弓形提梁两端圆环，圆环外各铸一兽首，圈足正面附半环形竖钮。提梁面饰龙纹，盖缘和颈部饰一周顾首龙纹，腹饰三横四纵宽带纹，交叉点中部饰四枚菱形凸钉，圈足饰一周一目双身龙纹，外底饰一蝉纹。盖、提梁、器身分铸，盖为双合范，器为四合范铸造。

盖内和器内底铸相同的铭文："麃害父戊。"

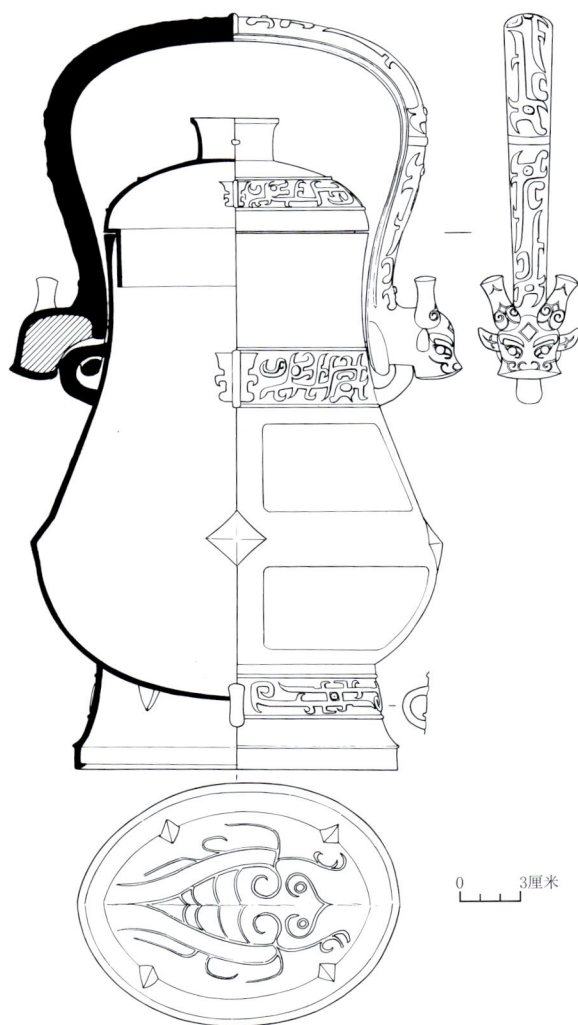

0 ___ 3厘米

提梁和盖面

外底

盖内铭文　/　盖内铭文拓片

内底铭文　/　内底铭文拓片

提梁面丝织品痕迹

140

中觚

M3250：21。2007 年出土 。

口径 12.5、圈足径 7.8、通高 22.4 厘米。重 520 克。容积 355 毫升。

喇叭口，尖唇，腹壁弧收，束腰，深腹，平底，喇叭形圈足下折矮阶。圈足上下各饰一周目云纹，中部饰一周四瓣目纹。双合范铸造。

圈足内壁铸铭文："中。"

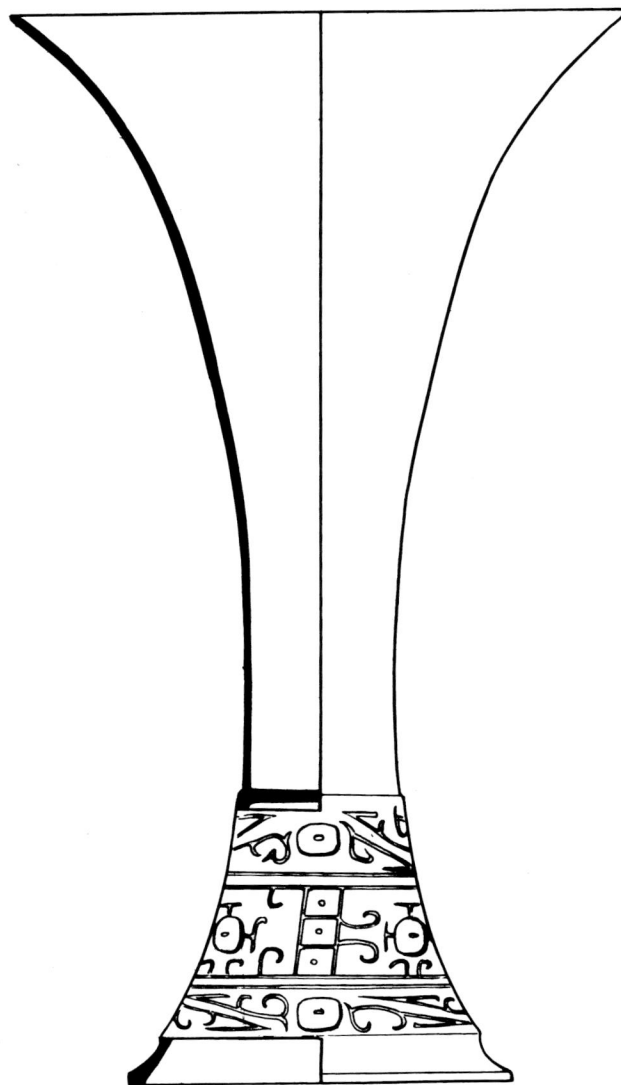

0   3厘米

圈足

外底

圈足背面内壁铭文　　/　　圈足背面内壁铭文拓片

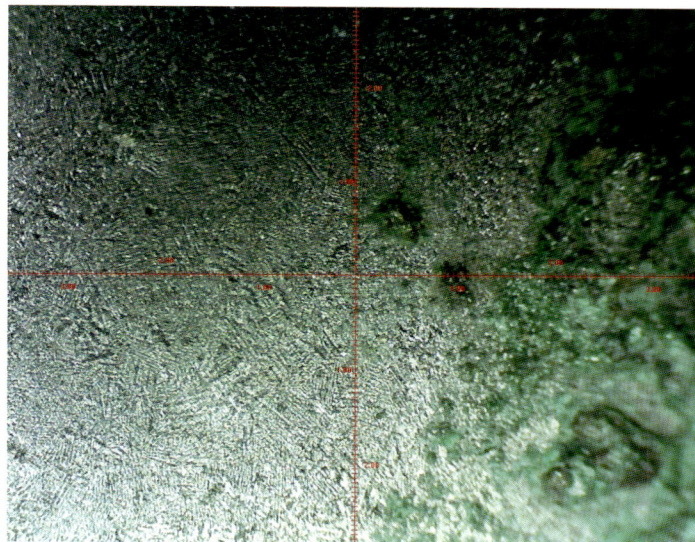

口部丝织品痕迹

141

乙爵

M3250：32。2007 年出土。

流尾间距 16.5、口宽 8、通高 22.1 厘米。重 850 克。容积 170 毫升。

长流上翘，尖尾斜侈。侈口，近流折处立伞状双柱，深腹微鼓，腹一侧置龙首桥形竖鋬，卵圆形圜底，三棱刀状足外撇。腹部饰一周变形兽面纹，伞帽中部饰两周凹弦纹。三合范铸造。

鋬内腹壁铸铭文："乙。"

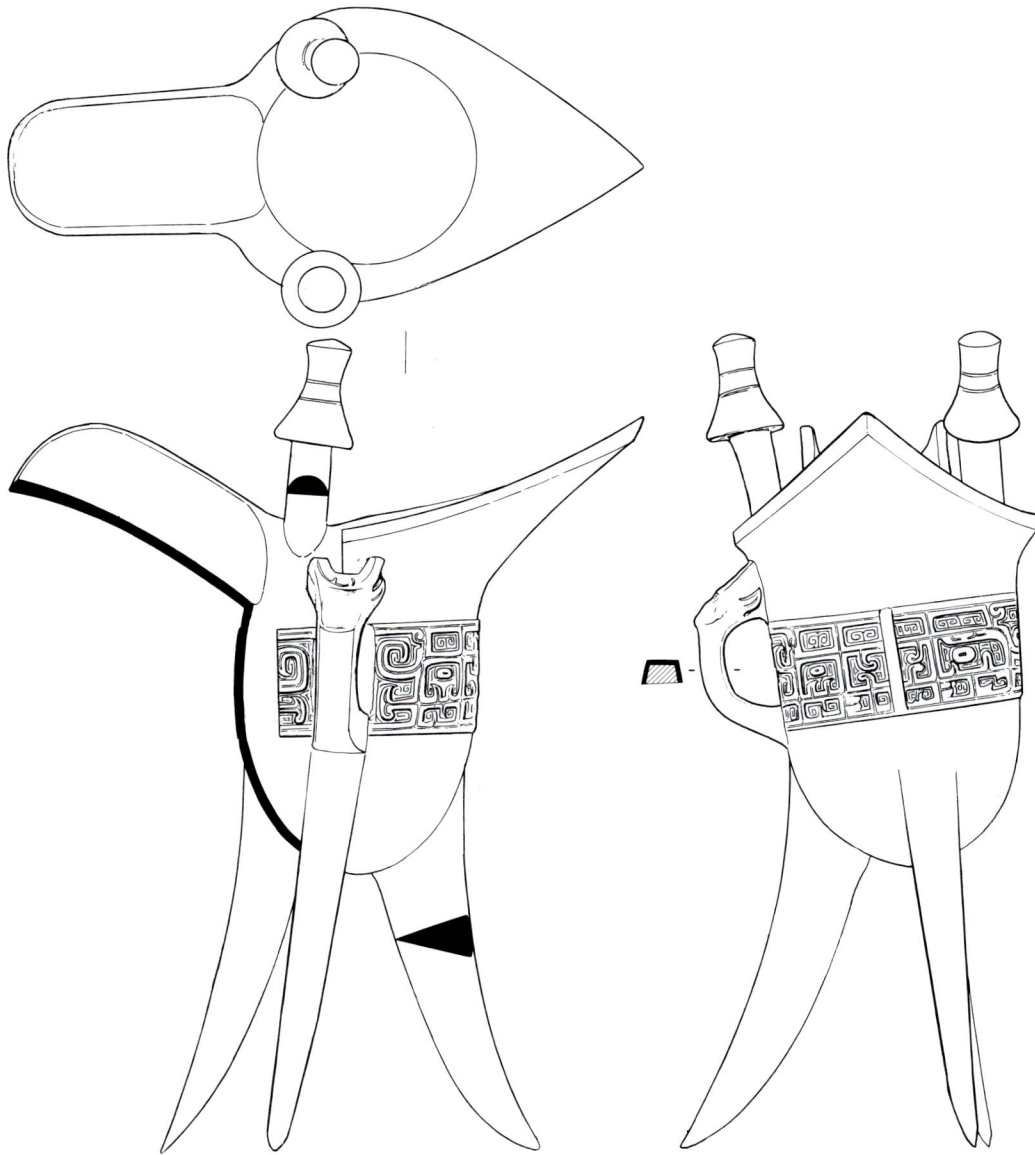

0   3厘米

斝内腹壁铭文

立柱　　/　　鍪内腹壁铭文拓片

0　　　　　3厘米

腹部纹饰拓片

142

五觯

M3250：37。2007 年出土。

盖口长轴 13.1、短轴 8.6 厘米；器口长轴 13、短轴 8.6 厘米，圈足长轴 8.9、短轴 7.3 厘米；通高 19 厘米。重 880（盖 230、器 650）克。容积 525 毫升。

椭圆形口。盖一侧伸出一龟首，子口内敛，顶面圆隆，中部置一桥形钮。器侈口，方唇，口一侧有 "U" 形流上翘，束颈，垂鼓腹，正面上腹部并列置一对桥形竖錾，圜底，高圈足外撇成阶。上腹部和圈足均饰两周凸弦纹。盖、器均为双合范铸造。盖内和器内底铸相同的铭文："五。"

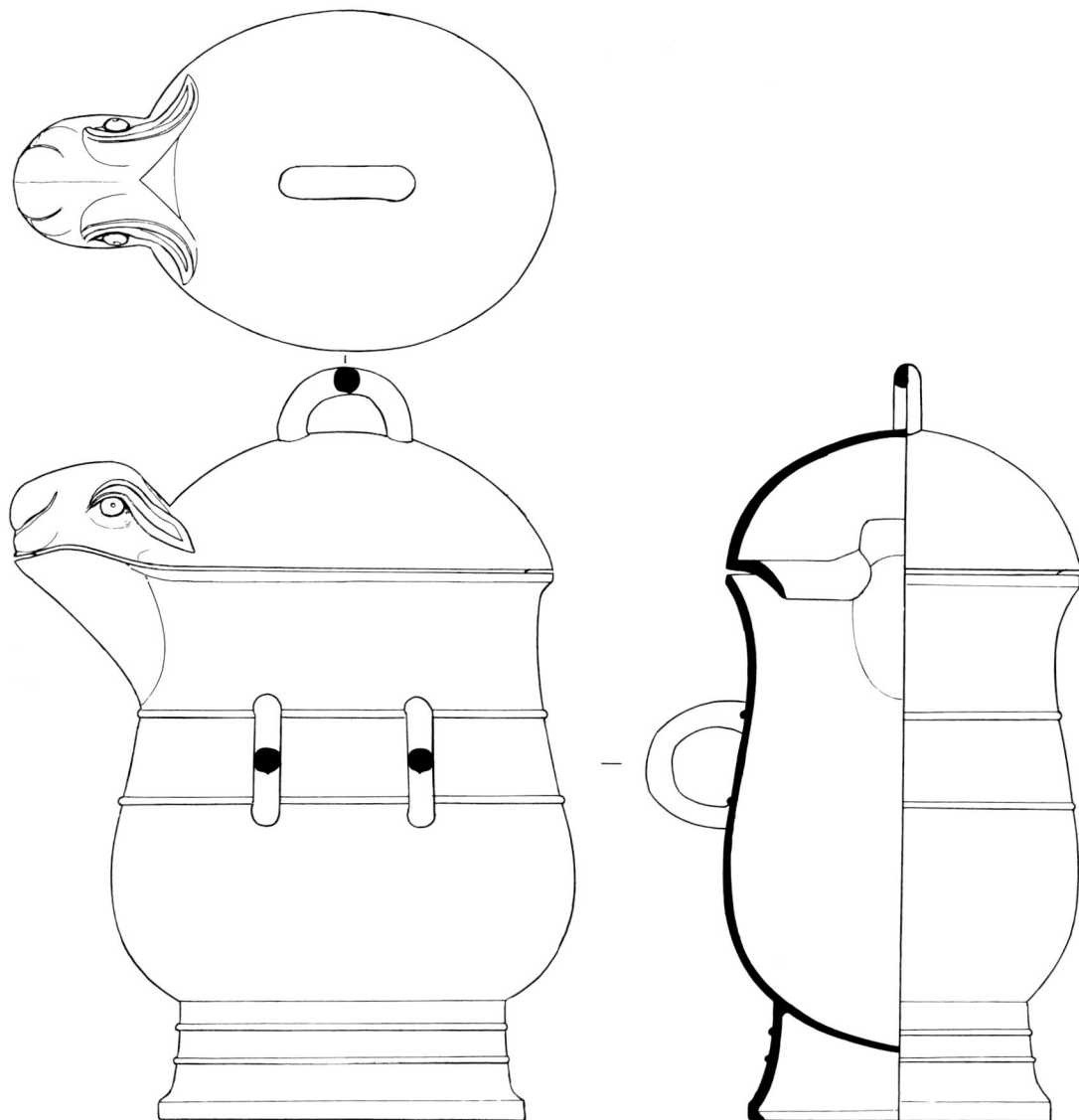

0   3厘米

586

口内

外底

盖内铭文 / 盖内铭文拓片

内底铭文拓片

143

素面觯

M3250：55。2007 年出土 。

口径 5.7、圈足径 4.7、通高 11.3 厘米。重 265 克。容积 130 毫升。

圆形侈口，尖唇，束颈，垂鼓腹，圜底，高圈足斜直外撇。素面。双合范铸造。

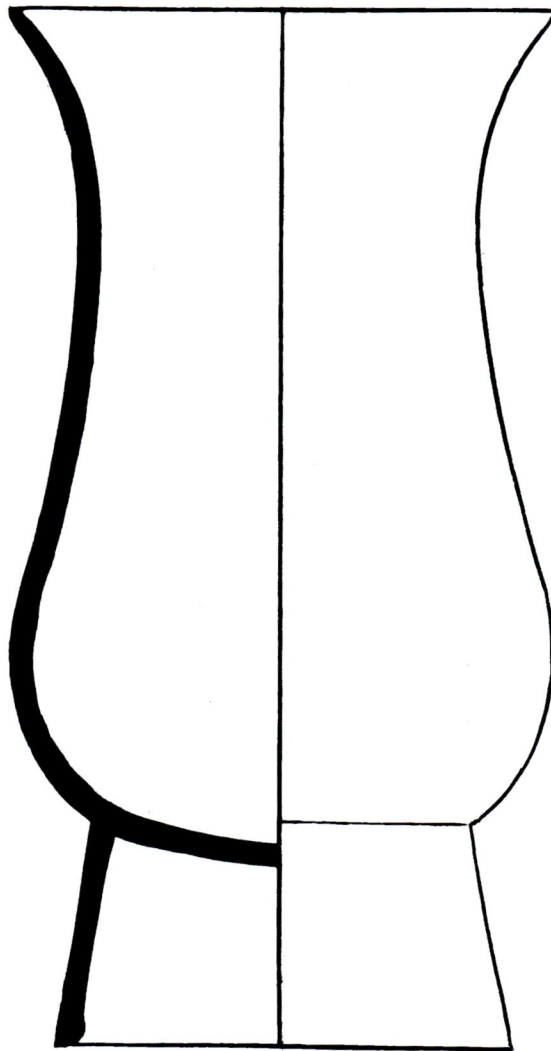

0   3厘米

颈部黏附席纹痕迹

外底

144

姒盘

M3250：38。2007 年出土。

口径 32、圈足径 17.3、通高 10.1 厘米。重 2030 克。容积 3500 毫升。

敞口，折沿，方唇，弧腹内收，圜底近平，高圈足外撇下折成阶，圈足上部有四个方穿，两两相对。腹饰两周、圈足饰一周凸弦纹。四合范铸造。

内底铸铭文："姒作宝彝。"

内底铭文　　/　　内底铭文拓片

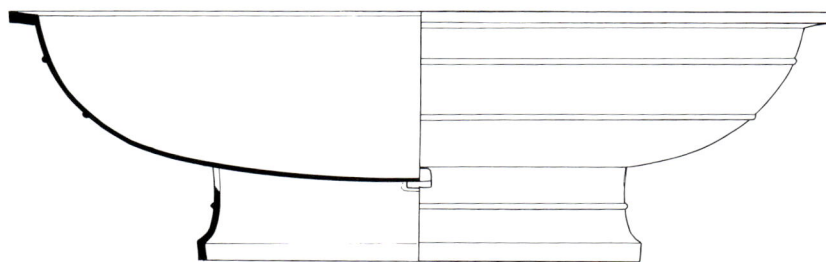

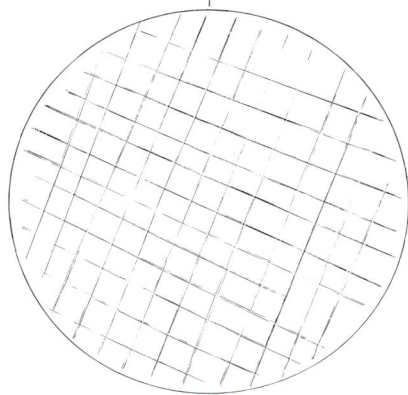

0　　　　3厘米

内底

外底

145

垂仲盉

M3250：40。2007 年出土 。

盖口长径 11.6、口短径 10.8、高 6.2 厘米，器口长径 12.7、口短径 12.1、高 25 厘米，通高 30.3 厘米。重 3340 克。容积 2400 毫升。

椭圆形盖，子口内敛，舌较短，顶面圆隆，中部置一圈形捉手，盖和器身由"8"字形链环连接。器身母口，高领斜直，扁腹圆鼓，圜底，三圆柱足。器身一侧腹近颈处斜出长流，与龙首桥形竖耳相对。盖缘和颈下部均饰一周鸟首龙身纹，流饰二简化蝉纹。盖、链、器分铸，盖为双合范，器为四合范铸造。

盖内和后颈内壁铸相同的铭文："垂仲作宝尊彝，其万年，用赞王出内 (入) 使。"

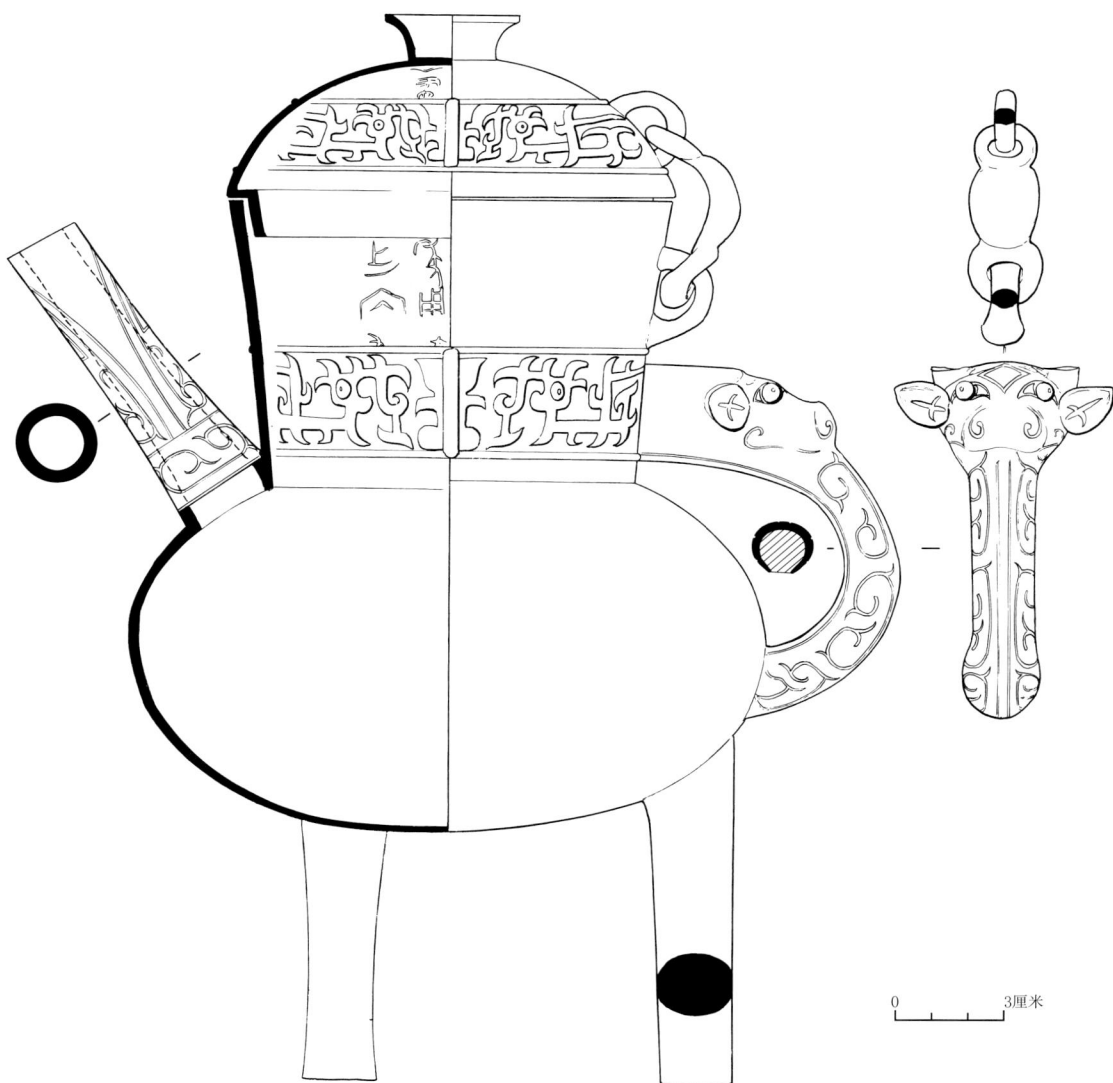

0   3厘米

外底

盖内铭文　　/　　盖内铭文拓片

后颈内壁铭文　　/　　后颈内壁铭文拓片

耳

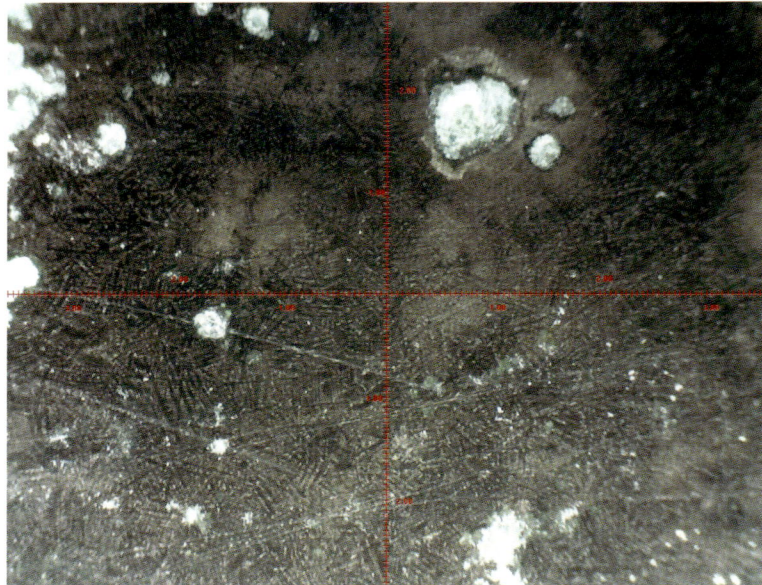

腹部丝织品痕迹

M3272

墓口长 252、宽 123 厘米，墓底长 280、宽 157～165 厘米，深 416 厘米。
方向 276°。一椁二棺。墓主仰身直肢，男性，40～45 岁。
随葬铜礼器鼎 1 件。

146

素面鼎

M3272：1。2007 年出土。
耳间距 25.9、口径 22.6、通高 17.4 厘米。重 885 克。容积 1250 毫升。

敞口，折沿，小方唇，双立耳，浅腹斜内收，圜底，三半圆凹腔足。素面。三
合范铸造。

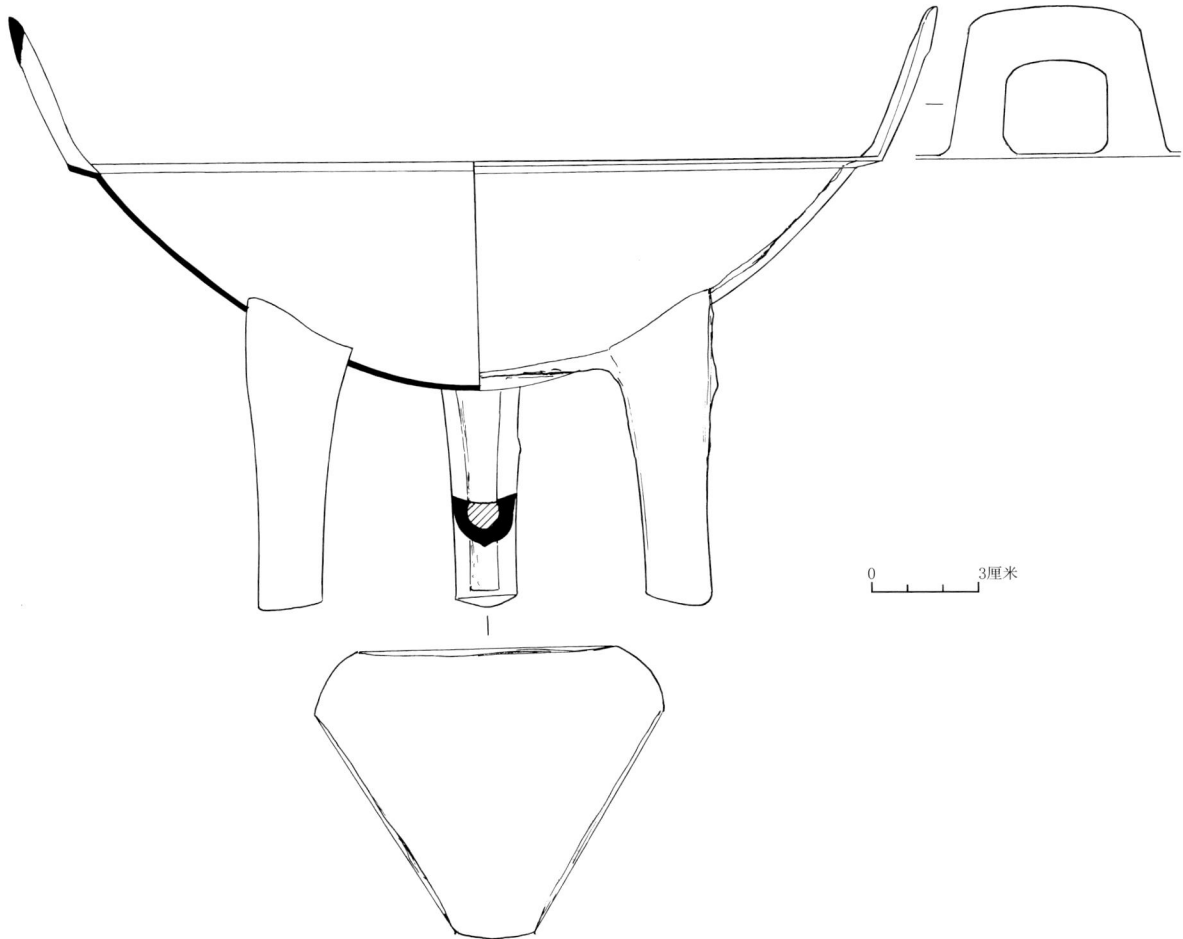

外底

左耳内侧　　/　　后足内侧

后　记

本书是国家社会科学基金重大项目"山西翼城大河口西周墓地考古发现与综合研究"（17ZDA218）的阶段性成果。

参加编撰的人员：山西大学北方考古研究中心的谢尧亭，中国社会科学院考古研究所的严志斌，山西博物院的范文谦，山西省考古研究院的王金平、杨及耘、李永敏、陈海波、荆泽健、张王俊、赵静，山西大学2017级硕士研究生张新华、张越、韩睿洋、吴星源、陈雅文。文字：谢尧亭、张王俊。铭文隶释：严志斌。照相：山西省考古研究院的解宙鹏。修复后的个别器物照相：山西博物院的厉晋春，山西省考古研究院的畅红霞、南普恒，临汾市博物馆的梁军。丝织品显微观察照相：谢尧亭。X光片拍照：北京嘉元文博科技有限公司的杨阳、魏雷。绘图：山西省考古研究院的王燕、刘泽鹏。拓片：济南市文物事业管理局的刘善沂，山西省考古研究院的杨梅、李永敏、吕杨。人骨鉴定：吉林大学考古学院的张全超、王伟。修复：山西省考古研究院的史春明、南普恒等。

当年参加这批墓葬发掘的人员：山西省考古研究所的宋建忠（领队）、谢尧亭、范文谦、王金平、杨及耘、李永敏，运城市文物工作站的李百勤、钟龙刚、张惠祥、侯百伟，绛县文化局和文物局的孙全胜、柴广胜、靳连铭、张维华、黄海等。技术工人有廉玉龙、常如意、张海元、褚启俊、史春明、宋洋、牛秀平、刘斌、贠泽荣、张学锋、马志帅、杨一文、马泉、张光辉、李永惠、张晓靖、李永智、崔福星、郇四清、秦华、雷长安等。

本书的编撰和出版得到了很多领导和同志的关心与支持，在此深表感谢，包括山西省考古研究院王晓毅院长等各位领导和同志；山西大学历史文化学院郝平院长、李君主任等同志；山西博物院崔跃忠、王晓丽、秦剑；中科院上海光学精密机械研究所科技考古中心李青会研究员；北京嘉元文博科技有限公司李涛；山西省考古研究院侯马工作站的同志们；以及上海古籍出版社吴长青副总编、王璐编辑。最后我还要特别感谢我的几位硕士研究生：张新华、张越、韩睿洋、吴星源、陈雅文，在2018年那个寒冷的冬天，在没有暖气的库房里，在艰苦的生活和工作条件下，在争分夺秒的紧张气氛中，帮助我做了大量的工作，没有他们的协助，这本书是难以完成的。

需要说明的是，横水墓地出土青铜器上的丝织品是一个新发现，非常重要。这说明绝大部分青铜礼器在埋葬的时候是用丝织品进行包裹的，而且丝织品的经纬线非常细密，这为研究西周墓葬的埋葬礼仪与丝织品的发展状况提供了新的资料，有关问题将另文讨论。

本书是在山西省委和省政府筹建"山西青铜博物馆"展览，2018年10月至2019年3月绛县横水墓地青铜器即将被全部调走，其间只有短短五个月时间的紧迫情况下，提取相关资料后编撰而成的，很多需要做的工作没有来得及去做，很多应该做好的工作没有做好，个中况味，无以言表。加之我们能力和水平有限，其中必然存在不少问题和不当之处，欢迎同志们批评指正，并予谅解！

谢尧亭

2020 年 8 月 28 日